KB193937

기독교와 이슬람의 대화

아랍 그리스도인이 본 이슬람

모든 인간은 하나님의 형상을 닮은 존엄한 존재입니다. 전 세계의 모든 사람들은 인종, 민족, 피부색, 문화, 언어에 관계 없이 존귀합니다. 예영커뮤니케이션은 이러한 정신에 근거해 모든 인간이 존귀한 삶을 사는 데 필요한 지식과 문화를 예수 그리스도의 사랑으로 보급함으로써 우리가 속한 사회에 기여하고자 합니다.

기독교와 이슬람의 대화: 아랍 그리스도인이 본 이슬람

지은이 · 쇼캣 모우캐리
옮긴이 · 한국이슬람연구소
초판 1쇄 찍은날 · 2003년 9월 5일
초판 1쇄 펴낸날 · 2003년 9월 9일
펴낸이 · 김승태
출판본부장 · 김춘태
교정 · 최지영
편집 · 동국전산(주)
등록번호 · 제2-1349호(1992. 3. 31)
펴낸곳 · 예영커뮤니케이션
        110-616 서울시 광화문 우체국 사서함 1661
        출판유통사업부 T. (02)766-7912 F. (02)766-8934 E-mail: jeyoungsales@chollian.net
        출판사업부 T. (02)766-8931 F. (02)766-8934 E-mail: jeyoungedit@chollian.net
        E-mail: jeyoung@chollian.net

Member of the
Evangelical Christian
Publishers Association

예영커뮤니케이션은
복음주의기독출판협회(ECPA)의 국제 회원사로서 기독교 출판을 통하여
세계복음화를 위한 지상 명령의 실현을 위해 동참하고 있습니다.

Faith to Faith-Christianity & Islam in dialogue
by Chawkat Moucarry
copyright © 2001 by Chawkat Moucarry
All rights reserved.
Originally published by IVP
Korean translation copyright © 2003 by Jeyoung Communications
Publishing House.

ISBN 89-8350-283-5   03230

값 14,000원   ■ 잘못 만들어진 책은 언제든지 교환해 드립니다

기독교와 이슬람의 대화

아랍 그리스도인이 본 이슬람

쇼캣 모우캐리 지음

예영커뮤니케이션

이 책을 나의 가장 좋은 친구
야밀 샤부와 하산 얀바클리에게 바친다.

감사의 글

나의 제자이자 친구인 리처드 머젯에게 가장 감사한다.
그는 이 책을 편집하는 데 말로 표현할 수 없을 만큼
큰 도움을 주었다. 매우 자세히 전체 본문을 검토해 주었으며,
적절한 질문들을 통해 몇 가지 점에서 나의 사고를
명확하게 해 주었다. 또한 그의 예리한 논평은
원본을 발전시키는 데 큰 도움을 주었다.
실라 브라운 부인에게 진심으로 감사한다.
그녀는 나의 영어 실력이 별로 유창하지 못할 때 도움을 주었다.
마지막 단계에서 본문을 읽고 영어를 수정해 준
크리스틴 킹 부인에게 감사한다.
또한 ANCC(All Nations Christian College)의
직원들과 학생들에게도 감사를 전하고 싶다.
지난 몇 년간, 마틴 브라운과 버니 마쉬 그리고
그리스도인-무슬림 간의 대화에 깊은 관심을 가지고 있는
많은 이들이, 본고에서 다루고 있는 주제들을
새롭게 고찰할 수 있도록 지속적으로 기회를 제공해 주었다.
마지막으로, 나의 부인 핸-리스와 우리 네 아이들을
말하지 않을 수 없다. 다른 때와 마찬가지로,
본서를 저술할 때도 그들은 사랑으로 나를 지원해 주었다.

쇼캣 모우캐리
올 네이션스 크리스천 칼리지(ANCC)

일러두기

꾸란 구절

꾸란 구절은 괄호 안에 수라(장)와 구절을 표기하였다. 예를 들어, (4:147)은 수라 4 구절 147을 의미한다. 일부 수라들(예를 들어, 수라 5)은 번역본마다 구절 번호가 약간 다르다는 것을 참고하라.

하디스 구절

하디스 구절은 아랍어로 된 원본에 기초하고 있다. 부카리(Bukhari), 무슬림(Muslim), 아부 다우드(Abu Dawud)와 이븐 마자(Ibn Majah)와 같은 경우에는, 영어 번역을 포함하고 있다(예를 들어, 부카리, *sawm* 13:III, p. 75, no. 137[1780]은 부카리 편집본 하디스인 *Sahih*, 금식에 관한 책, *sawm*, 13장을 의미한다). 부카리의 아랍어-영어 편집본에서 이 하디스는 3권, 75쪽 137번에서 찾을 수 있다. 꺾쇠 괄호[1780]은 *Encyclopaedia of the Hadith*의 CD 버전에 따른 하디스 번호이다(참고 문헌을 보라). 이 전문 사전에 있는 장(chapter)들은 때로 일반적인 것과는 다른 번호 체계로 분류되어 있다는 것을 참고하라. 무슬림이 한 편집본은 전체적으로 모두 다른 번호 체계로 되어 있다.

연도

연도만 나와 있을 때는 주후(AD 또는 CE)를 의미한다. 무슬림 학자의 이름 다음에 나오는 연도는 이슬람 연도(AH)와 주후 연도(AD)를 모두 제시하고 있는데, 사망한 해를 나타낸다. 예를 들어, 라지(606/1209). 이슬람력은 무함마드가 메카에서 메디나로 히즈라, 즉 '이주'한 해인 주후 622년에 시작한다.

차 례

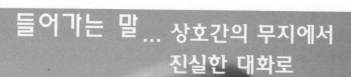

들어가는 말 ... 상호간의 무지에서
진실한 대화로

본서의 목적은 기독교와 이슬람의 주장들을 검토하는 것이다. 그러한 상호적인 검토가 내가 지금까지 해 왔던 일들이다. 나의 고국인 시리아에서도 그랬고, 외국에 나와서도 그 작업을 계속했다. 무슬림이 다수를 이루는 사회에서 그리스도인으로서 살면서, 나는 다른 종교인 이슬람에 대해 좀 더 알고 싶었다. 또한 아랍인으로서 다른 아랍인들에 대해서도 좀 더 알 필요가 있었다. 내가 아랍인이라는 사실과 그리스도인으로서의 나의 믿음을 의심받은 적은 없지만, 나는 그리스도인과 무슬림 공동체 사이에 서로에 대한 이해를 돕고 싶었다.

수백 년 동안 그리스도인들과 무슬림들은 함께 살아왔지만, 언제나 정신적으로, 특히 신앙적인 면에서 동떨어진 그룹을 이루었다. 논쟁의 여지가 있는 문제이긴 하지만, 서로에 대한 무지는 문제를 일으키지 않으면서 공존하기 위한 대가였다고 본다. 그리스도인들에게 그것은 살아남기 위한 대가였을 것이다. 당시 십대였던 나는 이러한 타협을 용납할 수 없었다. 이에 도전할 수 있는 첫 기회는 고등학교에 진학하면서 찾아왔다. 내가 이슬람 종교 과목 선생님께 그 수업에 참여할 수 있는지 묻자 선생님은 매우 당황해 하셨다. 그리스도인들은 무슬림들과 따로 종교 수업을 받고 있었던 것이다. 내가 진심으로 말하고 있다는 것을 확인하고서 선생님은 수업에 참석할 수 있도록 허락해 주셨다. 공개적인, 때로는 열띤, 그러나 우호적인 토론을 통해 나는 무슬림들 역시 진심으로 기독교에 대해 알고 싶어한다는 것을 깨달았다. 그러한 토론은 교실에서만 한정된 것이 아니었다. 점차적으로, 많은 무슬림 동료들이 가까운 친구가 되었다. 그들 가운데는 그리스도인 가정을 한 번도 방문한 적이 없는 친구들도 있었다. 그들은 또한 처음으로 그리스도인을 자신의 가정에 초대하고 싶어했다.

고국을 떠나 유럽으로 왔지만(처음에는 프랑스로, 다음에는 영국으로

갔다.), 그리스도인과 무슬림 사이의 관계에 대한 나의 열심은 줄어들
지 않았다. 이러한 열심은 내가 기독교 신앙을 이해하는 것에서 시작
되었다고 말할 수 있다. 나는 내가 아랍 그리스도인이라는 사실이 특
권임을 발견했다. 나처럼 고국에서 살고 있지 않는 사람들과 쉽게 동
화 될 수 있었으며 특히 무슬림들과 그러했다. 동시에, 나는 그리스도
인 공동체의 활동적인 멤버였다. 그러나 그 어느 편에서도 진정으로
편안하게 느낄 수 없는 상황에 있다는 것은 그렇게 좋은 것만은 아니
었다. 나는 양편 모두가 그렇게 여기고 있다고 생각한다. 확신하건대,
어떤 그리스도인들은 이슬람에 대한 나의 접근이 지나치게 회유적이
고 타협적이라고 보면서, 아랍 성향이 너무 강하다고 느낄 것이다. 나
의 배경이 사고방식에 영향을 미쳤다는 것을 부인할 생각은 전혀 없
다. 오히려 이를 균형을 이루는 요소로 삼으면서, 나의 기독교적 사고
가 순전히 학술적인 것이 아니라 무슬림들과의 인간적인 경험에 기초
하고 있다는 것을 말하고 싶다. 한편 무슬림 독자들은 그리스도인에
의한 본 연구가 전적으로 중립적이지 못하고, 편견 없이 이루어지지
못했다는 사실을 지적할 것이다. 그것은 올바른 지적이다. 그러나 문
제는 전적으로 편견 없는 작업 자체가 가능한가 하는 것이다. 그리스
도인들과 무슬림들을 포함해 믿음을 가진 모든 사람들은 종교적인 문
제를 다루면서 전적으로 중립적이기 어렵다. 그러나 종교 간의 대화
에 관여하고 있는 이들은 상대방을 존중하는 자세로 기꺼이 배우며,
도전받을 필요가 있다. 그들은 타종교의 가르침을 공정하게 다루어야
하는 것이다.

(1) 올바른 자세

꾸란은 무슬림들에게 비무슬림들을 공정하게 다루는 것이 중요하

다고 가르친다. 그들은 '지혜와 선한 훈계로'(16:125) 사람들을 하나
님에게 인도해야 하는 것이다. 이러한 접근은 특히 무슬림들이 '성서
의 백성들(the People of the Book)', 즉 유대인들과 그리스도인들을 대
할 때 적용된다. 꾸란은 무슬림들이 유대인들 및 그리스도인들과 동
일한 배경을 가지고 있다고 말한다. 그들은 모두 같은 하나님을 믿고
있기 때문이다.

> 그리고 그 성서의 백성들을 인도함에 가장 좋은 방법으로 인도하되
> 논쟁하지 마라. 그러나 그들 중에 사악함으로 대적하는 자가 있다면 일
> 러 가로되, "우리는 우리에게 계시된 것과 너희에게 계시된 것을 믿느니
> 라 우리의 하나님과 너희의 하나님은 같은 하나님이시니 우리는 그분께
> 순종함이라(문자적으로는 '우리는 그분께 무슬림들이라'라는 의미)."
> (29:46; 참조. 3:64; 내가 강조한 부분)

이처럼 꾸란은 무슬림들이 유대인들과 그리스도인들을 대할 때 올
바른 자세를 갖도록 가르친다. 이러한 자세는 *bi-llati hiya ahsan* '가
장 좋은 방법으로(in the best possible way)'라는 일반적인 말로 표현된
다. 그것은 사람들과 좋은 관계를 갖고, 그들을 예의바르고 정중하게
대하는 것을 포함한다. 또한 올바른 접근을 당부한다. 즉 무슬림들은
예언자 무함마드를 통한 계시가 있기 전에, 하나님께서 성경에서 자
신을 유대인들과 그리스도인들에게 계시하셨다는 것을 인식해야 하
는 것이다. 그리고 이러한 계시를 통해 유대인들과 그리스도인들, 무
슬림들은 한 분이신 동일한 하나님을 믿고 있다고 생각한다. 이처럼
무슬림들은 유대인들 및 그리스도인들과 진실하고 순전한 대화를 해
야 하는 명령을 받고 있다. 단지 이런 저런 방식으로 무슬림들을 무례
하게 대하는 사람들에 대해서만이 신중하게 주의를 줄 것을 말하고

있다. 적대적인 사람들과 토론하는 것이 유익하고 도움이 되는가에
대해서는 확실치 않다. 그에 대해 꾸란은 호의적인 태도를 통해 상대
방을 적에서 친구로 변하게 할 수 있는 가능성을 배제하지 않는다.
'선과 악이 같을 수 없느니라 그러므로 더 좋은 것으로(in the best
possible way)악을 퇴치하라 그렇게 할 때 그대의 적도 가까운 친구처
럼 되느니라' (41:34; 내가 강조한 부분).

　예수께서는 타종교의 사람들과 토론할 것을 권하는 특별한 가르침
을 주지 않으셨다. 그러나 일반적으로 사람들과 어떤 관계를 맺어야
하는가에 대한 가르침들은 이 문제와 특별한 관련성을 보인다. "그러
므로 무엇이든지 남에게 대접을 받고자 하는 대로 너희도 남을 대접
하라 이것이 율법이요 선지자니라"(마 7:12). 이 명령은 이슬람과 무
슬림들에게 그리스도인들이 공정한 태도를 가져야 한다는 것을 의미
한다. 실제적으로 말하자면, 기독교의 이상적인 면과 이슬람의 현실
을 비교하거나, 극단주의적인 무슬림들과 온건한 그리스도인들, 혹은
기독교 주류와 이슬람의 분파를 비교해서는 안된다는 의미이다. 이것
은 말처럼 쉬운 것이 아니다. 기독교와 이슬람을 불공정하게 비교하
는 위험을 최소화하기 위하여, 나는 이 두 종교를 연구하면서 때로는
실망스럽기도 한 그리스도인과 무슬림 공동체의 현실보다는, 각 종교
의 경전에 기초하여 작업하고자 했다. 그러나 경전은 해석을 필요로
하는 것이니 만큼, 다양한 방식의 해석이 있어 왔다. 나는 그리스도인
들의 주류들, 특히 좀 더 복음주의적인 그리스도인들이 이해하는 대
로 성경의 가르침을 나타내고자 노력했다. 마찬가지로, 꾸란의 내용
도 무슬림들이, 특히 수니 무슬림들이 이해하는 대로 나타내고자 했
다.[1]

---

1) 내가 주로 참고하고 사용한 꾸란의 두 번역은 다음과 같다. `A. Yusuf `Ali, *The*

나는 꾸란의 해석에 있어서 라지(Razi, 606/1209)의 해석에 주로 의지했는데, 그 주된 두 가지 이유는 다음과 같다. 먼저, 라지는 꾸란 해석에 있어서 널리 인정받는 무슬림 공동체의 대표격인 유명한 인물이다. 둘째로, 라지의 대주석(*al-Tafsir al-kabir*, The Great Commentary)은 꾸란에 관한 포괄적이고 뛰어난 주석이다.[2] 나는 여러 번 현대 무슬림 저술가들이 이 주석에 크게 의존하고 있음을 확인했다. 많은 저술가들이 종종 저자를 언급하지 않은 채 그의 주석을 인용한다. 라지의 주석은 학적 내용이 풍부하며, 정확한 영적 통찰을 보여 준다. 라지가 800년 전에 다루었던 많은 이슈들이 오늘날도 여전히 동일하게 유효하다.

수니 이슬람은 꾸란과 하디스(예언자 무함마드의 삶과 가르침) 모두를 기초로 하고 있다. 이러한 이유로 나는 예언자의 전통인 하디스를 광범위하게 사용하고 있다. 서구에서는 이슬람을 다룰 때 하디스의 중요성을 종종 과소평가하지만 말이다.

꾸란은 무슬림들에게 그리스도인들과 적대적인 논쟁을 피하라고 말한다. 그렇다고 해서 무슬림들이 그리스도인들의 믿음이나 행실을 비판해서는 안 된다거나, 혹은 예언자 무함마드가 전한 메시지를 그리스도인들이 받아들이도록 하지 말라는 것을 의미하는 것은 아니다. 사실 그 반대이다. 이슬람은 선교적인 종교이고 이슬람 선교, 다와(*da'wah*)는 다른 사람들과 마찬가지로 유대인들과 그리스도인들을 선

Holy Qur'an: Translation and Commentary, and Kenneth Cragg, *Readings in the Qur'an*. 그러나 마지막 번역은 내가 한 것이다. 많은 경우, 라지의 해석에 영향 받았다.
2) 이 주석의 현대판은 6권, 32장으로 되어 있다. 이 주석을 참고할 때, 첫번째 문자는 권 수를, 두 번째는 어느 부분인가를 표시하는 것이다. 예를 들면, 'Razi, VI:1, pp. 78-83'은 제6권, 제1부, 78-83쪽이라는 표시이다.

교 대상에 포함하고 있다(참조. 3:20). 이슬람의 선교적 사명은 꾸란이
모든 사람을 위한 하나님의 계시라는 것과(25:1; 38:87), 무함마드는
마지막 사도라는 것(33:40), 또한 무함마드는 아랍인들뿐 아니라 모든
사람들에게 하나님이 보낸 사도(21:107)라는 주장에 기초하고 있다.
무함마드는 하나님이 인정하는 유일한 종교로서의 이슬람을 선포하
는 새로운 시대를 이끌었다(3:19, 85). 따라서 문제가 되는 것은 사명
에 대한 원칙이 아니라 그 사명을 완수하는 방법인 것이다. 무슬림은
하나님의 증인이다(2:143; 22:78; 33:45). 유대인들이나 그리스도인들
과 토론하는 것은 그들이 받은 사명의 일부인 것이다. 그들은 또한
'가장 좋은 방법으로' 받은 사명을 행해야 한다. 이러한 관점에서 볼
때, 무슬림들이 유대인들과 그리스도인들을 설득하여 이슬람으로 개
종시키려고 최선을 다하는 것은 상당히 합법적이다. 그러나 꾸란은
사람들에게 진리를 계시하여 그들을 개종하도록 하는 것은 바로 하나
님이라고 분명하게 진술하고 있다(참조. 7:43; 13:31; 28:56). 따라서 그
누구도 강요를 통해 이슬람으로 개종할 수 없다. '종교에는 강요가 없
나니' (2:256)라고 꾸란은 말한다. 이슬람에서 특별한 위상을 차지하
고 있는, 신의 계시를 바탕으로 유일신 공동체를 이루고 있는 유대인
들과 그리스도인들에게는 특히 그렇다.

　기독교도 이슬람과 마찬가지로 하나님의 온전한 계시와, 우주적인
통치, 그리고 예수 그리스도의 절대적인 역할을 말하고 있다. 예수 그
리스도는 하나님의 마지막 사도이며 하나님의 계시를 완성하신 분이
다(마 21:33-39; 히 1:1-2). 복음은 전 세계를 향한 하나님의 사랑에 관
한 '좋은 소식' 이며(요 3:16), 따라서 전 인류가 그 소식을 들어야 하
는 것이다. 예수는 그리스도인들을 증인으로 세워, 온 세계에 좋은 소
식을 전하도록 위임했다(마 28:19-20; 행 1:8). 그리스도인들은 예수가

하나님께로 가는 바로 그 길(the way)이며, 인류의 유일한 구원자라고
말한다(행 4:12). 이처럼 그리스도인들은 무슬림들과 동등선 상에 서
있다. 무슬림들과 토론하는 것 역시 그들 사명의 일부인 것이다. 종교
적으로든 세속적으로든 깊은 확신을 가지고 있는 사람은 누구나 자신
의 확신을 드러내고 다른 사람들을 설득시키려 할 것이다. 그리스도
인들과 무슬림들 간의 대화도 예외가 아니다. 기독교 변증의 독특한
특징은 그것을 이루는 방법에 있다. 그리스도인들은 열심히 그리고
겸손히 자신의 신앙을 보이려고 한다는 것이다. "너희 속에 있는 소망
에 관한 이유를 묻는 자에게는 대답할 것을 항상 예비하되 온유와 두
려움으로 하고"(벧전 3:15).

(2) 진실한 대화

　그리스도인들과 무슬림들은, 한 하나님에 대한 신앙을 고백하면서
도 세상 사람들에게 진정한 믿음을 드러내지 못하고 오히려 그것을
손상시킨 책임을 나누어 지게 되었다. 두 공동체가 대립하게 된 경우
는 많다. 두 종교인들 모두는 사람들이 계시와 그 유용성에 대해 회의
를 느끼도록 하였다. 결과적으로 사람들은 모든 종교에 대해 그 필요
를 느끼지 못하게 되었다. 또한 그리스도인들과 무슬림들 사이의 토
론은, 한 편이 다른 편을 비웃고, 공격하고, 심지어 완전히 때려눕혀
버리는 논쟁이 되어 버리기도 했다. 이러한 이유로 많은 사람들은 그
리스도인들과 무슬림들이 더 이상 신학적 토론을 해서는 안 된다고
생각하게 되었다. 그들은 토론 대신에 단지 대화를 해야 한다고 생각
하였다. 서구에서 그리스도인과 무슬림 간의 대화를 주장하는 사람들
은 대부분, 특히 그리스도인들은, 이 대화가 어떤 특별한 논점에 대한
주장 없이 단지 정보만을 주고받는 것이라고 생각한다. 그리스도인들

과 무슬림들이 서로를 좀 더 잘 알게 되고, 각각의 전통에 대한 진실하고 상호적인 인식을 통해 새로운 관계를 갖게 되기를 바라는 그들의 소망을 나누는 것 외에는 아무것도 할 수 없다고 보는 것이다. 그러나 이것이 진실한 대화의 전부는 아니다. 자신들의 경전을 진실하게 믿는 그리스도인들이나 무슬림들이 대화를 하면서 전혀 변증하지 않는다는 것이 가능한 일인가? 개종이 대화의 즉각적인 혹은 유일한 목적은 아니지만, 그럼에도 불구하고 가능한 결과로 받아들여져야 하지는 않을까? 무슨 근거로 새로운 정보가 새로운 입지를 갖게 하고 개종으로도 이끌 수 있다는 가능성을 완전히 배제할 수 있는가? 그것은 인간의 기본 권리를 부인하는 것 아닌가? 기독교와 이슬람 사이에 근본적인 차이점이 없다면 입장을 달리할 이유가 무엇인가? 아니면, 그리스도인들과 무슬림들은 결코 서로를 존중하는 진실한 토론에 참여할 수 없다고 치부해 버리는 것은 아닌가?

그리스도인들과 무슬림들이 서로를 관용하기 위해서는 개종의 개념을 완전히 버려야 한다는 논의도 때로 있었다. 내가 이해하는 관용, 그리스도인-무슬림 관계에 전제되어야 한다고 생각하는 관용은 다른 의미의 관용이다. 관용한다는 것은 기독교와 이슬람 사이의 신학적 차이를 부인하거나 축소시키는 것이 아니다. 그리스도인들과 무슬림들은 토론 혹은 대화를 통해 기독교나 이슬람으로의 개종이 일어날 수도 있다는 사실을 수용할 때만이 진실로 서로를 관용할 수 있게 될 것이다. 진실한 관용은 우리 사이의 차이를 무시하지 않고, 그 차이를 정확히 가늠해 보는 것이며, 그 차이를 건너려는 사람은 누구나 그렇게 할 수 있는 권리와 자유가 있다는 것을 인식하면서 상대를 받아들이는 것이다.

나는 전적으로 그리스도인-무슬림 대화에 전념하고 있다. 대화와 선교는 상반되는 개념으로 보이기보다는 다분히 그 반대로 보인다.
대화식 접근 없이 이루어지는 선교는 무의미하고 선심성이며, 아마도
유해할 것이다. 선교적 관점이 없는 대화는 피상적이고, 자기만족을
위한 학술적 활동일 것이다. 선교적 대화는 매우 교육적이고 의미 있
는 과정이다. 이를 통해 사람들은 너무나 자주 분열되어 버리는 것들
에 대한 조화를 배우게 된다. 겸손한 신앙과, 사랑을 동반하는 진리,
자유를 동반하는 종교, 생전의 삶에 충실하면서 사후의 삶에 대한 믿
음을 갖게 되는 것이다. 나는 연구 수준에서뿐 아니라, 다양한 수준에
서 그리스도인-무슬림 대화와 관련된 사람들을 살펴보고자 한다.[3]

그리스도인-무슬림 대화는 무함마드 시대로 거슬러 올라간다. 예
언자는 그리스도인들과 신학적 토론을 하고 있었다. 예를 들면, 630
년에 나즈란(아라비아의 남쪽)에서 그리스도인 대표단이 메디나로 와
서 무함마드와 함께 무슬림 공동체와 그리스도인 공동체가 함께 공존
하는 것에 대한 중요한 토론을 했다.

본서는 기독교 신앙과 무슬림 신앙을 비교하고 있다. 이들 신앙의
중심에는 경전의 형태로 우리에게 주어진 하나님의 계시가 있다. 제1
부에서 우리는 성경과 꾸란을 보면서, 특히 성경의 진위성에 대해 살
펴볼 것이다. 제2부에서는, 구원의 의미와 하나님 나라를 자세히 살
펴보면서 하나님과 인간, 그리고 우리가 하나님과 연결되어 있는 방
법에 초점을 맞출 것이다.

---

3) 그리스도인-무슬림 관계에 대한 연구는 J.-M. Gaudeul, *Encounters and Clashes:
    Islam and Christianity in History: vol. 1, Survey; vol. 2: Texts*에 나와 있다. 지난 시
    기의 그리스도인-무슬림 대화를 살펴보려면, A. Siddiqui, *Christian-Muslim
    Dialogue in the Twentieth Century*를 보라. 이슬람에 대한 기독교적 관점과 기독교
    에 대한 이슬람의 견해는 K. Zebiri, *Muslims and Christians Face to Face*에 나타나
    있다.

그리스도인의 하나님 이해는 예수 그리스도와 그의 죽음 및 부활로 나타난다. 이 두 가지 사건은 예수 그리스도와 그의 말씀의 절대성을 보여 준다. 하지만 이슬람 전승은 이를 부인한다. 제3부에서는 예수에 대한 이러한 다른 견해를 연구할 것이다. 신과 인간에 대한 이슬람의 가르침은 예언자 무함마드의 사명을 통해 나타난다. 무함마드의 예언자성에 대한 꾸란의 증거는 그리스도인들을 비롯하여 모든 사람들을 도전하며, 우리에게 적합한 반응을 요구한다. 이것이 우리가 제4부에서 시도하는 것이다.

이슬람과 기독교는 둘 다 기록되어 있는 신의 계시를 기초로 하는 유일신 신앙이기 때문에, 그리스도인들과 무슬림들 사이의 토론은 자연스럽게 경전의 역할과, 신의 속성 및 인간의 상황, 그리고 예수와 무함마드와 관련되어 있다. 그러나 신학이 그리스도인-무슬림 관계 형성에 중요한 유일한 요인은 아니다. 역사 또한 중요한 역할을 한다. '기독교'와 '무슬림' 국가 사이의 충돌은 부정적인 영향을 미쳤고, 지금도 그렇다. 십자군과 식민주의는 그리스도인들과 무슬림들 사이의 관계를 손상시켜 왔다. 결과적으로 진실한 대화는 더 어려워졌다. 아랍 그리스도인으로서 나는 그리스도인-무슬림 관계가 얼마나 많이 광범위한 역사적 상황을 통해 형성되었는지를 알고 있다. 이것이 내가 제5부에서 두 가지 현대 이슈인 중동에서의 충돌과 서구 유럽에서의 무슬림 인구를 언급하지 않고 이 책을 마무리 지을 수 없는 이유이다.

종교 간의 대화가 내포하고 있는 문제는, 확고한 신념을 가지고 있으면서도 상대적인 관점에 열려 있을 수 있는가 하는 것이다. 나는 대부분의 그리스도인들과 무슬림들이 이 질문에 그렇다고 답할 것이라고 생각하고 싶다. 대화는 마음과 생각에서 우리가 타종교인들에게 얼마나 열려 있는가를 증명하는 좋은 방법이다. 대화는 우리가 진실과 사랑 모두에 충실할 것을 요구한다. 이처럼 그리스도인들과 무슬림들 사이의 대화는 중요한 문제이다. 그 주요 관심은 신에 대한 진실과, 우리 자신, 우리의 동료 인간들, 그리고 우리가 살고 있는 이 세계에 있다. 정치적 단정이나, 무지 혹은 신학적 상대주의는 우리 사이에 피상적인 동의를 이끌어 낼 것이다. 한편, 대립하는 토론은 적개심을 야기할 수 있는 위험성이 있고, 그것은 진리를 추구하는 데 방해가 될 것이다. 진실한 평화로운 관계를 통해 나타나는 사랑만이 진리가 드러나고 서로 간의 이해를 돕는 데 필요한 상황을 창출해 낼 수 있다.

나는 이러한 대화를 통해 그리스도인과 무슬림 공동체 모두가 서로 좀 더 나은 관계를 즐기게 되기를 기도한다. 우리는 서로에 대한 편견과 무지를 걷어내게 될 것이고, 우리 자신의 신앙뿐 아니라 서로의 신앙에 대한 좀 더 나은 이해를 갖게 될 것이다. 무엇보다도, 우리는 하나님이 우리에게 말씀하고 계시며, 또한 우리에게 하실 말씀이 있다는 것을 알게 될 것이다. 즉, 하나님이 어떤 분이신가 하는 것을 더 잘 알게 될 것이다.

그리스도인들과 무슬림들은 각자의 경전이 가르치는 바를 따라 살고자 한다면 서로 친밀한 관계를 가져야 한다. 우리는 또한 서로의 신앙을 도전하되 평화롭게 진실하게 하도록 부름받았다. 이것은 쉬운 일이 아니다. 우리의 신앙이 면밀히 검토될 것이고, 우리가 같은 인간으로서, 그리고 하나님을 두려워하는 사람들로서 서로 관계할 수 있는 능력이 검증될 것이다. 요약하자면, 대화를 한다는 것은 기독교와 이슬람을 심판대 위에 올려놓는 것과 같은 것이다. 그리스도인들과 무슬림들은 이 도전을 감당할 것인가? 우리는 사랑 안에서 진리를 말할 수 있을 것인가?(엡 4:15) 우리는 '가장 좋은 방법으로' 우리의 사명을 완수하여 하나님께 영광 돌릴 것인가? 본서는 이 도전에 응답하

고자 노력했다. 나의 하나님께서 자비로 본서의 부족함을 용서하시고
그의 기쁘신 뜻대로 사용하시기를 소망한다.

01 부... 경전

1. 성경과 꾸란

그리스도인들과 무슬림들은 성스러운 경전을 통해 그들이 신의 계시를 받았다고 주장한다. 그 경전이 성경 혹은 꾸란이다. 따라서 기독교에서 성경이 차지하는 위치를 이슬람에서는 꾸란이 차지하고 있다고 쉽게 생각할 수 있을 것이다. 그러나 문제는 그렇게 간단하지가 않다! 성경이 그리스도인들에게 주는 의미와 꾸란이 무슬림들에게 주는 의미는 서로 다르다. 이 두 경전에는 분명 놀랄 만한 유사성이 있지만, 또한 중요한 차이점이 있다.

이 차이점은 그리스도인들이 꾸란을 읽을 때 문제가 되는 것과, 무슬림들이 성경을 읽을 때 직면하게 되는 문제들을 설명하는 데 도움을 준다. 쉽게 실망하고 읽기를 중단하는 사람들도 있는 반면, 어떤 이들은 즉시 이 차이점들이 보통 사람들에게 두 경전 사이의 차이를 보여 준다고 결론짓는다. 그러나 성경과 꾸란은 모두 보다 깊은 사고를 요구하는 경전들이다. 수세기 동안 이 두 경전은 수백만 사람들의 신앙을 지탱시켜 왔다. 경전들을 읽으면서 기록되어 있는 것에 성급하게 동의할 필요는 없지만, 경전의 독특성과 내용을 이해하기 위해 신실한 노력을 기울일 필요는 있다.

우리는 계시의 네 가지 다른 측면들을 살펴봄으로써 이 작업을 하려고 한다. 그 네 가지는, 계시의 성격(무엇이 계시되었는가)과, 계시의 방법(어떻게 계시되었는가), 계시의 전승(어떻게 전해져 내려왔는가), 그리고 계시의 내용(무엇을 말하고 있는가)이다.

(1) 계시의 성격

그리스도인들과 무슬림들은 주관자이시고 (창조물과 완전히 다르고 구별되는)초월자이신 창조자 하나님을 믿는다. 그분은 인간을 창조하시고, 지상에서 그분을 대신하는 존재로 우리를 세우셨다. 하나님이 보내신 선지자를 통해 우리는 하나님의 말씀을 알고, 그분의 뜻을 배우게 된다.

이슬람에서 하나님의 계시는 무엇보다도 그의 창조에 나타난다. 자연은 창조자를 가리키는 많은 사인(*ayat, signs*)을 가지고 있는 것이다 (2:164; 3:190; 10:5-6).

> 실로 낮과 밤을 달리한 것과
> 하나님이 창조하신 모든 것도
> 그분을 공경하는 이들을 위한 예증이니라.(10:6)

꾸란은 하나님의 구두 계시가 그의 말씀을 상징하는 하늘 판(*al-lawh al-mahfuz*, heavenly template)에 기록되어 있다고 가르친다 (85:22). '경전의 모체'(3:7; 13:39; 43:4)로 알려진 이 원판은 다양한 시기에 인류에게 알려져 왔다. 그리고 하나님의 최고 계시는 경전 (kitab)에 계시되었다.

꾸란에 의하면, 그런 계시를 모아 놓은 경전 형태의 네 가지 모음이 있다.

❶ 토라(*tawrat*)
모세를 통해 계시된 것으로(3:93; 6:154) '인간을 위한 빛과 복음 (nur wa huda)'이다(6:91).

❷ 시편(zabur)

다윗을 통해 계시되었다(4:163; 17:55; 21:105).

❸ 복음(injil)

예수를 통해 계시되었으며, 이것 또한 빛이요 복음이며 토라를 확증하는 것이다(5:46).[1]

❹ 꾸란

무함마드를 통해 계시되었으며, '복음과 은혜(*huda wa rahma*)' 이다(6:157). 꾸란의 메시지는 확증(*yusaddiqu*)된 것이며, 토라 와 복음(2:91; 3:3, 81; 4:47)이고, 이전의 경전들을 설명(*yufassilu*) 해 주지만(6:114; 10:37; 12:111), 그 권위는 그것들보다 더 크다 (muhaymin)(5:48). 이슬람의 경전은 모든 사람에게 주어진 하나 님의 말씀으로 여겨진다(38:87; 68:52; 81:27).

꾸란은 인간의 마음으로 이해할 수 있는 알라의 뜻을 주로 계시해 놓았다. 꾸란은 우리가 믿어야 하는 것과 알라에게 복종하여 사는 법 을 알려 준다.

하나님의 말씀으로 보낸 것은 인간을 통해서가 아니라 계시를 통해서 또 는 가리개 뒤에서 사자를 통하여 계시되었으며, 이는 그분(하나님)께서 뜻 을 두고 허락하신 것이라. 실로 그분께서는 높이 계시며 현명하시도다.

---

1) 복음이라는 말(아랍어로 *injil*)은 '좋은 소식'을 뜻하는 헬라어 유앙겔리온 (*euangelion*)을 번역한 것이다. 아랍어 상당 어구는 *bishara*가 될 것이다. 본서에 서 '복음(Gospel)'이라는 말은 두 가지 의미로 사용된다. 먼저, 꾸란의 상황에서 그것은 기독교 공동체의 '경전'을 의미한다. 기독교적 의미에서는 네 복음서(마 태, 마가, 누가, 요한 복음) 중 하나를 가리킨다. 둘째로, '복음(gospel)'은 오직 예수와 그의 제자들이 가르쳤던 메시지를 의미한다.

이렇게 하여 우리(하나님)는 우리의 명령으로 그대에게 계시하나니 그대는 이전에 성서가 무엇이며 믿음이 무엇인지 알지 못했으리라. 그러나 우리는 꾸란을 광명으로 하고 그것으로 우리의 뜻이 있는 종들을 인도하도록 하였도다.(42:51-52)

이슬람 경전은 하나님의 초월성에 흠을 입히지 않기 위해 하나님이 어떤 분이신가를 드러내지 않는다. 어느 무슬림 학자는 다음과 같이 표현했다. "당신은 완전한 초월과 자기 계시를 동시에 가질 수 없을 것이다."[2]

이것은 그리스도인들이 자신의 경전을 생각하는 것과는 매우 다른 방법이다. 성경은 하나님의 뜻과, 법, 명령을 드러낼 뿐만 아니라, 하나님 자신을 보여 준다고, 즉 하나님 스스로를 계시하신다고 말한다. 물론 하나님은 무한하시고 우리는 죄인이므로 우리가 그분에 대한 모든 것을 다 이해할 수는 없다. 하나님의 생각은 우리 생각보다 높고, 그분의 길은 우리 길보다 높다. "하늘이 땅보다 높음같이" 말이다(사 55:9). 그러나 하나님은 말씀을 통해 우리에게 스스로를 계시하시기 원하셨고, 따라서 우리는 그분을 알 수 있고 그분과 관계를 가질 수 있다.

선지자들을 통해 전해진 하나님의 말씀이 나타내고 있듯이, 성경의 계시는 인간 역사에 나타난 하나님의 행하심에 대한 많은 설명을 포함하고 있다. 그 말씀들은 하나님의 행하심을 설명하고, 그 행하심은 말씀을 확증한다. 모세 시대에는 이스라엘을 애굽에서 해방시키고 법을 주시는 것에서 하나님 계시의 극치를 이룬다. 토라는 하나님께서 이스라엘 역사를 통해 어떻게 자신을 계시하셨는가를 기록해 놓은 기

---

2) I. Faruqi et al., *Christian Mission and Islamic Da`wa*, p. 48.

사이다. 창조자 하나님은 토라에서 그의 백성의 구원자로서 자신을
계시하신다.

> "나 곧 나는 여호와라
> 나 외에 구원자가 없느니라
> 내가 고하였으며 구원하였으며 보였고
> 너희 중에 다른 신이 없었나니
> 그러므로 너희는 나의 증인이요 나는 하나님이니라 여호와의 말이니라"
> (사 43:11-12).

> "내가 여호와인줄 아는 마음을 그들에게 주어서 그들로 전심으로 내게
> 돌아오게 하리니 그들은 내 백성이 되겠고 나는 그들의 하나님이 되리라"
> (렘 24:7).

그리스도인들은 2,000년 전에 예수 그리스도를[3] 통하여 하나님의
계시가 극치를 이루었다고 본다. 예수는 하나님의 최고의 계시이며,
하나님의 말씀이 육신이 되신 것이다(요 1:1, 10, 14). 복음은 예수께서
말씀과 행동으로 선포하셨던 좋은 소식이다. 예수는 그의 창조물 인
간을 구원하기 위해 오신 구세주로서 하나님 계시의 완성이시다. 그
러므로 성경은 하나님이 누구이신지 그리고 그분이 예수 그리스도 안
에서 자신을 어떻게 계시하셨는지를 가리키고 있다.

무슬림들과 마찬가지로, 유대인들과 그리스도인들은 꾸란에서 '경
전의 백성들'이라 일컬어진다. 각기 자신들의 경전의 권위를 고수한
다는 점에서 이는 매우 적절한 표현이다. 그러나 그리스도인들은 스

---

3) '그리스도'라는 명칭은 헬라어 크리스토스(*Christos*)에서 온 것이다. 히브리어
'메시아(Messiah)'와 아랍어 알-마시(al-Masih)와 동등어이다. 14장에서 보겠지
만, 이 명칭은 성경과 꾸란 모두에서 예수께 돌려지는 명칭이다.

스로를 이보다 훨씬 더 귀한 존재로 믿고 있다. 그리스도인들은 무엇보다도 인간으로 계시된 하나님의 영원한 말씀이신 예수 그리스도와 연관하여 그들의 정체성을 찾는다. 그러므로 기독교에서 예수는 어떤 의미에서 이슬람에서 꾸란이 차지하고 있는 위치에 있다. 예수께서 하나님을 알리신 것같이 예수를 알리는 것이 성경의 역할이다. 이와 반대로, 이슬람에서 무함마드는 하나님의 최고의 말씀인 꾸란을 전하는 사명을 받은 하나님의 예언자 이상도 이하도 아니다. 무슬림들은 무함마드의 본을 따라 꾸란 법을 지키는 자들로 정의된다.

본서를 통해 우리는 좀 더 자세히 이 개념들을 생각해 볼 것이다. 그러나 여기서 우리는 꾸란과 성경은, 포함하고 있는 계시의 성격이 다르다는 것을 짚고 넘어가야 한다.

(2) 계시의 방법

그리스도인들과 무슬림들은 하나님이 말씀을 계시하신 방법을 다르게 믿고 있다. 이 차이는 대체로 인간이 관여되었다고 생각하는 정도에서 찾을 수 있다. 무슬림들은 처음에 성경을 보고 나서 종종 놀란다. 그 구조와 문학 스타일이 그들이 기대했던 것과 반드시 일치하지 않기 때문이다.

1) 성경의 책들

성경이라는 말은 헬라 어원으로 단순히 '책'을 의미한다. 이 책은 사실 66권의 책들을 모아 놓은 것으로, 예수 그리스도 이전에 기록된 구약과, 예수 그리스도 이후 첫 세기에 기록된 신약, 이렇게 크게 두 부분으로 나뉜다.[4]

---

4) 이들 66권 이외에, 성경의 일부 편집들은 다른 책들도 포함한다. 구약의 헬라어

구약은 유대인들의 성경 즉, 그들의 거룩한 경전으로, 39권의 책으로 이루어져 있다.

| 모세 오경('다섯 권의 책들')

모세의 책들이라고 하는 창세기와 출애굽기, 레위기, 민수기, 신명기이다. 창세기에서 우리는 창조에 대한 설명과 이후에 아담과 노아, 아브라함, 이스마엘, 이삭, 야곱, 그리고 요셉의 삶을 보게 된다. 출애굽기에서 우리는 하나님이 이집트의 노예 생활에서 이스라엘 백성들을 구해 내고, 모세를 통해 율법을 주는 것에 대해 읽는다.

| 역사서

여호수아, 사사기, 사무엘, 열왕기, 역대기 등을 포함한 역사서이다. 이 이야기들은 이스라엘 백성들의 역사를 사사가 통치하던 초기부터 다윗왕의 시대를 거쳐, 솔로몬, 이스라엘과 유다 왕국으로의 분리, 그리고 하나님이 마침내 앗시리아와 바벨론 군대를 통해 심판하시기까지의 역사를 다루고 있다. 다른 역사서들인 에스라와 느헤미야는 포로 생활에서 돌아온 일부 유대인들에 대해 기록하고 있다.

| 시편과 지혜 문학

시편, 잠언, 전도서, 욥기, 아가가 이에 속한다. 시편은 개인들과 공동체의 감사와 찬양, 탄식의 노래들을 모아 놓은 것으로, 그 일부는 다윗왕이 기록하였다.

번역(셉투아진트나 70인역)이 그런데, 유디트서, 도빗서, 1,2 마카베서, 지혜서, 집회의 서, 바루크서, 예레미야서신, 그리고 에스더와 다니엘서의 헬라어 버전들이 있다. 이 추가된 책들은 제2경전 혹은 외경이라고 불린다. 오늘날에는 로마 가톨릭 교회가 사용하는 성경 번역에서 찾아볼 수 있다.

| 예언서

예언서들은 하나님의 예언자들이 선포한 내용을 담고 있다. 그것은 백성들을 하나님께로 다시 부르고 구원의 미래를 바라보는 내용이다. 가장 긴 예언서들로는 이사야, 예레미야, 에스겔, 다니엘이 있다. 그리고 가장 짧은 것들은 호세아, 아모스, 그리고 말라기이다.

구약은 종종 "교훈" 혹은 "율법"(눅 16:17)을 의미하는 토라로 일컬어진다. '율법'이라는 말은 법과 관련된 부분만이 아니라 성경 전체를 지칭하는 광범위한 의미로 이해된다. 예수 시대에 성경은 "율법과 선지자들"(마 5:17, 7:12, 11:13)로 명명되었다. 이 표현에서 '율법'은 특별히 성경의 첫 다섯 권(눅 16:19, 24:27)을 지칭하고, '선지자들'은 예언서들을 가리킨다. 그러나 성경을 가리키는 또 다른 표현은 "모세의 율법과 선지자의 글과 시편"(눅 24:44)이다. '시편'이라는 말은 좀 더 넓은 의미로, 시편 한 권만을 가리키는 것이 아니라 다양한 저술들, 특히 지혜 문학을 뜻한다.

이처럼 구약은 모세와 다윗뿐만 아니라 많은 다른 선지자들과 관련된 저술들의 모음으로, 그 저자들의 수가 약 30명에 이른다. 그 구성은 모세 시대로부터 다윗과 솔로몬을 거쳐 예수 그리스도보다 4세기 전에 살았던 말라기까지, 8세기가 넘는 기간이다.

신약의 메시지는, 위에서 살펴본 바대로 '좋은 소식'을 뜻하는 말씀 즉 복음으로 알려져 있다. 단수('복음, the gospel')로는 예수 그리스도의 메시지를 의미하고, 복수('복음들, the Gospels')로는 예수의 이야기를 전하는 네 권을 가리킨다. 이처럼 예수 그리스도의 복음은 네 개의 복음들로 열거되지만, 신약의 다른 저술들도 동등한 위치에 있다(각주1을 보라).

신약은 27권으로 되어 있다.

| 복음

마태, 마가, 누가, 요한.

| 사도행전

누가의 두 번째 책으로, 예수가 승천하시기 전에 사도들에게 주었던, 모든 족속에게 복음을 전하라는 사명을 선포하는 것으로 시작한다. 또한 계속해서 복음이 어떻게 예루살렘으로부터 온 로마로 선포되었는지, 사람들이 어떻게 말씀을 받아들였는지, 박해에도 불구하고 그리스도인 교회가 얼마나 빨리 성장했는지를 말한다.

| 서신서

바울과 베드로, 요한 같은 예수의 사도들이 주로 기록하였다. 주로 교회나 교회 지도자들에게 보낸 것으로, 복음에 대한 깊은 의미와 그 실제적인 결과들을 알려주는 내용이다.

| 계시

예수의 제자 중 한 명인 요한이 자신이 본 환상을 기록한 내용이다. 복음이 전파되면서 강한 반대에 부딪치게 될 것이라는 것을 강조한다. 또한 계속해서 소망을 가지라고 권고하면서, 한편으로는 고난이 하나님의 백성들을 기다리고 있다고 경고한다. 하나님의 백성들은 예수가 다시 오실 것이라는 약속에서 힘을 얻게 된다. 처음 오실 때와 반대로, 예수는 영광스러운 재림을 통해 하나님의 나라, 평화와 공의의 나라를 온전히 세우실 것이다.

신약은 약 열 명의 저자들에 의해 기록되었다. 그들 모두는 기독교

1세대를 산 사람들이다. 누가를 제외하고는 모두 유대인이었을 것으로 추정된다.

2) 성경의 저자들

그리스도인들은 성경의 저자들이 당시에는 알지 못했을 수도 있지만, 하나님이 그들에게 영감을 주었다고 믿는다. 저자들 가운데에는 모세나 사도 바울처럼 유명한 사람들도 있고, 익명으로 남아 있는 사람들도 있다. 그러나 그들은 모두 다 성령의 도구였으며, 성령이 기록하게 하셨다. 그러면서도 성령은 각자의 개성을 충분히 드러나게 하셨고, 개인의 능력대로 하나님의 말씀을 기록하게 하셨다. 하나님께서는 그들이 기계적으로 받아 적도록 하지 않으셨다. 저자들은 전적으로 계시된 말씀의 기술에 참여하였으며, 저술에는 개개인의 특색 있는 개성이 나타난다.

성경 저자들은 또한 메시지를 전할 때 그들이 대상으로 하고 있는 문화를 고려하여 그것에 맞는 형태를 채택하였다. 예를 들면, 네 복음서는 예수 그리스도께서 선포하신 고유한 복음을 네 가지 형태로 기록하고 있다. 또한 예수는 당시 팔레스타인에 사는 유대인들이 사용했던 아람어로 제자들에게 말씀하셨지만, 네 복음서는 헬라어로 기록되었다. 제자들은 헬라어를 공용어로 하고 있는 서로 다른 인종 집단들을 대상으로 사역하였기 때문이다.

영감이라는 말은, 하나님께서 영으로 사람들을 이끄셔서 그들의 역사적 상황과 그들이 대상으로 하고 있는 독자들의 상황을 고려하여 하나님의 말씀을 기록하게 하신다는 것을 의미한다. "먼저 알 것은 경의 모든 예언은 사사로이 풀 것이 아니니 예언은 언제든지 사람의 뜻으로 낸 것이 아니요 오직 성령의 감동하심을 입은 사람들이 하나님께 받아 말한 것임이니라"(벧후 1:20-21). 결과적으로 성경은 믿을 수 있는 하나님의 말씀이고, 동시에 인간이 직접 저술한 말이다. 성경을 인간이 저술하였다는 것은 우리가 다른 서적들을 연구하듯이 성경도 연구할 수 있다는 것을 의미한다. 우리는 모든 가능한 인간적 지식 자원들을 사용하여 성경에 대한 우리의 이해를 도울 수 있다. 하나의 해석만을 고집하지 않고, 다양한 각도에서 본문을 볼 수 있다. 우리는 본문이 어떤 종류인지(역사물인지, 시인지, 예언인지, 이야기인지, 법률적인 것인지, 계시인지 혹은 지혜 문학인지) 생각해 보고, 그에 따라 어떻게 해석할 것인지를 결정한다. 다른 한편으로, 성경을 하나님이 저술하였다는 것은, 우리가 하나님의 말씀을 이해하려 하고 순종하려 하는 것처럼, 성경을 대할 때 그에 합당한 겸허한 자세로 임해야 한다는 것을 의미한다.

> "모든 성경은 하나님의 감동으로 된 것으로 교훈과 책망과 바르게 함과 의로 교육하기에 유익하니"(딤후 3:16).

> "무엇이든지 전에 기록한 바는 우리의 교훈을 위하여 기록된 것이니 우리로 하여금 인내로 또는 성경의 안위로 소망을 가지게 함이니라"(롬 15:4).

3) 무함마드는 하나님의 계시를 받는다

하디스에 의하면[5], 하나님의 계시는 다양한 형태로 무함마드에게 임했다. 때로 그것은 매우 고통스러운 경험이었다.

> 때로는 벨을 울리는 것 같았는데, 이러한 형태의 영감이 가장 힘든 것이었다. 이러한 상태는 내가 영감 받은 것을 다 터득한 후에야 사라졌다. 어떤 때

---

5) 하디스에 대한 좀 더 자세한 소개는 3장에 나올 것이다.

는 가브리엘 천사가 계시의 대행자였다. '때로 천사가 인간의 형태로 와서 내게 말했고 나는 그가 말하는 것은 무엇이든 터득한다.'

무함마드의 부인인 아이샤는 계시 받는 것이 보통 매우 격렬한 경험임을 알아챘다. '진실로, 나는 예언자께서 매우 추운 날 신의 영감을 받는 것을 보았는데, (영감이 끝난 후에) 땀이 이마에서 떨어졌다는 것을 알았다.' [6]

가브리엘 천사가 무함마드에게 처음 나타났을 때, 그것은 예기치 못한 두려운 만남이었다. 무함마드는 40세 가량이었고 카디자와 결혼한 상태였다. 그는 고향인 메카 근처의 한 동굴에서 명상을 하고 있었다.

하나님의 사도에게 신의 영감은 좋은 꿈의 형태로 시작되었다. 그 꿈은 밝은 날과 같이 현실이 되었고, 사도는 은둔하는 것을 매우 좋아하게 되었다. 그는 히라 동굴에서 은둔하곤 했는데, 그곳은 그가 가족을 보고 싶어하기 전에 여러 날 동안 계속해서 예배하던 곳이었다. 그는 여행을 위한 음식을 가져갔다가, 다시 음식을 챙겨가기 위해 카디자에게 돌아오곤 했는데, 그러던 중 히라 동굴에 있는 동안 갑자기 진리가 그에게 임했다. 천사가 그에게 와서 읽으라고(*iqra'*) 요청했다.

예언자는 "저는 읽을 줄 모릅니다." 하고 답했다.

예언자는 다음과 같이 덧붙였다. "천사가 나를 잡고 너무나 강하게 눌러서 더 이상 참을 수가 없었다. 그러고 나서 천사는 나를 놓아 주고 다시 내게 읽으라고 요구했고, 나는 '읽을 줄 모릅니다.' 하고 답했다.

그러자 천사가 다시 나를 잡고 두 번째로 내가 더 이상 참을 수 없을 때까지 나를 눌렀다가 놓아 주고 또 한 번 내게 읽으라고 요구했다. 그러나 나는 다시 '나는 읽을 줄 모릅니다.' 하고 대답했다. 그러자 그가 세 번째로 나를 잡고 눌렀다가 놓아 주고서 말했다. '만물을 창조하신 그대 주님의 이름으로 읽으라. 그분은 한 방울의 정액으로 인간을 창조하셨느니라. 읽으

---

6) Bukhari, bad' *al-wahy* 2:I, p. 2, no. 2[2].

라. 그대의 주님은 가장 은혜로운 분이시다.'"(96:1-3)

하나님의 사도는 영감을 받고 가슴을 두근거리며 돌아왔다. 그는 카디자(Khadija b. Khuwaylid)에게 가서 "나를 덮어 주시오! 나를 덮어 주시오!" 하고 말했다. 그들은 그가 떨지 않을 때까지 그를 덮어 주었다. 그는 카디자에게 모든 것을 말하고 나서 "내게 무슨 일이 일어나는지 두렵소." 하고 말했다.

카디자는 "두려워 마세요! 하나님은 결코 당신을 부끄럽게 하지 않으실 거예요. 당신은 친척들과 좋은 관계를 유지하고, 가난하고 헐벗은 자들을 돕고, 손님들에게 친절하고, 재난 당한 이들을 보살펴 주었어요."

그러고 나서 카디자는 남편과 함께 사촌 와라카(Waraqa b. Nawfal b. Asad b. `Abdul `Uzza)에게 갔는데, 그는 이슬람 시대 이전에 그리스도인이었던 자로 히브리서를 쓰곤 했다. 그는 히브리어로 복음서를 쓰기 시작하여 하나님이 원하시는 만큼 쓰던 자였다. 그는 나이 많아 시력을 잃었다. 카디자는 와라카에게 "우리 조카 이야기 좀 들어 보세요!" 하고 말했다.

와라카는 "조카야! 무엇을 봤느냐?" 하고 물었다.

하나님의 사도는 그가 본 것을 설명했다. 와라카는 말했다. "하나님이 모세에게 보낸 분과 같은 분이야. 그는 비밀을 지키지. 내가 젊어서 사람들이 너를 쫓아내게 될 때까지 살 수 있었으면 좋겠다."

하나님의 사도는 "사람들이 저를 쫓아낼까요?" 하고 물었다.

와라카는 그렇다고 대답하면서, "네가 받은 것과 유사한 것을 받은 사람은 누구나 대적 받았지. 만일 네가 쫓겨나게 될 때까지 내가 살 수 있다면 내가 너의 힘이 되어 줄 텐데." 하고 말했다. 그러나 며칠 후에 와라카는 세상을 떠났고, 신의 영감도 잠시 동안 중단되었다.

(며칠 후에) 걷고 있다가 갑자기 하늘에서 나는 소리를 들었다. 위를 쳐다보았더니 히라 동굴에서 내게 왔던 그 천사가 하늘과 땅 사이에 있는 의자에 앉아 있었다. 나는 두려워서 집에 돌아와 "(이불로)나를 감싸 줘." 하고 말했다. 그리고 하나님은 다음의 거룩한(꾸란) 구절들을 계시하셨다.

> 망투를 걸친 자여(즉, 무함마드)! 일어나서 경고하라. 그리고 그대 주님
> 만을 찬양하고 그대의 망투를 청결케 할 것이며 부정한 것을 피하고(74:1-5)

> 이 일 후에 강하게 자주, 그리고 정기적으로 계시가 오기 시작했다.[7]

무함마드에게 가브리엘은 *iqra´*고 명했다. 동사 *qara´a*는 보통 '읽다'를 의미하지만, 이 상황과 같은 종교적 상황에서는 '선포하라' 혹은 하나님의 말씀을 '암송하라'는 뜻이다. *qur´an*이라는 말도 이와 동일한 어근에서 나왔고, 따라서 신성한 본문을 암송하는 종교적 의식을 의미한다. 좀 더 확장된 의미로 본문 그 자체를 가리키게 되었다.

너무나 놀라서 무함마드는 천사가 그에게 주도록 되어 있는 메시지 받기를 거부했다. 그는 세 번 *"ma ana bi-qari"*라고 대답했다. 그것은 '나는 읽을 수 없습니다.' 혹은 '저는 암송하지 않을 것입니다.'를 의미하는 표현이다. 전통적으로 무슬림들은 첫번째 해석인 '나는 읽을 줄 모릅니다.'를 선택하여 무함마드가 문맹임을 말했다. 그러나 우리가 아는 한, 가브리엘은 무함마드에게 문서를 제시하지 않았고, 만약 무함마드가 문맹이었다면 천사가 분명 알고 있었을 것이다. 또한, 하늘의 사신이 누르자, 무함마드는 마침내 그가 들은 말씀을 암송하는 데 동의했다. 그러나 하디스는 무함마드와 가브리엘의 첫번째 만남이 매우 두려운 것이었다는 것을 분명히 하고 있다. 두려움으로 인해 그는 처음에 그를 따르기를 거부했던 것이다. 무함마드는 "나는 암송하지 않을 것입니다." 하고 말하면서, 할 수 있는 한 천사의 명령을 거부하고자 했다. 그러나 결국은 승복하고 이 첫 계시를 암송할 수밖에 없

---

7) Ibid., 3:I, p. 2, no. 3[3].

었다. 이 구절은 수라 96에 기록되어 있다. 많은 무슬림들은 이러한 해석에 놀랄 것이고, 이를 거부하는 사람도 분명히 있을 것이다. 그러나 현대 무슬림 학자들 중에도 이에 동의하는 자들이 있음을 분명히 말할 수 있다.[8]

예언자의 역할은 메시지를 암송하여 메카에 있는 사람들에게 전하는 것이었다. 메시지는 한 마디 한 마디 그에게 전달되었다. 그는 메시지 형성에 개입하지 않았지만 자신이 들은 것을 정확히 배우고 암송하였다. 이런 방식으로 꾸란이 무함마드에게 진술되었다는 사실은 이슬람 경전이 하나님의 말씀이고 하나님의 말씀은 유일하다는 것을 의미한다. 이러한 이유로 꾸란 본문에는 보통 화자(話者)가 복수로 나타나며, 이 복수의 존재가 바로 신이다. 이처럼 암송, qira´a는 무함마드가 하나님의 말씀을 받고 전해 준 방법을 나타낸다. 말씀을 암송한 것이 하나님이 말씀을 계시하시는 과정에서, 즉 꾸란에서 anzala와 nazzala라는 동사로 표현되는, 문자적으로는 '보내다' 그리고 '가져오다'의 과정에서 예언자가 한 일의 전부이다. 무함마드가 아랍인이었기 때문에, 꾸란은 그에게 아랍어로 계시되었다.

무함마드는 주후 610년에 첫 계시를 받았다. 메카의 주민들은 꾸란의 가르침에 별로 관심이 없었다. 공공연한 핍박은 아니었지만 어쨌든 예언자는 반대에 부딪혔고, 그의 메시지는 거부당했다. 622년에 그는 본토에서 떠나 동료들과 함께 야스립(Yathrib)으로 도피해야 했다. 야스립은 후에 메카가 되었는데, 이는 '사도의 도시(Medinat al-rasul)'에서 유래한 것이다. 히즈라(hijrah)로 알려진 이 여행을 시작으로 이슬람 시대가 열리기 시작하여, 무슬림 공동체는 빠르게 성장했다. 신의 계시는 무함마드가 죽던 632년까지 계속되었다.

---

8) 참조. M. Shahrur, *al-Kitab wa-l-Qur'an: Qira´a mu`asira*, pp. 139-143.

4) 꾸란

꾸란은 무함마드가 받은 계시들을 모두 모아 놓은 것으로 총 114장이며, 각 장을 수라(*sura*)라고 한다. 이 수라들은 길이에 따라 다소 길이가 긴 것의 순으로 분류되었다. 꾸란에서는 연대기적으로는 먼저 계시되었을지라도 길이가 짧은 수라들은 뒤쪽에 위치하고 있다.

개경장(*al-Fatiha*, '서론')은 길이가 짧지만 예외적으로 맨 처음에 위치하고 있다. 꾸란 가운데 가장 위대한 수라로 하디스에 기록되어 있기 때문이다.[9] 무슬림들은 개경장이 꾸란 전체를 요약하는 것으로 생각하여 종종 기도 가운데 암송한다. 다른 수라들처럼(아홉 번째 수라를 제외하고), 개경장도 '자비로우시고 자애로우신 하나님의 이름으로(*bismi-llah al-rahman al-rahim*, 이 기원은 *basmala*로 알려져 있다)' 하는 기원으로 시작한다.

> 자비로우시고 자애로우신 하나님의 이름으로
> 온 우주의 주님이신 하나님께 찬미를 드리나이다.
> 그분은 자애로우시고 자애로우시며
> 심판의 날을 주관하시도다.
> 우리는 당신만을 경배하오며 당신에게만 구원을 하나니
> 저희들을 올바른 길로 인도하여 주시옵소서.
> 그 길은 당신께서 축복을 내리신 길이며
> 노여움을 받지 않는 자나 방황하는 자들이 걷지 않는 가장 올바른 길이옵니다. (1:1-7)

5) 다른 차이들

성경과 꾸란의 계시들은 역사적 관점과 계시 받은 자의 수에 있어

---

9) Bukhari, *fada'il al-Qur'an* 9:VI, p. 489, no. 528 [4622].

서 차이를 보인다.

- 역사적 관점: 꾸란에는 성경에 비해 역사적 관점이 결여되어 있다. 성경 계시는 1,000년 이상 동안 이루어진 것인 반면, 꾸란은 23년간 계시된 것들이다. 따라서 꾸란 예언 중에서 계시의 기간 동안 성취된 것을 찾아볼 수 없다.[10)]

- 계시 받은 자들: 한 사람에게 계시된 꾸란과는 반대로, 성경의 계시는 많은 사람들에게 맡겨졌다. 이러한 이유로 꾸란은 성경보다 문학적인 통일성이 훨씬 뛰어나다. 그러나 성경에 다수의 저자들이 참여했음에도, 저술 내용이 일치한다는 것은 훨씬 놀라운 사실이다.

(3) 계시의 전승

꾸란은 분명한 말로 주어졌지만(15:1; 27:1; 36:69), 예언자가 메카에서 전하기 시작했을 때 그는 별로 좋은 성과를 거두지 못했다. 청중들의 대부분이 별로 알고 싶어하지 않았던 것이다. 꾸란의 신적 기원을 믿지 않는 청중들을 설득시키기 위하여 무함마드는 그들에게 꾸란과 같은 문학적 가치를 지닌 수라를 10개만(11:13), 아니 단 하나라도(2:23; 10:38) 가져와 보라고 도전하였다.

만약 너희가 우리(하나님)의 종에게 계시한 것에 관하여 의심을 한다면
그와 같은 말씀의 한 구절이라도 가져올 것이며,

---

10) 이 점에서 유일한 예외는 꾸란 30:1-4에 나오는 비잔틴 군대에 대한 승리와 패배에 관한 '예언'일 것이다. 그러나 이 본문 2절의 발성과 1-4절의 날짜가 불확실하기 때문에 그 예언적 성격이 매우 의심스럽다.

너희들이 사실이라고 고집한다면
하나님 외에 증인들을 대어 보라.(2:23)

'꾸란의 기적(*i`jaz al-Qur´an*)' 이라고 할 때 보통 꾸란이 초인간
적인 문학적 완성도를 보이고 있다는 것을 든다. 이러한 사실이 꾸란
의 신적 특성을 증명한다는 것이다(참조. 2:1; 10:37; 17:88; 52:34).

이 꾸란은 하나님이 아닌 다른 것으로 인하여 있을 수 없으며
이전에 계시된 것을 확증하고
그 성서의 말씀을 설명하기 위해 계시되었으니
이는 만유의 주님으로부터 온 것임을 의심할 바 없느니라.(10:37)

무슬림들은 무함마드가 문맹이었다고 생각하기 때문에, 이러한 문
학적 기적은 무슬림들에게 특히 설득력 있는 증거가 된다.[11]

1) 꾸란의 언어
꾸란이 아랍어로 계시되었고 그 뛰어난 문학성이 신적 특성을 나타
내는 주된 증거가 되기 때문에, 꾸란의 아랍어는 하나님 말씀을 구성
하는 요소 중 하나이다. 실제로 꾸란은 **아랍어 꾸란**으로 스스로를 드
러내고 있다(20:113; 39:28; 42:7).

우리가 꾸란을 아랍어로 계시하나니
너희는 깨달을 것이라.(12:2)

이 꾸란은 자비로우시고 자애로우신 분으로부터 계시된 것으로

---

11) 무함마드의 문맹 여부에 관한 주제는 18장에서 좀 더 자세히 다룰 것이다.

말씀이 세분화되어
아랍어로 계시된 한 성서이니 이는 이해하는 백성들을 위해.(41:2-3)

따라서 논리적으로 볼 때, 무슬림들에게 꾸란은 하나님의 말씀으로서 다른 언어로 번역될 수 없는 것이다. 수세기 동안 꾸란의 번역에는 가능성의 여지가 없었다. 그러나 오늘날에는 몇 개의 번역본을 볼 수 있다. 심지어 존귀한 이슬람 권위자들이 보증하는 번역본도 있다. 그러나 이러한 번역본들은 하나님의 말씀으로 인정되지 않는다. 기껏해야 거룩한 책에 대한 의역이나 주석 정도일 뿐이다. 따라서 'A. Yusuf 'Ali의 꾸란 영어 번역본의 전체 제목은『성 꾸란 해설』이다.

꾸란의 문자와 꾸란 메시지의 필수적인 통일성은(즉, 꾸란 문자인 아랍어도 하나님 말씀을 이루는 한 요소라는 사실-역자 주) 이슬람의 보편성에 의문을 제기하게 한다. 꾸란은 무함마드가 온 인류를 위한 예언자이고(21:107), 이슬람은 모든 사람을 위한 종교라고(3:19, 85) 주장한다. 그러나 이러한 주장은 꾸란이 아랍어로 되어 있어야만 하나님의 말씀이고, 아랍어를 하는 무슬림들만이 하나님의 말씀을 직접 접할 수 있다는 사실과 맞지 않는다. 아랍어와 아랍 문화가 모든 무슬림 민족들 가운데 최고가 되기에는 실제적인 어려움이 있지 않은가? 꾸란이 말하는 것처럼(2:186; 50:16), 하나님이 그를 부르는 자들에게 가까이 계시다면 어떻게 그분의 말씀이 아랍어를 하는 사람들에게만 유용할 수 있는가?

무슬림이 되기 위해서 반드시 꾸란을 읽고 암송할 수 있어야만 하는 것은 아니라는 것이 사실이다. 신앙 고백에 동의하고("나는 알라 이외에는 신이 없고 무함마드는 알라의 사도라고 선언합니다."), 기도, 금식, 자선, 순례의 법적 의무들을 지키기만 하면 되는 것이다. 그럼에도 불구하고, 하나님이 국가와 언어를 불문하고 모든 사람들의 하나님이라면, 우리는 그분이 우리 자신의 언어로 우리에게 이야기하고 싶으실 것이라고 기대하게 되지 않을까?

2) 꾸란의 편집

제1세대 무슬림들 간에는 꾸란을 보존하고 전파하는 데 있어서 암송이 절대 필요한 역할을 했다. 일부분은 뼈나 낙타 가죽과 같은 곳에 기록되기도 했다. 종교 권위자들이 꾸란 전체를 기록하고 모아서 책으로 만들도록 하는 결정에 박차를 가한 것은 꾸란을 암송하고 있는 많은 사람들이 전쟁터에서 죽어 가고 있다는 사실이었다. 그들의 죽음으로 인해 신이 계시한 내용의 일부를 상실할 수도 있다는 두려움이 생겼던 것이다.

하디스에 의하면, 꾸란의 수라들을 편집하기 위한 첫 시도는 첫 칼리프(632~634) 통치 시기에 우마르('Umar)의 제안으로 이루어졌다 (우마르는 제2대 칼리프가 되었다). 예언자의 서기였던 자이드(Zayd b. Thabit)는 당시 무슨 일이 있었는지를 설명해 준다.

야마마의 사람들이 죽임을 당하자 아부 바크르(Abu Bakr al-Siddiq)께서 나를 찾았다. 내가 그분께 갔을 때 우마르가 그와 함께 앉아 있는 것을 보았다. 아부 바크르께서 내게 말씀하셨다. "우마르가 내게 와서 '야마마 전투에서 꾸란의 꾸라(Qurra', 즉, 꾸란을 암송하고 있는 자들) 가운데 사상자가 많았습니다. 다른 전투에서 더 많은 꾸라가 죽게 될 것이 염려됩니다. 그렇게 되면 꾸란의 많은 부분을 잃게 될 것입니다. 그러니 꾸란을 모으도록 명령하실 것을 당신(아부 바크르)께 제안 드립니다.' …."

그러고 나서 아부 바크르께서 (내게) 말씀하셨다. "너는 지혜로운 젊은 이이고, 우리는 너에 대해 추호의 의심도 없고, 너는 또 하나님의 사도께서

신의 영감을 받을 때 기록하는 일을 했었으니, 네가 꾸란을(부분적인 기록
들) 찾아서 (책 한 권으로) 모으도록 해라. …."

  그래서 나는 꾸란을 찾아 모으기 시작했다. 종려잎줄기(에 기록되어 있
는 것)로부터, 얄팍한 흰색 돌들에서, 또한 암송하고 있는 사람들로부터…
그렇게 해서 완성한 꾸란 원고들은 아부 바크르가 죽을 때까지 지니고 있었
고, 다음에는 우마르가 생명이 다할 때까지 가지고 있었으며, 그 후에는 우
마르의 딸인 하프사(Hafsa)가 보관했다.[12]

  꾸란 편집의 두 번째 단계는 제3대 칼리프(644~656)인 우쓰만
(`Uthman) 통치 시기에 진행되었다. 하프사가 메디나에 가지고 있던
꾸란 편집본과 별도로, 쿠파(이라크)와, 바쏘라(이라크 바스라), 다마
스쿠스(시리아), 홈스(시리아)에서 네 가지 다른 모음들이 회자되고
있었다. 따라서 꾸란 최종본을 세우는 책임을 맡은 위원회가 결성되
었다. 하프사의 편집을 기본으로 하였고, 꾸란 모음들 사이에 불일치
가 있었기 때문에 위원회에서 진위 여부를 가려서 예언자의 원래 계
시 내용에 합치되는 것을 결정해야 했다. 그런 후 우쓰만은 무슬림 공
동체의 통일성을 보존하기 위해 다른 모든 꾸란 모음들을 없애 버리
도록 명했다.

  시리아 사람들과 이라크 사람들이 아르메니아와 아제르바이잔을 정복하
기 위해 전쟁을 일으키고 있을 때, 후다이파(Hudhayfa b. al-Yaman)가 우쓰
만에게 왔다. 그는 암송되는 꾸란 내용이 다른 것을 염려하면서 우쓰만에게
말했다. "믿는 자들 가운데 가장 높은 분이시여! 이전에 유대인들과 그리스
도인들이 그랬던 것처럼 경전이 달라지기 전에 이 나라를 구하소서."

  그 말을 듣고 우쓰만이 하프사에게 메시지를 보내어 다음과 같이 말했

---

12) Bukhari, *fada´il al-Qur´an* 3:VI, p. 477, no. 509 [4603].

다. "꾸란 원고들을 우리에게 보내시오. 우리가 꾸란 자료들을 편집하여 완전한 사본들을 만든 후에 당신의 원고들을 돌려보내겠소."

하프사가 그것을 우쓰만에게 보냈다. 그러자 우쓰만은 자이드(Zayd b. Thabit)와, 압둘라(`Abdullah b. al-Zubayr), 사이드(Sa`id b. al-`As), 그리고 압두라흐만(`Abdurrahman b. Harith b. Hisham)에게 원고들을 필사하여 완벽한 사본들을 만들도록 명했다. … 명을 따라 여러 사본들을 만들자 우쓰만은 원래 원고들을 하프사에게 돌려주었다. 우쓰만은 모든 무슬림 지역에 필사한 사본을 한 부씩 보내고, 다른 꾸란 자료들— 부분적으로 적혀 있는 것이든, 전체 사본이든— 은 다 불사르도록 명했다.[13]

우쓰만의 결정이 모든 무슬림들의 마음에 든 것은 아니었다. 시아 무슬림들은 특히 자신들의 가르침이 우쓰만의 공식 편집본보다 쿠파 모음에 더 잘 분명하게 들어맞는다고 믿었다. 쿠파 모음은 예언자의 동료들 중 한 명인 이븐 마수드(Ibn Mas`ud)의 것이었다. 이것이 시아 무슬림들이 우쓰만을 암살하는 매우 중요한 계기가 되었다.

공식 편집본의 원본은 현존하지 않는다. 우리가 가지고 있는 가장 초기의 꾸란 일부는 이슬람 2세기의 것이다. 이 본문은 현재의 꾸란이 기초하고 있는 유일한 것이지만, 여러 가지 독본들을 포함하고 있다. 이슬람력(AH) 322년(주후 923년)에 다양한 독본들이 공식적으로 일곱 개로 제한되었다. 이븐 아바스가 전하고 있는 예언자의 하디스가 다음과 같이 전하고 있기 때문이다. '가브리엘은 오직 한 가지 방법으로 내게 꾸란을 낭송했다. 나는 그에게(다른 방식으로 낭송해 줄 것을) 요청했고, 마침내 그가 일곱 가지 다른 방식으로 낭송할 때까지 계속해서 다른 방식으로 낭송해 줄 것을 요청했다.'[14]

13) Ibid., p. 478, no. 510 [4604].
14)   Ibid., 5:VI, p. 481, no. 513 [4607]; tawhid 53:IX, p. 479, no. 640 [6995].

3) 성경의 전승

꾸란의 아랍어와는 달리, 성경 언어들(구약의 히브리어와 아람어, 신약의 헬라어)은 신성한 언어들이 아니며, 단지 신의 계시를 전달하기 위한 수단일 뿐이다. 기독교 첫 세기에 복음은 시리아어, 콥틱어, 에티오피아어, 아르메니아어, 라틴어와 같은 여러 언어로 전승되었다. 불가타로 알려진 성경의 라틴어 판은 중세에 라틴어가 폭 넓게 사용되던 서구 유럽에 널리 퍼졌다. 마르틴 루터(1483~1546)는 라틴어를 잘 알지 못하는 사람들이 하나님의 말씀을 접할 수 있도록 하기 위해 처음으로 신약을 독일어로 번역했다. 곧 성경은 다른 유럽 언어들로 번역되었다. 오늘날 66 권으로 되어있는 성경 가운데 한 권 이상이 번역되어 있는 언어의 수가 2,000 개가 넘는다! 성경 번역에 대한 이러한 특별한 노력은 번역된 성경 역시 하나님의 말씀이라는 확신 없이는 결코 이루어질 수 없는 것이다. 사랑 많으신 하나님은 어떤 언어를 사용하는 사람이라도 읽을 수 있는 방식으로 그분의 말씀을 드러낼 수 있으시며, 드러내고자 하시지 않겠는가?

꾸란과는 달리, 성경의 신적 특성은 고도의 문학성을 통해 나타나지 않는다. 오히려 하나님의 말씀을 공인하는 것은 하나님 자신의 행동이다. 하나님은 모세를 사도로 택하시고 후에 히브리인들을 이집트의 노예 생활에서 해방시키는 것으로 이를 확증하신다. 예수의 경우도 마찬가지이다. 예수가 가르친 복음은 그분의 기적과 불가분의 관계에 있을 뿐만 아니라, 무엇보다도 그분의 죽음 및 부활과 뗄 수 없는 관계에 있다. 역사에서 그 유래를 찾을 수 없는 예수의 부활은 그의 유일무이(唯一無二)한 위력을 드러내고, 그가 자신에 대해 했던 비범한 주장들을 증명해 준다.

복음서는 좀 더 초기에 편집된 자료들을 많이 사용하고 있지만, 기록은 주후 첫 세기의 후반부일 것이다. 2세기 전반기의 기독교 저술들은 그 자료들을 자유롭게 인용하고 있다. 2세기 후반기 초기부터는 점차 더욱 많이 수용되고 있던 복음서들이 다른 유사한 저술들보다 높은 권위를 가지게 되었다. 2세기 말부터 복음서들은 정경의 일부로 받아들여졌다.[15]

우리는 더 이상 성경 원본을 가지고 있지 않지만, 우리가 가지고 있는 성경 필사본에 대한 연구는 성경의 권위를 확증해 준다. 1947년에 사해 근처에 있는 쿰란 동굴에서 많은 양의 사본들이 발견되었다. 늦어도 주후 1세기로 거슬러 올라가는 것들이었다. 그 가운데 이사야 전체와 에스더를 제외한 다른 모든 구약서들의 단편들이 있었다. 이 발견이 있기 전에는, 가장 오래된 구약 사본이 주후 10세기의 것이었다. 이제 1,000년이 넘는 기간 동안 이루어진 전승의 정확성을 검토해 볼 수 있는 예기치 못한 절호의 기회가 생겼다. 본문을 검토해 본 모든 전문가들은(그들 중에는 그리스도인이 아닌 사람들도 있었다.) 놀랄 만큼 정확하게 필사가 이루어졌다고 판명했다. 비록 본문의 변화도 상대적으로 많이 발견되었지만, 구약 본문의 보전에 의문을 제기할 만한 것들은 아니었다. 따라서 이 사본들에 대한 비교는 대대로 원문을 필사하고 전승했던 필사가들의 신중함을 입증해 주었다.

신약 사본에 대해서도 마찬가지이다. 가장 오래된 복음서 단편들은 주후 2세기 중반기의 것들이고, 수백 개의 후기 사본들이 있다. 현존하고 있는 많은 사본들이(그것들은 전혀 문제가 없는 것들이다.) 그 질(quality)을 가늠해 볼 수 있게 해 준다. 많은 사소한 변화에도 불구하고, 사본들은 예수가 설교하고, 제자들이 전해 준 복음의 영원한 진리

---

15) 기독교에서 말하는 정경은 신의 권위로 도장 찍은 책들의 목록이다. 따라서 그 책들이 성경을 구성한다.

를 증거하고 있다.

성경과 꾸란의 전승 역사에 대한 이 짧은 연구는, 성경이 적어도 꾸란만큼은 믿을 만하다는 사실을 알려 준다.

(4) 계시의 내용

계시가 믿을 만한 것인가 하는 것은 그 신적 기원과 신실한 전승에 달려 있다. 그러나 많은 그리스도인들과 무슬림들의 신앙과 삶을 형성해 온 계시의 내용에 대해서는 어떠한가? 다른 장에서 심도 있게 메시지를 탐구하기 전에, 성경과 꾸란의 가르침을 간략하게 살펴보고자 한다.

꾸란의 계시는 본질적으로 하나님의 뜻과 우리가 따를 길을 보여 주는, 책으로 된 율법이다. 이슬람의 관점에서 볼 때 인간은 약하고 무지한 창조물이다. 우리는 신의 명령을 어겼을 때, 방황을 멈추게 하고 올바른 길로 우리를 돌려 세워 줄 법을 필요로 한다.

성경의 계시 역시 십계명으로 요약되는 법을 포함한다. 그러나 이스라엘의 전체 역사는 사람들이 이 법에 맞섰고, 그 법에 순종할 능력이 없음을 보여 준다. 우리의 문제는 하나님의 뜻을 모르는 것이 아니라, 우리가 그 뜻에 순종하고 싶어하지 않는다는 것, 혹은 순종할 수 없다는 데 있다. 우리는 우리를 지도해 줄 빛(light) 이상을 필요로 한다. 이러한 이유로, 이미 많은 선지자들을 보냈음에도 하나님은 예수를 우리의 구세주로 보내셨고, 그분의 기준에 따라 살도록 우리를 돕기 위해 성령을 보내 주셨다.

이슬람 역시 신이 무슬림들을 도우신다고 약속한다. 이 도움은 종교와, 가족, 사회, 경제, 정치적 삶의 모든 부분을 규제하는 가르침의 형태로 주어진다. 꾸란과 하디스를 통해 얻을 수 있는 이 가르침으로부터 무슬림들은 하나님의 뜻을 따라 살도록 배운다. 꾸란의 교육은 무슬림들이 선행을 통해 심판의 날을 준비하도록 격려한다. 무슬림들은 선행으로 구원을 바랄 수 있지만, 이 구원은 마지막 날에만 드러나게 될 것이다. 예언자 무함마드의 삶은 꾸란에서 특히 강력한 예증이 되고 있다. 그는 예언자인 동시에, 정치적 지도자였고, 사회 개혁가요, 군대 지도자였기 때문이다. 그는 모든 무슬림들의 본이 되며, 마지막 심판 때 은혜로 중재할 것이다.

무함마드와 달리, 예수는 그 모든 능력으로 지상에 하나님의 나라를 건설하고자 하지 않았다. 왜 그런가? 남성과 여성의 마음에 악이 기록되어 있기 때문이다. 이는 그 나라가 세상의 구조 개혁을 통해, 혹은 단순한 종교 교육을 통해 건설될 수 없음을 의미한다. 이제 사람들이 복음의 메시지에 자유롭게 응하는 것을 통해서만 그 나라가 건설될 수 있다. 언젠가 예수가 지상에 하나님의 나라를 온전히 세우시는 날이 올 것인데, 그날은 그가 영광 가운데 다시 오시는 날이다. 그때까지 하나님은 모든 사람에게 예수 그리스도를 믿고 구원받을 수 있는 기회를 주시고 있다. 예수를 구세주로 믿는 자들은 사회 속에 그 나라를 확장시키는 데 자신을 헌신한다.

꾸란의 관점에서, 계시의 마지막 목적은 사람들을 이슬람으로 이끌어서, 우리가 창조자에게 복종하고 그를 숭배하는 것이다. 인간들은 하나님의 종이며, 우리가 받고 있는 수많은 축복들을 깨달아서, 주인의 뜻에 완전히 복종하는 삶으로 우리의 감사를 보여야 한다. 문제는, 우리의 내적 존재가 완전히 변화되지 않고서도 그분께 진정으로 복종하고 예배할 수 있는가 하는 것이다.

하나님을 섬기는 것은 분명 인간으로서 우리가 갖는 위대한 특권 중에 하나이다. 그러나 복음의 관점에서 볼 때, 이 특권 가운데 가장

위대한 것은, 주인의 형상대로 창조된 인간이 그분과 새로운 관계 속
으로 들어가도록 부름 받았다는 것이다. 모든 생명 있는 창조물 가운
데 오직 인간만이 이러한 특별할 부르심을 받았다. 우리에게 있어서
하나님은 주인 이상이다. 우리가 그분의 부르심에 응한다면, 그분은
우리의 아버지시다. 창조자와 그렇게 친밀한 관계를 즐길 수 있다는
것이 그의 창조물인 우리에게 얼마나 큰 축복인가, 또한 그의 자녀로
불린다는 것이 얼마나 기쁜 일인가! 복음이 우리를 초대하는 이러한
관계는 하나님의 본성을 우리의 본성과 병합시키는 것을 의미하지 않
는다. 하나님의 신성과 우리의 인간성이 뒤섞이는 것 없이, 하나님은
하나님으로 남아 계시고, 우리도 우리로 남아 있는 것이다.

2. 경전이 왜곡되었는가?

무슬림들과 그리스도인들 사이의 대화에 관심이 있는 사람들은 한 가지 질문을 하게 되는데, 그것은 유대-기독교 경전들의 진위성에 대한 것이다. 이는 매우 논란이 많은 문제이다. 항상 표면에 드러나는 것은 아니지만, 대부분의 논쟁들의 밑바닥에는 거의 이 문제가 깔려 있다.

(1) 꾸란이 주장하는 무함마드

꾸란은 토라와 복음서가 움미 예언자(*ummi* Prophet, '문맹 혹은 이방인 예언자'), 즉 무함마드의 도래를 예언했다고 주장한다. 수라 7 에서 하나님은 '또한 그들은 예언자이며 움미인 선지자를 따르는 이들이라. 그들은 그들의 기록인 구약과 신약에서 그(선지자)를 발견하리라 (7:157).'고 선포하신다.

아브라함과 예수는 무함마드를 가리켰다고 전해진다. 아브라함은 아들 이스마엘과 함께 메카 신전의 기초를 놓으면서, 하나님께서 그들의 후손 가운데 한 명을 택하여 그들에게 선지자로 보내 달라고 기도했다.

> 주여! 당신의 말씀을 전하고, 성서와 지혜를 가르쳐 그들을 당신께로 인도할 선지자를 보내 주옵소서. 그리고 그들을 청결케 하여 주옵소서. 진실로 주님은 위대하시고 지혜로 충만하시도다.(2:129)

무함마드는 아브라함의 기도에 대한 하나님의 응답이라고 본다. 꾸란에 의하면, 예수는 아흐마드(*ahmad*)라고 불리는 선지자의 도래를 예언했다. 아흐마드는 무함마드와 유사한 이름이며 무슬림들은 아흐마드가 예언자 무함마드에게 주어진 또 다른 이름이라고 생각한다.[1] '이스라엘 자손들이여! 실로 나는 너희에게로 보내진 선지자로서 내 앞에 온 구약과 내 후에 올 아흐맏이란 이름을 가진 한 선지자의 복음을 확증하느니라.' (61:6). 꾸란이 이 주장을 뒷받침하는 어떤 성경 본문을 특별히 지칭하고 있지 않다는 사실이 주목할 만하다. 이는 신약과 매우 대조되는 것인데, 신약은 예수가 바로 약속된 메시아라는 주장을 뒷받침하는 많은 구약 본문을 제시하고 있기 때문이다. 예수의 탄생 장소(마 2:1-6, 참조. 미 5:2)뿐만 아니라, 그의 기적적인 탄생(마 1:22-23, 참조. 사 7:14)도 예언되었다. 그의 희생적 죽음(행 8:29-35, 참조. 사 52:13-53:12)과 부활(행 2:22-36, 참조. 시 16:8-11, 110:1)이 선포된 것처럼, 그의 메시아적 사명도 이미 선포되었다(눅 4:16-21, 참조. 사 61:1-2).

　무함마드가 하나님의 예언자라고 했을 때, 유대인들과 그리스도인들은 경전에서 그에 관한 예언을 찾아볼 수 없다고 하면서 이를 거절했다. 이에 대한 무슬림들의 반응은, 만약 그들의 경전이 꾸란이 주장하는 무함마드를 인준하고 있지 않다면, 그 경전은 왜곡되었거나, 잘못 해석되었거나 오염된 것이 분명하다는 것이었다!

　성경이 왜곡되었다는 이론은, 꾸란이 주장하는 무함마드의 도래가 성경에 예언되었다는 사실을 입증하기 위한 것으로 보인다. 무슬림들은 성경이 왜곡되었다는 사실을 주장하기 위해 꾸란과 하디스로 거슬러 올라가기 때문에, 꾸란과 하디스가 무엇을 말하는지 우리도 생각해 볼 필요가 있다. 이번 장에서는 꾸란의 가르침에 집중할 것이고,

---

1) Muslim, *fada' il* 126:IV, p. 1255, no. 5813 [4343]; Bukhari, tafsir 61:1:VI, p. 389, no. 419 [4517]을 보라.

다음 장에서는 하디스에 관련 구절들을 찾아볼 것이다.

(2) 경전에 관한 꾸란의 가르침

무함마드는 메카에서 많은 반대에 부딪쳤다. 그는 자신의 사명에 대해 심각하게 고민했던 것으로 보인다. 그에게 확신을 주기 위해, 하나님은 이미 경전을 받았던 자들에 대해 말씀하셨다.

> 우리(하나님)가 그대에게 계시한 것에 그대가 의심한다면 그대 이전에 성서를 읽은 자들에게 물어 보라. 실로 그대의 주님으로부터 진리가 그대에게 이르렀나니 의심하는 자가 되지 마라.(10:94)

회의적인 아랍인들 역시 그 새로운 계시가 진정 하나님으로부터 온 것이라고 생각할 유대인들과 그리스도인들에게 묻도록 되어 있다.

> 우리(하나님)가 그대 이전에도 선지자들을 보냈으되 그들은 우리(하나님)에게서 계시를 받은 인간이라 너희가 알지 못한다면 학자들에게 물어 보라 하셨느니라.(16:43; 참조. 21:7)

꾸란은 '성서의 백성들' 즉, 유대인들과 그리스도인들 역시 무함마드에게 주어진 하나님의 마지막 계시를 받도록 강력히 권하고 있다 (2:41; 4:47). 이러한 부름은 꾸란이 아랍어로 된 하나님의 계시이고 (26:192-199; 46:12), 이전의 계시들, 즉, 토라와 복음서를 확증하는 것 (2:89, 91, 97, 101; 3:3, 81; 5:48; 6:92; 35:31)이라는 가정을 근거로 하고 있다. 그러나 문제는, 만일 성경이 왜곡되었다면 꾸란이 왜곡된 성경을 확증했겠는가 하는 것이다.

대부분의 '성서의 백성들'은 꾸란의 부름에 긍정적으로 반응하지 않았다(2:41, 87, 89, 91, 101). 이슬람으로 개종하지 않았던 것이다. 그러나 꾸란은 여전히 무슬림들에게 성경을 믿으라고 강하게 말한다(3:84, 119; 4:136). 게다가 꾸란은 유대인들과 그리스도인들에게 하나님이 토라와 복음서에서 계시하신 것을 가지고 판단하라고 강권하고 있다(5:45, 47). 꾸란은 그들이 자신들의 경전의 가르침을 지켜야 한다고 말한다(5:66, 68). 토라와 복음서가 하나님의 길과 빛을 보여 주고 있기 때문이다(5:46). 그렇게 할 때, 유대인들과 그리스도인들은 심판의 날에 두려워할 이유가 없어질 것이다(2:62; 5:69).

이러한 배경과 대조적으로 우리는 '성서의 백성들'을 비판하는 꾸란 본문들을 검토해 보아야 한다. 꾸란에서 20여 개의 구절들이 유대인들의 경전에 대한 태도를 도전하고 있다. 간혹, 그리스도인들 역시 경전을 잘못 다룬다는 비난을 받는다. 그 본문들은 무함마드가 메디나에서 유대인들과 다툼이 있었던 때의 것이다. 대부분 일반적인 비난들이지만 좀 특별한 것들도 있다. 그러한 내용들은 유대인들이 다음과 같이 하였다고 말한다.

- 하나님을 믿은 아브라함의 무슬림 특성을 은폐시켰고(2:140; 참조. 2:135; 3:65-67),
- 기도 방향(qibla)이 예루살렘에서 메카로 바뀐 것을 알았으면서도 그것을 수용하기를 거절했고(2:144-146),
- 토라 사본 가운데 일부만 보여 주고 다른 것들은 숨겼으며(6:91),
- 사악한 목적으로 기록한 것들을 신의 계시인 경전이라고 하였고(2:79)
- 성스러운 경전을 암송하는 것과 같은 방식으로 일부 종교 저술들을 암송하여 듣는 자들을 속였으며(3:78),

• 그들의 경전 가운데 일부를 감추었다(5:15).

꾸란은 경전에 대한 '성서의 백성들'의 불성실한 태도를 설명하기 위해 몇 가지 동사들을 사용한다. 이 동사들에는 *akhfa*(감추다)와, *baddala*(대체하다), *katama*(은폐하다), 그리고 *nasa*(잊어버리다)가 있다. 가장 강한 동사가 *harrafa*(잘못된 방향의 것을 주는 것)라는 것에는 의문의 여지가 없다. 4구절 중 3구절에서 이 동사는 문자적으로 '상황에서 말씀을 취하는 것' 혹은 '담화에서 의미를 변형시키는 것'을 의미하는 표현에 사용되며, 그렇게 함으로써 오해하거나, 잘못 해석하거나, 곡해하거나, 오용하거나, 혹은 왜곡하기 위한 것이다.

이슬람 신학에서, *harrafa*와 그에 상응하는 명사형 *tahrif*는 경전의 조작과 그 결과를 위한 기술 용어(technical words)가 되었다. 이제 *harrafa*가 나오는 네 개의 꾸란 구절들을 살펴보면서 그 진정한 의미가 무엇인가를 살펴볼 것이다. 이 구절들에 대한 나의 해석은 라지의 꾸란 주석에 기초한 것인데, 그 주석은 무슬림들이 가장 권위 있는 주석 가운데 하나로 생각되는 것이다.

1) 수라 2:75

너희들은 그들(유대인)이 너희와 더불어 믿음을 같이 하기를 바라느뇨? 그들의 무리가 하나님의 말씀을 듣고 이해하면서도 그 말씀을 왜곡하고 있도다. (2:75, 내가 강조한 부분)

꾸란은 이스라엘 백성들이 하나님의 택하신 백성들이라고 진술하지만, 그들이 종종 하나님의 명령에 불복종하여 벌을 받았다고 말한다(2:40-103). 수라 2:75는 이스라엘 백성들이 하나님에게 불복종하는

내용들을 길게 나열하는 상황에서 나온다. 그 다섯 구절들 가운데 첫
번째로 어떻게 그들이 경전을 잘못 사용했는가가 진술되고 있다(2:75-
79). 비난받는 내용은 그들이 하나님의 말씀을 왜곡하였다는 것이다.
harrafa 동사가 여기에서는 '왜곡'이라고 번역되었다.

라지는 유명한 무슬림 신학자인 알 까디(al-Qadi `Abd al-Jabbar,
415/1024)를 인용하면서 이 구절에 대한 설명을 시작한다. 알 까디는
토라의 왜곡에 대해 이해하는 방법을 두 가지로 정리해 놓았다. 그 첫
번째는 본문(fi l-lafz)의 왜곡이다. 만일 하나님의 말씀(토라)이 꾸란의
경우처럼 믿을 만한 방법으로 전해졌다면 일어날 수 없는 일이다.

이슬람에서 중요한 개념은 '연속적인 전승(*tawatur*)'이다. 이것은
메시지를 정확하게 전승하는 믿을 만한 사람의 연결고리가 독자적으
로 그리고 끊이지 않고 존재하는 것을 의미한다. 본문이 믿을 만한가
하는 것은, 본문을 왜곡하지 않고 원형 그대로 다음 세대에 전달해 주
었을 믿을 만한 사람들을 역사적으로 찾을 수 있는가에 따라 측정된
다.[2]

토라의 연속적인 전승에 앞서, 그 본문이 왜곡될 가능성이 있었다
고 라지는 설명한다. 그러나 왜곡의 범위는 분명 한정적이었을 것이
다. 하나님께서 더 이상 믿을 만한 것이 없을 정도로 말씀이 변형되는
것을 그대로 놓아 두시지 않으셨을 것이기 때문이다.

토라가 왜곡될 수 있는 두 번째 방법은 그 의미(*fi l-ma`na*)의 왜곡

---

2) 예를 들면, A라는 사람이(그는 믿을 수 있는 사람이다.) 먼저 한 사건을 목격했
다. 그리고 그것을 B라는 사람에게 전했다(그도 역시 믿을 만한 사람이다.). B는
다시 (믿을 수 있는) C라는 사람을 발견하였고, 그는 B가 죽은 후에 정확한 내용
을 다음 세대에 전해 줄 것이다. C는 D에게 그것을 말했고, … 마침내 그 사건과
관계된 내용이 기록될 수 있는 때에 살고 있던 X라는 사람에게까지 전달되었다.
만일 우리가 A, B, C, …, X에 이르는 모든 사람들의 이름의 고리를 찾을 수 있다
면, 그 연속적인 전승이 성립된다.

이다. 라지는 이러한 종류의 왜곡이 하나님의 사도(무함마드)가 오기 전에 일어났을 것이라고 말한다. 하나님의 말씀(토라)이 무함마드를 가리킨다는 것이 즉시로 분명하게 나타나지 않았기 때문이었다. 그러나 무함마드 이후로 하나님 말씀의 의미를 왜곡시키는 것은 불가능하게 되었다. 그것은 오늘날 누군가가 꾸란의 금기에 관한 가르침(예를 들면, 돼지고기나 죽은 동물, 혹은 피를 먹는 것)을 잘못 해석하는 것이 불가능한 것과 마찬가지이다. 여기서 라지는 두 가지 해석 가운데— 본문의 왜곡, 혹은 의미의 왜곡—어떤 것이 더 옳다고 생각하는지 밝히지 않고 있다.

언제 왜곡되었고 무엇이 잘못되었는가? 라지는 이에 대해서도 두 가지 가능성을 내놓는다. 모세 시대 아니면 무함마드 시대에 그렇게 되었다는 것이다. 모세 시대에 그랬다면 무함마드와는 아무런 관계도 없게 된다. 무함마드 시대에 그랬다면, 토라에 나오는 무함마드의 특성과 같은 무함마드에 관한 가르침이나, 아니면 율법(예를 들면, 간음에 관한 법적 처벌 같은 것)이 왜곡되었을 가능성이 높다. 라지는 정확히 무엇이 왜곡되었는지 꾸란이 분명하게 언급하고 있지 않다고 말한다.[3]

2) 수라 4:46

유대인 가운데의 무리가 그들의 문맥을 변경하여 말하길, (무함마드여!) "우리는 그대가 말하는 것을 들었으나 순종할 수 없나니 그대가 들어보지 못한 우리가 말한 것을 들어보라 그리고 우리를 바라보라."고 하며 그들은 그들의 혀를 뒤틀어 진리를 왜곡하였느니라. 그들이 "우리는 들었으며 순종하나이다."라고 말하고 "귀를 기울이라. 그리고 우리를 보아라."라고 했더라면 그것은 그들에게 더욱 좋았을 것이며 보다 정당하였으리라. 그러나 하

---

3) Razi, II:3, pp. 123-124.

나님은 그들을 저주하시니 소수를 제외하고는 믿음을 갖지 않더라. (4:46,
내가 강조한 부분)

본문은 하나님의 말씀을 오염시킨 것에 대하여 어떤 유대인들을 비
난하고 있다. 오로지 일부 유대인들만을 비난하고 있는 것이 비교적
분명하게 나타난다. 그 유대인들은 본문 자체를 변형시킨 자들이 아
니라 그 본문이 말하는 바를 변형시킨 사람들이다. 유대인들이 하는
말 가운데 일부는 그 정확한 의미를 알 수 없다. 그러나 예언자 무함
마드의 가르침에 대한 그 유대인들의 반응이 무례하고 불성실하다는
것은 분명하게 제시하고 있다.[4] *harrafa* 동사는 첫 문장에 나오고 있
으며, 여기에서는 '변경'이라고 번역되었다.

그렇다면 어떻게 왜곡이 일어났는가? 라지는 아래의 세 가지 가능
성을 나열한다.

❶ 한 단어를 다른 단어로 대체함
　라지는 유대인들이 간음 처벌하는 것을 이에 대한 예로 든다.
　유대인들은 '돌로 치라'는 말을 좀 더 관대한 용어인 '법적 처
　벌(*hadd*)'로 대체했다는 것이다. 수라 2:79가 그러한 내용을 말
　하고 있다. "그들 손으로 그 성서를 써서 '이것은 하나님으로부
　터 온 것이니 값싸게 사소서.'라고 말하는 그들에게 재앙이 있
　을 것이며." 혹자는 경전의 모든 문자와 단어가 연속적으로 전

---

4) '우리는 그대가 말하는 것을 들었으나 순종할 수 없나니' 하는 구절은, 하나님이
　모세에게 10계명을 계시하신 후 유대인들이 "우리가 듣고 행하겠나이다"(신
　5:27)라고 했던 것을 언급하는 것으로 볼 수 있다. 이 본문의 히브리어 구절(*we-
　shama`nu we-`asinu*)이 역설적이게도 아랍어로 '우리는 그대가 말하는 것을 들었
　으나 순종할 수 없나니(*sami`na wa `asayna*)'와 매우 유사하기 때문이다. 신명기
　의 말씀이 아마도 아랍어 청중들에게 잘못 이해되었던 것으로 보인다.

승된 것이므로 그러한 변형이 가능한 일이 아니냐고 물을 수 있
을 것이다. 경전이 연속적인 전승으로 오늘까지 이어지고 있다
는 것은 온 세상이(문자적으로는 '동양과 서양에서') 다 아는 사실
이라는 것이다. 라지는 이러한 주장을 매우 심각하게 받아들인
다. 그는 당시 인구가 얼마 되지 않았으며, 학자들의 수도 극소
수였다는 사실을 알고 이에 답해야 한다고 말한다.

❷ 잘못된 주장(shubah batila)과 잘못된 해석(ta'wilat
fasida), 그리고 말속임(hiyal lafziyya)으로 의미를 곡해함
무슬림 이단자들이 자신들의 교리에 반대되는 꾸란 구절에 대해
이러한 일을 하였다. 라지는 세 가지 가능성 가운데 이 해석이
가장 옳다고 본다.

❸ 예언자의 말을 곡해함
무함마드에게 질문을 하여, 유대인들은 무함마드의 답변을 부정
확하게 만들곤 하였다.[5]

3) 수라 5:13

　　그들이 그들의 성약을 깨뜨림으로 말미암아 우리(하나님)는 그들을 저주
하였고 그들의 마음을 거칠게 하였도다. 그들은 말씀을 위조하고 그들에게
계시된 진실의 말씀을 망각하고 있나니.(5:13, 내가 강조한 부분)[6]

이 구절에서 유대인들은 하나님이 모세를 통해 그들과 맺은 성약을

---

5)　Razi, V:10, p. 95.
6)　어떤 번역에서는 이 구절이 5:13이 아니라 5:14로 되어 있다.

깨뜨렸다고 비난받는다. 그들이 성약을 깨뜨린 방법은 하나님의 말씀을 경시하고 그 훈계를 버린 것이다.

다시 한 번 라지는 경전의 왜곡이 '의미의 왜곡(ta' wil batil)'이거나 아니면 '낱말의 변형(taghyir al-lafz)' 가운데 하나라고 생각한다. 라지는 이 가운데 '의미의 왜곡'을 더 선호한다. 연속적인 전승을 통해 이어져 내려온 경전은 본문이 오염될 수 없다고 생각하기 때문이다.[7] 이처럼 라지는 경전의 진정성에 대한 그의 확신을 분명하게 나타내고 있다. 경전의 왜곡에 대한 라지의 이해는, 꾸란의 경우와 마찬가지로 (유대인들과 그리스도인들의) 경전도 연속적인 전승 고리(tawatur)를 통해 이어져 내려왔다는 믿음에 근거하고 있다.

4) 수라 5:41

> 선지자여! 서둘러 불신하는 자들로 인하여 슬퍼하지 마라. 그들은 "우리는 입으로만 믿되 마음으로는 믿지 않나이다." 하더라. 유대인 가운데는 위선에(혹은 '거짓을 말하기 위해') 귀를 기울이는 자들이 있고,
> 그대에게 이르지 아니하는 다른 백성에게 귀를 기울인 자들이 있으니,
> 그들은 말씀을 위조하며 말하더라. "이것이 너희에게 명령된 것이라면 그렇게 하라. 그러나 그렇지 않다면 수락하지 마라."
> (5:41, 내가 강조한 부분)[8]

이 구절은 무함마드에게 아랍인들과 유대인들의 태도로 인해 낙심하지 말 것을 말한다. 아랍인들은 진정으로 이슬람을 받아들이지 않았기 때문에 그들의 이전 종교로 돌아갔다. 유대인들은 무함마드를

---

7) Razi, VI:11, p. 148.
8) 어떤 번역에서는 이 구절이 5:41이 아니라 5:44로 되어 있다.

예언자로 여기지 않았을 뿐만 아니라, 그의 명예를 실추시키고 그의 메시지를 모욕하려 했다.

유대인들에게 가해진 비난의 의미는 아랍어 *li*를 어떻게 해석하느냐에 달려 있다고 라지는 말한다(이러한 이유로 본문의 괄호 안에 '위선에'를 대체할 수 있는 다른 해석, 즉 '거짓을 말하기 위해'가 제시되고 있는 것이다.). 먼저, '그들은 그들의 지도자들이 말하는 이슬람에 관한 잘못된 가르침을 받아들였고, 그렇게 함으로써, 토라를 왜곡하고 무함마드의 인격을 손상시켰다.'고 읽을 수 있다. 또는, '그들이 무함마드에게 온 것은 그에게 질문을 하여 그의 가르침에 덧보태거나, 그 가르침을 삭제하거나, 혹은 변형시킴으로써 무함마드의 가르침을 곡해하려는 것이었다.'고도 읽을 수 있는 것이다.

라지는 예언자가 메디나에서 일부 유대인들과 만난 적이 있었다는 사실을 언급하면서 이 구절의 마지막 부분을 설명한다.[9] 케이바르(Khaybar)의 유대인 공동체에서 한 남성과 여성이 간음을 했다. 그들이 사회적으로 높은 계층에 속해 있었기 때문에, 유대인 지도자들은 토라에서 명한 대로 그들을 돌로 치고 싶지 않았다. 그래서 그들은 무함마드에게 사신을 보내 간음을 어떻게 처벌하는지 물었다. 그 사신은 만일 무함마드가 간음에 대한 벌로 태형을 가하라고 말하면 무함마드의 말을 받아들이고, 그들을 돌로 쳐야 한다고 말하면 이를 거절하라는 사명을 받고 있었다. 무함마드의 대답은 토라에서 명하고 있는 대로 그들을 돌로 쳐야 한다는 것이었다. 그 두 사람은 무함마드의 명령에 따라 모스크 앞에서 돌에 맞아 죽었다. 이 이야기를 하면서 라지는 유대인들은 그들의 경전을 오염시켰다고 결론짓는다. 유대인들이 간

9) Muslim, *hudud* 28:III, p. 919, no. 4214 [3212].
10) Razi, VI:11, pp. 183-184.

음에 대한 벌을 죽음에서 태형으로 감형시켰기 때문이다.[10]

그렇다면 위의 네 가지 꾸란 구절들은 경전의 왜곡에 대해 어떤 결론을 내리고 있는가? 이에 답하기 위해 우리는 네 가지 질문을 생각해 볼 것이다.

| 하나님의 말씀을 잘못 다루었다고 비난받는 자들은 누구인가?

우리가 살펴본 각각의 네 구절들에서는 그리스도인들이 아니라 분명 유대인들이 비난의 대상이 되고 있다. 이것은 아래의 두 가지 사실로 더욱 확증된다.

❶ 경전의 왜곡에 대해 말하는 모든 꾸란 구절들은 모두 메디나에서 계시 받은 수라들에서 발견된다(메디나에서 계시 받았다고 여겨지는 6:91과, 7:162, 165는 여기에서 제외된다.). 이러한 사실은 비난이 가해진 당시의 역사적 상황이, 메디나에서 무슬림과 유대인 공동체 사이에 대립이 있을 때였음을 알려 준다.

❷ 비난받는 자들은 '성서의 백성들'(*ahl al-kitab*, 2:140, 159, 174; 3:71, 187; 5:15) 아니면 유대인들(*al-yahud*, 2:42, 59, 75, 79, 146; 3:78; 4:46; 5:13, 41; 6:91; 7:162, 165)이다. 오직 한 구절만이 그리스도인들(*al-nasara*)이 '계시된 진실의 말씀을 망각하고 있다'고 말하고 있다(5:14, 참조. 2:140).

| 언제 왜곡되었는가?

본문은 무함마드 시대에 왜곡되었다고 전하고 있으며, 여러 구절들이 이를 뒷받침한다(2:42, 79, 140, 146, 159, 174; 3:71, 78; 5:41; 6:91). 예를 들면,

성서의 백성들 가운데 일부는 너희들이 방황하길 원했으나
그들은 그들 자신들을 방황케 하였도다 그리고도 그들은 인식하지 못하도다.
성서의 백성들이여!
너희들은 왜 하나님의 말씀을 부정하는가? 너희들은 그것이 진리임을 알
지 않느뇨?
성서의 백성들이여!
너희들은 왜 진실과 허위를 혼동시키며 또한 다 알고 있으면서도 그 진
실을 감추려 하느뇨?(3:69-71)

　모세와 동시대인들이 이미 하나님의 계시를 잘못 다루었다고 하는
구절들도 몇 개 있다(2:59; 7:162, 165). 라지의 해석은 무함마드의 사
명을 중심으로 하는 사건들에 근거하고 있지만, 모세 시대에 이미 왜
곡되었을 가능성도 완전히 배제하지는 않는다.

| 무엇이 왜곡되었는가?

　위의 네 구절들 가운데 오직 한 구절만이 '하나님의 말씀'을 특별
히 지칭하면서 그것이 잘못되었다고 말한다(2:75). 라지는 이 구절에
서 잘못되었다고 말하는 것이, 토라가 무함마드에 대해 말하고 있는
것이나, 혹은 간음은 죽음의 형벌을 받아야 한다는 것에 대한 것, 둘
중에 하나라고 생각한다. 꾸란이 유대인들이나 그리스도인들, 그리고
이슬람에 대해서 모두 동일하게 '성서(*kitab*, the Book)'라는 단어를 사
용하는 것으로 볼 때, 그 표현은 또한 꾸란 자체를 가리키는 것으로도
볼 수 있다. 따라서 이 구절은 사실 믿지 않는 유대인들이 꾸란을 흠
집 내기 위해 꾸란을 잘못 인용하고 있다는 사실을 말하고 있는 것일
수도 있다.

　다른 구절들은 자세한 설명 없이 '말씀'의 왜곡을 말하고 있다. 라

지의 해석에 따르면, 무함마드의 가르침만큼이나, 유대인들에게 주어
진 하나님의 말씀(토라)도 곡해된 것일 수 있다.

| 경전이 어떻게 왜곡되게 되었는가?

꾸란 본문은 유대인들이 어떻게 그들의 경전을 왜곡시켰는지에 대
해 분명하게 말하지 않는다. 우리가 위에서 본대로, 라지는 두 가지
해석을 제시한다.

❶ 본문의 의미와 관련하여 생각해 본다면, 더 이상의 왜곡은 불가
능하다. 예를 들자면, 꾸란의 계시 이후에 무함마드의 도래와
같은 것에 대한 토라의 가르침은 도저히 오해할 수 없는 것이
되었다.

❷ 본문 자체와 관련하여 왜곡을 생각해 본다면, 오직 제한된 정도
의 왜곡만이 가능하다(예를 들면, 돌로 치는 것에 관한 구절). 왜
그런가? 무엇보다도 토라가 하나님의 말씀이기 때문이다. 하나
님이 신실하신 것처럼 그분의 말씀도 그러하다.

라지는 자신이 ❶번을 지지한다고 분명하게 말한다. 그 이유는 '연
속적인 전승을 통해 이어져 내려온 경전은 본문의 오염이 있을 수 없
기 때문이다.' 다시 말해서 라지는, 경전은 연속적으로 전승되었고,
이 사실에는 의심의 여지가 없다고 보고 있으며, 그의 시대에는 그것
이 매우 확고한 사실이었다.

3. 하디스와 왜곡됨에 관하여

무슬림들은 하나님과 그의 예언자 무함마드를 믿는다(61:10-12).
그들은 하나님과 그분의 마지막 사도에게 복종한다(4:13-14). 꾸란은
무함마드가 모든 무슬림들을 위한 '훌륭한 모범(*uswa hasana*)'이라고
말하면서도(33:21), 그의 삶에 대해서는 거의 이야기하고 있지 않다. 대
신에 그의 수나(sunna), 즉 '관습' 혹은 '실천'이 많은 하디스(*hadith*),
즉 이야기들을 통해 우리에게 알려져 있다.

하디스, 즉 '예언자의 전통'은 예언자 무함마드가 했다고 하는 가르
침과 실천을 기록해 놓은 것으로, 때로는 그의 동료들의 것이 기록되기
도 했다. 하디스를 이슬람 교리와 실천의 주요 자료로 보는 수니 무슬
림들에게 하디스는 꾸란 바로 다음 가는 권위를 가지고 있다. 시아 무
슬림들은 예언자의 전통에 대한 그들만의 편집본을 가지고 있다.

아랍어로 기록된, '정경'으로 인정받는 9개의 하디스 모음이 있다.
이 '아홉 책들(*al-kutub al-tis`a*)'은 3가지 그룹으로 나눌 수 있다.

- 부카리(Bukhari, 256/870)와 무슬림(Muslim, 261/875). 이 편집본
  들은 다른 것들보다 더 권위 있는 것들이다. 이들에게는 모두
  '믿을 만한' 혹은 '흠이 없는'을 의미하는 사히(*Sahih*)라는 명칭
  이 붙는다.
- 아부 다우드(Abu Dawud, 275/888), 이븐 마자(Ibn Majah,
  273/886), 나사이(Nasa'i, 303/905), 티르미디(Tirmidhi, 279/892).
  수난(*Sunan, sunna*의 복수)으로 알려진 이들은 모두 상당히 믿을
  만한 것들로 보인다.

- 수난 명칭이 붙은 다리미(Darimi), 무스나드(Musnad) 명칭이 붙은 이븐 한발(Ibn Hanbal), 무와타(*Muwatta'*) 명칭이 붙은 말리크 (Malik)는 진위 여부가 확실치 않은 많은 이야기들을 담고 있다.

아부 다우드와, 이븐 마자, 말리크, 그리고 무슬림의 편집본들은 영어로 번역되어 있다. 이븐 마자의 수난(5 권)과 마찬가지로 부카리 의 사히 역시 아랍어-영어 판(9 권)을 접할 수 있다. 부카리의 편집은 일만 가지 정도의 이야기를 담고 있다. 이는 말리크의 모음보다 많은 숫자지만, 이븐 한발의 모음보다는 훨씬 적은 양이다. 대부분의 이야 기들은 한 개 이상의 모음들에서 찾아볼 수 있으며, 동일한 편집본에 같은 이야기에 대한 다양한 이설(異說)들이 소개되어 있기도 하다. 이 광대한 문학은 그러나 모든 이야기들을 다 수록하고 있지는 못하다. 다른 많은 이야기들이 —그 가운데는 '믿을 만한' 것들도 있다—이 아홉 개의 편집본들에 나와 있지 않다. 이러한 이야기들은 다른 통로 로 전해지고 있는데, 특히 타바리(Tabari, 310/923)의 꾸란 주석과 같 은 꾸란의 주석(*tafsir*)들을 통해 전해져 오고 있다.

무슬림 학자들은 이야기의 역사적 진실성을 알아보기 위해 몇 가지 기준을 사용한다. 그 가운데 가장 중요한 것이 독자적인 그리고 끊이 지 않는 믿을 만한 전승자들의 연결 고리인 타와투르(연속적인 전승) 의 기준이다. 이 전승자의 연결 고리, 즉 사나드(*sanad*)는 예언자 무 함마드에서부터 시작하여 그 이야기를 기록한 '전통주의자'(예를 들 어 부카리 같은 사람)에게까지 이어진다.

대체로 다음과 같이 세 가지 정도로 신뢰도의 등급을 나눈다. '확 실한' 것(*sahih*)과, '보통의' 것(*hasan*), 그리고 '불충분한' 것(*da'if*). 예언자의 언행이라고 거짓으로 꾸민 것은 마우두(*mawdu*, '만들어진 것')라고 불린다. 어떤 이야기들에 대해서는 모두가 그 신뢰도를 인정하지만, 결론에 이르지 못한 채 진정성에 대한 논란만 계속되고 있는 이야기들도 많이 있다.

하디스는 꾸란의 가르침을 반영하고, 꾸란 구절들을 설명하며, 꾸란 교리를 자세히 하고, 보완한다. 하디스를 기초로 하고 있는 이슬람의 신앙과 율법에는 다음과 같은 것들이 있다.

- 할례(부카리, *libas* 64:VII, p. 516, no. 779 [5441]),
- 다섯 번의 의무적인 기도(부카리, *salat* 1:I, p.211, no.345 [336]),
- 심판의 날에 있을 무함마드의 중재(부카리, *tawhid* 19:IX, p. 373, no. 507 [6861]),
- 무함마드의 천상 여행(부카리, *manaqib* al-ansar 42:V, p. 143, no. 227 [3598]),
- 무함마드의 기적(부카리, *manaqib* 25:IV, pp. 496-505, nos. 771-782 [3306-3317]),
- 하나님의 99가지 가장 아름다운 이름들(부카리, *tawhid* 12:IX, p. 363, no. 489 [6843]),
- 배교에 대한 죽음의 형벌(부카리, *jihad* 149:IV, p. 160, no. 260 [2794]),
- 성적 부도덕에 대한 죽음의 형벌(무슬림, *hudud* 12:III, p. 911, no. 4191 [3199]),
- 마지막 때의 예수의 지상 도래(부카리, *anbiya'* 49:IV, p. 436, no. 657 [3192]).

대부분의 이야기들이 예언자 자신의 권위로 된 것들이며, 예언적인 발언들(*hadith nabawi*)이다. 이 가운데 어떤 것들은 신의 영감 아래서 예언자의 입을 통해 나온 신의 발언(*hadith qudsi*)으로 알려져 있다.[1]

(1) 하디스와 왜곡

지금까지 하디스의 중요성을 살펴보았다. 이제 이전 장의 주제였던, 유대인들과 그리스도인들이 그들의 경전을 왜곡했다는 비난에 대해 하디스가 무엇을 말하고 있는지에 대해 알아보고자 한다.

하디스는 무함마드와 그의 동료들이 일부 그리스도인들을 알고 있었고, 아라비아에 있는 유대인들과 여러 번 접촉했었다고 설명한다. 따라서 우리는 경전이 왜곡되었다는 것이 주요 논쟁점 중에 하나였는지 질문하게 된다. 놀랍게도, 한편 실망스럽게도, 오직 소수의 이야기들만이 이 질문과 연관되어 있다.[2] 이러한 희소성은 그 자체가 중요한 사실이다. 경전의 권위는 첫 무슬림 공동체에게 대체로 큰 문제가 아니었다.

1) 타바리(*Tabari*, 310/923)

타바리의 하디스는 매우 권위있는 꾸란 주석이다. 수라 5:68을 해석하면서 그는 예언자 무함마드의 동료 중 한 명이었던 이븐 아바스(Ibn `Abbas)를 인용한다. 무함마드가 진정으로 토라를 믿는지 알아보기 위해 몇 명의 유대인들이 그에게 왔다.

무함마드여, "당신은 아브라함의 공동체와 종교의 길을 걸으며, 우리가

---

1) 부카리, *tafsir* 32:1:VI, p. 289, no. 303 [4406], 참조. 꾸란 32:17; 부카리, *riqaq* 38:VIII, p. 336, no. 509 [6021], 무슬림, *dhikr* 22:IV, p. 1413, no. 6499 [4852].
2) 이 장에서 살펴본 이야기들은 9개의 하디스 정경 모음들에서 경전의 왜곡에 대해 말하고 있는 유일한 것들이다.

가지고 있으면서 하나님의 진리라고 고백하는 토라를 믿는다고 주장하지 않는가?"

하나님의 사도가 말했다. "물론 나는 그렇소. 그렇지만 당신들은 경전에 있지 않은 것들을 경전의 뜻으로 해석하고, 당신들과 하나님이 맺은 성약을 저버렸소. 또한 사람들에게 알리도록 명함 받은 것들을 은폐하였소. 그러므로 나는 당신들의 쇄신을 거부하오."

그들이 대답했다. "우리는 우리가 가지고 있는 것(토라)을 지키고 있소. 우리는 그 진리와 인도하심을 따르고 있으니, 당신을 믿지 않을 것이고, 당신을 따르지도 않을 것이오."

그때 하나님께서 이 구절(5:68)을 계시해 주셨다. '성서의 백성들아. 너희들이 토라와, 복음, 그리고 주님께서 너희에게 계시하신 것을 지키지 않는다면 너희의 의지할 것이 없느니라.'

여기에서 예언자는 먼저 긍정적인 답변을 한 후, 경전에 대한 유대인들의 불성실함을 지적하면서 세 가지 동사를 사용하고 있다. *ahdatha*(쇄신하다)과, *jahada*(거부하다), 그리고 *katama*(은폐하다). 이 세 동사 가운데 오직 세 번째 동사만이 꾸란의 것으로, 유대인들이 토라 본문을 변경했다는 것을 말하고 있다. 이러한 사실은 예언자가 유대인들의 경전에 대한 존경심을 잘 알고 있었기 때문에 그 진정성에 대해서는 질문하지 않았다는 것을 의미하는가?

2) 다리미(*Darimi*, 255/868)
두 번째 하디스는 2세대 무슬림이었던 아바드(`Abbad b. `Abbad)의 기록이다. 아바드는 2대 칼리프인 우마르가 무슬림들에게 꾸란을 존중하고 그 가르침을 지키라고 했다는 것을 기록하고 있다. 그는 계속하여 '성서의 백성들', 특히 그 지도자들을 공격한다. 그들은 자신들의 특권으로 경전의 가르침에 손해를 입혔다는 것이다.

　　만일 학자들과 수도승들이 두려워하지 않았다면, 경전의 가르침에 복종함으로 그들의 사회적 지위와 존엄성이 사라졌을 것이고, 그 가르침을 왜곡하거나 은폐하지도 않았을 것이다. 그들이 경전을 위반했을 때 그들은 자신들이 한 것을 사람들에게 숨기려 하였다. 자신들의 위신이 떨어지고, 자신들의 타락이 드러나게 될 것을 두려워했기 때문이다. 그래서 그들은 다른 해석을 통해 경전을 왜곡하고, 왜곡할 수 없는 부분은 은폐시켰다. 이런 식으로, 그들은 자신들의 행위를 숨겨서 위신을 지키려 하였다. 동일한 방식으로 그들은 사람들의 (악한) 행동에 대해서도 공손하게 아무 말도 하지 않았다. '하나님께서 성서의 백성들로부터 약속(a covenant)을 가져가시니 이는 그것을 인류에게 분명히 알리고 숨기지 아니하기 위함이라' (꾸란 3:187). 그러나 그들은 그것을 조작하고 유익한 대로 사용했다.[3]

　　이 이야기는 꾸란의 영감을 받은 이야기임을 드러내고 있다. 꾸란의 언어들로 가득 차 있기 때문이다. 학자들(*ahbar*)과 수도승들(*ruhban*)에 대한 비난은 지도자들을 주님으로 삼았던 그리스도인들에 대한 비난을 상기시킨다(9:31). 이 종교 지도자들은 토라와 복음에 대한 진정한 복종으로(5:66-68) 하나님의 약속을 따르는 대신에(3:187; 5:13-14), 백성들의 소유를 강탈했다(9:34). 그들은 경전을 왜곡하고 은폐하여 자신들의 행위를 숨겼다.

　　경전을 변경한 동기가 이 설명에서 매우 분명하게 나타난다. 백성들에 대한 지배를 영속하기 위해, 그리고 그들의 삶이 경전에 위배된다는 사실을 보이지 않기 위해, 두 공동체의 권위자들은 비난받을 만한 행위에 의존해 왔다는 것이다.

　　이 이야기에서는 변경에 대한 두 가지 형태(은폐와 오역)를 동일시

---

3)　다리미. *muqaddima* 56 [647].

하고 있다는 사실이 또한 흥미로운 점 중에 하나이다. 우리는 고위 성
직자들이 분명한 본문을 은폐하고 고의로 오역함으로써 경전을 왜곡
했다는 사실을 알게 된다. 이 이야기는 꾸란의 문자와 정신이 주입된
이야기이기 때문에, 꾸란 본문에 빛을 비추어 주는 면에서 특히 가치
가 있다.

3) 부카리 (*Bukhari*, 256/870)

이븐 아바스(Ibn `Abbas)는 일부 무슬림들이 유대인들과 종교적인
문제들에 관해 나누었음을 알게 되었다. 그는 이러한 관계가 낳게 될
결과를 염려하면서, 무슬림들이 그러한 대화에 관여하지 않도록 막으
려 하였다.

> 무슬림들이여! 하나님의 예언자에게 계시된 너희들의 성서(즉, 꾸란)가
> 하나님으로부터 온 가장 최근의 자료이고, 너희들은 왜곡되지 아니한 성서
> 를 암송하면서, 어떻게 성서의 백성들에게 물을 수 있는가? 하나님은 성서
> 의 백성들이 "그들 손으로 그 성서를 써서 '이것은 하나님으로부터 온 것이
> 니 값싸게 사소서.' 라고 말한다.(2:79)"는 것을 너희에게 계시해 주셨다.

> 이븐 아바스는 또한 다음과 같이 덧붙인다. '너희에게 계시된 지식이 충
> 분치 않아서 그들에게 묻는 것인가? 하나님의 이름을 빌려 말하건대, 나는
> 그들 가운데 어느 누구도 너희에게 계시된 것에 관해 묻는 것을 본 적이 없
> 다.' [4]

성장하고 있는 무슬림 공동체에 유대인들이 영향을 미칠 것을 염려

---

4) 부카리, *shahadat* 29:III, p. 526, no. 850 [2488], 참조. Ibid., *i`tisam* 25:IX, p. 339,
   no. 461 [6815]; *tawhid* 42:IX, p. 460, no. 613 [6968]과 p. 461, no. 614 [6969].

하는 이븐 아바스의 심경을 이해하기는 어렵지 않다. '성서의 백성
들'에 대한 비판적인 꾸란 본문(2:79)을 인용하면서, 그는 유대인들을
신뢰하지 않으려 하고, 무슬림들에게 그들과 이야기하지 말 것을 권
한다. 그가 주장하는 것은, 하나님이 계시하신 마지막 경전인 만큼 꾸
란은 이전의 그 어느 계시보다 더 포괄적이라는 것이다. 그러나 우리
는 이렇게 질문할 수 있다. 왜 무슬림들이 '성서의 백성들'과 이야기
하는 것을 금하는가? 어쨌든 꾸란은 하나님의 계시에 대해 의문이 있
으면 그들에게 가서 물어 보라고 무슬림들에게 말하고 있지 않은
가?(10:94; 16:43)

　어느 전통에 의하면, 유대인들은 토라를 히브리어로 읽은 후에 아
랍어로 무슬림들에게 설명해 주곤 했다고 한다. 이것을 보면서 예언
자가 말하였다. '성서의 백성들을 믿지 마라. 또한 불신하지 마라. 단
지 '우리는 하나님을 믿고, 우리에게 계시된 것과 당신들에게 계시된
것을 믿나이다.'라고 말하여라.' (참조. 2:136; 29:46).[5] 예언자는 적어
도 유대인들과 그리스도인들이 자신들의 경전에 대해 말하는 것을 들
을 준비가 되어 있었다.

　부카리에는 왜곡에 대한 또 다른 하디스가 있는데, 이는 다음의 꾸
란 구절을 설명하기 위한 것이다.

　　그 성서의 백성들은 그들의 자손들을 알고 있듯 그(무함마드)를 알고 있
　으면서 실로 그들이 알고 있는 그 사실을 숨기고 있도다.(2:146)

　그렇다면, 무엇이 '사실'이고, 누가, 어떻게 숨겼는가? 하디스는
아래와 같은 답을 준다.

---

5)　Ibid., i`tisam 25:IX, p. 338, no. 460 [6814]

유대인들이 하나님의 사도에게 와서 그들 가운데 한 남성과 여성이 간음을 행했다고 말하였다.

하나님의 사도가 그들에게 말했다. "토라에서는 돌로 침에 대해 무엇을 말하고 있는가?"

그들이 대답했다. "우리가 그들의 부끄러운 행동을 밝혀내고 채찍질했소."

그때 압둘라(`Abdullah b. Salam)가 말했다. "당신들은 거짓을 말하고 있소. 토라는 돌로 침의 형벌을 말하고 있소."

유대인들이 토라를 가져와서 펼쳤다. 그 중 한 명이 돌로 침에 대한 구절 위에 손을 올려놓고, 그 전후 구절들을 읽었다.

압둘라가 그에게 말했다. "당신의 손을 드시오." 그가 손을 들자 그 자리에 돌로 침에 대해 적혀 있는 구절이 있었다.

그들이 말했다. "무함마드가 진실을 말했다. 토라에는 돌로 침에 관한 구절이 있다." 그때 하나님의 사도가 그 두 사람을 돌로 쳐서 죽이라고 명했고, 그들은 그렇게 죽임을 당했다.

압둘라가 말했다. "나는 그 남자가 돌들로부터 여자를 가리는 것을 보았다."[6]

이 사건에서, 하디스는 분명하게 토라가 변경되지 않았다는 것을 말해 주고 있다. 유대인들은 다른 유대인들이 죽는 것을 막으려고 경전이 말하는 것에 대해 거짓말을 했다고 비난받는다. 이처럼 수라 2:146에 나오는 그들에 대한 비난은 역사적인 사실로 밝혀지지만, 본문 그 자체에는 의문의 여지가 없기 때문에, 꾸란의 비난에는 한계가 있게 된다.

---

6) Ibid., *manaqib* 26:IV, p. 532, no. 829 [3363], 참조. ibid., *hudud* 37:VIII, p. 550, no. 825 [6336]; 무슬림, *hudud* 26:III, p. 918, no. 4211 [3211].

4) 이븐 한발(*Ibn Hanbal*, 241/855)

마지막 이야기는 무아드(Mu`adh b. Jabal)가 그리스도인들이 많이 사는 땅을 방문하여 관찰한 것에서 나온다. 무함마드는 그를 보내 시리아나 예멘에 이슬람을 전하도록 하였다. 그곳에 대한 화자는 불분명하지만, 이 사실이 하디스 의미와는 관계가 없다. 두 가지의 다른 이야기를 하고 있는데, 그 첫번째 것은 다음과 같다.

> 무아드는 그리스도인들이 그들의 대주교와 주교들 앞에 절(*tasjudu*)하는 것을 보았다. 그는 하나님이 사도는 그런 방법으로 높임 받기에 더 합당한 분이라고 혼잣말을 하였다. 그는 (아라비아로) 돌아와서 말하였다. "하나님의 사도여, 저는 그리스도인들이 그들의 대주교와 주교들 앞에 절하는 것을 보았습니다. 저는 당신께서 높임 받기에 더 합당하다고 혼잣말을 하였습니다."
> 그가 말했다. "만일 내가 누군가에게 절하도록 명해야 한다면 나는 여성에게 남편 앞에 절하도록 명할 것이다. 여성은 남편에 대한 의무를 다해야만 하나님을 향한 의무를 다할 수 있다. 따라서 남편이 여성을 원한다면 그녀는 일하던 중이라도 남편에게 동의해야 한다."[7]

9개의 하디스 정경 가운데 이븐 한발의 모음이 분명 가장 방대할 것이다. 이것이 그의 모음에 나오는 많은 이야기들이 진실로 예언자의 것인지 의문시되는 부분적인 이유이기도 하다. 그러나 위의 이야기는 좀 더 믿을 만한 모음인 아부 다우드와 이븐 마자의 모음에도 나오는 것이다.[8] 무함마드가 말했다고 전해지는, 남편에 대한 여성의 의무에 관한 말은 전혀 놀라운 것이 아니다.

---

7) 이븐 한발, *musnad al-kufiyyin* no. 151 [18591].
8) 아부 다우드, *nikah*: II, p. 574, no. 2135; Ibn Majah, *nikah* 4:III, p. 116, no. 1853 [1843].

이 이야기의 두 번째 것 역시 이븐 한발의 모음에 나오는데, 그 진정성을 의심할 만한 이유는 찾아볼 수 없다. 무아드는 그리스도인들이 그들의 대주교와 주교들 앞에 절하는 것을 보고 물었다.

  - 당신들은 왜 절을 합니까?
  - 이것이 예언자들이 인사를 받던 방법이기 때문입니다.
  - 우리 예언자(무함마드)는 그렇게 인사 받기에 더욱 합당한 분입니다.
  집으로 돌아온 무아드가 이에 대해 예언자에게 물었다. 그가 대답했다.
  - 그들은 그들의 경전을 왜곡한 것처럼 그들의 예언자들에 대해서도 거짓말을 하였다. 하나님은 더 나은 방식으로 인사하는 법을 주셨는데, 그것은 천국에서 사람들이 인사하는 방식이다.(al-salamu `alaykumm '평화가 있으소서', 참조. 꾸란 7:46; 10:10; 36:58).[9]

이 이야기는 경전을 함부로 변경한 것에 대해 그리스도인들을 지명하여(al-nasara) 비난하는 유일한 것이다. 여기서 말하는 예언자들은 예수를 포함하는 유대인 예언자들을 가리키는 것으로 보인다. 구약시대에는 사람들 앞에 몸을 굽혀 인사하는 것이 이상한 것이 아니었다(참조. 창 23:7, 12; 출 18:7). 그러한 몸짓은 왕들이나(삼상 25:23, 41; 삼하 9:6, 8; 왕상 1:16, 23, 31, 53), 예언자들(왕하 2:15; 4:37), 심지어 부모님들(왕상 2:19)과 같이 매우 존경받는 사람에게 경의를 표하는 방식이었다. 꾸란 역시 요셉의 형제들이 이집트에서의 요셉의 높은 지위를 인식하고는 그 앞에 엎드렸다고 기록하고 있다(12:100, 참조. 창 44:14).

예수께서 제자들에게 선생이라 칭함을 받지 말라고 가르치신 것은 사실이다. 그들은 모두 같은 형제들이고 선생은 오직 한 분뿐이시기

---

9) 이븐 한발, *musnad al-kufiyyin* 151 [18591].

때문이다(마 23:8). 더 나아가 예수는 그들의 발을 씻김으로 그가 어떤 종류의 선생인지를 나타내셨다(요 13:1-17). 어느 그리스도인도 모든 그리스도인 지도자들이 사람들을 섬기는 데 있어서 다 예수의 발자취를 따르고 있는 것은 아니라는 데 이견을 달지 않을 것이다. 그리스도인 지도자들이 사람들에 대한 그들의 권위를 남용함으로 경전을 오염시켰다는 것이 이 하디스가 의미하는 것이라면, 그것은 꾸란이 그들에게 가하고 있는 한 가지 비난을 생각나게 한다(9:31, 34). 그리스도인들은 그들의 삶과 실천에서 나타나는 모순에 대한 비난에 귀를 열어야 한다.

요약하자면, 하디스는 경전의 왜곡에 대한 이야기들을 거의 포함하고 있지 않다. 우리가 지금까지 살펴본 것들은 유대인들과 그리스도인들이 경전을 잘못 해석하고 가르친다고 비난하지만, 본문 그 자체가 오염되었다고 말하지는 않는다.

4. 무엇이 왜곡되었는가?

앞에서 살펴본 대로, 꾸란과 하디스는 경전의 왜곡에 관해 크게 두 가지 이해를 제시하고 있다. 무슬림 신학자들은 이 두 가지 견해를 지지하는 두 그룹으로 나누어져 있다. 첫번째 그룹은 유대인들과 그리스도인들이 경전을 오역(*misinterpret*)했다고 보지만, 적어도 경전 본문의 대부분은 믿을 만하다고 주장한다. 두 번째 그룹은 성경의 본문이 변경되었다고 주장한다. 전체적으로 다 변경된 것은 아니라고 보지만, 대체로 더 이상 믿을 수 없는 방식으로 변경되었다는 것이다.

(1) 첫번째 견해: 의미가 왜곡되었다

위대한 무슬림 사상가들 가운데 첫번째 그룹에 속하는 이들이 있다. 라지(Razi, 606/1209), 바킬라니(Baqillani, 403/1013), 아비세나(Avicenna, 428/1037), 가잘리(Ghazali, 505/1111), 그리고 최근의 학자로는 무함마드 압두(Muhammad `Abduh, 1323/1905)가 있다.

1) 라지

라지는 본문이 왜곡되지 않았을 것이라고 생각한다. 그는 두 가지 이유를 제시한다. 첫째는 신학적인 이유로, 하나님의 본성 가운데 하나에서 발견되는 것이다. 하나님은 신실하시고, 그분의 말씀 역시 그러하다는 것이다. 하나님께서 바로 그분이 하신 말씀을 믿을 수 없게 되도록 놓아 두셨다면, 그분의 신실하심은 손상을 입게 될 것이다. 라지가 제시하는 두 번째 이유는 역사적인 것으로, 성경의 타와투르(*tawatur*) 즉, 연속적인 전승에 근거하고 있다. 많은 사본들이 전 세계에 퍼지면서, 성경은 본문의 왜곡 없이 연속적으로 이어져 내려왔다는 것이다. 따라서 라지가 택하는 일관된 선택은 유대인들이 토라의 가르침을 숨겼다는 것이다. 무함마드가 올 것에 관한 것이나, 간음에 대한 법적 처벌과 같은 것들을 그 예로 들 수 있다.

2) 바킬라니

바킬라니는 유대인 경전보다 그리스도인 경전을 훨씬 더 많이 신뢰한다. 그는 주요 신학 저술에서 한 장 전체를 기독교의 삼위일체 교리와 예수 그리스도의 신성에 관한 교리에 할애하고 있다.[1] 그의 목적은 복음서 본문 해석에 대한 대안을 제시함으로써, 그리스도인들이 자신들의 경전을 부당하게 해석하고 있다는 것을 증명하려는 것이다. 이 목표를 이루기 위해 바킬라니는 가잘리와 유사하게 매우 이성적인 접근을 택하고 있다. 유대인 경전에 대하여 바킬라니는 토라의 변경이 이스라엘에서 군주국이 사라지게 된 것과 관련되어 있다고 생각한다. 그는 또한 토라를 해석하고, 필사하고, 다른 언어로 번역하면서 오류가 생겨서 변경되었다고 믿는다.

3) 무함마드 압두

무함마드 압두는 19세기 이집트의 위대한 학자였다. 그는 이슬람의 가르침에 신실할 것을 추구하는 한편, 이슬람 사상의 갱신을 부르짖었던 개혁가였다. 잘 알려진 그의 꾸란 주석에서,[2] 압두는 라지와 유사한 견해를 취한다. 그는 수라 2:159에 관하여 경전이 많이 퍼져 있었기 때문에 본문의 왜곡이 불가능하였다고 설명한다. 그가 비난하

---

1) 바킬라니, Kitab al-Tamhid, pp. 75-103.
2) M. `Abduh, Tafsir al-Manar.

는 것은 오직 유대인들이다. 그들은 토라를 변경하여 그리스도를 거부했던 것처럼, 토라와, 무함마드가 올 것을 예언한 예언자 이사야의 구절을 오역하여 경전을 변경하였다는 것이다.[3]

수라 2:185에 대한 압두의 해석은, 그에게 이슬람 경전과 유대교 및 기독교 경전을 비교하는 기회를 제공한다. 그는 진리의 빛이 토라나 복음서보다 꾸란을 훨씬 더 밝게 비추고 있다고 말한다. 또한 복음서는 제자들마저도 예수의 가르침을 이해하는 데 어려움을 느꼈다는 것을 지적하고 있다고 말하면서, 그러나 "우리는 이것이 믿을 수 있는 복음서라고 믿는다."고 덧붙인다.[4]

이 이집트 개혁가는 수라 3:78을 설명하면서 또한 흥미로운 비교를 하고 있다. 메디나에 있던 일부 유대인들은 인간의 저술을 마치 경전인 것처럼 암송하여 무함마드에 관해 그들의 백성들을 속이곤 하였다는 것이다.

> 그들 가운데는 그들의 혀로써 그 성서를 왜곡하여
> 그것이 그 성서의 일부라고 너희들로 하여금 인식케 하려는 무리가 있으나 그러나 그것은 성서의 일부가 아니라.
> 그들은 또 "그것은 하나님으로부터 온 것이도다."라고 말하니, 그것은 하나님으로부터 온 것이 아니거늘.(3:78)

이 구절을 적용하면서 압두는, 오늘날 자신의 해석으로 꾸란을 왜곡(*yuharrifuna*)하는 무슬림들이 있다고 설명하면서, 이는 그들의 보수주의(개혁하고 싶어하지 않는 것)나 혹은 이단적인 관점을 정당화하려는 것이라고 말한다. 심지어 꾸란에서 종교를 발견할 것이 아니라

---

3) Ibid., vol. 2, pp. 48-50.
4) Ibid., pp. 159-160.

과학이 말하는 것에서 찾아야 한다고 주장하는 이들도 있다는 것이다.[5]

(2) 두 번째 견해: 본문이 왜곡되었다

두 번째 그룹의 무슬림 신학자들에 의하면, 단순히 경전의 의미가 아니라 경전 그 자체가 변경되었다. 이 그룹에는 이븐 하즘(Ibn Hazm, 456/1064)과, 주와이니(Juwayni, 478/1085), 그리고 중간 입장을 취하는 이븐 타이미야(Ibn Taymiyya, 728/1328)도 어느 정도 포함된다고 본다. 무슬림 변증론자들은 이 학파를 따른다. 그들은 경전의 변경에 대한 자신들의 급진적인 관점이 단지 전통 이슬람 신학의 한 부류만을 반영하고 있을 뿐이라는 사실을 모르고 있는 것 같다.

1) 이븐 타이미야

주후 14세기에 사망한 이븐 타이미야는 그의 저서 『Correct Answer to Those Who Changed the Religion of Christ』(기독교를 개조한 사람들에게 주는 대답)에서 토라와 복음서의 연속적인 전승에 의문을 제기한다.[6] "무슬림들은 성서의 백성들이 오늘날 소유하고 있는 토라와 복음서가 모세와 예수로부터 연속적으로 전승된 것이 아니라고 주장한다. 예루살렘이 멸망하고 이스라엘 백성들이 쫓겨날 때 토라 전승의 연결 고리가 처음 끊겼다는 것이다."[7] 저자는 현재의 토라가 에스라 한 사람의 작업이었다고 주장한다. 에스라는 예언자가 아니었고, 유대인들에 대한 자신의 권한을 강화하려는 목적을 가지고 있었다는 것

---

5) Ibid., vol. 3, pp. 343.
6) 이븐 타이미야, *al-Jawab al-sahih liman baddala dina l-Masih*, pp.137-369.
7) Ibid., p. 215.

이다. 이러한 사실은 두 개의 구별되는 사건을 동일한 것으로 잘못 설명하고 있는 것에서 나타난다. 주전 622년 요시야왕 시기에 율법 책 (신명기의 구 사본일 것이다)을 발견한 것과(왕하 22:8-13), 주전 515년 에스라가 '모세의 율법 책'을 낭독한 것(느 8:1-8).

네 개의 복음서에 관해 이븐 타이미야는 그 복음서들이 예수가 승천하고 오랜 세월이 지난 후에 기록되었고, 마가와 누가는 예수의 사도들이 아니었으며, 누가는 예수를 본 적도 없다는 것을 지적한다. 그러므로 "둘이나, 셋, 혹은 네 사람에 의해 전승되면서 오류가 가능하며, 특히 예수가 십자가에 못 박혀 죽었다고 생각하는 오류를 범하였다."[8]

예수에게는 증인이 되도록 임명받은 12명의 제자들이 있었지만, 이븐 타이미야는 이러한 사실이 예수의 가르침이 정확하게 전달되었다는 것을 보장하기에 충분치 않다고 본다. 그는 "사도들은 겨우 열두 명이었다."고 말한다.[9]

저자는 또한 그리스도의 신성과 경전의 진정성, 그리고 복음주의자들의 '사신됨(messengership)'이 상호 의존적이라고 주장한다. 그는 이러한 상호 관계성이 기독교 신앙을 손상시키는 결함이라고 본다. "이러한 상태에 관하여 그들에게 말해 주어야 한다. '너희들은 그리스도의 하나님 되심을 증거할 수 없다. 그것은 오직 이 책들을 통해서만 가능하다. 그런데 너희들은 이 책들의 정확함을 보여 줄 수 없다. 이 책의 정확성은 오직 사도들이 오류를 범치 않는 하나님의 사신들이었음을 증명함으로써만 가능하다. 하지만 너희들은 그들이 하나님의 사신들이었음을 증명할 수 없다. 그것은 오직 그리스도가 하나님

---

8) Ibid., p. 216.
9) Ibid., p. 236; 내가 강조한 부분.

이심을 증명하는 것으로만 가능하다.' 이처럼 그들의 상태는 악순환 가운데 있다."[10] 그러나 사신의 신빙성과 메시지의 진정성 사이의 관계에 있어서 이슬람도 기독교와 크게 다르지 않다는 사실을 알아야 한다. 예언자로서의 무함마드의 자격은 뛰어난 아랍어 경전인 꾸란의 존재에 달려 있다. 그러나 한편, 무함마드가 하나님의 선지자가 아니라면 꾸란은 하나님의 말씀이 될 수 없을 것이다. 궁극적으로, 그 말씀이 믿을 만한가를 증명해 줄 수 있는 분은 하나님 이외에는 없다. 이러한 사실은 무엇보다도 우리가 하나님의 말씀을 이해하려는 태도를 가져야 함을 말한다. 또한 하나님을 신뢰하는 마음이 있어야 함을 알려 준다.

이븐 타이미야와 같은 견해를 가지고 있는 사람이라면, 그는 경전을 별로 신뢰하지 않을 것이라고 생각할 것이다. 그러나 그렇지 않다. 이븐 타이미야는 경전의 변경이 제한적이며, 따라서 그 진정성을 손상시키지 않는다고 보고 있다. "어떤 이들은(무슬림들) 두 책들(토라와 복음서)의 본문에서 변화를 겪은 부분은 몇 구절에 불과하다고 진술하고 있는데, 그것이 사실인 것으로 보인다. … 진실은 이것이다. 즉, 성서의 백성들이 오늘날 소유하고 있는 토라와 복음서의 본문 가운데 일부가 변조되고 변화를 겪었지만, 거기에는 하나님의 심판이 담겨 있다는 것이다(5:41-43)."[11] 만일 기독교 경전이 급진적인 변화를 겪지 않았는데 교회가 그리스도의 종교를 변하게 했다면, 이는 기독교가 더 이상 그리스도의 가르침에 기초하고 있지 않으며, 대신 교회의 교리를 바탕으로 하고 있다는 것을 의미한다고 이븐 타이미야는 말한다. 그는 초대 교회의 공회에서 삼위일체나 그리스도의 신성과 같은

---

10) Ibid., p. 216.
11) Ibid., pp. 225-226.

교리들을 만들어 낸 것을 비난한다. 또한 그리스도인들이 사도들 이후 공회원들의 무오성을 주장한 것을 비난한다.[12] 그는 교회의 행태를 보면 기독교가 그리스도의 종교로부터 얼마나 멀어졌는가를 알 수 있다고 말하면서, 복음서에 기초하고 있지 않은 것들을 나열한다. 동쪽을 향해 기도하는 것, 돼지고기를 먹는 것, 교회에서 그림을 사용하는 것, 50일간의 금식을 지키는 것, 수도 생활, 크리스마스 축제, 신의 출현과 거룩한 십자가, 할례를 세례로 대치한 것.[13]

이러한 관습의 많은 부분이 복음서에서 근거를 찾을 수 없는 전형적인 동방 교회의 모습인 것이 사실이다. 그러나 문제는 그러한 것들이 예수의 가르침에 반대되는 것인가 하는 것이다. 이슬람에서 역시, 많은 신조들과 의식들이 꾸란과 하디스를 기초로 하고 있지 않다(예를 들면, 예언자 무함마드의 생일을 축하하는 것이나, 아슈라 축일 등).

| 모순 찾기: 주와이니와 이븐 하즘

주와이니가 쓴 논문의 제목을 보면 그 논쟁적인 성격을 잘 알 수 있다. 「토라와 복음서의 변조에 관한 진리를 추구하는 자들의 갈증 해소」(Quenching the Thirst of Those who Seek the Truth about the Alteration of the Torah and the Gospel).[14] 이븐 타이미야보다 2세기 반 전에, 주와이니는 토라의 연속적인 전승에 의문을 제기했다.[15]

무슬림 저자들은 종종 성경 본문을 통해 그들의 주장을 증명하려 하였다. 주와이니는 유대인들이 사용하는 토라와, 그리스도인들이 사

---

12) Ibid., pp. 217, 219, 221.
13) Ibid., p. 229, 233, 237, 253.
14) 주와이니, *Shifa᾽ al-ghalil fi bayan ma waqa`a fi-l-Tawrat wa-l-Injil min al-tabdil.*
15) Ibid., pp. 44-46.

용하는 토라, 즉 70인역 사이의 차이점들을 지적한다.[16] 그 한 가지 예가 아담으로부터 데라(아브라함의 아버지)에 이르는 조상들의 연수(年數)이다. 이는 히브리어 본문과 헬라어 번역 사이에 차이를 보이는 부분이다.[17]

종교들의 역사를 다루는 저서[18]를 남긴 이븐 하즘은 토라가 역사적 사실과 대립되는 부분들을 나열한다(예를 들면, 이스라엘이 이집트 포로로 있던 기간; 창 15:13; 출 12:40). 그는 또한 토라와 지리학 사이의 대립(예를 들어, 에덴에 있는 네 강들의 위치: 창 2:10-14), 토라와 합리성 사이의 대립(예를 들어, 하나님의 형상으로 아담을 창조하신 것: 창 1:26-27), 그리고 토라와 도덕성 사이의 대립(예를 들어, 노아의 만취함: 창 9:20-23)을 지적한다. 무엇보다도, 그는 토라와 꾸란 사이의 대립을 나열하고 있다.[19]

복음서를 읽으면서 우리는 때로 복음서가 같은 사건에 대해 다른 설명을 하고 있는 것을 보게 된다. 일부 무슬림들은 이러한 차이를 대립으로 본다. 합리적이고 문자적인 그들의 접근은 본문상의 많은 모순으로 그들을 이끈다. 주와이니는 그러한 모순들의 다섯 가지 예를 제시한다. 예수의 혈통[20], 베드로의 배신[21], 예수의 예루살렘 입성[22],

---

16) 70인역(때로 간단하게 LXX로 표기한다)은 구약의 헬라어 번역으로, 초대 교회에서 폭넓게 사용되었다(1장, 4쪽을 보라─책 페이지가 정확히 들어가야 합니다─역자). 이후에 이루어진 구약 번역은 히브리어 본문보다는 70인역을 근거로 한 것이 많다. 오늘날의 성경 번역은 구약은 히브리어 본문에, 신약은 헬라어 본문에 기초하고 있다.

17) 주와이니, *Shifa'*, pp. 50-56, 참조. 창 11:10-26.

18) 이븐 하즘, *Kitab al-Fisal fi l-milal wa l-ahwa' wa l-nihal*.

19) Ibid., vol. 1, part 1, pp. 98-224.

20) 주와이니, *Shifa'*, pp. 58-66, 참조. 마 1:1-17; 눅 3:23-38.

21) Ibid., pp. 68-72, 참조. 막 14:66-72; 눅 22:64-60.

22) Ibid., pp. 72-74, 참조. 마 21:1-7; 막 11:1-5.

예수를 향한 십자가상에서의 두 강도의 태도[23], 그리고 예수의 죽음
후에 곧바로 일어난 사건들.[24]

복음서가 모순으로 가득 차 있다고 보기 때문에, 이븐 하즘에게 역
시 복음서는 아무 의미가 없다. 어떻게 '하나님의 아들'이 사단의 유
혹을 받을 수 있는가? 예수는 어떻게 자신이 율법을 폐하러 온 것이
아니라고 주장하면서(마 5:17), 동시에 이혼이 불법이라고 하고 복수
의 법을 없애 버릴 수 있는가?(마 5:31-32, 38-42) 예수는 어떻게 사람
들에게 그가 베푼 기적에 대해 말하지 말라고 말할 수 있는가? 하나
님의 예언자들임을 증명해 주고 사람들이 그들을 따르도록 하는 도구
로 기적이 사용되었음을 생각하면 이는 있을 수 없는 일이다. 예수는
자신이 인간 이상이라고 주장한 적이 한 번도 없었지만(참조. 요
20:17), 예수의 제자들이 그를 하나님으로 만들었다고 이븐 하즘은 말
한다. 그리고 그것은 불가능하다고 덧붙인다. 하나님이 사람의 아들
이라고 믿거나, 그가 하나님의 아들이면서 동시에 사람의 아들이라
고, 혹은 인간이 하나님을 낳았다고 믿는 것은 정말 말도 안 되는 일
이라는 것이다.[25]

그렇다면, 꾸란과 하디스가 경전에 대해 긍정적으로 말하는 것을
이븐 하즘은 어떻게 이해하고 있는가? 그는 토라의 진정성을 믿는 무
함마드에 대한 하디스 기록은 믿을 수 없다고 말한다. 반면에, 유대인
들과 그리스도인들이 경전을 변조했다고 비난하는 하디스들은 믿을
수 있는 것으로 판단한다. 토라와 복음서를 '빛과 복음'이라고 기술
하는 꾸란 본문은 왜곡 이전에 경전을 의미하는 것으로 보인다. 또한

23) Ibid., pp. 74-76, 참조. 마 27:39-44; 눅 23:39-43.
24) Ibid., pp. 76-80, 참조. 마 27:51-53.
25) 이븐 하즘, *Kitab al-Fisal*, vol. 1, part 2, pp. 1-69.

유대인들과 그리스도인들에게 그들의 경전을 의지하라고 말하는 것은 무함마드를 믿으라는 부름인 것으로 보인다. 무함마드의 사명이 경전에 예언되어 있기 때문이다.

이븐 하즘은 토라와 복음서의 왜곡은 의심의 여지가 없는 것임을 꾸란의 가르침이 알려 준다고 결론짓는다. 그러나 그는 이것이 토라와 복음서가 모두 변경되었다는 것을 의미하지는 않는다고 본다. 유대인들과 그리스도인들에게 책임을 묻기 위해, 하나님은 그의 주권으로 경전의 부분들을 보호하기로 결심하셨다는 것이다. 여기서 우리는 꾸란처럼(13:41; 21:23) 하나님이 하시는 일에 대해 하나님을 도전해서는 안 된다는 경고를 받고 있다. 하나님은 그분이 하시는 일에 대해 설명을 할 필요가 없으신 분이시다.

(3) 요약

'성경은 왜곡되었다.' 이는 경전이 무함마드에 대해 예언하고 있음에도, 유대인들과 그리스도인들이 그를 하나님의 예언자로 보지 않는 것에 대해 무슬림들이 설명하는 방식이다. 무함마드 압두는 유대인들이 무함마드가 예언자인 것을 알아보지 못한 것에 대해 설명하면서, 유대인들의 예수를 거부한 것이 그 전례라고 보았다. 사실, 예수 자신도 유대인 지도자들이 토라를 잘못 해석하고 있다고 비난하였다(막 7:8-13). 예수는 그러나 본문의 진정성에 도전하지는 않았다. 따라서 그리스도인들은 토라의 권위를 인정하고, 토라를 그들 경전의 일부로 생각한다. 그와 반대로, 이슬람 경전은 토라와 복음서를 확증하고 있으면서도, 그 둘 모두를 다 포함하고 있지 않다. 만일 토라와 복음서가 이슬람 경전에 포함되어 있었다면, 무슬림들은 성경과 꾸란의 가르침을 비교하여, 나름대로의 결론에 이를 수 있었을 것이다.

성경이 왜곡되었다는 믿음은 무슬림 공동체에 널리 퍼져 있는 사실
이지만, 그것을 볼 수 있는 기회는 대부분 거의 갖지 못하고 있다. 일
부 무슬림 학자들(라지, 압두)은 신학적·역사적으로 이를 바르게 관찰
하여, 경전의 의미만이 왜곡되었다는 사실을 밝혀냈다. 그들은 경전
의 진정성을 믿으면서도, 본문 일부가 잘못 해석되었다고 주장한다.
특히 무함마드가 올 것이라는 본문과 예수에 대해 말하고 있는 부분
을 지적한다. 우리는 이 자료들을 자세히 살펴볼 필요가 있다.[26] 그러
나 다음 장에서는 가장 급진적인 견해인, 성경 본문이 왜곡되었다는
주장을 먼저 다루어 보고자 한다.

---

26) 17장 '예수의 주장에 대한 이슬람의 해석'과, 20장 '경전은 무함마드가 장차 올
   것을 예언하고 있는가?'를 보라.

5. 성경 본문이 왜곡되지 않은 이유

토라와 복음서의 본문이 왜곡되었다는 확증 없는 비난이 심각한 상처를 입히고 있다. 따라서 이 장에서 우리는 경전 본문을 변호하는 네 가지 주장들을 다루려고 한다. ① 신학적으로 하나님의 말씀은 하나님이 누구인가를 드러내야 하고, ② 과학적으로 사본이 경전의 진정성을 증명해 주어야 하며, ③ 합리적으로 경전의 왜곡이 이치에 맞지 않아야 하고, ④ 성경적으로 그 의도하는 바대로 경전을 읽을 필요가 있어야 한다.

(1) 하나님의 말씀은 하나님이 누구인가를 드러내야 한다

경전 본문의 왜곡은 하나님의 속성과 모순된다고 라지는 설명한다. 하나님의 말씀은 하나님이 누구인가를 드러내야 하기 때문이다. 하나님은 신실하시고 진리가 충만하신 분이므로, 그 말씀이 믿을 수 없을 만큼 위조된다는 것은 있을 수 없는 일이다. 꾸란에는 그 주된 원칙이 몇 번 반복되고 있다. '하나님의 말씀을 위조할 수 있는 자 아무도 없었으며'(6:34, 참조. 10:64; 18:27). 말씀을 계시하신 하나님은 말씀의 오염을 막으실 것이라는 것도 보증하고 있다. '우리(하나님)가 실로 그 메시지를 계시했으니 우리가 그것을 보호하리라.' (15:9)[1] 이 원칙은 성경에서도 발견된다. "여호와여 주의 말씀이 영원히 하늘에 굳게 섰사오며"(시 119:89, 참조. 벧전 1:24-25). 예수는 또한 하나님의

---

1)　메시지에 대한 아랍어는 디크르(*dhikr*)이다. 이 단어는 꾸란과 토라 모두에 사용되었다(21:48, 50, 105를 보라). 이븐 타이미야는 수라 15:9를 인용하고, 이를 본문 자체에 보다는 하나님의 말씀을 해석하는 데 적용한다(이븐 타이미야, *al-Jawab*, p. 238).

말씀은 불변하며, 하나님께서 복음의 보전을 책임지고 계심을 확증하셨다. "그러나 율법의 한 획이 떨어짐보다 천지의 없어짐이 쉬우리라"(눅 16:17). "천지는 없어지겠으나 내 말은 없어지지 아니하리라"(마 24:35). 경전 본문이 위조되었다는 것을 믿는 것은, 하나님께서 말씀을 인류에게 계시하실 때 약속하신 것을 지키지 못하셨다는 것을 의미하는 것이고, 이는 그분의 중심적인 속성인 주권적 능력과 상반된다. 우리는 또한 계시하신 말씀이 정확하게 전승되지 못할 것이라는 것을 모두 알고 계셨다면, 하나님이 왜 말씀을 계시하겠다고 먼저 말씀하셨는가를 질문해야 한다. 그것이 말이 되는가? 그것이 그분의 지혜와 어울리는 일인가?

경전의 왜곡은 하나님의 진실하심과 능력 및 지혜에 대치될 뿐 아니라, 그분의 신실하심에도 대립된다(신 7:9). 하나님은 당신께서 친히 그 말씀의 유효함을 보증하신다고 엄하게 선포하고 계시다.

> "비와 눈이
> 하늘에서 내려서는
> 다시 그리로 돌아가지 않고
> 토지를 적시어서 싹이 나게 하며
> 열매가 맺게 하여
> 파종하는 자에게 종자를 주며 먹는 자에게 양식을 줌과 같이
> 내 입에서 나가는 말도
> 헛되이 내게로 돌아오지 아니하고
> 나의 뜻을 이루며
> 나의 명하여 보낸 일에 형통하리라"(사 55:10-11).

하나님의 말씀이 위조되도록 방치되었다면 그 말씀이 유효할 것인가? 하나님은 그분의 말씀뿐만 아니라 그의 백성들에게도 신실하시다.

하나님이 말씀을 계시하셨기에 백성들은 진리를 알게 되었다. 예수는 제자들이 모든 진리 가운데로 인도될 것이라고 약속하셨다(요 16:13). 하나님의 말씀이 왜곡되도록 놓아 두셨다면, 하나님은 분명 그의 백성들을 그릇 인도한 잘못을 범하신 것이다. 말씀이 왜곡되도록 하나님이 허락하셨다면, 우리는 무엇으로 그분이 약속을 지키시는 신실하신 분임을 말할 것인가?

(2) 사본의 증거

경전의 왜곡 혹은 진정성에 대한 물적 증거는 사본에 있어야 하는데, 이 사본들에 대한 연구는 성경의 완전성을 확증해 준다. 앞에서도 언급했지만, 흠이 있기는커녕 많은 사본들의 존재가 오히려 학자들에게 성경 본문이 놀라울 정도로 잘 전승되었음을 확신하게 해 주었다. 14세기에 저술 활동을 하였던 이븐 타이미야는 경전의 진정성을 증명하고, 모든 사본을 검토할 필요가 있다고 생각했다. 사본들이 전 세계에 흩어져 있었기 때문에 당시 이 작업은 가능한 일이 아니었다.[2] 그러나 오늘날은 상황이 다르다. 학자들이 발견한 것들을 의사소통하고 비교하는 데 있어서 전에 없던 방법과 기회들을 활용할 수 있는 것이다. 사본 전문가들은,. 종교적 신념과는 관계없이 성경이 예외적으로 정확하게 이어져 내려왔다는 데 모두 동의한다. 성경의 완전성에 의문을 제기할 만한 본문의 변화를 찾아볼 수 없다는 것이다.[3]

구약과 신약 성경 전체 가운데 일부 헬라어 사본들은 이슬람 탄생

---

2) Ibid., pp. 226, 230, 240.
3) 오래된 것으로 치자면, 이에 비견될 수 있을 만큼 시간적인 것을 시험해 볼 수 있는 것은 없다고 말할 수 있다. 예를 들어, 기원전 1세기에 기록된 율리우스 시저의 **The Gallic War**는 10개의 사본들로 인해 우리에게 전해져 내려올 수 있었는데, 그 가장 오래된 것이 9세기의 것이다. 그리스 역사가 투키디데스(**Thucydides**)는 기원전 5세기에 살았는데, 그의 저서 History of the Peloponnesian Wars는 9세기의 것

이전 것들이다. (런던 대영박물관에 소장되어 있는)시내 산 사본과 (바티칸도서관에 있는)바티칸 사본은 4 세기의 것들이다. 알렉산드리아 사본(이것 역시 대영박물관에 있다)은 5 세기의 것이다. 이 사본들을 후기 사본들과 비교해 보면, 유대인들과 그리스도인들이 무함마드를 하나님의 예언자로 받아들이지 않았다고 해서 성경 본문이 변하지는 않았다는 사실을 보여 준다.

다양한 성경 번역이 있지만, 그러한 번역들은 히브리어와 헬라어 사본들을 기초로 하고 있다. 이러한 번역의 다양성이 하나님의 말씀을 더 잘 이해할 수 있도록 도와준다. 각 번역은 나름대로의 이점을 가지고 있고, 새로운 번역들도 필요하다. 인간의 언어는 인간과, 시간과 공간을 통해 전개되어 온 살아 있는 실제를 보여 주기 때문이다.

오늘날, 성경 사본 연구를 전문으로 하는 학자들 덕분에, 우리는 성경의 연속적인 전승에 대한 물적 증거를 가지고 있다. 라지는 토라의 타와투르를 믿었음에도 불구하고 유대인들이 간음에 대한 법적 처벌을 변경했다고 말했다. 간음은 죽음의 형벌을 받아야 하는데, 이를 태형으로 대체했다는 것이다. 우리는 하디스가 이러한 견해를 지지하지 않는다는 사실을 앞에서 살펴보았다. 유대인들이 간음에 대한 토라의 형벌을 집행하지는 않았지만, 본문을 변경하지는 않았던 것이다.[4] 모든 현존하는 토라 사본들이 간음에 대해 죽음을 형벌로 내리고 있다는 것은 아무 가치도 없다(참조. 레 20:10; 신 22:22). 이와는 반대로, 돌로 침에 대한 꾸란 구절(ayat al-rajm)은 꾸란에서 발견되는 것이 아니라 하디스에 있다. 꾸란 계시 초반의 실수로 인해, 이 구절은 꾸

이다. 그리스의 대 역사가 헤로도투스의 History에 대해서도 마찬가지이다. 오늘날 어떤 역사학자도 이들 작품들의 진정성에 대해 도전하지 않는다. 성경의 진정성에 대한 본문의 증거는 이보다 훨씬 더 무게가 있다고 할 수 있다.

4) 참조. 부카리, manaqib 26:IV, p. 532, no. 829 [3363].

란의 고대 사본에 남아 있지 않았다.[5]

(3) 왜곡은 이치에 맞지 않는다

앞에서 살펴본 바대로, 무함마드 압두는 경전이 널리 전파되었기 때문에 누군가가 그것을 변경하는 것이 있을 법하지 않다고 지적한다. 그런 어떠한 시도도 실제적인 이유로 실패하거나, 발견되어 삭제되었다는 것이다. 유대인들과 그리스도인들 사이에 있는 원한으로 인해, 만일 어느 공동체가 경전을 변경하려 했다면 상대 공동체에 의해 존재를 위협 당했을 것이다.

본문을 변경하는 것은 불가능했을 것이다. 경전이 널리 퍼져 있었을 뿐만 아니라, 여러 다른 언어로 번역되었기 때문이다. 예수 시대까지 구약을 헬라어로 접할 수 있었고, 3세기 말까지는 신약이 라틴어와, 시리아어, 콥틱어로 번역되었다. 또한 2세기 초반에 이르러서는 신약이 기독교 저술에 인용되었다.

이제 한 가지를 질문해야 한다. '성서의 백성들'이 왜 처음에 그들 자신의 경전을 변경했겠는가? 어느 종교 공동체든지 그들이 가장 극진히 여기는 것을 왜곡한다는 것이 이치에 맞는 것인가?

---

5) hadd(복수는 hudud)는 이슬람 법에서 법적 처벌에 대한 아랍어이다. 현재의 꾸란 본문은 각각의 간음자들에게 태형 100대를 명하고 있다(24:2). 그러나 하디스에 의하면, 이 처벌이 폐기되고, 대신 죽음의 형벌인 돌로 침에 관한 구절이 계시되었다(참조. 부카리, hudud 30-31:VIII, p. 536, no. 816 [6327]; p. 537, no. 817 [6328]; 무슬림, hudud 15:III, p. 912, no. 4194 [3201]). 하디스는 또한 현재의 꾸란에 나오지 않는 두 수라를 언급한다. 하나는, '길이와 엄격함에 있어서 바라아트(bara'at', 타우바 장으로 알려진 수라 9)와 닮았고, 다른 하나는 '무사비핫(Musabbihat')의 수라들(수라 57, 59, 61, 62와 64)과 닮았다'고 한다. 후자 가운데, 61:2와 17:13 이렇게 오직 두 구절만 보존되어 있다(참조. 무슬림, zakat 119:II, p. 500, no. 2286 [1740]).

(4) 경전은 그것이 의도하는 바에 따라 읽혀져야 한다

무슬림들이 경전의 진정성에 제기하는 많은 반대의견들은 본문을 합리적이고 문자적으로 읽는 것에서 나온다. 그러나 이러한 접근은 둘 다 성경에 기록된 하나님의 말씀을 제대로 읽을 수 있는 방법이 아니다. 심지어 꾸란에 있는 하나님의 말씀에 대해서도 마찬가지이다. 실제로, 하나님 말씀에 대한 합리적인 접근은 이슬람의 가르침에 부합하는 것이 아니다.

하나님은 피조물과 비교할 수 없을 만큼 위에 계시기 때문에, 그분의 계시는 인간의 기준으로 판단할 수 없다. 꾸란도 비합리적인 것들을 상당히 많이 포함하고 있는 것으로 보인다. 동굴에서 309년 동안 잠을 잔 한 청년이나(18:25), 솔로몬 왕이 개미와 후투티와 이야기한 것(27:18-22) 같은 기적들도 그런 많은 예들 가운데 하나이다. 이슬람 신학의 주류는, 믿음(iman)은 하나님이 누구인지 이해하는 것이 아니라 하나님을 신뢰하는 것(tasdiq bi-llah)이라고 정의한다. 그와 유사하게, 이슬람(islam)이라는 말은 하나님께 복종하는 것을 의미하며, 그것은 우리의 의지와 마음을 모두 포함하는 복종을 의미하는 것 아닌가?

따라서 하나님의 말씀에 대한 비합리적인 접근이 오히려 성경을 이해하는 데 더 적합하다. 꾸란과는 달리 성경은 인간을 향한 하나님의 뜻뿐만 아니라, 하나님 자신에 대한 계시를 포함하고 있기 때문이다. 경전이 말하는 바가 하나님이 누구인가에 대한 것이라면, 그 내용도 분명히 인간이 이해할 수 있는 범위를 넘어서는 것일 것이다. 경전을 이해하려고 하는 자들은 자신들의 지성에만 의존해서는 안 된다. 경전의 궁극적인 해석자는 그 안에 계시되어 있는 동일한 하나님이어야 하기 때문이다. 성경은 이스라엘의 역사와 무엇보다도 예수 그리스도를 통해 나타난 하나님의 자기 계시를 기록해 놓은 것이다.

하나님의 말씀을 문자적으로 읽는 것 역시 잘 어울리지 않는다. 예를 들어, 꾸란에서 하나님이 왕좌에 앉아 계시다고 할 때(7:54; 10:3; 13:2; 20:5), 혹은 하나님의 손을 말할 때(3:73; 48:10; 57:29), 대부분의 무슬림들은 이를 있는 그대로 받아들이지 않는다. 문자적인 접근은 경전의 본질과 상반된다. 성경은 꾸란보다 훨씬 더 다양한 형태의 글을 모아 놓은 것이고, 동일한 책 내에도 대개 몇 개의 문학 장르가 함께 있다. 따라서 우리는 성경을 해석할 때 그 문맥과 문학 장르를 고려하여야만 하는 것이다.

예를 들어, 우리는 상징적이고 시적인 혹은 묵시적인 본문을 문자적으로, 혹은 과학적으로 해석하려 해서는 안 된다. 성경의 마지막 책인 계시록은 상징적인 형상과 이미지로 가득 차 있으며, 따라서 은유적으로 해석할 필요가 있는 것이다. 문자적인 해석은 도저히 이루어질 수 없다. 역사적인 본문을 예로 들어 보면, 여기에는 반드시 우리가 따라야 하는 규칙만 있는 것은 아니다. 따라서 어떤 선지자들의 잘못된 행동에 대해 읽을 때, 성경은 분명 이 하나님의 사람들을 불신하지는 않지만, 여전히 본이 되는 사람들로 가리키지는 않는다. 성경은 그들이 죄를 범했기 때문에 그들의 죄를 기록하고 있다. 이처럼 그것이 아무리 충격적이고 관련자를 불명예스럽게 하는 것이라 할지라도, 진실을 은폐하려 하지 않는 성경의 기록이 그 진정성을 확증해 준다.

성경의 주된 초점은 하나님의 진리를 알려 주는 것이다. 방금 제시한 예에는 중요한 진리가 있다. 하나님의 위대한 사람들이 죄에 빠진다는 사실은, 죄가 얼마나 깊이 인간 본성을 파고들었는가를 보여 주고 있는 것이다. 우리가 이러한 말을 듣는 것은 우리를 절망에 던지기 위한 것이 아니다. 다윗이 그랬던 것처럼, 우리도 회개하고 우리의 구원을 위해 오직 하나님의 자비만을 신뢰하도록 하기 위한 것이다(시 51; 삼하12를 보라).

이슬람에서 하나님의 말씀은 기본적으로 토라와 시편, 복음서 그리고 꾸란과 같은 책을 의미한다. 예언자들은 하나님의 사도들로서, 하나님의 이름으로 말하고, 그 중 일부는 백성들에게 경전을 전해 주도록 위임받았다. 이처럼 꾸란은 하나님의 말씀이고 무함마드는 하나님의 사도로서, 이 말씀을 먼저 아랍인들에게 전하고 그 후에 나머지 인류에게 전달하였다. 우리가 1장에서 살펴보았듯이, 기독교에서는 그렇지 않다. 기독교의 하나님 계시에 대한 이해는 이슬람의 이해와 상당히 다르다. 기독교에서 성경은 기록된 형태의 하나님의 말씀인 반면, 예수 그리스도는 인간 형태의 하나님의 말씀이다(요1:1-14). 그러나 꾸란에서 예수는 하나님의 말씀으로 지칭된다(3:39, 45; 4:171). "태초에 말씀이 계시니라 이 말씀이 하나님과 함께 계셨으니 이 말씀은 곧 하나님이시니라 … 말씀이 육신이 되어 우리 가운데 거하시매"(요 1:1, 14). 하나님의 기록된 말씀은 예수 그리스도 그분을 증거한다. "예수의 증거는 대언의 영"이기 때문이다(계 19:10). 이처럼 예수는 하나님의 말씀이 육신을 입으신 것이다.

예수 자신이 인류에 대한 하나님의 계시이다. 복음은 (책이 아니라) 예수께서 선포하신 메시지이다. 예수는 당신 이후에 그의 12제자들이 그 복음을 선포하도록 그들에게 위탁하셨다. 따라서 예수 그리스도의 복음은 사복음서에 기록되었지만, 신약의 나머지 기록들도 동등한 것들이다. 복음서의 이야기들은 예수와, 그분의 인격 및 사명에 대해 네 가지 관점을 제시한다. 복음서는 포괄적인 역사나 혹은 세부적인 전기도 아니고, 모든 사건들을 연대기적으로 기록하고 있지도 않다. 복음서에는 전해야 하는 메시지가 있고, 예수의 가르침과 사명을 가장 효과적으로 보여 주는 방식으로 기록되어 있다. 하나님의 영감을 받은 기록, 인간 역사에 개입하시는 하나님에 대한 기록들의 초점은 예수께 맞추어져 있다.

하나님의 성육하신 말씀으로서, 예수는 기독교에서 이슬람의 꾸란과 같은 역할을 한다. 하나님의 사도로서의 무함마드의 위상은 예수의 사도들에게 비교된다. 특히 복음서를 기록하도록 위탁받은 자들에게 비교될 수 있는 것이다. 무함마드는 하나님의 말씀을 받은 자였고 사도들도 그러했다. 이들을 예언자로 만든 것은, 이븐 타이미야도 말했듯이, 예수가 하나님의 성육신으로 복음서에 드러났기 때문이라기보다는, 하나님이 그들을 그의 사도로 택하셨기 때문이다. 이븐 타이미야가 바르게 지적했듯이[6], (마가, 누가, 야고보 같은)일부 신약 저자들은 예수의 12사도 가운데 있지 않았다. 또한 그들 모두가 다 하나님의 말씀을 기록할 만큼 하나님의 이끄심을 온전히 알고 있는 것도 아니었다. 바울의 경우가 그러했다(참조. 살전 2:13). 그러나 하나님은 그들을 통해 당신의 말씀이 전달되는 전 과정을 지켜보고 계신다.

기독교에서 하나님의 계시는 분명히 무슬림들이 기대했던 것과는 다르다. 그러나 우리가 누구이관데 하나님께서 당신의 말씀을 계시하시기로 택하신 방법을 도전하겠는가? 우리가 누구이관데 꾸란과는 다른 방법으로 경전이 기록된 것은 적합하지 않다고 생각하겠는가? 무슬림들과 그리스도인들은, 하나님은 당신의 기쁘신 뜻에 따라 말씀을 자유롭게 계시하실 수 있다는 것을 인식할 필요가 있다. 따라서 무슬림들은 이슬람적인 관점을 가지고 경전을 읽어서는 안 된다. 또한 그리스도인들도 기독교적인 관점으로 꾸란을 대해서는 안 되는 것이다.

---

6) 이븐 타이미야. *al-Jawab*, p. 216.

하나님께서 당신의 말씀을 인류에게 알려 주기로 결정하셨다는 사실은, 그의 백성들이 그 말씀과 같이 그렇게 되도록 하는 데 자신을 헌신하셨다는 것을 의미한다. 이 세상과 당신의 백성들을 향한 하나님의 신실하심은, 이스라엘 백성들이 당신의 기록된 말씀을 인지하도록 인도하시고, 그들 이후 또한 그리스도인들을 이끄신 분이 하나님이셨음을 의미한다. 하나님은 그들이 당시의 많은 종교 저술들로부터 당신의 진정한 말씀을 기록한 것을 분별하도록 하셨다. 그의 백성들로 하여금 거룩한 경전에 속하는 책들을 알아내도록 하신 분은 바로 하나님이셨다. 무엇이 하나님의 말씀이고 무엇이 아닌가를 판단한 것은 유대인들과 그리스도인들 자신의 권위가 아니었다. 오히려, 성령의 능력으로 그들은 성령께서 영감 주신 것을 알아내었던 것이다.

요약하자면, 만일 우리가 이와 같은 그리스도인들의 계시 이해를 받아들인다면, 이븐 하즘이나 주와이니와 같이 경전을 문자적으로 접근하거나, 또한 바킬라니나 가잘리같이 합리적으로 접근할 수 없다. 우리에게 필요한 것은 경전에 영감을 불어넣으신 하나님의 영이 주시는 깨달음을 가지고 철저하게 열린 마음으로 경전을 연구하는 것이다. 그러한 편견 없는 접근을 할 때, 분명해 보이는 모순이 대부분 사라지게 될 것이다. 예를 들어 구약에 나오는 많은 수적인 모순은 필사가의 실수로 쉽게 설명될 수 있다. 그러나 다른 분명한 모순들은 그대로 남아 있을 것인데, 이는 주로 우리의 무지 때문이다. 해석상의 이러한 어려움은 우리가 더 많이 연구해야 하고, 더욱 겸손해야 함을 일깨워주며, 경전이 신의 저술임을 더욱 신뢰하도록 한다. 이러한 어려움으로 인해 경전 본문을 명확히 알려는 우리의 비전이 흐려지도록 내버려 두어서는 안 되는 것이다. 그렇지 않으면, 우리는 나무들이 있는 숲을 볼 수 없는 처지에 놓이게 될 것이다.

(5) 결론

따라서 경전이 변경되지 않았다면, 유대인들과 그리스도인들에 의해 경전이 오역되었다는 것인가? 다시 말해서, 토라와 복음서가 진실로 이슬람과 동일선상에 있는 것인가? 결론적으로 말해서, 경전들이 무함마드의 사명을 예언하고 있는가? 앞에서도 살펴보았듯이, 꾸란은 경전들이 무함마드가 올 것을 예언하고 있다고 주장하면서도, 이를 뒷받침할 어떤 특정 본문도 언급하고 있지 않다. 오직 하디스에만 이러한 사실이 언급되어 있을 뿐이다. 무함마드의 예언자 됨에 대해 좀 더 자세히 다루게 될 제4장에서 이 질문을 다시 하게 될 것이다.

이제 요약하자면, 경전이 왜곡되었다는 이론은 계시에 대한 이슬람적 개념이 경전에 적용되었기 때문에 생기게 된 것으로 보인다. 이 이론은 성경이 무엇이고, 좀 더 중요하게는 예수가 누구인가에 대한, 즉 인간이 되신 하나님의 말씀에 대한 오해를 보여 준다. 그리스도인들에게 계시가 의미하는 바를 좀 더 잘 알게 된 오늘날의 일부 무슬림 지식인들은, 전임자들보다는 좀 더 경전의 진정성을 받아들일 자세가 되어 있다.[7] '성서의 백성들' 이 그들의 경전에 대해 갖는 태도를 언급하고 있는 몇 개의 비판적인 꾸란 구절만을 가지고 신앙에 대한 글을 썼던 것은 초기 세대의 무슬림 사상가들이었다(즉, 오늘날은 조금 다르다는 뜻-역자 주).

---

7) 그리스도인들과 무슬림들 양편에서 모두 두 종교의 경전의 중요성에 대해 대화에 임할 준비가 되었다는 예가 『경전의 도전: 성경과 꾸란』(The Challenge of Scriptures: The Bible and the Qur' an, the Muslim Christian Research Group 지음)에 나온다.

02부... 주요 교리들

6. 하나님의 위대하심

기독교와 이슬람은 둘 다 단연코 오직 한 분 하나님만이 계시다고 믿는 유일신 종교이다. 이슬람의 중심 교리는 하나님의 유일하심 (*tawhid*)을 말하고 있다. 하나님은 '가장 아름다운 형상으로' 인간을 창조하신 창조자이시다(95:4; 64:3). 하나님은 영원하시고, 인격적이시고, 주권자이시며, 강하고, 지혜로우시며, 거룩하고, 공평하신 분이시다.

> 하나님 외에는 신이 없나니
> 그분(하나님)은 보이지 않는 것과 보이는 것도 알고 계시는
> 자비로우시고 자애로우신 분이라.
> 하나님 외에는 신이 없으며
> 그분은 왕이시요 성스러운 분이시며 평화를 주시고
> 안전을 수여하시는 분이며 모든 것을 지켜 주시는 분이시며 가장 위대하시고
> 권세와 모든 위대함의 소유자이시라
> 그들이 비유하는 모든 것 위에 계신 하나님께 영광이 있으소서
> 이분이 창조주 하나님으로서 창조하시는 분이요 형상을 만드는 분이시라
> 가장 훌륭한 이름들은 그분(하나님)의 것이며
> 하늘과 대지에 있는 모든 것들이 그분께 영광을 드리나니
> 실로 그분은 권능과 지혜로 충만하심이라. (59:22-24)

이슬람 신학은 하나님의 이름을 99개로 구분해 놓았는데, 이는 '하나님의 가장 아름다운 이름들(*asma' Allah al-husna*)'이다(참조. 7:180; 17:110; 20:7; 59:24). 하디스에 의하면, '하나님은 99개의 이름

을 가지고 계시다. 이는 100 개에서 하나 모자란 것이다. 이 이름들을
모두 암송하는 자는 천국에 들어갈 것이다. 어떤 것을 센다는 것은,
그것을 마음으로 안다는 의미이다.'[1] 하나님의 이름에는 다음과 같은
것들이 있다.

al-wahid 하나이신 분	*al-hayy* 살아 계신 분
al-qadim 영원하신 분	*al-khaliq* 창조자
al-qahir 주권자	*al-qadi* 심판자
al-qadir 능력자	*al-rahim* 자비로우신 분
al-ahad 유일하신 분	*al-hadi* 인도자
al-sadiq 신실하신 분	*al-rabb* 주님
al-ghafir 용서하시는 분	*al-wahhab* 관대하신 분
al-salam 완전하신 분	*l-muhyi* 생명을 주시는 분
al-tahir 순전하신 분	*al-awwal* 처음이신 분
al-`adil 공평하신 분	*al-akhir* 나중이신 분
al-`alim 전능자	*al-malik* 왕이신 분

　　하나님의 이름은 분명 우리에게 그분이 누구이신가에 대한 개념을
알려 준다. 그러나 하나님 자신을 나타내는 가장 높은 이름은 아직
알려지지 않은 채 남아 있다(참조. 87:1). 이 이름의 존재와 본질에 대
해서는 이슬람 신학자들 간에 많은 논쟁이 있다. 그러나 그들은 모두

---

1) 부카리, *tawhid* 12:IX, p. 363, no. 489 [6843]; 무슬림, *dhikr* 2:IV, p. 1409, no. 6475
　[4835]. 하나님의 이름들이 모두 꾸란에 나오는 것은 아니다. 어느 정도 겹쳐지는
　두 개의 다른 목록이 하디스에 나온다(티르미디, *da`awat* 82 [3429]; 이븐 마자,
　du`a' 10 [3551]). 무슬림의 사히(*Sahih*)의 영어 번역이 있는데 이는 경전으로 인
　정받지 못한다(IV, p. 1409, no. 2912).

하나님의 자기 계시는 말씀에 나타난 그분의 뜻에 제한되어 있다는 것에 동의한다.[2]

알라라는 명칭에 대해서는 어떠한가? 유대인이건, 그리스도인이건, 무슬림이건 간에 모든 아랍인들은 하나님을 알라라고 부른다. 알라가 '하나님'을 뜻하는 유일한 아랍어이기 때문이다. 예를 들어, 이 명칭은 성경의 모든 아랍어 번역에 나온다. 대부분의 아랍 언어학자들은 이 단어가 정관사 알(al)과 하나님을 뜻하는 아랍어 일라(ilah)의 축약된 형태라고 말한다. 알라(Allah)는 하나님을 '유일한 하나님', '그 하나님'으로 칭하는 것이기 때문이다. 일라(ilah)는 숭배, 보호, 영원, 능력, 창조의 개념을 가지고 있는 어근에서 나왔다. 일부 언어학자들은 알라가 공유명사라고 생각하기도 한다. 즉, 어원을 가지고 있지 않은 하나님의 명칭이라는 것이다. 아람어(엘라, *Elah*), 시리아어(알라하, *Alaha*), 그리고 히브리어(엘, *El*, 엘로아, *Eloah*, 엘로힘, *Elohim*)[3] 등 다른 셈어족의 명칭도 이와 유사하다.

이제 우리는 하나님의 이름과 속성 몇 개를 검토해 보면서, 하나님이 초월자이시고, 유일하신 분이며, 자비로우시고, 사랑이시며, 또한 주님이시고 심판하시는 분임을 살펴 볼 것이다.

(1) 하나님은 초월자이시고 유일하시다

기독교와 마찬가지로, 이슬람은 하나님이 초월자라고 주장한다. 하나님은 그분의 창조물과 전혀 다른, 완전히 구분되는 존재라는 것이

---

2) 수라 87:1은 하나님의 가장 높은 이름을 찬양하라고 예언자를 초대한다. 주석자들은 이 이름이 하나님 자신을 가리키는 것이라고 생각한다. 이 논쟁을 요약한 것으로는 D. Gimaret, *Les Noms divins en Islam*, pp. 85-94를 보라.

3) 알라(*Allah*)의 어원적인 파생과 일라(*ilah*)에 대한 무슬림 신학자들의 의견은 Gimaret, *Les Noms divins en Islam*, pp. 121-131을 보라.

다. 이 세상은 하나님께로부터 나온 것이 아니다. 창조자와 그분이 만드신 우주 만물 사이에는 본질적인 차이가 존재한다. 꾸란은 이처럼 완전히 구분되는 존재로서의 창조자를 분명하게 확증하고 있다.

> 그분(하나님)은 대지를 창조하시고
> 너희를 위해 자웅을 두었고 가축에도 자웅을 두사
> 이로 하여 너희를 번식케 하시니
> 그분(하나님)에 비유할 것 아무 것도 없도다
> 실로 그분은 모든 것을 들으시고 지켜보시는 분이시라.
> (42:11, 내가 강조한 부분)

성경의 관점에서 보면, 신의 초월성은 하나님과 인간 사이의 유사점을 완전히 배제시키지 않는다. 하나님은 온전히 신이시고 인류는 온전히 인간이라는 사실이 반드시 서로 배타적인 개념으로 정의되지 않는다. 하나님의 본성과 인간 본성 사이의 구분은 우리 각자의 속성에서 어떤 유사성을 제외하지 않는다. 성경은 하나님이 우리를 그의 형상대로 창조하셨다고 말하고 있는 것이다.

> "하나님이 가라사대 우리의 형상을 따라 우리의 모양대로 우리가 사람을 만들고 그로 바다의 고기와 공중의 새와 육축과 온 땅과 땅에 기는 모든 것을 다스리게 하자 하시고
>
> 하나님이 자기 형상
> 곧 하나님의 형상대로
> 사람을 창조하시되
> 남자와 여자를
> 창조하시고"(창 1:26-27).

　우리가 하나님의 형상대로 창조되었다는 사실은 우리의 지위가 모든 다른 창조물보다 뛰어나다는 것을 분명히 나타내며, 이는 우리만이 가지고 있는 특권을 강조한다. 우리는 우리의 창조주와 친밀한 교제를 즐기도록 부름 받았기 때문이다. 동시에, 하나님은 우리에게 능력과 책임을 주셔서, 우리로 땅을 한껏 사용하고 다스리도록 하셨다. 우리의 위엄은 우리를 창조하신 분과의 관계를 바탕으로 하고 있다. 이러한 사실은 예를 들어 우리가 자녀를 갖고 그들과 관계를 맺는 우리의 능력을 통해 설명될 수 있다. 그러한 관계는 어느 정도 하나님과 인간 사이의 관계를 반영하는 한 방식인 것이다.

　하나님의 형상을 따라 창조된 인간의 개념은 꾸란에서 찾아볼 수 없는 것이다. 꾸란은 그러나 인간을 지상에서의 하나님의 칼리프(caliph)로 기술하고 있다(2:30). 아랍어 칼리파(khalifa)는 무슬림 국가의 수뇌부에서 무함마드를 계승하는 사람들을 가리키는 말이다. 그 말이 일반인들에게 적용될 때에는, 창조주께서 우리에게 대리자로서 그리고 청지기로서의 책임을 위탁했다는 것을 가리킨다(참조. 38:26). 그러한 기능을 이행한다는 사실이 하나님과 그의 '부왕' 사이의 매우 특별한 친밀함, 그리고 진실로 그들만이 가질 수 있는 유일한 관계를 의미하지는 않을까? 이것이 창세기 본문에서 강조되는 점이다.

　하디스에서 선지자는 '하나님이 아담을 그의(하나님의, His, 혹은 아담의, his) 형상대로 창조했다.'고 선포한다. 그러나 성경 본문을 반향하고 있음이 분명한 이 말이 이슬람 전통에서는 무엇을 의미하고 있는가? 무슬림들은 이것을 다양한 방법으로 해석하고 있다. 분명히 하기 위해, 대체로 그것을 말하고 있는 세 개의 버전에 상응하는 신학자들을 세 그룹으로 분류하여 살펴볼 수 있다.

|문자주의자들

이슬람 초기에 '육체주의자들(the corporalists, *al-mujassima*)'로 알려진 사람들은 하디스를 문자적으로 해석하였다. '하나님은 아담을 자신의 형상대로 60 큐빗(cubit, 팔꿈치에서 가운데 손가락 끝까지의 길이, 46~56cm-역자 주) 길이로 창조하셨다.'[4] 이들은 하나님은 육체(*jism*)이시고, 사람은 이 육체와 같이 만들어졌다고 결론지었다.

한발리학파 사람들은 좀 더 온건한 해석을 한다. 그들은 꾸란이 하나님의 얼굴(2:115)과, 손(3:26), 그의 눈(11:37)에 대해 말하고 있기 때문에(2:115), 하나님이 형태(*sura*)를 가지고 계시다고 믿는다. 그들은 말하기를, 이 언어는 우리가 알고 있는 것과 다른 현실을 의미하기 때문에, 설명하거나 정의(*bi-la kayfa*)할 수 없는 것이라고 한다.

| 합리주의자들

이들은 대명사 '그의'가 하나님을 말하는 것이 아니라 아담을 가리키는 것이라고 본다. 즉, 하나님은 아담을 아담의 형상대로 창조하셨다는 것이다. 이것은 하나님이 아담의 불복종으로 인해 그를 벌하시고, 천국에서 그를 쫓아내실 때 아담을 변하게 하지 않으셨다는 것을 의미 한다. 즉 다른 말로 하자면, 하나님은 다른 인간들과는 다르게 아담을 성인으로, 즉, 유년기의 여러 단계를 거치지 않게 창조하셨다는 것을 의미하는 것이다.

또 다른 번역에 의하면, '그의'는 일반적인 인간을 말한다. 어느 무슬림이 동료 무슬림을 때리는 것을 보면서, 예언자는 '너희 중에 누가 형제와 싸우면, 그는 그의 얼굴을 피해야 한다. 하나님이 아담을 그의

---

4) 부카리, *isti' dhan* 1:VIII, p. 160, no. 246 [5759]; 무슬림, *janna* 28:IV, p. 1421, no. 6809 [5075].

형상대로 창조하셨기 때문이다'⁵⁾라는 것을 깨달았다. 다시 말하면, 무슬림들은 사람의 얼굴에 존경심을 표해야 한다는 것이다. 사람의 얼굴은 하나님의 예언자이고 인류의 아버지인 아담의 얼굴을 모사(模寫)해 놓은 것이기 때문이다.

| 영성주의자들

이들은 아담이 하나님과 닮았다는 것을 영적으로 해석한다. 위의 하디스에 대한 또 다른 본문은 '얼굴을 험상궂게 하지 마라. 아담의 아들은 하나님의 형상으로(`ala surati l-rahman, 문자적으로는 자비하신 분의 형상으로) 창조되었기 때문이다' 라고 말한다.⁶⁾ 이것은, 다른 창조물들과는 달리, 인간은 지성이나, 언어, 생명, 학문, 능력, 의지, 시력, 청력과 같은 어떤 신의 속성을 가지고 있다는 의미로 이해된다. 이처럼 하나님의 형상을 따른 인간의 창조는 '인간의 높은 위상과, 하나님 창조의 절정과 정점으로서의 존재, 그리고 지상에서의 주의 부집정자로서의 존재를 가리킨다.' ⁷⁾ 하나님의 대리인(khalifa)으로서 인간의 역할은 하나님과 대리인 사이의 어떤 유사성을 암시하고 있다.⁸⁾

(이슬람에서 신비주의적인 경향을 대표하는) 수피들과는 달리, 무슬림들은 하나님의 형상을 따른 인간의 창조에 별로 관심을 기울이지 않는다. 그 대신, 그들은 하나님의 구별됨을 강조하는 데 집중한다. 하나님의 속성과 인간의 속성을 비교할 때, 그들에게는 '오직 이름들

5) 무슬림, birr 115:IV, p. 1378, no. 6325 [4731].
6) 이 하디스 버전에 대한 자료는 Gimaret, Dieu a l' image de l' homme, p. 124에 있다.
7) A. H. Siddiqi, in Muslim, IV, p. 1378, no. 2872.
8) 이 하디스에 대한 철저한 연구는 Gimaret, Dieu a l' image de l' homme, pp. 123-136 에서 찾을 수 있다. 이 세 가지 형태의 해석은 이 하디스의 세 변형에 개략적으로 일치한다는 사실을 기억해야 한다. 즉, 이들 변형들은 모두 이런저런 방식으로 해석될 수 있고, 여러 신학자들이 그렇게 해 왔다.

만 같을 뿐 ··· 창조자와 창조물 사이에는 어떤 비교도 이루어질 수 없다.' [9]

이슬람에서 하나님의 초월성 개념은 하나님이 창조물로부터 부재하거나 인류로부터 멀리 있다는 것을 의미하지 않는다. 그와 반대로, 꾸란은 '하나님은 그의 생명의 혈관(jugular vein)보다 그에게 더 가까이 있느니라' (50:16)고 단언한다. [10] 하나님은 우리가 그에게 돌아가기를 기다리고 계신다.

> 나(하나님)의 종복들이 그대에게 나에 관해 물을 때 '나'는 그대들 가까이 있어
> '내'게 예배하는 자들의 소원에 응답하도다.
> 그러므로 나의 부름에 응하고 나를 믿는 자들은 올바른 길로 인도되리라. (2:186)

기독교 역시 하나님의 초월성을 강조하지만 그 방법은 이슬람과 다르다. 성경에서 하나님의 구별됨은 다른 신이 없고 누구도 하나님과 같지 않다는 것을 의미한다. 그러나 하나님의 구별됨에는 그보다 훨씬 더한 것이 있다. 우리를 창조하신 그분이 또한 우리의 구원자라는 점에 있어서 하나님은 유일하시다는 것이다. 그 누구도 하나님 외에 다른 존재에서 구원을 찾을 수 없다.

> "나 외에 다른 신이 없나니
> 나는 공의를 행하며 구원을 베푸는 하나님이라
> 나 외에 다른 이가 없느니라

---

9) M. M. Khan, in Bukhari, VIII, p. 160, n. 1.
10) 경정맥(jugular vein) - 목에 있는 몇 개의 큰 정맥 중 하나를 가리킨다. 머리에서 피를 전달한다.

> 땅 끝의 모든 백성아
> 나를 앙망하라 그리하면 구원을 얻으리라
> 나는 하나님이라 다른 이가 없음이니라"(사 45:21-22).

우리를 심판하시는 그 하나님이 또한 우리의 구속자가 되실 수 있다는 것을 아무도 상상하지 못했을 것이다. 기독교에서 하나님은 인류를 향해 한껏 손을 내미신다. 그분은 인간이 되신 것이다! 그분보다 더 인간에 가까워질 수는 없다.

(2) 하나님은 자비로우시고 사랑이시다

하나님의 가장 아름다운 이름들 가운데 '언제나 자비로우신 분(al-rahman)'과 '가장 자비로우신 분(al-rahim)'이 두드러지게 나타난다. 꾸란의 몇 구절들에서 이들 이름들의 첫번째 이름이 '알라' 대신 사용되고 있다. 하나님은 수많은 축복들을 통해 그의 자비를 보여 주신다.

> 너희가 하나님의 은혜를 계산한다 해도 너희는 그것을 헤아릴 수 없으리니
> 실로 하나님은 관용과 자비로 충만하심이라.(16:18)

하나님이 주시는 축복에는 죄 용서와 같은 영적 축복과, 매일의 양식과 같은 물질적 축복이 포함된다. 하나님의 자비를 하디스에서는 어머니의 사랑에 비유하고 있다.

> 어떤 사비(즉, 전쟁 포로들과, 아이들, 여성들만)가 예언자 앞에 잡혀왔는데, 보라, 그들 가운데 한 여성이 젖을 주려고 하고 있었고, 그녀는 포로들 가운데 아이를 발견할 때마다 그를 가슴으로 가져가서 젖을 주었다.
> 예언자께서 우리에게 말씀하셨다,
> "너희는 이 여인이 아들을 불에 던질 수 있다고 생각하느냐?"

우리가 대답했다.

"아닙니다. 불에 던지지 않을 수 있는 능력만 있다면 그렇게 하지 않을 겁니다."

그때 예언자께서 말씀하셨다.

"이 여인이 아들에게 하는 것보다 하나님은 그의 종들에게 더욱 자비로 우시다."[11]

성경도 하나님의 자비에 대해 이와 유사하게 말한다.

"여인이 어찌 그 젖 먹는 자식을 잊겠으며
자기 태에서 난 아들을 긍휼히 여기지 않겠느냐
그들은 혹시 잊을지라도
나는 너를 잊지 아니할 것이라"(사 49:15, 참조. 사 66:13).

1) 기독교에서 말하는 하나님의 사랑

예수 그리스도의 복음은 단지 하나님의 자비에 대한 것이 아니다. 그것은 하나님의 사랑에 대한 것이고, 하나님의 사랑은 그의 자비보다 훨씬 더 포괄적인 것이다. 자비로운 사람이 반드시 사랑하는 사람은 아니지만, 사랑하는 사람은 항상 자비롭다. 사랑이 없다면, 하나님의 자비는 오직 창조자로서 그리고 심판자로서의 그의 위엄을 더욱 분명히 드러내는 역할만 했을 것이다. 그러나 하나님의 사랑은, 그가 자신을 우리에게 헌신하셨고, 그분의 말씀뿐만 아니라 바로 그 자신을 우리에게 계시하셨다는 것을 의미한다. 사랑은 너무나 본질적인 하나님의 속성이기에, 신약은 "하나님은 사랑이시라"고 말하고 있다 (요일 4:8, 16). 예수는 온전한 사랑이 의미하는 바를 다음과 같이 말씀

---

11) 부카리, *Adab* 18:VIII, p. 19, no. 28 [5540]; 무슬림, *tamba* 22:IV, p. 1438, no. 6635 [4947].

하셨다. "사람이 친구를 위하여 자기 목숨을 버리면 이에서 더 큰 사랑이 없나니"(요15:13).

복음이 우리를 향한 하나님의 놀라운 사랑을 전하기 위한 것이라면, 복음은 또한 그의 사랑에 대한 우리의 반응에 관한 것이다. 예수는 그의 제자들에게 어떻게 하나님의 길을 걸어야 하는지 보여 주셨다. 예수는 하나님을 사랑하고 이웃을 사랑하도록, 그리고 심지어 원수까지도 사랑하도록 제자들을 부르셨다.

"선생님이여 율법 중에 어느 계명이 크니이까
예수께서 가라사대 네 마음을 다하고 목숨을 다하고 뜻을 다하여 주 너의 하나님을 사랑하라 하셨으니 이것이 크고 첫째 되는 계명이요 둘째는 그와 같으니 네 이웃을 네 몸과 같이 사랑하라 하셨으니 이 두 계명이 온 율법과 선지자의 강령이니라"(마 22:36-40).

"또 네 이웃을 사랑하고 네 원수를 미워하라 하였다는 것을 너희가 들었으나 나는 너희에게 이르노니 너희 원수를 사랑하며 너희를 핍박하는 자를 위하여 기도하라 이같이 한즉 하늘에 계신 너희 아버지의 아들이 되리니 이는 하나님이 그 해를 악인과 선인에게 비취게 하시며 비를 의로운 자와 불의한 자에게 내리우심이니라"(마 5:43-46).

만일 하나님께서 우리 모두를 그의 형상대로 창조하셨다면, 그분이 우리 모두를 사랑하시고 우리를 특별하게 여기신다는 것이 놀라운 일이 아닐 것이다. 아버지가 그에게 순종하는 자녀만을 사랑하겠는가?

2) 이슬람에서 말하는 하나님의 사랑

이슬람에서는 하나님의 사랑에 대해 무엇을 말하는가? 하나님의 사랑은 분명 꾸란의 중심 메시지가 아니다. 그보다는 하나님의 유일하심과 자비가 앞자리를 차지한다. 사랑 많은 사람을 의미하는 평범한 아랍어는 알무힙(al-muhibb)인데, 이는 하나님의 가장 아름다운 이름들에 들어있지 않다. 대신에 꾸란에 두 번 나오고 있는 알와두드(al-wadud)가 있다. 이는 '가장 자비로우신 분' (11:90)과 '용서하시는 분' (85:14)과 연결되어 나타난다. (신비주의자이자 신학자였던)가잘리 (Ghazali)는 이 두 단어가 동일하게 '가장 자비로운 분'을 의미하는 것으로 보았다. 차이점이 있다면, 알와두드의 경우 자비의 대상은 연약하거나 곤궁한 사람이 아니라는 것이다.

> 그 의미는 '자비로운'에 가깝다. 그러나 자비는 자비를 받는 대상과 관련되어 있고, 그 대상은 곤궁하고 궁핍한 자이다. 따라서 자비의 행위는 누군가 자비를 받을 만큼 약한 사람을 전제하고 있다. 반면, 자애로운 행동은 그러한 대상을 필요로 하지 않는다. … 사실, 사랑과 자비는 오직 자비의 대상과 사랑 받는 대상의 유익을 위한 것이다. 그 대상들은 자애로운 자가 감정적으로 혹은 자연스럽게 그렇게 해야 할 어떤 이유를 가지고 있지 않다.[12]

꾸란은 사람들에 대한 하나님의 사랑을 말한다(3:31; 5:54). 그 사랑은 사람들의 복종 여부에 달려 있는 조건적인 사랑이다. 이처럼 하나님은 그를 두려워하고(3:76; 9:4), 신뢰하고(3:159), 확고하고(3:146), 공정하며(5:42), 하나님을 위해 싸우는 자들(61:4)을 사랑하신다. 그러나 하나님은 믿지 않는 자들과(3:32), 악을 행하는 자들(3:57), 거만한 자들(16:23) 혹은 방탕한 자들(7:31)은 사랑하지 않으신다. 무엇보다도, 하나님은 그를 사랑하고 예언자를 따르는 자를 사랑하신다.

---

12) 가잘리, *The Ninety-Nine Beautiful Names of God*, pp. 118-119, 참조. Gimaret, *Les Noms divins en Islam*, pp. 423-426.

일러 가로되, "너희가 하나님을 사랑한다면 나를 따를 것이니라. 그리하면 하나님께서 너희를 사랑하사 너희의 죄를 사하여 주시니 하나님은 용서와 자비로 충만함이라."

하나님과 그분의 선지자에게 순종하라 하였으니 이를 거역하는 자, 하나님은 이 불신자들을 사랑하지 아니하시니라. (3:31-32)

꾸란의 문맥에서 하나님의 사랑은, 사람들과 인격적으로 알게 되고, 사랑하는 관계를 갖게 되는 것보다는, 그가 자신에게 복종하는 자들을 기뻐하신다는 것을 의미한다. 그러나 수라 5:54 는 사람들을 향한 하나님의 사랑이 하나님을 향한 그들의 사랑보다 먼저 온다고 기록하고 있다. "믿는 자들이여! 너희 가운데 믿음을 배반한 자 있다면, 하나님은 그들을 사랑하시고 그들은 그분을 사랑하며 믿는 자들에게 겸손하고 불신자들에게는 강하며, 하나님의 길에서 투쟁하며 어떤 비방자의 험담도 두려워하지도 아니하는 백성을 오게 하실 것이라." 라지는 신이 능력을 주신다는 표현으로 이 구절을 설명한다. 즉, 하나님은 사람들을 사랑하므로 그들이 하나님을 사랑하게 하실 것이라는 것이다.[13] 무슬림 신학자들은 하나님의 사랑을 은유적으로 이해한다. 하나님은 믿는 자들을 사랑하시되, 그들이 복종할 때 보상 주기를 원하시고, 장차 그들의 죄를 사하고 그들을 높이고자 하시는 것으로 사랑하신다는 것이다.[14]

자신에게 복종하는 종들을 향한 하나님의 사랑이 하디스 알 나와필 (hadith al-nawafil, 의무 이상을 행하는 것에 대한 하디스)로 알려진 유명한 하디스에 묘사되어 있다. 이 하디스 쿠드시(hadith qudsi, 신의 하디스)에서, 하나님의 사랑은 그의 법에 복종하여 의무 이상으로 길을 간

---

13) 라지. VI:12, p. 21.
14) 수라 85:14; XVI:31, p. 112에 대하여 라지를 참조하라.

자들에게 주는 보상으로 나타난다.

나는 나를 예배하는 경건한 자들에 대해 적의를 표하는 자들에게 전쟁을 선포한다. 나의 종을 나에게로 가까이 이끄는 가장 소중한 것은 내가 그들에게 명한 것이다. 나의 종은 나와필(*nawafil*, 의무로 주어진 것 이상으로 기도하고 행하는 것)을 행함으로 나에게 점점 더 가까이 이르게 되고, 나는 마침내 그를 사랑하게 된다. 그럴 때 나는 그가 보는 시력이 되고, 그가 잡는 손이 되고, 그가 걷는 다리가 된다. 또한 그가 구하는 것을 그에게 줄 것이고, 나의 보호를 요청하면 그를 보호할 것이며, 내가 무엇을 하든 주저하지 않을 것이다. 내가 믿는 자의 영혼을 취할 때 그가 죽음을 싫어하므로 주저하는 것처럼 되지 않을 것이다. 또한 나는 그를 실망시키기를 싫어할 것이다.[15)]

주목할 만한 것은, 이 하디스는 하나님의 사랑이 사람들의 복종에 대한 반응이라고 가르치고 있다는 것이다. 이것은 하나님이 예수 그리스도를 통해 보여 주신 사랑과 매우 대치되는 것이다. "사랑은 여기 있으니 우리가 하나님을 사랑한 것이 아니요 오직 하나님이 우리를 사랑하사 우리 죄를 위하여 화목제로 그 아들을 보내셨음이니라"(요일 4:10; 내가 강조한 부분). 예수는 곤궁한 자들을 돕고, 병든 자들을 고치고, 배고픈 자들을 먹이고, 무엇보다도, 우리를 위해 자신의 생명을 줌으로 하나님의 사랑을 나타내셨다.

3) 우리를 사랑하시는 아버지이신 하나님

하나님의 아버지 되심은 그분의 사랑과 마찬가지로 하나님의 근본적인 속성이다. 인간에게 하나님이 아버지 되신 것은 하나님이 예수

---

15) 부카리, *riqaq* 38:VIII, p. 336, no. 509 [6021].

그리스도에게 영원히 아버지 되심을 반영하고 있다. 성경에 나오는 하나님에 대한 최고의 계시는 그가 영원한 아버지시라는 것이다. 어떤 의미에서 이것이 하나님의 가장 높은 이름이다. "보라 아버지께서 어떠한 사랑을 우리에게 주사 하나님의 자녀라 일컬음을 얻게 하셨는고 우리가 그러하도다"(요일 3:1). 하나님께서 우리를 부르신 아버지-자녀 관계는 우리가 창조된 방식, 즉 하나님의 형상을 따라 창조된 것과 잘 부합한다. 그것은 하나님과 우리 관계의 완성이다.

이슬람의 관점에서 하나님을 아버지로 생각하는 것은 하나님의 격을 낮추는 행위이다. 그 말이 어머니와 자녀의 개념을 함께 가지고 있다고 보기 때문이다. '그분(하나님)께서 하늘과 땅을 창조하셨음이라. 그분께는 배우자가 없으니 어떻게 자손이 있겠는가? 그분은 만물을 창조하셨으니 그분은 모든 것을 아심이니라'(6:101, 참조. 72:3). 꾸란은 분명하게 말하고 있다. '일러 가로되, 하나님은 단 한 분이시고 하나님은 영원하시며 낳지도 않고 태어나지도 않았나니 그분과 대등한 자 세상에 없도다'(112:1-4).

분명 여기에는 확실히 해야 하는 두 개의 오해가 있다. 먼저, 하나님의 아버지 되심은 하나님의 형상을 따라 창조된 인간이, 다른 창조물과는 다른 그분과 함께 독특한 관계를 즐긴다는 것을 의미한다. 그러나 이것은 결코 하나님께 배우자가 있다든지, 혹은 인간이 하나님의 속성을 갖게 된다는 것을 의미하지 않는다. 둘째, 하나님을 '아버지'라고 부름으로, 그리스도인들은 예수 그리스도를 통해 드러난 구세주 하나님이 그들에게 하나님의 자녀가 되는 엄청난 권세를 주셨다는 사실을 증거하게 된다. 그들은 자연적인 출생에 의해서가 아니라, 양자로서 하나님의 자녀가 된 것이다.

이렇게 볼 때, 인간의 관계는 우리와 하나님 사이의 관계를 반영하는 것으로 볼 수 있다. 모든 인간은 그의 혹은 그녀의 동료 인간을 하나님의 형상을 따라 창조된 존재로 만나게 되기 때문이다. 이러한 사실은 남자와 여자가 특별한 관계로 맺어지는 결혼을 통해 가장 온전히 드러난다. 하나님께서 목적하신 바, 결혼에 이르는 사랑은 우리를 향한 하나님의 사랑과 우리가 그를 향해 가져야 하는 사랑을 인간적으로 가장 잘 나타내 주고 있다. 이러한 이유로 그의 백성을 향한 하나님의 사랑이 종종 은유적으로 아내를 향한 남편의 사랑에 비유되고 있는 것이다(참조. 사 50:1; 렘 2:2; 겔 16:8; 호1-3).

(3) 하나님은 주님이시고 심판자이시다

꾸란에서 하나님은 종종 '온 우주의 주님'으로 기술되고 있다 (1:2). 그는 '만물의 주님'이시고(6:164), '천지의 주님'이시며(13:16), 또한 '동쪽과 서쪽의 주님'이시다(26:28).

하나님은 그의 인간 창조물에게 대리자의 책임을 맡기려 하셨지만, 자신의 권위를 포기하지는 않으셨다. 우리는 주인이신 하나님이 정해 놓으신 범위 내에서 우리의 능력을 사용하도록 부름 받은 그의 종들이다. 앞에서도 살펴보았듯이, 이슬람(*islam*)이라는 말은 복종, 순종, 항복을 의미한다. 이는 우리가 어떻게 우리의 창조주를 전적으로 의지하며 살아야 하는가를 가리킨다. 꾸란은 인간이 그들의 주님으로부터 특별히 높임을 받은 종들이라고 정의하고 있다(21:26).

성경에서 역시 주 되심(lordship)은 하나님의 주요 속성 가운데 하나이다.

"여호와께서 영영히 앉으심이여
심판을 위하여 보좌를 예비하셨도다

공의로 세계를 심판하심이여
정직으로 만민에게 판단을 행하시리로다"(시 9:7-8).

"우리 주 하나님이여
영광과 존귀와 능력을 받으시는 것이 합당하오니
주께서 만물을 지으신지라
만물이 주의 뜻대로 있었고
또 지으심을 받았나이다 하더라"(계 4:11).

그러나 하나님의 권위는 그의 아버지다운 사랑과 분리될 수 없다. 따라서 하나님을 향한 진정한 복종은 하늘의 아버지와 우리 사이의 관계로 인해 나타나는 자녀로서의 복종이다. 그리스도인들은 하나님의 사랑으로 말미암아 그들의 삶을 하나님께 드리고자 한다. 이러한 의미에서 그리스도인들은 '무슬림들'이라고 볼 수 있다. 그러나 하나님을 향한 우리의 복종과 하나님과의 친교는 죄의 존재로 말미암아 심각하게 훼손되었다.

하나님의 주 되심은 마지막 날에 온전히 드러날 것이다. 꾸란은 하나님을 '심판 날의 왕'으로 기술한다(1:4). 토라처럼, 꾸란은 하나님께서 모든 백성을 공정히 심판하심을 강조한다. 마지막 날에 그는 우리를 생명으로 인도하시고, 그의 보좌 앞에 우리를 불러모으실 것이다. 그리고 그분의 완전한 공의로 우리를 심판하실 것이다. 선을 행한 자는 보상을 받고 악을 행한 자는 책망을 받을 것이다. 전자는 영원한 천국에서 즐길 것이고, 후자는 영원한 형벌로 고통 받을 것이다(39:70-75)

그들 사이에 진리로써 판결이 내려지니,

"만유의 주님이신 하나님께 찬미가 있으소서"라는 소리가 모든 곳에서 들려오리라. (39:75)

토라와 비교할 때, 심지어 꾸란과 유추하여 비교해도, 복음의 중심 메시지는 심판 날의 실재가 아니라(참조. 마 25:31-46), 우리의 심판자가 우리의 구원자가 되셨다는 사실이다. 다음의 두 장에서도 살펴보겠지만, 이 점이 바로 복음을 그토록 '좋은 소식'이 되도록 만드는 점이다.

7. 죄의 문제

꾸란과 성경은 둘 다 죄에 대한 경고를 게을리 하지 않는다. 하나
님의 단일성을 강조하는 꾸란은 다른 모든 죄보다도 하나님 이외에
다른 신을 하나님과 연계시키는 죄를 비난한다. 이 '연계시키는 죄'
셔르크(*shirk*)는 하나님께서 용서하시지 않는 유일한 죄이다.

> 실로 하나님은 그분에 비유하려 한 자를 용서치 아니하며, 그 외에는 그
> 분의 뜻에 따라 용서를 베푸시나 하나님에 비유하려하는 자는 크나큰 죄를
> 조성하는 것이니라.(4:48, 116)

용서받지 못하는 죄의 개념은 예수의 말씀에서도 발견된다(마
12:31-32). 성령을 거스르는 죄로 기술되고 있는 이 죄는, 반박할 수
없는 확실한 증거를 받았음에도 불구하고 예수 그리스도의 신적 사명
을 믿지 아니하는 것을 가리키는 것으로 보인다.

다른 죄에 대해서는 어떠한가? 꾸란에서 죄는 하나님의 뜻을 거스
르는 것으로 이해된다. 이러한 불복종은 신이 주신 율법에 대한 무지
와 인간 본성의 천성적인 연약함 때문이다. '하나님이 원하사 너희 짐
을 가볍게 하시나니 인간은 연약하게 창조되었느니라.' (4:28) 따라서
우리는 우리의 길을 밝혀 주는 하나님의 계시와 올바른 길을 걸을 수
있도록 해 주는 하나님의 도움을 필요로 한다(1:5-7).

꾸란의 관점에서, 죄는 죄를 짓는 자에게만 영향을 미친다. '누구
나 그가 얻은 것은 그에게로 돌아오거늘 누구든 타인의 짐을 그가 질
수 없느니라.' (6:164; 17:15; 35:18; 39:7; 53:38) 이러한 이유로 아담의
죄는 그의 후손들에게 영향을 미치지 않은 것으로 보인다. 아담은 회

개했고, 하나님은 그의 회개를 받아들이셨다(2:36-37). 파루키
(*Faruqi*)에 의하면, 아담의 불복종은 단순히 무엇이 선이고 선이 아닌
지에 대한 오해였을 뿐이다. "그러므로 아담은 잘못된 행동을 했다.
즉 악을 선으로 생각하여 윤리적인 오판을 한 것이다. 그는 윤리적인
실수를 저지른 첫 인간이었다. 선한 의도로, 선을 추구하는 열심으로
저지른 실수였다. 그것은 '타락'이 아니라, 선을 악과, 즉 일방적이거
나 올바른 것이 아닌 것을 추구하는 것을 혼동할 수 있다는 것을 발견
한 것이었다."[1] 이슬람에 의하면 모든 인간은 윤리적으로 순전한 상
태로 태어난다. 우리의 불복종이 우리의 상태를 근본적으로 변하게
하지 않는다. 불복종하더라도, 우리는 여전히 하나님의 종이고 선을
행함으로 우리의 잘못된 행동들을 상쇄할 수 있는 것이다.

성경에서는 하나님의 법을 어기는 것을 죄로 정의한다(요일 3:4).
그러나 예수께서는 제자들에게 좀 더 깊은 의미의 율법을 가르치셨다.
예수께서는 죄를 지으려고 생각한 그 순간 이미 죄를 지은 것이라고
말씀하신다. 따라서 예수는 살인과 간음에 대한 욕망을 증오와 동일한
것으로 보셨다. 둘 다 악한 마음가짐에서 나온 것이기 때문이다.

> "옛 사람에게 말한바 살인치 말라 누구든지 살인하면 심판을 받게 되리
> 라 하였다는 것을 너희가 들었으나 나는 너희에게 이르노니 형제에게 노하
> 는 자마다 심판을 받게 되고 형제를 대하여 라가라 하는 자는 공회에 잡히
> 게 되고 미련한 놈이라 하는 자는 지옥 불에 들어가게 되리라"(마 5:21-22).

> "또 간음치 말라 하였다는 것을 너희가 들었으나 나는 너희에게 이르노
> 니 여자를 보고 음욕을 품는 자마다 마음에 이미 간음하였느니라"(마 5:27-
> 28).

---

1) I. Faruqi, *Islam and Other Faiths*, p. 120.

(1) 죄의 심각성

예수의 가르침은 인간의 죄악성을 밝히 드러내고, 죄의 심각성을 강조하고 있다. 이슬람의 가르침은 이와 정면으로 대치된다. 꾸란은 선행이 악행을 능가한다고 가르친다. 선행에 대한 신의 보상은 매우 관대한 것에 비해, 악행에 대해서는 공정한 처벌을 내리신다는 것이다. '선을 실천한 자 그에게는 열 배의 보상이 있으며 악을 끼친 자 그에게는 그와 같은 것 외에는 다른 것이 보상되지 아니하니 어느 누구의 보상도 불공평함이 없느니라' (6:160, 참조. 4:40; 10:27). 하디스 역시 하나님의 관대하심을 강조한다. 하나님은 사람들의 악행에 노하시기보다는 선행에 대해 훨씬 더 기뻐하신다. '만일 나의 종이 악행을 하려 한다면 (천사여) 그가 행할 때까지 그것을 기록하지 말라. 그가 실제로 행했을 때 기록하여라. 그러나 나를 위하여 악행에서 떠나면 (그의 장부에) 그것을 선행으로 기록하라. 그리고 그가 선행을 행하면 그를 위해 (그의 장부에) 열 개의 선행으로 기록하고 칠백 번까지 (그것을 증가시키라).'[2] 여기에서 하나님의 관대하심은 그의 거룩함과 정의를 희생시킴으로 이루어지는 것으로 보인다. 죄에 너그러워짐으로써 하나님은 죄를 간과하고 악을 묵과하는 분으로 보인다. 성경에서 하나님은 악을 그렇게 내버려 두시는 분이 아니다. 그분은 죄를 관용하지도 않으시고 악을 참지도 않으신다. 우리의 선행은 아무런 가치도 없다. 선행으로 죄에 대한 하나님의 노를 삯이거나, 우리의 악행을 보상할 수 없는 것이다.

> "대저 우리는 다 부정한 자 같아서
> 우리의 의는 다 더러운 옷 같으며

---

2) 부카리, *tawhid* 35:IX, p. 437, no. 592 [6947]; *iman* 31:I, p. 36, no. 40 [40]; 무슬림, *dhikr* 22:IV, p. 1413, no. 6499 [4852].

우리는 다 쇠패함이 잎사귀 같으므로
우리의 죄악이 바람같이 우리를 몰아가나이다"(사 64:6).

하나님의 법을 어기는 것이 죄이지만, 죄는 그보다 훨씬 더한 것이
다. 우리는 우리 마음 깊은 곳에 있는 것을 밖으로 표현한다. 율법을
거스르는 행위 저 편에서, 죄는 하나님과 우리의 잘못된 관계를 가리
키고 있다. 죄는 하나님과의 상한 관계성과 하나님으로부터 떠나고자
열망하는 삶, 즉 '내 삶은 내 마음대로 하겠어요.' 라고 말하는 태도를
말하고 있는 것이다. 이 죄가 우리를 약하게 하고 우리를 잘못된 길로
이끌며, 불순종하는 많은 행위들의 근원이 된다.

(2) 원죄

인간이라는 존재 내에 형성된 연대감으로 인해, 인류의 아버지인
아담은 개인적으로 뿐만 아니라 공동체적으로 책임이 있다. 아담의
불순종은 그의 모든 후손들에게 영향을 미쳤고, 인간 모두에게 그로
인한 결과를 남겼다. 첫 아버지로부터 유전되어 내려오는 이 악한 성
향을 그리스도인들은 원죄(롬 8:2; 요일 1:8을 보라)라고 부른다. 원죄
는 우리를 창조자로부터 분리시킨다.

원죄의 개념은 이슬람에서 낯선 것이지만, 꾸란도 인간의 죄성에
대해서는 분명하게 제시하고 있다. 인간은 약하고(4:28), 침착하지 못
하며(70:19), 성급하고(17:11), 쉽게 잊어버리며(39:8), 무지하고
(33:72), 괴팍하고 감사할 줄 모르며(14:34), 다투기 좋아하고(18:54),
반항하는 존재이다. 무엇보다도, '죄악에 물들기 쉬운' 존재라고 꾸
란은 말한다(12:53). 꾸란은 사람들이 너무나 악해서 하나님께 죄의
선고를 받아야 한다고 말한다. 그리고 하나님께서 인내하시지 않았다
면, 우리를 모두 없애 버리셨을 것이라고 한다. '하나님께서 사람들을

그들의 죄악으로 벌을 주시려 하셨다면 그분은 어떤 살아 있는 생물체도 남기지 아니하셨으리라. 그러나 그분은 그들을 어느 기간 유예하시었으니'(16:61). 꾸란은 아담과 이브의 불복종에 대해 어떤 면에서 성경의 설명과 동일한 말을 하고 있다(창 3장; 꾸란 2:35-38; 7:19-24; 20:116-123). 그들의 불복종으로 말미암아, 하나님은 그들을 천국에서 쫓아내셨다.

> 우리(하나님)가 일렀도다. "아담아 너와 너의 아내가 천국에 거주할지니 그대들이 원하는 양식을 먹되 이 나무에 접근하지 말라 그렇지 않으면 죄지은 자 가운데 있게 되느니라."
> 사탄이 그들을 유혹하여 그곳으로부터 나가게 하매
> 우리(하나님)는 그들에게 "서로가 서로의 적이거늘 너희는 종말까지 지상에서 안주하여 생활하라." 하였도다.
> 이때 아담은 주님으로부터 말씀을 들으사 주님께 회개하였도다 진실로 그분(하나님)은 관용과 자비로 충만하시도다.
> 우리(하나님)의 말씀이 있었으매, "모두 세상으로 내려갈지니 너희에게 복음(성서와 선지자)을 주리라. 이를 따르는 자는 두려움도 없을 것이며 슬픔도 없을 것이니라."(2:35-38)

35절과 달리 38절에서 아랍어 본문이 아담과 이브를 지칭할 때 양수 형태인 '너희'를 사용하고 있지 않다는 사실은 별 의미가 없지만, 하나님께서 두 사람보다 많은 사람에게 이야기하고 있음을 암시하는 복수 형태에 대해서는 생각해 볼 필요가 있다.[3] 그렇다면 아담과 이브 이외에 누구에게 말씀하고 계신 것인가? 아담과 이브 이외에 누가 벌

---

3) (단수와 복수 모두에 대하여) 동일한 형태의 'you'를 사용하는 영어와는 달리, 아랍어는 단수와, 양수, 복수가 모두 다른 형태를 갖는다. 양수 형태는 두 사람을 가리킬 때 사용되며, 복수 형태는 2명보다 많은 수를 가리킬 때 사용된다.

을 받고 복음을 받을 것인가? 사단을 말하는 것인가? 그런 것 같지는 않다. 하나님의 복음(*huda*)은 영원한 하나님의 적으로 남아 있는 사단을 위한 것이 아니기 때문이다. 그 복음은 모든 인류를 위한 것이다. 만일 하나님이 아담과 이브에게만이 아니라, 그들의 모든 후손들에게 말씀하고 계신 것이라면, 이 구절은 인류 전체가 우리 선조들의 불순종으로 인해 영향 받았다는 것을 말하는 것이다. 만일 그렇다면, 꾸란도 죄와 그 결과에 대해 성경의 가르침과 동일하게 말하고 있는 것이다.[4]

모든 인간들은 왜 그렇게 악을 행하는 본성을 가지고 있는가? 우리가 존재하게 된 맨 처음부터 우리 모두에게 영향을 미치는 어떤 치료 불가능한 잘못된 것이 있어서 그런 것은 아닐까? 우리가 삶을 시작하는 첫 날부터 악한 경향을 갖게 되는 것에 대해 잘 제시해 주는 하디스가 있다. '아담의 후손 가운데 사단의 영향을 받지 않은 자가 없다. 사단이 건드렸기 때문에, 그래서 아이는 태어나자마자 큰 소리로 우는 것이다. 마리아와 그의 아이만이 사단이 건드리지 않은 존재이다.'[5]

(3) 왜 죄가 문제인가?

성경은 우리가 하나님의 형상을 따라 창조되었다고 선포함으로 꾸란보다 여성과 남성을 훨씬 더 높은 위치에 놓고 있다. 반면, 죄에 대해서는 꾸란보다 더 심각한 의미를 부여한다. '타락'으로 인해 우리는 선행으로 우리 자신을 구원할 수 없게 되었다. 우리는 모두 하나님으로부터 멀어졌으며, 그와 분리되었고 생명의 근원으로부터 잘려 나

---

4) 라지는 이 본문을 다음과 같은 방식으로 해석한다. 그 복수 형태는 아담과 이브뿐만 아니라 그들의 후손들 역시 포함하고 있음을 의미한다. 어떤 의미에서 우리는 모두 첫 부모들의 불순종으로 인해 동산에서 쫓겨났다(2:36; II:3, p. 17과 15:123; XI:22, p. 112에 대하여 라지를 참조하라).

5) 부카리, *anbiya'* 44:IV, p. 426, no. 641 [3177].

갔다.

> "오직 너희 죄악이
> 너희와 너희 하나님 사이를 내었고
> 너희 죄가 그 얼굴을 가리워서
> 너희를 듣지 않으시게 함이니"(사 59:2).

> "기록한바 의인은 없나니 하나도 없으며
> 깨닫는 자도 없고
> 하나님을 찾는 자도 없고
> 다 치우쳐 한가지로
> 무익하게 되고
> 선을 행하는 자는 없나니
> 하나도 없도다"(롬 3:10-12).

하나님은 아담에게 그의 불순종이 가져올 결과를 미리 경고하셨다. "선악을 알게 하는 나무의 실과는 먹지 말라 네가 먹는 날에는 정녕 죽으리라"(창 2:17). 아담의 불순종으로 인해 하나님의 경고가 효력을 발생하게 되었다. "죄의 삯은 사망"이기 때문이다(롬 6:23). 그가 저지른 죄는 단순히 '윤리적 실수'가 아니라 그보다 훨씬 심각한 것이었다. 그의 불순종으로 인해 아담은 생명나무를 근접할 수 없게 되었고, 동산에서 쫓겨나게 되었다고 성경(창 3:22~24)과 꾸란(2:38; 20:123)은 둘 다 기록하고 있다. 영적인 분리는 모든 사람에게 영적인 죽음을 가져왔다. 이러한 이유로 예수는 한 번도 아니고 몇 번씩이나 사람들에게 "죽었다"고 말씀하셨던 것이다(마 8:21-22; 요 5:24-25, 참조. 엡 2:1).

이슬람은 우리의 죄가 하나님께 영향을 미칠 수 없다고 가르친다.

하나님은 우리의 불순종을 염려하시기에는 너무나 멀리 계시기 때문
이다. 우리가 죄를 범하면 우리 자신에게 잘못하는 것일 뿐, 하나님은
동요하시지 않는다. '하나님의 경계를 벗어난 자는 자기 스스로를 욕
되게 한 자라' (65:1, 참조. 2:57; 7:160; 18:35; 35:32; 37:113). 우리의 죄
는 단지 우리의 주님께서 명한 것을 불순종한 것에 있을 뿐이다. 그러
나 성경의 관점에서, 죄는 하나님의 법을 범한 것뿐만 아니라 하나님
께 대항한 것이다(시 51:4; 눅 15:18, 21). 죄는 하나님께 영향을 미치
며, 그분은 무관심하게 계시지 않는다. 그러나 하나님은 인간에게 심
판을 내리시기보다는, 그분의 무한하신 사랑과 능력을 베푸셔서 무기
력한 가운데 있는 우리를 구원하시고자 하신다.

8. 구원의 의미

기독교와 이슬람은 둘 다 하나님이 선하시고, 인류의 선을 원하시며, 이 목적을 이루기 위해 일하신다고 증거한다. 다시 말해서, 하나님은 우리를 구원하기 원하신다는 것이다. 그분은 우리의 죄로부터 우리를 구원하시고자 한다. 그러나 이슬람에서 구원은 기독교와 다른 의미를 가진다. 그 이유는 간단하다. 이슬람에서 인간은 하나님 앞에 그렇게까지 무기력한 상태에 있지 않은 것이다. 즉, 우리는 심각하게 아프지만, 영적으로 죽은 것은 아니다. 한 무슬림 학자는, 엄격히 말하자면 이슬람에는 구원의 개념이 존재하지 않는다고까지 말하고 있다.

> 이슬람에서 인간은 구원을 필요로 하지 않는다. 인간이 종교적·윤리적으로 타락했다고 하기보다는, 이슬람의 다와(da wah, 선교)는 인간이 알라의 칼리파라고 환호한다. 즉, 인간은 완전한 형태이고, 신의 뜻을 이루기 위해 필요한 모든 것을 부여받았다. 심지어 계시의 은총까지도 받은 것이다! 따라서 '구원'은 이슬람의 용어가 아니다. 이슬람에서는 팔라(falah), 즉 시간과 공간에서 신의 뜻을 긍정적으로 성취하는 것이, 기독교에서 말하는 '해방'과 '구속'에 해당하는 것이다.[1]

이슬람에서 구원을 말할 때, 그것은 무슬림들이 종교적 의무를 완수하는 방법을 의미한다. 이를 통해 무슬림들은 부활의 날에 하나님의 심판을 피하고, 용서받아 천국에 들어갈 수 있기 때문이다. 구원은 네 개의 구성 요소를 가지고 있다. 믿음, 복종, 회개, 그리고 마지막 날에 있을 예언자의 중재.

---

1) I. Faruqi, Islam and Other Faiths, pp. 316-317.

(1) 믿음과 복종

꾸란에 의하면, 구원은 무엇보다도 믿음을 필요로 한다.

> 믿는 자들이여! 하나님과 선지자
> 그리고 선지자에게 계시된 성서와
> 너희 이전에 계시된 성서를 믿어라 했거늘
> 하나님과 천사들과 성서들과 선지자들과 내세를 부정하는 자 있다면
> 그는 크게 방황하리라.(4:136, 참조. 57:28; 61:10-12)

이슬람의 교리는 하나님과, 천사들, 경전들, 사도들, 그리고 심판날에 대한 다섯 가지 믿음으로 요약된다. 그러나 믿음은 실천과 불가분의 관계에 있다(참조. 4:13-14). 믿음의 행위에 으뜸가는 이슬람의 '기둥들'은, 신앙 고백("나는 하나님 이외에는 신이 없고, 무함마드는 하나님의 사도임을 증언합니다.")과, 의식적인 기도, 율법에 의한 자선, 매년의 금식, 그리고 메카 순례이다.

따라서 무슬림의 구원은 꾸란에 계시된 진리에 마음을 같이하고, 종교적 의무와 도덕적 이상을 실천하는 것에 달려 있다.

> 동서로 고개를 돌리는 것이 진정한 신앙이 아니거늘, 진정한 신앙이란 하나님과 내세와 천사들과 성서들과 선지자들을 믿고, 하나님을 위해서 가까운 친지들에게, 고아들에게, 가난한 사람들에게, 여비가 떨어진 여행자에게, 구하는 자들과 노예를 해방시켜 준 자에게, 예배를 드리고 희사를 하며, 약속을 했을 때는 약속을 이행하며, 고통과 역경에서는 참고 인내하는 것이 진정한 정의의 길이며 이들이야말로 진실하게 사는 정의의 백성이니라.(2:177, 참조. 64:9)

(2) 회개

하나님의 법에 복종하는 것은 '선행은 악을 제거하여' 줌으로 그들
의 구원에 큰 기여를 한다(11:114). 그러나 하나님의 명을 거역한다면
어떻게 될 것인가? 진정으로 회개하고 하나님의 용서를 구해야 한다.
'믿는 사람들이여! 하나님께 진실되게 회개하라. 주님께서 너희의 과
오를 거두어 주사 너희로 하여금 강물이 흐르는 천국으로 들게 하시
니라. 하나님께서 선지자와 그와 더불어 믿는 자들을 부끄럽지 않게
하실 그날' (66:8; 참조. 4:99; 9:102). 이렇게 하나님께 돌아옴으로, 무
슬림들은 하나님께서 그들을 가엽게 여기시고, 그들의 잘못을 제하여
주실 것이라고 믿고 있다. 하나님은 실로 '죄를 사하여 주사 회개함을
받아 주시'는 분인 것이다(40:3). 위의 꾸란 구절에, 하나님께서 용서
하실 것(may, 아랍어로는 `asa)이라고 기술되어 있다고 해서, 이것이
반드시 하나님의 용서를 의심하고 있는 것은 아니다. 이러한 표현은
사람들이 하나님의 용서를 열심히 구하도록 격려하는 것이라고, 라지
는 수라 9:102에 대한 자신의 주석에서 설명하고 있다. 이러한 사실
은, 용서가 한편으로는 신의 주권과 관용의 행위이고, 다른 한편으로
는 진정 겸손한 모습으로 우리가 구해야만 하는 것이라는 사실을 강
조하고 있다.[2]

(3) 무함마드의 중재

꾸란에서 하나님의 용서는, 구원의 4가지 요소 가운데 세 가지인
믿음, 복종, 그리고 회개와 관련되어 있다(19:60; 20:83; 25:70; 28:67).
네 번째 요소인 예언자의 중재는 꾸란에 언급되어 있지 않고, 대신에
하디스의 몇 이야기들에서 찾아볼 수 있다. 무함마드의 중재는 하나

---

2) Razi, VIII:16, p. 140.

님께서 그에게 주신 특권이자, 무슬림들을 향한 하나님의 자비의 표현인 것으로 보인다. 이것은 무함마드가 마지막 예언자라는 것(33:40)과 하나님이 이미 그의 죄를 사하셨다는 사실에 기초하고 있다(48:1-3; 94:1-3).

마지막 날에 무함마드는 가장 용서를 필요로 하는 무슬림들이 용서받을 수 있도록 하나님께 구할 것이다. "나의 중재는 중요한 죄를 범한 나의 조국 사람들을 위한 것이다."[3] 예언자의 중재로 인해, 하나님은 많은 무슬림들을 용서하실 것이고, 그들은 지옥에서 나와 천국으로 들어갈 것이다. '어떤 이들은 무함마드의 중재로 인해 지옥 불에서 건져져서 천국으로 들어갈 것인데, 그들은 지옥의 사람들(*al-jahannamiyyin*)이라고 불릴 것이다.'[4]

(4) 용서와 형벌

하나님은 '죄를 사하여 주시는 자 가운데 가장 으뜸'(7:155)이시지만, 창조물들의 복종과 불복종에 속박되시는 분이 아니다. 하나님은 그의 기쁜 뜻에 따라 용서를 베풀 수 있는 모든 권리를 가지고 계시다. '하나님의 의지에 의하여 관용을 베풀고 또한 그분의 뜻에 의하여 벌을 내리시니'(2:284; 3:129; 5:18, 40; 48:14). 따라서, '셔르크(*shirk*, 하나님 이외의 다른 것을 하나님과 연계시키는 죄)'를 제외하고는 그 어떤 것도 신의 자비를 제한할 수 없다. 구원은 언제나 신의 특권이고 은총이다. 심지어 신자들에 대한 구원도 마찬가지이다. 신자들이 이슬람의 가르침을 온전히 따른다 할지라도, 그들은 그들의 창조주에

---

3) Abu Dawud, *sunna* 21:III, p. 1326, no. 4721 [4114]; Tirmidhi, *qiyama* 11 [2359]; Ibn Majah, *zuhd* 37:V, p. 528, no. 4310 [4300].
4) Bukhari, *riqaq* 51:VIII, p. 371, no. 571 [6081]; 참조. ibid., *tawhid* 25:IX, p. 408, no. 542 [6896].

대한 의무를 이행하는 것 이상도 이하도 아닌 것이다.

꾸란에서 약속하는 구원은 종말론적이다. 즉, 마지막 날이 되어 사람들의 행위가 그 가치에 따라 심판 받을 때에서야 드러나는 것이다. 꾸란은 신의 공정한 심판을 묘사하기 위해 저울의 이미지를 사용한다. 일반적으로, 선행이 악행보다 더 무거우면 천국에 갈 것이고, 그 반대일 경우에는 지옥에 가게 될 것이다.

> 그때 그의 선행이 많았던 자들은 번성할 것이며
> 그의 저울이 가벼운 자들은 그들의 영혼을 잃고
> 지옥에서 영생하며.
> (23:102-103, 참조. 7:8-9; 101:6-8)

구원은 이처럼 선행과 다소 밀접하게—신학자들에 따라 조금씩 다르기는 하지만—관련되어 있다. 그러나 무슬림들의 악행이 선행보다 무거울 때는 어떻게 될 것인가? 이 부분이 바로 하나님의 주권적인 자비가 나타나는 곳이다. 하나님은 직접 혹은 예언자의 중재로 인해 무슬림들의 악행을 용서하시기로 결정하실 것이다. 그리고 하나님이 용서하시면 무슬림들은 천국에 가게 된다. 그렇지 않을 경우, 무슬림들은 먼저 지옥에서 그들의 죄로 인해 돌로 침을 당하고 그 후에 천국에 들어가게 될 것이다. 그러나 불신자들은 영원한 형벌을 받게 될 것이다.

주권적인 심판자께서 용서를 베풀기로 결정하시면, 그는 단지 말씀 한 마디 하는 것으로 그 일을 이루실 것이다.

> 생명을 주사 앗아가시는 분도 그분(하나님)이시라. 그분께서 어떤 것을 원하실 때 "있어라." 하시매 그것이 그렇게 되니라. (40:68)

그렇다면 이슬람에서 구원은 하나님의 주권과 그분의 뜻을 행할 수 있는 우리의 천성적인 능력, 즉 그분의 자비와 우리의 악행을 보상할 수 있는 능력 모두에 달려 있다.

구원에서 하나님의 주권은 모든 무슬림 신학자들이 동의하는 부분이 아니다. 무타질라파(Mu`tazila) 신학자들은 용서가, 신자들의 복종 및 불복종 후의 회개와 끊을 수 없는 관계로 연결되어 있다고 생각한다. 신자들이 그렇게 행하면 하나님은 반드시 용서하셔야 하고, 그렇지 않으면 반드시 벌하셔야 한다는 것이다. 하나님의 용서는 작은 죄에 한정된다. (회개하지 않은) 큰 죄는 처벌받아야만 하는 것이다. 큰 죄를 범한 사람들은 (무슬림들을 포함하여) 회개하지 않는다면 영원한 형벌을 받을 것이다. 하나님이 달리 행동하실 수 있다고 생각한다면 그것은 하나님의 공의를 부인하는 것이다. 따라서, 믿는 자들의 구원은 그들의 선행에 대한 보상으로 주어지는 것이다. 또한, 무타질라파 사람들에 의하면, 오직 회개한 무슬림들만이 예언자의 중재가 주는 유익을 얻을 수 있다. 무함마드는 죄 많은 무슬림들을 위해 용서를 구하지 않을 것이다. 오히려 그럴 가치가 있는 무슬림들에게 축복을 더할 것이다. 이와 같이, '노력하지 않고 축복을 얻는 것은 하나님의 속성과 공의에 맞지 않는 것이라고 꾸란은 분명하게 제시한다. 무슬림들이 다른 사람들보다 그러한 편애를 받는 것이 부적합한 것이 아니라고 주장하는 것이다.' [5]

(5) 선행의 역할

성경에 의하면, 사람의 구원은 하나님과 예수 그리스도에 대한 믿음에 달려 있다. 믿음이 순수하다면 선행이 외적인 사인이 되는 삶을

---

5) Faruqi, *Islam and Other Faiths*, p. 126, n. 20.

살게 된다(참조. 엡 2:10). 이러한 선행은 이슬람에서와 같이 단순히 의무도 아니고 어떤 유익을 가져다 주지도 않는다. 선행은 있는 그대로 그리스도인의 삶에 나타나는 하나님의 사랑에 대한 반향이다. "우리가 사랑함은 그가 먼저 우리를 사랑하셨음이라"(요일 4:19). 예수는 모세의 율법과 선지자들의 가르침 모두를 두 계명으로 요약하셨다. "네 마음을 다하고 목숨을 다하고 뜻을 다하여 주 너의 하나님을 사랑하라 … 네 이웃을 네 몸과 같이 사랑하라"(마 22:37, 39). 그의 제자들의 저술에서와 같이, 예수의 말에서 이 두 계명은 하나가 된다. 둘째 계명이 첫째 계명으로부터 따라 나오기 때문이다. "누구든지 하나님을 사랑하노라 하고 그 형제를 미워하면 이는 거짓말하는 자니 보는 바 그 형제를 사랑치 아니하는 자가 보지 못하는바 하나님을 사랑할 수가 없느니라 우리가 이 계명을 주께 받았나니 하나님을 사랑하는 자는 또한 그 형제를 사랑할지니라"(요일 4:20-21).

성경, 특히 신약은 남성과 여성이 하나님으로부터 멀어진 것을 어떻게 설명하는가? 하나님이 기대하시는 사랑으로부터 우리가 얼마나 멀리 떨어져 있는가 하는 것으로 설명한다. 종교적인 사람은 종종 자신의 목적에 맞게 하나님의 법을 조작하는 죄를 범한다. 그들은 율법의 문자에는 복종하지만 그 본질인 사랑을 망각한다. 그들은 때로 복종을 하나님 앞에서 자신들을 정당화하는 무기로 사용한다. 때로는 이웃을 정죄하는 데 사용하기도 한다. 그러나 율법의 주된 목적은 죄가 얼마나 심각한 문제인지를 알려 주고, 우리가 자신의 구원을 위해 하나님만을 온전히 의지하도록 우리를 이끄는 데 있다. "율법의 행위로 그의 앞에 의롭다 하심을 얻을 육체가 없나니 율법으로는 죄를 깨달음이니라"(롬 3:20). 그러므로 우리 가운데 누구도 우리의 선행을 의지할 수 없다. 선행은 우리에게 구원을 가져다줄 수 없는 것이다.

(6) 회개의 의미

세례 요한은 회개의 메시지를 외치며 예수의 길을 예비했다. "회개
하라 천국이 가까왔느니라"(마 3:2). 여기에 이어서, 예수는 회개와 믿
음에 대해 엄하게 호소하는 그분의 사명을 시작하셨다. "때가 찼고 하
나님 나라가 가까왔으니 회개하고 복음을 믿으라"(막 1:15). 회개는
예수 메시지의 중심이었다. "너희에게 이르노니 … 만일 회개치 아니
하면 다 이와 같이 망하리라"(눅 13:3).

그렇다면 회개가 의미하는 것은 무엇인가? '청결한 자 외에는 아
무도 스치지 아니한' 이라고 말하는 꾸란과는 반대로, 예수는 당시의
종교 권위자들이 '죄인들' 로 여기는 사람들과 함께하기를 주저하지
않으셨다. 율법을 철저하게 지키는 것으로 유명했던 사람들은 예수의
행동에 분개했다. 그러자 예수가 그들에게 말했다. "건강한 자에게는
의원이 쓸 데 없고 병든 자에게라야 쓸 데 있나니 내가 의인을 부르러
온 것이 아니요 죄인을 불러 회개시키러 왔노라"(눅 5:31-32). 종교 지
도자들이 회개할 필요가 없었던 것은 아니지만, 그들은 그들의 필요
조차도 모르고 있었다. 그래서 예수는 "내가 진실로 너희에게 이르노
니 세리들과 창기들이 너희보다 먼저 하나님의 나라에 들어가리라"
(마 21:31)고 말씀하셨던 것이다.

예수의 말에서 회개는, 이제 온전히 그분을 의지하는 삶을 살기로
결심하고 돌아서는 결정적인 행동을 의미한다. 순전한 회심은 죄의
삶을 끝내고 새로운 삶을 시작하는 내부의 방향 변화를 의미한다. 우
리는 있는 모습 그대로, 어떤 선행의 공적 없이, 오로지 예수 그리스
도를 통해 알려진 하나님의 사랑에만 의지하여 하나님 가까이 이르렀
다.

(7) 십자가의 의미

하나님은 진실로 예수 그리스도를 통하여 우리에게 그분의 사랑을 모두 보여 주셨다. 십자가 위에서 예수는 우리가 당해야 하는 형벌을 당하고, 우리를 대신해서 죽고, 우리의 죄의 형벌을 스스로 짊어졌다.

"그리스도께서 한번 죄를 위하여 죽으사 의인으로서 불의한 자를 대신하셨으니 이는 우리를 하나님 앞으로 인도하려 하심이라"(벧전 3:18).

"우리가 아직 연약할 때에 기약대로 그리스도께서 경건치 않은 자를 위하여 죽으셨도다 의인을 위하여 죽는 자가 쉽지 않고 선인을 위하여 용감히 죽는 자가 혹 있거니와 우리가 아직 죄인 되었을 때에 그리스도께서 우리를 위하여 죽으심으로 하나님께서 우리에게 대한 자기의 사랑을 확증하셨느니라"(롬 5:6-8).

이로 인해, 하나님은 그분의 공의를 부인하지 않으면서 우리를 완전히 용서하실 수 있으셨다. "이 예수를 하나님이 그의 피로 인하여 믿음으로 말미암는 화목 제물로 세우셨으니 이는 … 자기의 의로우심을 나타내려 하심이니 곧 이때에 자기의 의로우심을 나타내사 자기도 의로우시며 또한 예수 믿는 자를 의롭다 하려 하심이니라"(롬 3:25-26). 이 본문은 모세에게 주어진 율법 가운데 중요한 부분이었던 제사 제도를 언급하고 있다. 그 율법은 처음에는 성막에서 그리고 후에는 예루살렘 성전에서 드리는 다양한 종류의 제사를 기술하고 있었다. 동물 제사는 "흠 없는 수송아지로 속죄 제물을 삼아" 그리고 "흠 없는 숫양을 속건 제물로" 드리는 것을 포함하고 있었다(레 4:3; 5:18). 이 두 제사는 실수로 저지른 죄에 대해 드리는 것이었다(레 4-5장). 일반적으로 죄는 속죄의 날(*yom Kippur*)에 속죄되었다. 속죄의 날은 (지금도 여전히) 이스라엘의 종교 생활에 중요한 역할을 한다(레 16장). 하나님은 이 제사들을 명하신 것은, 죄의 삯은 사망이기 때문이었다(창 2:16-17; 겔 18:20; 롬 6:23). 그러나 동물 제사는 인간의 생명을 구속할 수 없고, 다만 예수 그리스도의 속죄 제사를 예시할 뿐이었다.

> "율법은 장차 오는 좋은 일의 그림자요 참 형상이 아니므로 해마다 늘 드리는바 같은 제사로는 나아오는 자들을 언제든지 온전케 할 수 없느니라 그렇지 아니하면 섬기는 자들이 단번에 정결케 되어 다시 죄를 깨닫는 일이 없으리니 어찌 드리는 일을 그치지 아니하였으리요 그러나 이 제사들은 해마다 죄를 생각하게 하는 것이 있나니 이는 황소와 염소의 피가 능히 죄를 없이하지 못함이라 ⋯ 이 뜻을 좇아 예수 그리스도의 몸을 단번에 드리심으로 말미암아 우리가 거룩함을 얻었노라 제사장마다 매일 서서 섬기며 자주 같은 제사를 드리되 이 제사는 언제든지 죄를 없게 하지 못하거니와 오직 그리스도는 죄를 위하여 한 영원한 제사를 드리시고 하나님 우편에 앉으사" (히 10:1-12).

그리스도인들은 예수의 희생이 단번에 죄의 용서를 위해 완전한 희생 제사로 드려졌다고 본다. 복음서(요 1:19-28)와 꾸란(3:39)은 예수의 길을 예비하기 위해 왔던 세례 요한이 예수를 "세상 죄를 지고 가는 하나님의 어린 양"(요 1:29)이라고 말했다고 기술하고 있다.

죄 사함을 위한 희생 개념은 이슬람에서는 낯선 것이다. 그러나 꾸란 역시 소를 드리는 동물 제사에 대해 말하고 있다. 두 번째 수라인 '소의 장'은 여기에서 나온 명칭이다. 하나님은 모세에게 '그 소는 늙지도 않고 어리지도 않는 ⋯ 맑고 노란색이며 보는 이를 감탄케 하도다 ⋯ 땅을 일구고 물을 대도록 길들여지지 아니한 흠이 없는 건전한 것'(2:67-71)을 바치도록 명하셨다. 이 제사는 토라를 통해 "흠 없고

점 없는 어린 양 같은 그리스도의 보배로운 피"(벧전 1:19)라고 그리
스도인의 관점에서 자세히 설명되고 있다(민 19:1-10). 꾸란에서 말하
고 있는 또 다른 제사는 아브라함이 드린 제사이다. 하나님의 그의 아
들을 '훌륭한 희생'으로 구속하셨다(37:107). 무슬림들을 매년 '희생
제('id al-adha)'를 드림으로 이 제사를 기념한다.

예수가 죽음에서 부활한 것은 구속 사역의 완성을 증명한다. 죽음
에서 예수를 일으키심으로 하나님은 그의 희생을 받아들이셨음을 나
타내셨고, 그의 오른편에 높이심으로 그를 세상의 구세주로 선포하셨
다(요 4:42; 요일 4:14). 예수 그리스도는 우리의 중보자가 되셨다. 죄
없는 예언자시기 때문에가 아니라, 그분의 속죄의 죽음으로 인한 것
이다. 예수는 현재 하나님 앞에서 그를 믿는 모든 자들을 대신하여 중
재하고 계신다. "만일 하나님이 우리를 위하시면 누가 우리를 대적하
리요 … 누가 능히 하나님의 택하신 자들을 송사하리요 의롭다 하신
이는 하나님이시니 누가 정죄하리요 죽으실 뿐 아니라 다시 살아나신
이는 그리스도 예수시니 그는 하나님 우편에 계신 자요 우리를 위하
여 간구하시는 자시니라"(롬 8:31-34). 복음은 따라서 좋은 소식이다.
복음은 그의 공의에 따라 우리를 정죄하는 대신에, 예수로 말미암아
하나님께서 우리의 죄를 모두 사하셨다고 말씀하고 있기 때문이다.
구원은 무슬림 신학에 내포되어 있는 딜레마를 해결해 준다. 즉, 하나
님께서 당신의 정의를 실천하지 않고 죄인들을 용서하거나, 자비를
베풀지 않고 그들을 정죄 하는 것의 딜레마를 풀어 주는 것이다.[6] 그
리스도의 십자가는 하나님의 공의뿐만 아니라 자비를 함께 보여 주고
있다. 그것은 죄인들을 향한 하나님의 사랑과, 죄에 대한 하나님의 일

---

6) 무타질라파 신학자들은 하나님의 정의를 하나님의 주된 속성으로 이해한다. 반면
아쉬라파 사람들(Ash`aris)은 하나님의 주권과 자비가 다른 것보다 우세하다고 생
각한다.

관된 미움을 가리키고 있는 것이다.

인간들을 벌하시기보다는 구원하시고자 하는 하나님의 뜻이 십자가 위에서 완성됨을 볼 수 있다. 루터의 생생한 표현을 빌리자면, "처벌은 오직 하나님의 왼손이 하시는 일이다." 하디스 역시 하나님에 대해 유사하게 말하고 있다. '나의 자비가 나의 노를 능가하노라.'[7)]

복음은 하나님께서 어떻게 당신의 자비를 나타내셨는가를 말해 주고 있다. 그러나 하나님의 자비만 보여 주는 것이 아니다. 예수 그리스도를 통해 하나님은 그의 주권 또한 나타내셨기 때문이다. 창조에 악이 존재한다는 것은 어떤 의미에서 하나님의 최고 능력에 대한 도전이다. 하나님은 당신이 만드신 세상을 여전히 다스리고 계신 것인가? 이것은 이슬람에서 충분한 답변을 얻지 못하는 질문이다. 우리는 능력 많으신 하나님께서 악행 하는 자를 벌하실 뿐만 아니라 악을 완전히 뿌리 뽑으시기를 기대하기 때문이다. 악과 죽음에 대한 하나님의 승리는 예수 그리스도의 죽음과 부활을 통해 나타났다. 이처럼 창조와 구원은 하나님께서 여전히 세상의 운명을 손에 쥐고 계시다는 것을 증거하고 있다.

(8) 현재의 구원, 그리고 그 후

하나님이 우리 구원을 주관하시는 분이시고 예수 그리스도를 통해 이미 구원을 이루셨기 때문에, 우리는 우리의 삶에 대한 그분의 판결을 받기 위해 심판 날까지 기다릴 필요가 없다. 심지어 이생에서도 우리가 하나님의 용서를 받았고 바로 그와 함께 있다는 것을 확신할 수 있는 것이다. "이제 예수 그리스도 안에 있는 자에게는 결코 정죄함이 없"기 때문이다 (롬 8:1).

7) 부카리, *tawhid* 15:IX, p. 369, no. 501 [6855].

예수는 지상에서 사람들의 죄를 용서하심으로 그들을 향한 하나님의 사랑을 나타내셨다(막 2:1-12; 눅 7:36-50; 요 8:1-11). 그렇게 하심으로 하나님께서 인간을 구원하시고자 결심하셨음을 보이신 것이다. 예수라는 이름은 하나님이 구원하신다는 의미이다. "이름을 예수라 하라. 이는 그가 자기 백성을 저희 죄에서 구원할 자이심이라"(마 1:21).

하나님의 그의 약속을 이루시는 분이시고, 또한 우리가 그에게로 돌아서서 예수 그리스도를 통해 우리에게 하신 일을 믿자마자 우리를 구원하신다. 우리는 우리의 삶을 통해 이 약속이 진실이라는 것을 알기 때문에, 그를 신뢰하는 자들은 그의 평화가 지금 여기에 실재함을 믿는다. "그러므로 우리가 믿음으로 의롭다 하심을 얻었은즉 우리 주 예수 그리스도로 말미암아 하나님으로 더불어 화평을 누리자 또한 그로 말미암아 우리가 믿음으로 서 있는 이 은혜에 들어감을 얻었으며 하나님의 영광을 바라고 즐거워하느니라"(롬 5:1-2). 구원받은 자들은 또한 그들의 변화된 삶을 분명하게 드러내는 선을 행한다.

심판 날에 하나님은 그의 백성들의 삶에서 구원 사역을 완성하실 것이다(롬 5:9; 8:24를 보라). 구원이 이 세상에서 아직 완전히 우리의 것이 아니라는 사실은 사람들이 분명히 죄에 굴복하게 될 것이라는 것을 의미한다. 이러한 사실이 우리의 구원을 훼손시키는가? 그렇지 않다. 우리가 죄를 자백하고 하나님이 지명하신 중보자를 의지하는 한 우리는 하나님의 변치 않는 사랑을 확신하며 살아갈 수 있다.

"만일 우리가 죄 없다 하면 스스로 속이고 또 진리가 우리 속에 있지 아니할 것이요 만일 우리가 우리 죄를 자백하면 저는 미쁘시고 의로우사 우리 죄를 사하시며 모든 불의에서 우리를 깨끗게 하실 것이요 … 나의 자녀들아 내가 이것을 너희에게 씀은 너희로 죄를 범치 않게 하려 함이라 만일 누가 죄를 범하면 아버지 앞에서 우리에게 대언자가 있으니 곧 의로우신 예수 그리스도시라 저는 우리 죄를 위한 화목 제물이니 우리만 위할 뿐 아니요 온 세상의 죄를 위하심이라"(요일 1:8-2:2, 참조. 히 4:15; 7:26).

(9) 완전히 무가치한 존재

이슬람의 가르침에서 구원은 어느 정도 신의 보상에 기초하고 있다. 천국은 '믿음으로 선을 행하는 이들에게' 약속된다(2:25; 3:15, 195; 4:57; 5:85, 119). 지옥은 '하나님과 선지자에게 대적하는 자'의 운명이 될 것이다(9:63, 68; 39:70-75). 그와 반대로, 기독교는 단지 하나님의 영원한 징벌에 대한 것이 아니다. 기독교는 무엇보다도 하나님의 구속하시는 사랑에 관한 것이다. 하나님의 심판이 단지 그의 공의에만 기초하고 있다면, 아무도 구원에 이를 수 없을 것이다. 하나님의 판결은 "의인은 없나니 하나도 없"다는 것이기 때문이다(롬 3:10). 구원받을 만한 가치가 있는 사람은 아무도 없으며, 그 누구도 구원을 획득할 수 없다.

복음은 하나님이 구원을 제안하신다는 것을 알려 준다. 그것은 모두에게 가능한 전 우주적인 제안이다. 그것은 우리의 공적이나 성취에 달려 있지 않은 조건 없는 제안이다. 그것은 하나님의 공의를 만족시키면서 죄와 타협하지 않는 타협 없는 제안이다. 영원한 삶에 대한 약속은 예수 그리스도를 믿는 모두에게 주는 것이다. "너희가 그 은혜를 인하여 믿음으로 말미암아 구원을 얻었나니 이것이 너희에게서 난 것이 아니요 하나님의 선물이라 행위에서 난 것이 아니니 이는 누구든지 자랑치 못하게 함이니라 우리는 그의 만드신 바라 그리스도 예수 안에서 선한 일을 위하여 지으심을 받은 자니 이 일은 하나님이 전에 예비하사 우리로 그 가운데서 행하게 하려 하심이니라"(엡 2:8-10).

(10) 하나님은 어떻게 당신의 위대하심을 드러내시는가?

이슬람과 기독교 사이에 나타나는 구원에 대한 근본적인 차이는, 이슬람이 우리의 윤리적인 타락과 그로 인한 우리의 구속의 필요를 인정하지 않는다는 사실로 설명할 수 있다. 이슬람에서 사람들은 죄인들이지만 그들 자신의 윤리적 업적을 가지고 스스로 자비로운 하나님 앞에 서서 구원을 희망할 수 있는 존재들이다. 또한, 하나님이 우리의 죄를 그에게 감당시키시고 우리의 구원을 이루시려고, 예수 그리스도를 통해 그 자신을 인간과 동일시하고자 하셨다는 개념은 무슬림들에게 창조자로서 전혀 할 일이 아닌 것으로 보인다. 이러한 사실은 그들이 생각하는 신의 위대하심과 위엄을 손상시키는 것이다. 그러나 그리스도인들에게 구원은 하나님이 얼마나 주권과 자비와 공의로 역사적 실재가 되셨는가를 통해 드러난다. 꾸란도 종종 이러한 신의 속성에 영광을 돌리지만, 꾸란에서는 기독교에서처럼 사랑이 하나님의 주된 속성이 아니기 때문에, 하나님은 자신을 구원의 하나님으로 드러내시지 않는다. 그러나 복음은 하나님의 위대하심이 그 무엇과도 비할 수 없는 그의 고난받는 사랑으로 나타났다고 전하고 있다.

모든 이해를 초월하시는 하나님은 헤아릴 수 없는 신비로 남아 계시다. 그리스도를 통해 보여 주신 그의 고난받는 사랑은 더욱 그렇다. 그리스도인들은 이 신비를 이해하는 데보다는 그 원천이 되시는 하나님을 경배하는 데 더욱 심혈을 기울인다. 창조주에게 그들의 이성을 복종시키면서, 그들은 자신들이 하나님을 온전히 깊이 이해할 수 없음을 고백한다.

꾸란은 하나님이 그에게 복종하는 종들을 위해 쌓아 놓고 계시는 엄청난 축복을 이야기한다. '아무도 모를 것은 그들이 행한 것에 대한 보상이니 그들을 기쁘게 할 숨겨진 것이라' (32:17). 하나님은 다음과 같은 하디스에서 그들을 위해 쌓아 놓은 놀랄 만한 축복을 말씀하신다. '나는 나의 신실한 종들을 위해 아무도 보지 못하고, 누구도 들어보지 못한, 그리고 아무도 마음으로 생각해 보지 못한 것을 예비해 놓았다. 이 증거를 하나님의 책에서 볼 수 있을 것이다. 인간은 하나님이 그를 위해 쌓아 놓고 계시는 행복을 모르고 있다.'[8] 이 하디스가 단어 하나하나마다 구약에 나오는 예언자 이사야의 구절들을 반향하고 있다는 것은 놀라운 사실이다(사 52:15; 64:3). 신약은 예수 그리스도의 죽음을 통해 인간의 구속을 이루신 하나님의 지혜를 설명하기 위해 본문을 언급하고 있다.

> "하나님이 자기를 사랑하는 자들을 위하여 예비하신 모든 것은
> 눈으로 보지 못하고
> 귀로도 듣지 못하고
> 사람의 마음으로도 생각지 못하였다"(고전 2:9).

이슬람에서 하나님의 말할 수 없는 축복은 그럴 만한 가치가 있는 사람들이 복종에 대한 상으로 내세에 받게 될 보상을 의미한다. 이와 반대로, 성경에서는 같은 말씀으로 하나님이 가장 예기치 않은 방법으로 어떻게 '영광의 주님'의 십자가형을 통해 인류를 구원하셨는가를 기술하고 있다(고전 2:8). 구원은 대가 없이 주신 하나님의 가장 소중한 축복이다. 이를 통해 우리는 하나님과 새로운 관계에 들어감으로 인해 갖게 되는 모든 특권을 받는다. 우리는 하나님의 자녀가 되고, 하나님의 용서를 받으며, 하나님의 사랑을 받고, 영생의 확신을 얻게 되는 것이다.

---

8) Ibid., *tafsir* 32:1:VI, p. 289, no. 303 [4406], 참조. *tawhid* 35:IX, p. 435, no. 589 [6944].

9. 하나님 나라

이슬람과 기독교는 둘 다 하나님 나라가 이미 이 땅에 어느 정도 임했다고 가르치고 있다. 그리스도인들에게는 예수 그리스도의 오심이, 무슬림들에게는 꾸란의 계시가 인간 역사를 새로운 장으로 이끌었다. 이슬람의 탄생(3:154; 5:50; 33:33; 48:26)과 복음의 계시(행 17:30)는 무지 시대의 막을 내렸다. 그리고 세상의 모든 사람들 가운데, 특히 믿는 자들 가운데 하나님 나라가 도래함으로 새로운 시대가 열렸다. 하나님이 그 이전에는 왕의 주권을 행사하지 않으셨던 것은 아니었다. 하나님은 언제나 왕이셨지만, 이전에는 그토록 결정적인 양식으로 개입하지 않으셨다.

(1) 이슬람에서의 하나님 나라

꾸란은 하나님이 '천지의 왕' 이라고 기술한다(2:107; 3:189). 천지의 왕국은 하나님께 속해 있으며, 그는 법을 통해 이슬람 나라를 다스리신다. 이슬람에서 하나님 나라의 개념을 이해하기 위해서는 이슬람법에 초점을 맞출 필요가 있다. 이슬람법은 꾸란과 하디스의 가르침에 기초한다. 꾸란은 예언자 무함마드를 모든 믿는 자들의 본으로 제시하고(33:21), 하디스는 그의 생애와 가르침에 대한 자료를 제공한다. 따라서 이슬람법을 살펴보려면 먼저 무함마드의 삶의 주요 단계들을 돌아보는 것이 좋을 것이다.

1) 무함마드의 일생
12년 동안(610~622) 무함마드는 메카의 사람들에게 한 분이신 하나님을 믿으라고 가르쳤다. 이 가르침은 오직 십여 명으로부터만 긍정적인 반응을 얻었을 뿐, 다신교를 믿던 주민들에게 많은 적대감을 불러일으켰다.

622년, 무함마드는 그의 동료 몇 명과 함께 메카를 떠나 야스립(Yathrib)으로 이주하기로 결심했다. 200마일 떨어져 있는 그 도시는 이후에 메디나로 알려졌다. 그곳에는 '아랍화된' 세 유대인 부족이 있었는데, 그들의 지배권에 대해 다른 아랍 부족들이 강하게 반대하고 있었다. 무함마드와 그의 동료들을 초대하여 그 도시에 정착하도록 하였던 이들 그룹들은 무함마드의 메시지에 좀 더 수용적이었다. 무슬림 숫자는 빠르게 증가했다. 동시에, 다툼도 발생하고 메디나의 유대인들과도 경직된 상태가 되었다. 그들이 메카의 다신교 아랍인들과 함께 무함마드에 대해 음모를 꾸몄다는 비난이 일었기 때문이었다. 이러한 상황에서 예언자는 성장하는 무슬림 공동체의 사회적 정치적 구조에서 새로운 책임을 맡게 되었다. 꾸란 계시의 내용 역시 이러한 새로운 상황적 요소들을 고려하여 전개되었다.

메디나 유대인들과의 다툼은 624년에 전환기를 맞게 되었다. 무슬림들이 더 이상 유대인들에게 호감을 갖지 않게 된 것이다. 이때로부터 무함마드의 정치적 권위가 그의 추종자들 사이에 확립되었고, 메카에 있는 그의 적들은 그를 두려워하게 되었다. 두 파벌 사이에 몇 번의 전쟁이 있고 난 후 마침내 무슬림들이 승리를 거두었다. 그들은 630년 메카 지도자들이 굴복한 가운데 당당하게 메카에 입성하였다.

무함마드의 군사적 승리는 그의 예언자적 사명에 대한 인식을 더욱 강화하였고, 이것은 마침내 카바(Ka`aba) 신전에서 유일신 예배를 회복함으로 확증되었다. 많은 아랍 부족들이 새 종교를 받아들였고, 이후 몇 년간 그 지역 전체에 이제까지 없었던 강한 영향을 미치면서 무슬림들의 숫자가 급속히 늘었다. 632년, 대다수 아랍인들에게 유일한 예언자였을 뿐만 아니라, 위대한 사회 개혁가요 뛰어난 카리스마의 정치가이자, 유능한 군사 지도자로 환영받던 무함마드가 죽었다.

그 기원부터 무함마드의 죽음까지 첫 무슬림 공동체의 역사는 이슬람법에 결정적인 영향을 미쳤다. 이슬람법은 종교적인 특징을 가질 뿐만 아니라, 사회적 · 정치적 그리고 심지어 군사적인 문제들을 다루고 있다. 이제 이슬람법의 주요 자료가 되는 꾸란 가운데 몇 가지 예를 살펴보는 것은 유용할 것이다.

2) 사회법

사회법은 가정생활에 중심을 두고 있다. 남성과 여성은 반드시 혼전 순결을 지켜야 한다(24:30-33). 결혼은 사람들에게 그들의 창조자를 생각하게 하는 예증이다(30:21). 결혼은 남편과 아내 사이의 계약이며, 모든 비윤리적인 것들로부터 지켜져야 하는 것이다(16:92; 17:32; 25:68; 42:37).

꾸란에 의하면, 간음한 남녀는 100대의 태형을 형벌로 받도록 되어 있다(24:2). 그러나 하디스에서 우리는 아야트 알 라즘(*ayat al-rajm*), 즉 '돌로 침에 대한 구절'로 알려진 것을 보게 된다. 이는 꾸란 처벌에서는 폐기된 것이다(즉, 꾸란에서 처음에는 돌로 치도록 계시를 내렸다가, 후에는 이 계시를 폐기하고 이를 대신하는 다른 구절을 다시 계시하였다-역자 주). 이 구절은 결혼한 간음자들에게는 '100대의 태형과 돌에 맞아 죽는 것'을, 그리고 결혼하지 않은 사람들에게는 '100대의 태형과 1년간의 추방'을 규정하고 있다. 이 형벌은 오직 '(네 명의 증인이 있거나) 혹은 임신이나 자백으로 인해 증거가 확실한 경우'에만 효력을 발휘할 수 있다.[1]

---

1) 무슬림, *hudud* 12, 15:III, p. 911, no. 4191 [3199], 그리고 p. 912, no. 4194 [3201];

결혼한 무슬림 여성을 중상한 사람들은 80대의 태형을 당하도록
되어있다(24:4). 무슬림 남성은 다신교를 믿는 여성과는 결혼할 수 없
지만, 유대인이나 그리스도인 여성과는 결혼할 수 있다(2:221; 5:5).
그들은 또한 결혼에 동의하지 않는 여성이나 가까운 친척과의 결혼을
피해야 한다(4:19-25). 남편이 아내에 대해 권위를 가지고 있고, 그들
사이에 다툼이 있을 때는 특별한 과정을 거치도록 충고하고 있다
(4:34-35). 다처제가 허용되지만 4명까지로 제한되며, 그들은 모두 차
별을 받지 않아야 한다(4:3). 전쟁 포로인 여성들은 자유로운 부인들
과 다른 입지에 있다(4:3; 23:6; 70:30). 남편은 아내가 월경 중일 때는
성 관계를 자제해야 한다(2:222). 이혼에 대해서는 기록하고 있지 않
지만, 결혼 계약이 파기되는 경우에 대해서는 자세한 규정이 기록되
어 있다(2:227-232; 2:236-237, 241; 33:49; 65:1). 이처럼 이혼은 합법적
이지만, 예언자의 말에 의하면 '합법적인 모든 행위 가운데, 하나님이
가장 싫어하시는 것이 이혼'이다.[2]

아이들은 남자아이든 여자아이든 하나님의 축복이다. 따라서 이슬
람 이전에 아랍인들 사이에 이루어졌던 갓 태어난 여아에 대한 살인
이 금지되었다(6:137, 140, 151; 17:31; 60:12). 게다가 2년간은 모유를
먹여야 한다(2:233). 아이들은 부모를 공경해야 하며, 부모에게 애정
을 보이고 친절하게 대해야 한다(2:83, 180, 215; 4:36; 6:151; 17:23;
29:8; 31:14; 46:15). 결혼으로 인해 소유하게 된 자녀들에 대한 부모의
애착은, 하나님에 대한 신앙보다 우선하게 될 때 심각한 시험거리가
될 수 있다(8:28; 64:14-15). 따라서 부모들은 그들의 자연스러운 애정
이 하나님의 길로부터 이탈되지 않도록 조심해야 한다(63:9). 상속에

부카리, *hudud* 30, 31:VIII, p. 536, no. 816 [6327]. 그리고 p. 537, no. 817 [6328].
2) 아부 다우드, *talaq* 3:II, p. 586, no. 2173 [2008].

관하여, 미성년 고아들의 권리가 보호받아야 하며, 유산 분배는 정확한 가르침에 따라 이루어져야 한다(4:6-12, 176)

3) 종교법
종교적인 차원에서 무슬림들은 '종교의 기둥들(*arkan al-din*)'로 알려진 다섯 가지 의무에 복종한다.

❶ 샤하다(*Shahada*)
신앙 고백: '나는 하나님 이외에 신이 없고, 무함마드는 하나님의 사도임을 증언합니다(*ashhadu an la ilaha illa-llah wa anna muhammadan rasulu-llah*)'.

❷ 살라트(*Salat*)
하루에 다섯 번 메카를 향해 하는 기도. 세정 의식이 선행된다(4:144; 5:6).

❸ 자카트(*Zakat*)
법에 의한 자선으로, 다수의 꾸란 본문 기도와 연결되어 있다.

❹ 싸움(*Sawm*)
매년 라마단 달에 하는 금식(2:183-187).

❺ 하즈(*Hajj*)
가능한 한 일생에 한 번은 메카 신전을 순례하는 것(3:97).

발효 음료와, 도박(2:219; 5:90-91), 고리 대금(2:275; 3:130) 및 일부 음식(2:173; 5:3; 6:145; 16:115)이 금지되어 있다.
꾸란은 배교자가 영원한 형벌의 고통을 당할 것이라고 경고하고 있지만, 하디스에 기초한 배교법은 이보다 더 심하다. 어느 하디스에 의하면, 세 가지 경우에 죽음의 형벌을 받게 된다. '하나님과 하나님의 사도인 나만이 경배의 대상이라고 고백하는 무슬림의 피는 다음의 세 가지 경우를 제외하고는 결코 흘러서는 안 된다. 살인에 대한 키사스(qisas, 보복), 불법으로 성 관계를 가진 결혼한 사람, 그리고 이슬람에서 돌아서서 무슬림들을 떠난 자.'[3]

4) 하나님을 향한 사랑
세 개의 꾸란 구절들이 하나님을 향한 사람들의 사랑을 말하고 있다.

> 무리 가운데 하나님 외에 우상들을 숭배하는 자들이 있어
> 이들은 신앙인들이 하나님을 사랑하는 것처럼 그것들을 사랑하나
> 그러나 믿음이 있는 자의 믿음은 우상숭배자보다 강하도다.(2:165)

> 일러 가로되 "너희가 하나님을 사랑한다면 나를 따를 것이니라. 그리하면 하나님께서 너희를 사랑하사 너희의 죄를 사하여 주시니 하나님은 용서와 자비로 충만함이라."(3:31)

> 하나님은 그들을 사랑하시고 그들은 그분을 사랑하며
> 믿는 자들에게 겸손하고 불신자들에게는 강한 백성을 오게 하실 것이라.(5:54)

사랑하는 관계는 서로 동등한 사람들 사이에 이루어지는 관계이기 때문에, 대부분의 무슬림들은 인간이 하나님을 사랑하는 것이 적합하

---

3) 부카리, *diyat* 6:IX, p. 10, no. 17 [6370]. 다른 하디스는 종교를 버린 무슬림은 죽음에 처해야 한다고 확증한다(참조. 부카리, *jihad* 149:IV, p. 160, no. 260 [2794]; *istitaba* 2:IX, p. 45, no. 57[6411]).

지 않다고 생각한다. 따라서 라지는 수라 2:165에 대한 그의 주석에서
다음과 같이 설명하고 있다. '우리가 하나님을 사랑한다고 할 때 그것
은 기꺼이 그분께 복종하고 그를 섬기는 것을 의미하거나, 혹은 그분
의 보상과 축복을 사랑한다는 것을 의미한다.'[4] 수피 전승에서는 그
러나 하나님에 대한 인격적인 사랑을 강조한다. 즉, 하나님이 누구이
신가 하는 것 때문에 사랑하는 것이지, 신실한 종에게 주는 보상에 대
한 그분의 약속 때문이 아니다.

하나님의 사랑이 믿는 자들에게 한정되어 있는 것과 마찬가지로,
무슬림들은 '믿는 자들에게 겸손' 하지만, '불신자들에게는 강' 한 것
으로 묘사된다(5:54). 무슬림들 상호간의 관계가 보여 주는 특징은 사
랑이라기보다는 자비이다. '하나님은 그의 자비로운 종들에게만 자비
를 베푸신다.'[5] 이슬람에서 "네 이웃을 네 몸과 같이 사랑하라"(마
22:39)는 성경의 명령과 가장 유사한 것은 다음의 하디스이다. '그가
자신에게 하고 싶은 것과 같이 그의 (무슬림) 형제에게 하고자 할 때
에야 비로소 믿음을 가진 것이다.'[6] 성경의 명령이 분명히 더 포괄적
이고 강렬하다.

5) 정치법

정치적 차원에서, 이슬람은 대인 관계를 다스리도록 주장한다. 토
라에 있는 보복법(레24:17-21)이 유효하게 남아 있다. '생명은 생명으
로, 눈은 눈으로, 코는 코로, 귀는 귀로, 이는 이로, 상처는 상처로 대
하라.' (5:45; 참조. 2:178, 179, 194)

---

4) 라지, II:4, p. 185.
5) 부카리, *tawhid* 2:IX, p. 351, nos. 473 [6828], 그리고 474 [6829]; *adab* 18:VIII, p. 18, no. 26 [5538].
6) Ibid., *iman* 6:I, p. 19, no. 12 [12].

이슬람의 정치 규율에 복종하기 위해 반드시 그 교리적 내용에 동의할 필요는 없다. 꾸란이 이슬람에 대한 외적 복종과 내적 신앙을 구분한다는 사실은, 무슬림들이 메카의 다신 교인들에게 승리를 거둔 후, 이슬람에 합류하기 위해 서둘렀던 아랍 부족들에게 했던 말에서 잘 나타난다.

> 사막의 유목민들이 "저희는 믿나이다."라고 말하도다.
> 일러 가로되 "너희는 믿지 아니하고 귀의하였다. '우리는 무슬림들이 되었습니다.' 라고 말해야 한다.
> 저희 심중에 아직 믿음이 이르지 아니하였느니라." (49:14; 참조. 48:11)

> 진실로, 진정한 신앙은 하나님의 길을 따르기 위해 모든 것을 버리고 몸과 마음으로 믿어야 하는 것이다(참조. 9:24).

하나님과 그의 사도에 대한 단호한 헌신은 지하드(*jihad*)로 명명된다. 예언자가 했다고 전해지는 말 가운데 '투사(*mujahid*)는 그 자신의 영혼에 대항함으로 하나님을 기쁘시게 하는 자' 라는 것이 있다.[7] 하나님의 대의가 위기에 처할 때, 무슬림들은 무기를 들고 이슬람의 적과 싸워야 하는 의무가 있다. 전투에 임하고 싶지 않아도 해야 하는 것이다(2:216-218; 4:77). 예언자가 먼저 전투하고(9:73), 무슬림들이 그를 따르도록 독려해야 한다(8:65). 진실로, 무슬림 공동체가 선동되고, 하나님의 대의가 패하는 것을 보는 위험을 감수하는 것보다는 전투에 임하는 것이 낫다(2:191-193; 8:39). 따라서 무장한 전투, 즉 성전은 지하드(*jihad*)의 극단적인 형태로, 적으로부터 이슬람을 방어하는 것을 목적으로 한다. 그럼에도 불구하고 무슬림들은 침략자가 되거나

---

7) 티르미디, *fada' il al-jihad* 2 [1546].

전투의 법칙을 위반해서는 안 된다(2:190). 그들이 이기건 지건 간에 그들은 궁극적으로 승리하게 될 것이기 때문이다. '하나님의 길에서 순교한 자가 죽었다고 생각지 마라 그들은 하나님의 양식을 먹으며 하나님 곁에서 살아 있느니라.' (3:169; 참조. 2:154; 3:195; 4:74)

이슬람법의 특징적인 포괄성은 많은 무슬림들에게 그것이 토라와 복음서보다 완전하고 우월하다는 증거로 제시된다. 이슬람 국가가 진실로 이 법을 따른다면, 그 국가는 하나의 유일한 국가가 될 것이다(21:92; 23:52). 그 나라는 본이 되고(3:110), 온건하며(2:143), 잘 균형잡힌, 억압적이지도 않고 느슨하지도 않은, 지나치게 이상적이거나 실용적이지 않은 나라가 될 것이다. 따라서 이슬람법은 하나님의 요구와 사람들의 능력 잘 만날 수 있도록 조절된 조화로운 법이다. 하나님은 사람이 할 수 없는 것을 요구하시지 않기 때문이다(2:233, 286; 6:152; 7:42; 23:62).

(2) 기독교에서의 하나님 나라

성경은 이슬람과 마찬가지로 하나님의 우주적인 주권을 강조한다. 하나님은 "하늘의 하나님, 땅의 하나님"으로 명명된다(창 24:3; 마 11:25). "하늘과 하늘들의 하늘이라도 용납지 못하"는 분이신 것이다(왕상 8:27).

1) 예수와 그의 나라

예수의 가르침과 제자들의 가르침은 하나님 나라의 임박한 도래를 가리키고 있다(마 4:17; 10:7). 복음은 "천국 복음"(마 4:23; 9:35; 24:14)으로 명명된다. "요한이 잡힌 후 예수께서 갈릴리에 오셔서 하나님의 복음을 전파하여 가라사대 때가 찼고 하나님 나라가 가까왔으니 회개하고 복음을 믿으라"(막 1:14-15).

그의 존재로 인해, 그의 가르침과 행동으로 인해, 예수는 하나님 나라를 계시하셨다(마 12:28). 예수는 하나님 나라가 눈에 보이는 권력과 번영으로 세워질 것을 기대하고 소망하는 사람들에게 경고했다. "하나님의 나라는 볼 수 없게 임하는 것이 아니요 또 여기 있다 저기 있다고도 못하리니 하나님의 나라는 너희 안에 있느니라"(눅 17:20-21). 예수께서 일상적인 일과 사건들에 비유하셨던 이 나라는 이처럼 적어도 '끝'이 오지 않는 한 전혀 호화스럽지 않은 나라였다(마 10:22; 24:6, 13-14). 예수는 당신의 도래로 개시되는 역사의 끝을 말씀하셨고, 또한 그때 '권능으로' 하나님 나라를 세우기 위해 올 것이라고 말씀하셨다(막 9:1). 더 나아가 그는 그 나라를 '그의' 나라라고 명명하고 있다(마 16:28).

예수는 영광 중에 재림하여 "이방인(혹은 열방)의 때"(눅 21:24)로서 하나님 나라를 온전히 세우시는 때를, 그의 첫번째 도래와 구분하여 언급하셨다. 하나님만이 아시는 이 기간(막 13:32)은 지상의 모든 나라들이 구원받도록 남겨 두신 기간이다(롬 11:25-26). 예수의 사명은 진실로 하나님 나라가 모든 나라들에게 다가갈 수 있도록 하셨다. 그때까지 그 나라는 이스라엘에 제한되어 있었다.

그의 지상 사역 중 예수는 그의 나라와 복음을 강요하신 적이 없었지만, 그럼에도 그의 인기는 높아만 갔다. 어느 때인가, 예수는 자신을 억지로 잡아 임금 삼으려는 사람들을 피해 가신 적도 있었다(요 6:15). 붙잡히셨을 때 예수는 전혀 저항하지 않았다. 그의 제자들이 너무나 당황할 정도로, 예수는 폭력에 호소하거나 심지어 자기 방어도 하지 않은 채, 죽임 당하는 것을 허락하고자 하셨다(요 18:10-11). 그를 심문하였던 로마 정권 앞에서 예수는 그의 나라가 의미하는 것

을 설명하셨다. "내 나라는 이 세상에 속한 것이 아니라 만일 내 나라
가 이 세상에 속한 것이었더면 내 종들이 싸워 나로 유대인들에게 넘
기우지 않게 하였으리라 이제 내 나라는 여기에 속한 것이 아니니라"
(요 18:36).

재판을 통해 모든 굴욕을 당하면서도, 예수는 이와 동일한 태도를
취하셨다. 그는 자신을 박해하는 자들에게 한 마디도 하지 않으셨고
보복하려는 생각도 전혀 없으셨다. '유대인의 왕'이라는 팻말이 붙은
십자가에 못 박히면서, 예수는 군인들에게 조롱을 당하셨다. "네가 만
일 유대인의 왕이어든 네가 너를 구원하라"(눅 23:37). 그와 함께 십자
가에 못 박혔던 두 범죄자 중 한 명도 그를 조롱했다. "네가 그리스도
가 아니냐 너와 우리를 구원하라"(눅 23:39). 비록 그들은 예수를 조롱
하고 그의 권위에 도전했지만, 그의 적대자들이 그의 입에서 들은 말
은 "아버지여 저희를 사하여 주옵소서 자기의 하는 것을 알지 못함이
니이다"(눅 23:34)하는 것이 전부였다.

2) 그 나라와 법과 정치

예수의 때까지, 이스라엘 백성들은 신정주의 정권 하에 살았다. 그
들 삶의 모든 면이 하나님의 법으로 규정받았다. 이러한 점이, 법이
다스리는 무슬림 국가의 통치 방식과 놀랄 만큼 대등하다. 결혼 규정
이 유사하므로 이혼 합의에 관한 것 역시 유사하다(신 24:1-4). 일반적
으로 말하자면, 부도덕, 그 중에서도 간음은 많은 경우에 죽음을 형벌
로 내림으로써 토라에서 더욱 엄하게 다스리고 있다(레 20:10-18). 다
처제에 대해서는 제한을 두지 않고 있으며, 다윗과 같이 하나님께 가
장 구별되었던 많은 사람들이 다처를 택했다(삼하 5:13). 토라 역시 이
스라엘 자손들에게 부모를 공경하도록 말하고 있고(출 20:12), 이 명

령을 심하게 어긴 경우에는 죽음의 형벌을 내리고 있다(레 20:9).

예수 시대에 하나님의 유일하심에 대한, 그리고 모든 형태의 우상을 금하는 내용의 10 계명은 조금도 그 위력을 잃지 않고 있었다.

> 나는 너를 애굽 땅, 종 되었던 집에서 인도하여 낸 너의 하나님 여호와로라
>
> ① 너는 나 외에는 다른 신들을 네게 있게 말지니라
>
> ② 너를 위하여 새긴 우상을 만들지 말고 또 위로 하늘에 있는 것이나 아래로 땅에 있는 것이나 땅 아래 물속에 있는 것의 아무 형상이든지 만들지 말며 그것들에게 절하지 말며 그것들을 섬기지 말라 …
>
> ③ 너는 너의 하나님 여호와의 이름을 망령되이 일컫지 말라 나 여호와는 나의 이름을 망령되이 일컫는 자를 죄 없다 하지 아니하리라
>
> ④ 안식일을 기억하여 거룩히 지키라
>
> ⑤ 네 부모를 공경하라 그리하면 너의 하나님 나 여호와가 네게 준 땅에서 네 생명이 길리라
>
> ⑥ 살인하지 말지니라
>
> ⑦ 간음하지 말지니라
>
> ⑧ 도적질하지 말지니라
>
> ⑨ 네 이웃에 대하여 거짓 증거하지 말지니라
>
> ⑩ 네 이웃의 집을 탐내지 말지니라 네 이웃의 아내나 그의 남종이나 그의 여종이나 그의 소나 그의 나귀나 무릇 네 이웃의 소유를 탐내지 말지니라
>
> (출 20:1-17).

자선과 기도, 금식은 유대교 전통에서 기본적인 종교적 실천으로 지켜지는 것이었다. 예루살렘에 있는 성전은 이스라엘과 유대인들이 퍼져 있었던 모든 다른 지역으로부터 오는 순례객들로 분비고 있었다. 세정 의식(레 15장)과, 음식 금기(레 11장), 고리 대금(출 22:24; 레 25:35-37; 신 23:20-21)에 관한 문제들에 있어서 무슬림과 모세 율법 사

이에는 주목할 만한 다른 유사점들이 있었다.

정치적인 측면에서, 이스라엘 국가는 다윗의 통치 시기가 번영기였다. 다윗은 왕이자, 군사 지도자이자 예언자였다. 그는 많은 시편들을 지었을 뿐만 아니라, 예루살렘을 정복하여 나라의 수도로 삼았다(대상 11:4-9). 슬프게도 그는 밧세바와 간음한 후에 그녀의 남편을 살해하고 그녀와 결혼한 것으로도 유명하다(삼하 11장). 그러나 후에 그는 자신의 죄를 깊이 회개하였다(삼하 12:1-5). 그의 통치 기간에 줄곧 계속되었던 전쟁으로 인해, 하나님은 다윗이 하나님의 집, 즉 성전 건축 계획을 진행하도록 허락지 않으셨다(대상 28:3). 하나님은 거룩한 하나님의 집이 폭력으로 손상되는 것을 원치 않으셨다. 다윗은 이전에 "하나님의 마음에 맞는 사람"(삼상 13:14)으로 택함 받은 사람이었지만, 그의 삶은 폭력으로 인해 훼손되었다.

다윗의 예는 종교적 · 정치적 차원이 쉽게 조화될 수 없는 것임을 보여 준다. 후자가 전자에 부정적인 영향을 끼치지 쉬운 것이다. 하나님의 거룩함과 우리의 죄악 사이에는 근본적인 대립이 있다. 이러한 사실은 믿는 자들이 매일 경험하게 되는 것이며, 권력을 사용할수록 더욱 악화되는 것으로 보인다. 권력이 타락한다면, '절대 권력은 절대적으로 타락하기' 때문이다. 이스라엘의 역사는 이러한 대립을 현저하게 보여 주고 있으며, 예수는 이 두 종류의 권력을 구분하는 유명한 말씀을 남기도록 길을 터 주고 있다. "가이사의 것은 가이사에게 하나님의 것은 하나님께 바치라"(마 22:21).

하나님의 나라는 정치적 측면에서 이루어지는 것이 아니라고 예수께서 말씀하시게 된 또 다른 좀 더 근본적인 이유는 그 나라의 영적인 본질에 있다. 한 국가의 법은 그 나라의 모든 시민들에게 적용되도록 되어 있다. 그들은 원하든 원치 않든 법을 따라야만 한다. 그러나 하님 나라에 다가가는 것은 강압으로나 혹은 외적인 충성으로 되는 것이 아니다. 그러한 강요의 쓴 열매는, 종교적인 것이면 무엇이나 적개심을 갖게 하거나, 그렇지 않으면 위선적인 종교로 이끌 것이다. 진실로 충실한 신앙은 하나님의 말씀을 받아들이기로 자유롭게 결심했을 때 그 결과로만 나타날 수 있는 것이다.

3) 용서와 사랑, 겸손

예수 그리스도를 믿는 모든 사람들에게 하나님의 용서를 약속하는 복음은, 무제한적인 용서의 황금률을 포함하고 있다. "그때에 베드로가 나아와 가로되 주여 형제가 내게 죄를 범하면 몇 번이나 용서하여 주리이까 일곱 번까지 하오리이까 예수께서 가라사대 네게 이르노니 일곱 번뿐 아니라 일흔 번씩 일곱 번이라도 할지니라"(마 18:21-22). 하나님으로부터 받고, 다른 이들에게 확장되는 용서는 그러므로 그리스도인들을 위한 삶의 규칙이다. 이는 용서받을 준비가 되어 있는 자들에게만 지켜질 수 있다고 말하지 않는다. 성 어거스틴이 말했듯이, 그리스도인들이 다른 이들보다 더 잘 용서할 수 있다는 것이 아니라, 하나님께서 그가 명한 것을 주신다는 것이다. 용서는 실로 인간의 능력 밖의 것이기 때문이다.

하나님 나라에 사는 것은 또한 원수를 사랑하는 것을 의미하고, 이는 모든 형태의 성전을 불가능하게 한다.

"또 네 이웃을 사랑하고 네 원수를 미워하라 하였다는 것을 너희가 들었으나 나는 너희에게 이르노니 너희 원수를 사랑하며 너희를 핍박하는 자를 위하여 기도하라 이같이 한즉 하늘에 계신 너희 아버지의 아들이 되리니 이는 하나님이 그 해를 악인과 선인에게 비춰게 하시며 비를 의로운 자와 불의한 자에게 내리우심이니라 너희가 너희를 사랑하는 자를 사랑하면 무슨 상이 있으리요 세리도 이같이 아니하느냐 또 너희가 너희 형제에게만 문안하면 남보다 더 하는 것이 무엇이냐 이방인들도 이같이 아니하느냐 그러므로 하늘에 계신 너희 아버지의 온전하심과 같이 너희도 온전하라"(마 5:43-48).

예수는 하나님 나라의 삶이, 부부간에 충실하지 못한 경우를 제외하고는 결혼이 영구적인 것과(마 5:31-32), 일부일처(마 19:1-11)를 암시한다고 가르치셨다. 이러한 삶은 은밀한 겸손에서 진실로 표현되게 된다.

"사람에게 보이려고 그들 앞에서 너희 의를 행치 않도록 주의하라 그렇지 아니하면 하늘에 계신 너희 아버지께 상을 얻지 못하느니라 그러므로 구제할 때에 외식하는 자가 사람에게 영광을 얻으려고 회당과 거리에서 하는 것같이 너희 앞에 나팔을 불지 말라 진실로 너희에게 이르노니 저희는 자기 상을 이미 받았느니라 너는 구제할 때에 오른손의 하는 것을 왼손이 모르게 하여 네 구제함이 은밀하게 하라"(마 6:1-4).

"너는 기도할 때에 네 골방에 들어가 문을 닫고 은밀한 중에 계신 네 아버지께 기도하라 은밀한 중에 보시는 네 아버지께서 갚으시리라"(마 6:6).

"너는 금식할 때에 머리에 기름을 바르고 얼굴을 씻으라 이는 금식하는 자로 사람에게 보이지 않고 오직 은밀한 중에 계신 네 아버지께 보이게 하려 함이라"(마 6:17-18).

여기에서 예수는 하나님을 위해 사는 것이 우리가 지켜야 하는 의무들만의 문제가 아니라, 내적 태도와 우리 마음과 생각의 문제라고 말씀하신다. 우리의 종교적 헌신이, 그것이 주는 것이든, 기도하는 것

이든, 혹은 금식하는 것이든, 우리에게 이목을 집중시키기 위해서가
아니라, 하나님께 영광을 돌리기 위해서 이루어져야 한다는 것이다.

신앙의 내적 차원은 또한 예배를 통해 표현된다. 유대인들이나 무
슬림들과 달리, 그리스도인들은 특정한 지정학적 방향을 향해 기도할
필요가 없다. "하나님은 영이시니 예배하는 자가 신령과 진정으로 예
배할지니라"고 예수는 말했다(요 4:24). 정결에 대해서도 마찬가지이
다. 정결은 예수의 가르침에서 무엇보다도 마음의 정결이었다. 따라
서 '위로 들어가는 것' 보다 '마음에서 나오는 것' 을 조심하는 것이 매
우 중요한 것이다. "무엇이든지 밖에서 들어가는 것이 능히 사람을 더
럽게 하지 못함을 알지 못하느냐 이는 마음에 들어가지 아니하고 배
에 들어가 뒤로 나감이니라 하심으로 모든 식물을 깨끗하다 하셨느니
라 또 가라사대 사람에게서 나오는 그것이 사람을 더럽게 하느니라
속에서 곧 사람의 마음에서 나오는 것은 악한 생각 곧 음란과 도적질
과 살인과…"(막 7:19-21). 이러한 가르침에 비추어서 예수의 태도를
이해해야 한다. 특히 돈 사용(마 6:24)과 포도주 마시는 문제에 있어서
그렇다(요 2:1-12).

악의 근본을 드러내신 후에, 예수께서 법을 제정하시기보다는, 악
이 발견될 때마다 제거하려 하신 것은 이해할 만하다(참조. 눅 12:13-
15). 법은 법이 적용되는 특별한 상황에 의해서만 전개될 수 있고 또
한 그래야 한다. 법에서 본질적인 것은 오로지 공정해야 하고, 가난한
자들의 권리를 보호해야 한다는 것뿐이다. 복음이 법을 포함하고 있
지 않기 때문에 주는 '유익' 은, 각 세대와 각 그룹 및 나라에게 당대
의 상황과 역사적 상황을 고려하여 공의를 실천할 수 있는 자유와 책
임을 준다는 것이다.

하나님의 나라는 이 세상의 어떤 정치적 · 사회적 · 경제적 구조와

동떨어진 것이지만, 그리스도인들은 말과 행동에서 그 나라의 증인이
되도록 부름 받고 있다. 이것은 쉬운 일이 아니다. 그 목적이 하나님
자신의 속성을 반영하는 것이기 때문이다. "그러므로 하늘에 계신 너
희 아버지의 온전하심과 같이 너희도 온전하라"고 예수께서는 제자들
에게 말씀하고 계신다(마 5:48). 기독교는 이슬람에서 주장하는 것처
럼 인간의 연약함에 순응하는 중용의 종교와는 거리가 멀다. 기독교
는 죄의 감옥으로부터 우리를 자유롭게 할 수 있는 분을 가리키고 있
는 것이다. 그리스도인들이 퍼뜨리고자 하는 하나님 나라는 자신의
삶에서 소망을 잃어버리고, 새 생명으로 태어난 이들 모두에게 열려
있다. 예수께서 말씀하셨듯이, "사람이 거듭나지 아니하면 하나님 나
라를 볼 수 없"는 것이다(요 3:3).

03부... 예수 그리스도

10. 십자가에 못 박힘: 착각인가 실제인가?

예수 그리스도는 이슬람에서 매우 특별한 위치를 차지하고 있다. 꾸란에서 그는 열다섯 수라에 걸쳐 언급되고 있으며 아흔세 개의 절에 등장한다.[1] 무슬림들은 위대한 예언자들 중 한 명으로 그를 존경하고 있으며, 일부 무슬림들은 그를 본떠 이름을 짓기도 한다. 예언자 무함마드는 예수와 자신이 고유한 관계를 가지고 있다고 주장했다. "나는 그 누구보다도 마리아의 아들과 가깝다. 예언자들은 모두 친형제 같은 이들이며, 나와 예수 사이에 어떤 예언자도 끼어든 적이 없다."[2] 이슬람에서 신비주의 경향을 나타내는 수피들 가운데서 예수는 특별한 위치에 있다. 이븐 아라비(Ibn `Arabi)는 그를 '성자의 봉인'으로 기술한다.[3] 이는 예언자 무함마드가 꾸란에서 '예언자의 봉인(최후의 예언자)'으로 나타나는 것과 비교되는 것이다(33:40). 현대의 아랍 문학에는 그에 대한 많은 연구물들이 있다.[4]

예수의 인격과, 죽음 및 부활에 대한 주제는 그리스도인들과 무슬

---

1) 꾸란이 성경의 예언자들에 대해 말하고 있는 양적인 면에서 본다면, 예수는 모세와, 아브라함, 노아 다음에 네 번째이다.

2) 부카리, *anbiya*' 48:IV, p. 434, no. 651 [3186].

3) 이븐 아라비, *al-Futuhat al-makkiyya*, vol. 2, p. 49. '성자의 봉인'으로서 예수는 세 명 중 한 명이다: 참조. M. Chodkiewicz, *The Seal of the Saints; prophethood and Sainthood in the Doctrine of Ibn `Arabi*, ch. 8: 'The Three Seals', pp. 116-127.

4) 1980년대 이후에 현대 이슬람 문학에서 예수에 관한 연구가 몇 편 출판되었다. 그 가운데 가장 중요한 것은, M. Khawwam이 저술한 아랍어로 된 *al-Masih fi l-fikri l-islami l-hadith wa fi l-masihiyya* [Christ in contemporary Islamic thought and in Christianity]이다; 영어로는, *Muslim Perceptions of Christianity* by H. Goddard; 그리고, 프랑스어로는 *Jesus et les musulmans d'aujourd'hui* by M. Borrmans가 있다. 약간 다른 관점으로는 K. Cragg의 *Jesus and the Muslim: An Exploration*이 이 주제에 관한 참고자료로 남아있다.

림들 간에 논쟁의 쟁점이 되고 있다. 기독교와 이슬람이 전혀 동의하
고 있지 않은 것으로 보이는 근본적인 문제가 있거나 성경과 꾸란이
전적으로 양보하지 않는 한 가지 질문이 있다면, 또 그리스도인들과
무슬림들 사이에 항상 쟁점이 되는 이슈가 있다면 그것은 분명 예수
그리스도이다. 특히 두 가지 점에 논쟁의 초점이 맞춰진다. 그의 신성
과 십자가 위에서의 죽음.

예수의 죽음에 대한 문제를 살펴보기 전에, 꾸란에서 예수에 대해
어떻게 가르치고 있는가를 개괄해 보는 것은 유용하고도 반드시 필요
한 작업이다.

(1) 꾸란에서의 예수

수라 3의 제목인 알-이므란(Al `Imran, 이므란의 가족)은 꾸란에 나
오는 마리아의 아버지의 이름을 본뜬 것이다. 마리아가 태어나자마
자, 어머니는 그녀를 하나님의 보호에 맡겼다. 하나님은 기쁘게 그녀
를 받으셨고, 그녀를 예루살렘 성전의 제사장이었던 스가랴에게 위탁
하셨다. 마리아는 성전에서 스가랴의 돌봄을 받으며 성장했다. 스가
랴는 종종 마리아에게 양식이 있는 것을 보았는데, 마리아는 그것이
하나님께서 주신 것이라고 말하곤 했다(3:35-37).

어느 날 스가랴가 성전에서 하나님께 아이를 달라고 기도하던 중,
천사들이 그를 불렀다(3:38-41; 19:2-15; 21:89-90). 천사들은 아들 야히
야(Yahya), 즉 세례 요한의 탄생을 예고하면서, "하나님의 말씀으로
한 아이가 잉태하여 태어나니 그가 예언자들 가운데 한 예언자가 되
리라."고 말했다(3:39).

천사는 처녀 마리아에게도 아들을 낳을 것이라고 전했다(3:42-51;
19:16-21).

천사들이 말하길,

"마리아여! 하나님께서 너에게 말씀으로 복음을 주시니 마리아의 아들로
서 그의 이름은 메시아 예수이니라. 그는 현세와 내세에서 영광이 있으며
하나님 가까이 있는 자들 가운데 한 분이니라.

그는 요람과 그리고 성장해서 사람들에게 말을 할 것이며 의로운 자들
가운데 있게 되리라." (3:45-46)

예수(Jesus, 헬라어 *Iesous*를 거쳐)라는 이름은 히브리어로 '하나님
이 구원하신다'를 의미하는 예슈아(*Yeshua*)에서 온 것이다. 꾸란에서
예수의 이름은 예슈아의 아랍어 번역인 야수(*Yasu*)가 아니라 이사
(`Isa)이다. 라지에 의하면, 이사는 히브리어 예수 이름에 해당하는 말
이다.[5] 이 말은 꾸란에서 25번 사용되고 있으며, 그중 16번은 '마리
아의 아들 예수(`Isa bin Maryam)'라고 사용된다.

예수는 요람에서부터 어머니가 간음했다고 비난받는 것을 변호했
으며, 자신이 하나님의 아들이요, 예언자라고 선포했다(19:27-33).[6]
그는 하나님이 마리아의 자궁에 영을 불어넣는 기적적인 방법으로 이
세상에 왔다.

---

5) 수라 3:45; 라지, IV:8, p. 43.
6) 예수가 요람에서 말한 기적은 사 복음서에는 나오지 않지만, *Pseudo-Matthew*로
알려진 외경 복음서에 나와 있다. 라지는 그리스도인들(과 유대인들)이 이 기적을
부인한다고 알고 있다. 그들은 만일 진실로 그런 일이 있었다면 연속적인 전승(타
와투르)를 통해 그것이 전해졌을 것이라는 근거로 그것을 부인한다고 라지는 말
하고 있다. 이에 대한 무슬림들의 반응은 두 가지라고 그는 말한다. 먼저, 그 기적
이 진실로 일어나지 않았다면, 마리아의 무죄가 밝혀지지 않았을 것이고, 유대인
들이 그녀를 간음죄로 죽였을 것이라는 것이다. 둘째로, 이 기적을 목격했던 자들
은 소수에 불과했기 때문에, 이 소식이 널리 알려지지 않았다는 것이다. 라지의 수
라 3:46 in IV:8, p. 46, 그리고 수라 19:33 in XI:21, p. 185를 보라.

> 그녀의 이야기를 상기하라. 그녀는 순결을 지켰으니
> 우리(하나님)는 그녀에게 성령을 불어넣어
> 그녀와 그녀의 아들로 하여 온 백성을 위한 예증으로 하였느니라.
> (21:91, 참조. 66:12)

예수를 세상에 보낸 것은 모든 사람을 위한 하나님의 자비와 예증인 것으로 보인다(19:21). 마리아 역시 하나님의 예증인 것으로 보이는데, 이는 그녀와 그녀의 아들 둘 다 하나님은 은혜를 입은 것으로 나타나고 있기 때문이다(21:91; 5:113). 하나님은 경전과 지혜와 토라와 복음을 예수에게 가르쳤다(3:48; 5:113). 예수에게 특별히 주어진 경전은 복음으로, 그는 하나님의 신실한 종으로서 그것을 우리가 따라야 할 빛과 복음으로 가르쳤다.

> 우리(하나님)는 마리아의 아들인 예수로 하여금 구약 이전에 계시된 것을 확증하면서 그들의 발자취를 따르도록 했느니라. 또한 우리는 신약을 계시하여 구약이전에 계시된 것을 확증하면서 그 안에 복음과 광명을 주었으니 이는 복음이요 정의에 사는 자들의 교훈이라.(5:46, 참조. 3:3)

예수를 따르는 자들은 심중에 사랑과 자비를 가진 자들로 묘사된다(57:27). 이스라엘 백성에게 보냄 받은 하나님의 사도로서(3:49), 예수는 그들의 본이 되었다(43:57, 59). 그는 어디에 가든지 하나님의 축복을 받았다(19:31). 그는 하나님을 경배하도록 이스라엘 백성들을 부르고(3:50; 19:36; 43:64), 토라를 확증하였지만, 금기 가운데 일부를 허용했다(3:50). 성령을 힘입어(2:87, 253; 5:113), 하나님의 허락하심으로 기적을 행하고, 눈먼 자와 문둥병자들을 고치고 죽은 자를 살렸다(3:49; 5:113).

하나님은 예수에게 많은 '예증(*bayyinat*)'을 주셨지만, 많은 사람들
이 그를 믿지 않았다(43:63; 61:6). 예수 주변에는 고작 한 무리의 사람
들만이 모였고, 하나님이 그들을 적으로부터 보호하셨다(61:14).[7]

> 예수가 그들의 불신을 알고 소리쳐 가로되, "누가 하나님의 편에서 나를
> 따를 것인가?" 그들이 대답하여 가로되, "저희는 하나님을 따르는 자들이며
> 하나님을 믿고 저희가 무슬림임을 증언하나이다."라고 하더라.(3:52)

하나님을 따르겠다고 맹세한 이 사람들과는 달리(그래서 그들은 '하
나님을 따르는 자들', *ansaru llah*로 기술된다), 이스라엘 백성들은 전부
예수를 반대하고 그를 죽일 계획을 세웠다. 그러나 꾸란은 하나님 역
시 계획을 갖고 계셨다고 말한다.

> 그들이 음모를 하나 하나님은 그들에 대한 방책을 세우셨으니 하나님은
> 가장 영특한 계획자이시도다.(3:54)

본문은 하나님이 개입하셔서 유대인들의 음모를 물리치고, 예수의
진실성을 입증했다고 계속해서 말하고 있다. 그러나 어떻게 그렇게
했을까? 하나님은 어떻게 예수의 진실성을 입증하셨을까? 예수의 죽
음에 대해 말하는 네 개의 꾸란 본문을 살펴보면서 이 질문에 답하려
고 한다.

---

7) 꾸란에서 예수의 제자들을 부르는 명칭은 알-하와리윤(*al-Hawariyyun*)이다. 그
어원은 알려지지 않았으며, 라지는 수라 3:52(**IV:8, pp. 56-57**)의 해석에서 몇 가지
설명을 제시하고 있다. 일반 그리스도인들은 알-나사라(*al-Nasara*)라고 부르는데,
나사렛 예수(*al-Nasiri*)를 따르기 때문이거나, 혹은 예수의 적들에 대해서 예수를
지지했던(*nasara*) 첫제자들처럼 부르는 것이 라고 이해하는 것이 더 그럴듯하다.
나자렌(*Nazareans*)으로 알려진 아라비아에 있던 그리스도인 그룹을 지칭하는 말
이라는의견도 있다.

(2) 예수의 죽음에 관한 네 본문

1) 수라 19:33

'마리아' 라는 제목이 붙은 수라 19 에서 우리는 세례 요한의 탄생에 관해 읽을 수 있고(19:2-15), 뒤이어 수태 고지와 예수 탄생 기사가 소개된다(19:16-33). 아직 요람에 있으면서 예수는 자신이 하나님을 늘 기쁘시게 할 자라고 주장한다. '제가 탄생한 날과 제가 임종하는 날과 제가 살아서 부활하는 날에 평안이 저에게 있으리라!' (19:33). 예수가 스스로에게 내리고 있는 이 축복은 하나님이 세례 요한에게 내리시는 축복과 거의 유사하다. '그가 탄생한 날과 그가 임종하는 날과 그가 부활하는 날에 그에게 평안이 있으리라' (19:15). 이 두 구절은 다음과 같은 동사들을 사용하고 있다.

❶ walada, '낳다'

❷ mata, '죽다', 죽음을 나타내는 가장 일반적인 아랍어 동사

❸ ba`atha, '부활하다', 꾸란에서 부활을 나타내는 두 동사 중 하나. 다른 동사는 qama, '다시 살다' 이다.

예수와, 앞서 예비하는 자인 세례 요한에게 같은 동사를 사용하고 동일한 축복을 반복 사용함으로써, 예수가 요한이나 다른 사람들과 마찬가지로 죽을 것이고 마지막 때에 다시 살아날 것임을 제시하고 있다.

요한은 왕의 못된 아내를 공공연히 비난한 것으로 인해 헤롯왕에게 목이 잘려 죽임을 당했다(마 14:3-12). 예수도 하나님의 말씀을 신실하게 가르친 것으로 인해 죽음을 맞게 될 것인가? 다른 본문을 살펴보자.

2) 수라 5:119-120

'식탁(*al-Ma'ida*)'이라는 제목이 붙은 수라 5는 예수가 추종자들의
요청에 의해 하늘에서 식탁을 내려 달라고 하나님께 청한 사건에서
제목을 따 왔다(5:115-118). 아마도 마지막 만찬을 말하고 있는 것 같
은 이 이야기는 마지막 심판에 대한 본문으로 이어진다. 그날에 하나
님은 예수께 그가 사명의 기간 동안 무엇을 가르쳤는지 물을 것이라
고 본문은 말하고 있다.[8]

하나님께서 "마리아의 아들 예수야 네가 백성에게 말하여 하나님을 제외
하고 나(예수)와 나의 어머니를 경배하라 하였느냐?" 하시니 "영광을 받으
소서 결코 그렇게 말하지 아니했으며 그렇게 할 권리도 없나이다. 제가 그
렇게 말하였다면 당신께서 알고 계실 것입니다. 당신은 저의 심중을 아시나
저(예수)는 당신의 심중을 모르나니 당신은 숨겨진 것도 아시는 분이십니
다." 하더라. "당신께서 저에게 명령한 것 외에는 그들에게 말하지 아니했으
니 나의 주님이요 너희들의 주님인 하나님만을 경배하라 하였으며 제가 그
들과 함께 있음에 저는 그들에게 증인이 되었고 당신이 저를 승천한 후에는
당신께서 그들을 지켜보고 계셨나니 당신은 모든 것의 증인이시도다."
(5:116-117)[9]

---

8) 어떤 번역에서는 이 구절들이 5:116-117이 아니라, 5:119-120으로 나오기도 한다.
9) 라지는 그리스도인들이 자신들은 예수와 마리아를 두 신으로 숭배하지 않는다고
   말한다는 것을 알고 있다. 그렇다면 왜 꾸란은 그들이 예수와 마리아를 숭배한다
   고 비난하고 있는가? 라지의 대답은 이와 같다. 그리스도인들은 기적을 행한 것이
   하나님이 아니라 예수와 마리아라고 믿는다. 이러한 믿음은 예수와 마리아를 거의
   두 신으로 여기는 정도이다. 라지가 그리스도인들에 대해 생각하는 것은 매우 놀
   랍다. 그리스도인들은 사 복음서 어디에도 마리아가 기적 행한 사실이 나오지 않
   는다는 것을 잘 알고 있다. 예수에 대해서는, 그의 기적이 하나님으로부터 온 것임
   을 그가 알고 있었다. "내가 아버지께로 말미암아 여러 가지 선한 일을 너희에게
   보였거늘"(요 10:32, 참조. 요 5:36; 10:25; 14:10). 예수의 제자들 역시 그에게 기
   적을 행하게 하신 이는 하나님이심을 인식하고 있었다(행 2:22을 보라).

본문에서 예수는 하나님께서 그에게 명령하신 것만을 말하면서, 그의 생애 동안 하나님께 신실하게 복종했다고 확증한다. 그리고 예수는 "하나님께"라고 말한다.

"당신이 저를 승천한 후에는"의 구절은 문자적으로 '받다' '도로 찾다' 혹은 (빚을) '수금하다'를 의미하는 *tawaffa* 동사를 사용한다. 이는 '누군가의 죽음을 야기하는' 행동을 나타내는 가장 일반적인 아랍어 동사이다. 하나님은 '생명을 부여하고 또 생명을 앗아가는 분'이시기에 하나님께 이 동사가 사용되고 있다(2:258; 3:156). 이처럼 죽음을 다소 완곡한 표현으로 변형하는 것은 다른 언어에서도 동일하게 나타나는 것이다. 사람들은 죽음의 공포를 줄이려는 경향이 있기 때문이다. 게다가, 무슬림들과 그리스도인들을 포함하여 믿는 자들에게 죽음은 창조자가 창조물을 자신에게 부르는 순간으로 여겨진다. 이러한 의미가 꾸란에서 잘 나타난다. 하나님은 사람들이 잠자는 동안 그 영혼들을 하나님께로 부르셨다가, 그가 죽음을 명한 자들의 영혼은 가지고 계시고, 나머지 영혼들은 그가 부르시기로 한 날까지 다시 돌려보내신다(참조. 4:97; 6:60-61; 39:42).

따라서 예수는 하나님께 대답하면서, 자신의 죽음에 대해 너무나 자연스럽게 언급하고 있다. 그러나 무슬림들은 본문에서 tawaffa를 이런 식으로 해석하지 않는다. 라지는 본문이 예수의 죽음을 말하는 것이 아니라, 하나님이 그를 하늘로 올리셨다는 것을 의미한다고 해석한다. 다른 설명 없이 그는 우리에게 수라 3:55를 가리킨다.[10]

3) 수라 3:55

세 번째 본문은 하나님께서 예수에 대한 유대인들의 계략을 어떻게

---

10) 라지. VI:12, p. 113.

물리치셨는지 말해 준다.

그들이 음모를 하나 하나님은 그들에 대한 방책을 세우셨으니 하나님은 가장 영특한 계획자이시도다.

하나님이 말씀하사 "예수야! 내가 너를 불러 내게로 승천케 하며 불신자들에게 너를 입증하며 너를 따르는 자 부활의 그날까지 불신자들 위에 있게 하리라. 그런 다음 너희는 내게로 돌아오나니 너희들이 달리한 것에 대해 가름을 하여 주리라." (3:54-55)

예수에게 하는 하나님의 이 말씀에서 다시, '죽게 하다' 혹은 '도로 찾다'를 의미하는 동사 *tawaffa*를 보게 된다. 그리고 그 다음에는 '들어올리다' 혹은 '높이다'를 의미하는 *rafa`a* 동사가 나온다. 이들 동사들이 나온 순서를 볼 때 '들어올리다'는 죽음에서 부활하여 사람들을 죽게 하고 다시 살리시는 그분을 향하는 것을 의미한다. 이것이 이 동사가 의미하는 것이라면, 하나님의 유대인들에 대한 승리는 예수를 죽음에서 일으킨 후 그에게로 들어올리신 것이라고 할 수 있다.

라지는 *tawaffa*를 '죽게 하다'는 의미로 해석하는 무슬림들이 있다고 (이븐 아바스를 비롯하여) 말한다. 이처럼 유대인들이 예수를 죽이려 한다는 것을 알고 계셨던 하나님은, 예수를 죽게 만드셨다가 죽음에서 일으킨 후 하나님께로 들어올리셨다. 어떤 학자들은 예수가 세 시간 동안 죽었었다고 하고, 7시간이라고 하는 이들도 있고 죽은 직후에 하늘로 올리웠다고 하기도 한다.[11] 그러나 이러한 해석은 오늘날 무슬림들 간에 일반적이지 않다.

전통적인 이슬람의 이해는 예수가 죽지 않았지만, 하나님께서 그에게로 올리셨다는 것이다. 예수는 이 세상에 다시 올 것이고, 그의 사

---

11) Ibid., IV:8, p. 60.

명을 완수한 후에 자연사하게 될 것이라고 한다. 그러나 이것이 어떻게 3:55과 맞을 수 있는가? 이에 대해 두 가지 해석이 제기되고 있다.

❶ *tawaffa*를 '다시 부르다'의 의미로 이해하는 일부 무슬림들은 이 구절이 전혀 예수의 죽음을 말하고 있지 않다고 생각한다. 단지 예수가 하늘로 승천했다는 의미라는 것이다. 하나님은 예수를 들어올리심으로 '다시 부르셨다.' 만일 이것이 이 말의 의미라면, 왜 근본적으로 동일한 의미를 가지고 있는 동사가 또 나오고 있는가? 첫번째 동사는 일반적인 것이고, 두 번째는 좀 더 특별하다고 답한다. 즉, 하나님은 여러 방법으로 사람들을 부르시는데, 죽음으로 부르시기도 하고, 예수의 경우처럼 살아 있는 채로 하늘로 들어올려서 부르기도 한다는 것이다. 그러나 이러한 *tawaffa* 해석은 아무 의미가 없다. 하나님이 누군가를 몸 채로 부른다는 것은 꾸란 어디에도 나와 있지 않은 것이다. 에녹(이드리스, Idris)이 하늘로 승천할 때 사용된 동사는 *rafa`a*였다(19:57).

❷ 다른 이들은 *tawaffa*가 예수의 죽음을 가리킨다고 보지만, 접속사 '그리고'가 한 사건이 다른 사건 이후에 발생한 것을 말하지는 않는다고 지적한다. 따라서 그들은 이렇게 해석한다. 예수는 살아 있는 채로 하늘로 올리웠다. 그는 다시 올 것이고, 마지막 때에 죽을 것이다. 그러나 문제가 되는 구절이나 꾸란의 어떤 다른 본문도, 승천과 마지막 날 사이의 기간 동안 예수와 관련된 어떤 사건도 말하고 있지 않다는 점을 주목할 필요가 있다. 이 구절이 말하는 것은 예수의 제자들이 적들에게, 즉 그가 하나님의 선지자임을 받아들이지 않는 자들에게 승리를 거두게

될 것이라는 것이 전부이다.[12]

4) 수라 4:157-159

하나님이 어떻게 예수를 구하셨는가에 대한 전통적인 이슬람 이해는 주로 수라 4:157-159 와 하디스에 있는 몇 개의 이야기들에 기초하고 있다. '여성'이라는 제목이 붙은 수라 4는 메디나의 유대인들에 대한 직접적인 논쟁을 길게 다루고 있다. 여섯 가지 이유로 그들을 비난하고 있는데, 하나님과의 계약을 파기한 것과, 하나님의 예증을 믿지 않은 것, 많은 예언자들을 죽인 것, 마음을 강퍅케 하고, 예수의 어머니를 거짓 고소함으로 치욕을 끼친 것이다. 또한 무엇보다도 예수를 이겼다고 말하면서 자랑한 것을 가장 많이 비난한다.

"마리아의 아들이며 하나님의 선지자인 예수 그리스도를 우리가 살해하였도다."라고 그들이 말하도다.

그러나 그들은 그를 살해치 아니하였고 십자가에 못 박히지 아니했으며 그와 같은 형상을 만들었을 뿐이었느니라. 이에 의견을 달리하는 자들은 의심이며 그들에게 지식이 없음이며 단지 추측을 따르는 것이거늘 그들은 그를 살해하지 아니하였도다.

하나님께서 그(예수)를 오르게 하셨으니 하나님은 권능과 지혜로 충만하심이니라.

---

12) 최근에 일부 무슬림들은 수라 3:55와 5:117을 바탕으로, 하나님이 예수를 죽음에서 구하신 후에 예수는 자연사 할 때까지 여생을 숨어서 지냈다고 주장하고 있다. 그들은 예수가 들림 받은 것을 영적, 윤리적으로 이해한다. 즉, 하나님은 예수의 영혼을 올리심으로 그를 영화롭게 하셨고, 예수를 못 박는데 실패한 적들을 이기는 승리를 주셨다는 것이다. 이 견해는 마지막 때에 예수가 행할 지상 사역에 관한 하디스를 거의 믿지 않고 있다. 이러한 견해를 가지고 있는 무슬림들은 예수가 육체 그대로 하늘로 승천했다는 것은 그리스도인들의 생각이며, 이슬람에서는 낯선 것이라고 생각한다. 그들은 예수는 부활의 날에 다른 모든 사람들처럼 죽음에서 일어나게 될 일반적인 예언자였다고 믿는다(참조. **Kawwam**, *al-Masih*, p. 351)

그 성서의 백성들 가운데 그가 임종하기 전에 그(예수)를 믿지 아니한
자 없었으며 그(예수)가 심판의 날 그들을 위한 증인이 됨을 믿지 아니한 자
없으리라.(4:157-159)

꾸란은 이러한 유대인들의 자랑 때문에 그들이 생각하는 것과는 정
반대로, 예수를 죽이는 데, 혹은 십자가에 못 박는 데 성공하지 못했
다고 주장한다.

여기서 예수를 '하나님의 선지자'로 기술하고 있는 것에 주목하라.
라지는 예수를 그렇게 부른 것은 유대인들 아니면 하나님이라고 설명
한다. 만일 유대인들이 그렇게 부른 것이라면, 그들은 조롱하는 의미
에서 그 명칭을 사용했을 것이다. 만일 하나님이시라면, 하나님은 유
대인들이 적개심을 보이는 바로 그 구절에서 예수를 입증하고자 하신
것이다.

라지는 유대인들이 예수를 죽인 것이 아니라, 그 대신에 하나님께
서 그와 같이 보이도록 만드신 다른 누군가를 죽인 것이라고 계속해
서 설명한다.[13] '이 문제에 의견을 달리하는 자들은,' 이제는 자신들

---

13) 프랑스의 뛰어난 학자인 L. Massignon에 의하면, 이러한 해석은 이슬람 2세기 후
    반에 수니 주석에서 나타나기 시작했다. 이는 시아 무슬림들의 어떤 극단적인 견
    해가 예수에게까지 거슬러 올라가서 적용된 후였다. 저자는 또한 예수의 육신이
    죽었을 때 그의 신적 영혼은 하나님께로 올라갔다고 믿는 몇몇 무슬림 신학자들과
    철학자들을 언급한다. 이들 무슬림들 가운데 Ikhwan al-Safa와, Abu Hatim al-Razi,
    Mu'ayyad al-Shirazi, 그리고 Ghazali가 있다(*Opera Minora*, vol. 2, pp. 532-536).
    한편, 샤라스타니(Shahrastani)는 (*Kitab al-Milal wa l-nihal*에서) 이맘 알리와 그
    후손들의 신성을 주장하는 극단적인 시아 무슬림 그룹에 대해 기록하고 있다. 이
    맘 한 명이 폭력적인 죽음을 맞을 때마다, 이 그룹들은 실제로 죽은 것은 그 이맘
    이 아니라 그와 같이 보인 다른 사람이라고 주장했다. 그들은 적들이 그 이맘에게
    가하려 했던 잔인한 죽음으로부터 이맘이 피했다는 것을 보이기 위해 그렇게 했다
    (pp. 509-510). 148/765년에 죽은 여섯 번째 이맘은 그의 아들의 운명을 예수에 비
    유했다고 전해진다(p. 494). 열두 이맘파(imamite Shi`ites, 'the Twelvers')에서 열
    두 번째 이맘인 Muhammad al-Muntazar가 아직 살아 있다는 것은 말할 필요도 없

이 진실로 예수를 죽였다는 것을 확신할 수 없는 유대인들이나, 아니
면 그리스도인들이라고 말한다.[14] 사실 예수는 하나님께서 하늘로 들
어올리셨다는 것이다.

　수라 4:159는 '그 성서의 백성들 가운데 그가 임종하기 전에 그(예
수)를 믿지 아니한 자 없었'다고 말한다. 모든 유대인들과 그리스도인
들이 어느 날 예수를 믿게 될 것이라고 말하는 것이다. 어떻게 이런
일이 일어날 것인가에 대해서는 두 가지 해석이 가능하다. 이는 '그가
임종하기 전에'라는 말에서 '그가'가 가리키는 것이 누구인가에 달려
있다.

❶ 만일 '그의 죽음'이 유대인이나 그리스도인 개개인의 죽음을 가
리키는 것이라면, 이는 그들이 죽기 전에 유대인은 예수가 하나
님의 예언자임을 깨닫게 해 주는 천사를 만나게 될 것이고, 그리
스도인은 예수가 하나님의 아들이 아니라는 것을 깨닫게 해 주
는 천사를 만나게 될 것이라는 뜻이다. 그러나 둘 다 구원받지는
못할 것이다. 너무 늦게 예수를 믿게 될 것이기 때문이다.

❷ 만일 '그의 죽음'이 예수의 죽음을 가리키는 것이라면, 이는 마
지막 때에 예수가 죽기 전에, 그리스도인들과 유대인들이 모두
무슬림들이 오늘날 믿고 있는 방식대로 예수를 믿게 될 것이라
는 것을 의미한다.

다. 그는 하나님의 뜻에 따라 (260/874년에) 숨어 버렸지만, 어느 날 다시 와서
'부정으로 가득 찬 세상에 공평을 가득 채울 것이다.'
14) 라지는 예수의 인성 및 신성과 관련하여 그의 죽음을 어떻게 해석할 것인가에 대
해 그리스도인들이 세 그룹으로 갈라졌다고 설명한다. 멜카이트(Melkites), 경교
도들, 단성론자들. 이 세 그룹 사이의 차이는 칼케돈(451)의 상징과 인성과 신성
사이의 하나됨에 대한 정의에 관계되어 있다. 멜카이트는 그 신조에 동의하지만,
반면에 경교도들과 단성론자들은 동의하지 않는다.

마지막 심판의 때에, 예수는 유대인들과 그리스도인들을 반대하는
증언을 하게 될 것이다. 그들은 모두 이런 저런 방식으로, 예수를 믿
는 데에 실패하게 될 것이기 때문이다.[15)]

(3) 이슬람의 전통적인 해석에 나타나는 어려움

수라 4:157-159에 대한 전통적인 해석은 많은 문제들을 내포하고
있다. 라지는 3:55를 해석하면서 6가지나 되는 '문제들(ishkal)'을 열
거하고 있다.[16)]

❶ 하나님이 누군가의 형상을 다른 사람의 형상으로 바꾸셨다고 믿
  는 것은 궤변이고, 어떤 것도 확신할 수 없는 세상에 살고 있다
  고 말하는 것이나 마찬가지이다. 진실을 알기 위해 감각을 의지
  할 수 없다면 누구도 진실을 알 수 없다. 그렇게 되면 궁극적으
  로 신의 법을 무너뜨리고, 예언을 무시하고, 타와투르를 파기하
  는 데 이르게 될 것이다. 타와투르는 이전의 전통 전승자가 증인
  이었다는 사실을 바탕으로 하는 원리이다. 인지할 수 있는 실재
  가 눈가림일 뿐이라면(즉, 오감으로 느낄 수 있는 것을 믿을 수 없
  다면-역자 주) 어떤 증언도 믿을 수 없고, 어떤 증거도 채택될 수
  없다. 라지는, 만약 그렇다면 우리가 예언자의 가르침이라고 믿
  고 있는 것이 정말 무함마드가 가르친 것인지 아니면 어떤 다른
  사람이었는지도 알 수 없을 것이라고 예를 들어 설명한다.[17)]

---

15) 라지, VI:11, pp. 78-83.
16) Ibid., IV:8, pp. 62-63.
17) 분명히 라지는 수라 4:157 (VI:11, pp. 79-80)에 대한 그의 주석에서 그것을 재언급
   하면서 이 주제를 매우 심각하게 다루고 있다. 이 주제는 무슬림 신학자들이 오감
   을 진리를 알 수 있는 확실한 방법으로 전제하는 것에 기초하고 있다. 게다가, 감
   각을 통해 인지하게 되면 그에 대한 진실을 필연적으로 분명히 알게 된다고 생각
   한다(참조. 바킬라니, *Kitab al-Tamhid*, pp. 382-383; D. Gimaret, *La Doctrine d' al-
   Ash`ari*, pp. 155-181). '궤변'을 의미하는 아랍어는 *sufsata' iyya*이다.

❷ 꾸란은 하나님이 가브리엘을 지명하여 예수와 함께 있으면서 그를 돕도록 했다고 말한다(5:110). 가브리엘은 그의 한 쪽 날개 끝으로 세상 전체를 대항해 싸울 수 있기 때문에, 그는 분명 유대인들이 예수를 죽이지 않도록 할 수 있었을 것이다. 게다가, 예수는 죽은 자를 살리고, 눈먼 자와 문둥병자를 고칠 수 있는 능력을 가지고 있었다. 그가 반대자들을 죽이거나, 자신에게 해를 끼치지 못하도록 만들어서 그들을 이길 수는 없었을까?

❸ 하나님은 누군가 다른 사람을 예수처럼 보이도록 하지 않고도, 그를 하늘로 올리워 구할 수 있었다. 왜 운 나쁜 한 사람을 죽게 하겠는가?

❹ 만일 하나님이 예수를 하늘로 들어올리기 전에 누군가의 외모를 예수처럼 바꾸셨다면, 이것은 예수가 죽었다고 사람들이 잘못 믿도록 한 것이다. 이는 하나님이 사람들을 무지하고 혼란스러운 존재로 두셨다는 것을 의미하는데, 하나님은 지혜로우신 분이므로 그렇게 하실 분이 아니다.

❺ 온 세상의 그리스도인들은 그리스도에 대한 깊은 사랑과 '과도한' 믿음에도 불구하고, 예수가 죽임 당하고 십자가에 못 박힌 것을 보았다고 증언한다. 우리가 이러한 사실을 부인한다면, 그것은 타와투르로 세워진 것을 믿지 않는 것이다. 연속적인 전승으로 성립된 것을 믿지 않는 것은 무함마드를 선지자로 믿지 않는 것이고, 예수도 마찬가지이고, 심지어 그들의 존재와 모든 예언자들의 존재를 부인하는 것이다. 그렇게 하는 것은 우둔한 일일 것이다.

❻ 연속적인 전승으로 전해져 내려오는 증언들에 의하면, 십자가에 못 박힌 사람은 죽기 전에 한동안 살아 있었다고 한다. 십자가에 달린 자가 예수가 아니었다면, 그는 분명 자신의 당황스러운 처지를 드러냈을 것이다. 그는 모든 방법을 동원하여 자신이 예수가 아니라 다른 사람이라고 주장했을 것이다. 그리고 그가 십자가에 잘못 못 박혔다는 것을 모든 사람이 알게 되었을 것이다.

라지가 이러한 문제들에 어떻게 답변하는지 살펴보도록 하자.

❶ 그는 첫번째 문제에 대해 세 가지로 답한다. 첫째, 하나님이 다른 사람의 모습(shubha)을 예수처럼 변하게 하지는 않았지만, 누군가를 예수의 형상(sura)으로 만들어서 예수 대신 못 박히게 했다는 것은 상당히 가능한 이야기이다. 이것은 비록 예수가 십자가 형을 당하지는 않았지만, 사람들이 십자가에 달린 사람을 예수로 생각했다는 것을 의미한다! 그러나 하나님이 사람들을 잘못으로 이끄셔서 그들이 예수를 못 박았다고 믿도록 했다는 그 결과에는 변함이 없기 때문에 이를 거부하는 사람도 있을 것이다.[18] 둘째, 많은 무슬림 신학자들은 꾸란 본문(4:157)을 해석할 때, 하나님이 누군가를 예수의 형상으로 변하게 했다는 것을 의미하지 않는다고 해석한다. 유대인 지도자들이 예수를 찾을 수 없게 되자 (예수는 이미 하늘로 들려 올라갔으므로) 사람들이 동요하는 것을 막기 위해 누군가 다른 사람을 잡아서 그를 십자가에 못 박았다는 것이다. 그렇게 함으로써 그들은 예수가 십자가에 달렸다고 사람들이 생각하도록 하였다. 사람들은 개인적으로 예수를 잘 알지 못했기 때문에 그렇게 믿었다. 예수는 사람들과 어울린 적이

---

18) 라지. IV:8, p. 63.

거의 없었기 때문이다.

이것은 정말 이상한 설명이다! 예수는 사람들 사이에 가장 인기 있는 사람이었다. 그가 일으킨 많은 기적 때문만은 아니었다. 또한 그렇다면 예수가 죽임 당하는 것을 보았다고 주장하는 그리스도인들은 어떻게 된 것인가? 그들은 예수를 잘 몰랐는가? 알고 있었지만, 그들은 소수일 뿐이기 때문에, 예수에 대해 거짓을 말하기로 함께 결정했을 수 있다고 답하고 있다. 라지는 예수의 제자들이 왜 그러한 거짓말에 동의했는지에 대해서는 이유를 제시하지 않는다.[19]

셋째, 다른 무슬림들은 하나님이 누군가를 예수처럼 보이도록 만들었지만, 그것은 도덕적으로 정당했다고 주장한다. 라지는 죽었다고 하는 사람에 관해 네 가지 설명을 기록하고 있다. 그 가운데 세 가지는 그 사람의 십자가형이 합당했음을 보여 준다. 그는 예수가 체포되고 죽임 당하도록 유대인 지도자들과 결탁했기 때문이다. 이 세 가지 경우 가운데 하나는 그 사람이 예수의 제자(즉 가룟 유다)였다는 것이다.[20] 네 번째 경우에 예수는, 자신을 대신할 사람이 있다면 그는 반드시 천국에 들어갈 것이라고 제자들에게 말한다. 한 제자가 이 제안을 받아들여서 예수와 같은 형상이 되어 십자가에 달렸다고 한다.[21] 이러한 답변은 첫번째 문

---

19) Ibid., VI:11, p. 79.

20) 예수가 아니라 가룟 유다가 십자가에서 죽었다는 견해는 무슬림들 사이에 널리 퍼져있다. 이는 두 가지 영향을 함께 받은 때문이기도 한데, 그것은 소위 바나바 복음서라고 하는 것과, M. `Abduh와 그의 제자 R. Rida의 매우 존경받는 꾸란 주석 *Tafsir al-Manar*의 영향이다. 일부 무슬림들은, 자신이 얼마나 비겁하게 주인을 배신했는지를 깨달은 유다가 죄를 회개하고, 변장하여, 예수를 구하고 자신이 예수의 십자가에 달리기로 했다고 말하기도 한다(Khawwam, *al-Masih*, pp. 308-312를 보라).

21) 라지, VI:11, pp. 79-80.

제가 야기하는 문제를 설명해 주지 못하다.

❷ 만일 하나님이 가브리엘에게 예수의 적들을 쫓아내도록 했다면, 혹은 예수에게 그렇게 할 수 있는 힘을 주었다면, 이 기적은 지나치게 강제적인 것이다. 사람들에게 예수를 믿도록 강요당했을 것이고, 강요된 믿음은 순수한 믿음이 아니다.

❸ 만일 하나님이 누군가 다른 사람을 예수의 형상으로 만들지 않은 채 예수를 하늘로 들어올렸다면, 이 기적 역시 지나치게 강요적인 것이다.

❹ 예수의 제자들이 함께 있었고, 그들은 십자가에 못 박힌 자가 예수가 아니라는 것을 알고 있었다. 그들은 십자가에 달린 자가 예수가 아니라 다른 사람이라는 것을 사람들에게 알려서 그들의 혼란을 없애려 하였다. 즉, 그들은 하나님이 만들어내신 오해를 풀기 위해 최선을 다하였다!

❺ 그곳에 있던 사람들은 소수였고, 따라서 예수가 십자가에 못 박히는 환영을 봤을 가능성도 낮다. 즉, 오직 소수의 증언만을 바탕으로 하고 있는 복음서는 믿을 수가 없다(이 설명은 사실 이전의 설명에 위배되는 것이다: 네 복음서는 예수의 제자들인 마태와 요한과, 사람들 모두가 기록한 것인데, 이들은 예수의 제자들인 마가와 누가의 증언에 기초하여 설명하는 사람들이다.)

❻ 십자가에 못 박힌 자가 예수를 대신하려 했다면, 그는 자신의 정체를 숨겼을 것이다. (그러나 이 답변은 여전히 심각한 문제를 남겨 놓고 있다. 그가 어떻게 예수를 잘 아는 사람들에게 자신의 정

체를 숨길 수 있었는가? 그가 하나님의 계획을 이루고 있기에 그렇
게 하는데 성공할 수 있었다면, 하나님은 사람과 한 패가 되어 거짓
을 행한 것이 된다.)

라지는 그리스도인들이 제기하는 문제들에 대해 명확한 답변은 없
고, 가능한 해결책들만 있을 뿐이라고 결론짓는다. 라지의 핵심은, 무
함마드와 그가 제시하는 모든 것은 다 분명하게 믿을 수 있는 것들이
기 때문에, 이러한 문제들은 결코 꾸란을 반박할 수 없다는 것이다.

예수의 죽음에 대한 이슬람의 전통적인 이해는 최근 미르자 굴람
아흐마드(Mirza Ghulam Ahmad, 1839-1908)가 설립한 무슬림 그룹인,
아흐마디야 운동으로 인해 도전 받았다. (정통 이슬람으로부터 비무슬
림들로 선포된)이 그룹에 의하면, 예수는 십자가에 달렸지만 거기서
죽지는 않았다. 죽은 것처럼 보이기는 했지만, 다시 살아서 인도로 갔
고 거기서 복음을 전했다. 그는 마침내 120세에 죽었으며 캐시미르에
장사되었다.[22] 이 견해는 무슬림 변증론자인 아흐메드 디닷(Ahmed
Deedat)의 소책자 『십자가형은 진실인가 허구인가?』(Crucifixion or
Cruci-fiction?)를 통해 알려졌다. 그는 예수는 사실 십자가에서 죽지
않았고, 따라서 말 그대로 '십자가에 못 박힘' 당한 것은 아니라고 논
증했다.

(4) 대체 가능한 해석

예수의 십자가형에 대하여 내가 의도하는 바는 꾸란 본문을 믿지
않는 것이 아니라, 그것이 의미하는 바를 이해하려는 것임을 밝혀둘
필요가 있다. 위에서 살펴본 바와 같이, 무슬림 자신들도 예수의 죽음

---

22) 이 주제에 관한 기독교적 관점으로는 전에 아흐마디야 무슬림이었던 S. Masood의
*Jesus and the Indian Messiah*를 보라.

에 대한 꾸란 본문을 어떻게 해석해야 할지 의견 일치를 보지 못하고 있다. 나는 최선의 방법으로 이슬람 경전을 이해하는 것은 궁극적으로 무슬림들의 책임이라는 것을 잘 알고 있다. 나는 무슬림들에게보다는 그리스도인들에게 훨씬 중요성을 갖는 이 논점에 대한 나의 이해를 제시할 수 있을 뿐이다.

많은 꾸란 구절을 통해 부인되고 있는 예수의 신성에 반하여, 그의 십자가 죽음에 대해서는 오직 한 본문에서만 분명하게 반대를 나타내고 있다(4:157-159). 이 본문에 비추어서 다른 꾸란 구절들이 해석되고 있는 것이다. 수라 3:55 을 독립적으로 해석해 보면, 이는 예수가 죽은 후 하늘로 승천한 것으로 그리고 있다. 이것이 일부 첫 세대 무슬림들의 관점이었다. 따라서 문제는 수라 4:157-159를 수라 3:55의 분명한 의미에 맞도록 이해하는 것이 가능한가 하는 것이다.

나는 두 본문을 모두 공정하게 설명할 수 있는 방법이 있다는 것을 믿는다. 수라 4:157은 '그러나 그들은 그를 살해치 아니하였고 십자가에 못 박히지 아니했으며' 라고 기록하고 있다. 여기서 사용된 첫번째 동사는 '카탈라(*qatala*)' 인데, 이는 누군가를 폭력적으로 죽게 만드는 것('살해하다' '죽이다')을 의미한다. 두 번째 동사는 누군가를 십자가에 못 박아 죽이는 행위를 나타내는 살라바(*salaba*)인데, 그렇게 함으로써 그를 증오스러운 범죄자로 보이게 하여 두렵고 부끄러운 죽음을 맞게 하는 것이다. 이는 토라가 말하는 것과 같은 맥락에 있다. "사람이 만일 죽을 죄를 범하므로 네가 그를 죽여 나무 위에 달거든 그 시체를 나무 위에 밤새도록 두지 말고 당일에 장사하여 네 하나님 여호와께서 네게 기업으로 주시는 땅을 더럽히지 말라 나무에 달린 자는 하나님께 저주를 받았음이니라"(신 21:22-23, 참조. 갈 3:13).

유대인들은 예수가 그러한 부끄러운 죽음을 당하기를 원했다(참조.

마 27:20-23). 그러나 그들이 성공했는가? 그들은 그렇다고 생각했지
만 사실은 착각하고 있었다. 하나님께서 그의 죄명을 없이 하시고, 그
를 죽음에서 살리시고 하나님께 올리심으로 그를 의롭다 칭하시고,
그의 종을 구하셨기 때문이다. 이러한 놀라운 하나님의 개입으로 인
해 유대인들은 혼란스러워했다. 일단 무덤이 비어 있다는 것을 깨닫
게 되자, 그들은 자신들이 진정 예수를 죽인 것인지 확신할 수 없게
되었다. '분명히, 그들은 그를 죽이지 않았다.' 하나님께서 그를 다시
살리시고, 그의 이름을 옳다 입증하시고, 하나님 우편에 올리심으로
그를 영화롭게 하셨기 때문이다.

　우리가 이러한 해석을 받아들인다면, 4:158에 나오는 동사 라파아
(*rafa`a*, 들어올리다)는 하나님이 예수를 죽음에서 일으키시고, 또한 하
늘로 올리셨다는 것을 의미하게 될 것이다. 예수에 관한 이 본문은 어
떤 면에서 순교자로 죽는 사람들에 대해 말하고 있는 꾸란의 다른 본
문과 유사하다. 하나님께서 예수를 하늘로 올리심으로 그를 영화롭게
하신 것처럼, 하나님은 순교자들의 영혼을 그에게 부르심으로 그들을
영화롭게 하신다. '하나님의 길에서 순교한 자가 죽었다고 생각지 마
라. 그들은 하나님의 양식을 먹으며 하나님 곁에서 살아 있느니라. 그
들은 하나님이 주신 은혜 가운데서 기뻐하며'(3:169-170).

　다시 한 번 나는 이 해석이 단지 대체 가능한 해석일 뿐이라는 것
을 강조하고자 한다. 그러나 이러한 해석이 수라 3:55에 나오는 타와
화(*tawaffa*) 동사를 '죽게 하다'라는 일반적인 용법대로 해석할 수 있
게 해 준다.

(5) 이슬람 가르침이 전제하고 있는 것

　일부 무슬림 주석가들은 모든 사람이 그의 죽음(예수의 죽음으로 해

석됨) 전에 예수를 믿게 될 것이라는 수라 4:159 와, 예수가 '(심판이 다가오는)때의 예증'이라고 말하는 수라 43:61을 연결시킨다. 꾸란은 예수가 '성장해서' 말할 것이라고 전한다(3:46). 겨우 30세 정도에 들림받았다는 사실은 그가 아직 사명을 다 마치지 못했다는 것을 의미한다. 이 본문으로부터 주석가들은 그가 무함마드의 발자취를 따라 사명을 한 단계 발전시키기 위해 지상에 다시 올 것이라는 결론을 끌어낸다. 그는 이슬람법을 강화시킬 것이며, 적들에게 패배 당하다시피 한 첫번째와는 달리 매우 성공적일 것이다. 그 후 그는 죽을 것인데, 그의 죽음은 마지막 심판의 예증이 될 것이다.

이 해석은 몇 개의 하디스에 기초하고 있는데, 모두 정경으로 인정받는 편집에 기록되어 있지는 않다. 이들 가운데 하나는 마지막 때의 예수의 사명을 다음과 같이 기록한다.

> 하나님의 사도가 말씀하셨다. "나의 영혼을 맡고 계시는 분을 두고 말하건대, 곧 마리아의 아들이 통치자로 너희 가운데 내려올 것이다. 그는 십자가를 부술 것이고, 돼지들을 죽이고 전쟁을 끝낼 것이다. 돈이 너무나 많아서 아무도 돈을 받지 않을 것이다. 또한 단 한 번 하나님께 엎드리는 것이 (기도로) 세상 전체와 그 안에 있는 그 무엇보다도 나을 것이다."
>
> (이 하디스를 전해 준) 아부 후레이라(Abu Hurayra)가 덧붙여 말했다. "원한다면 다음의 구절을 암송할 수 있다. '그의 죽음 이전에 그를 믿지 않은 성서의 백성들이 하나도 없을 것이다. 부활의 날에 그(예수)가 그들을 거스르는 증인이 될 것이다.'" (참조. 4:159).[23]

이처럼 예수는 부활의 날 이전에 다시 올 것이다. 그는 거짓 메시

---

23) 부카리, *anbiya'* 49:IV: p. 436, no. 657 [3192]; 참조. 부카리, *fitan* 26:IX, p. 185, no. 245 [6598]; 무슬림, *fitan*:IV, p. 1501, no. 6924 [5157], 그리고 p. 1520, no. 7023 [5233].

아(적그리스도, *al-Masih al-Dajjal*)를 대항하여 싸울 것이고, 그를 이길 것이다. 그때에 땅을 평화로 다스릴 것이고 인류 위에 군림할 것이다. 그리고 모든 사람은 이슬람으로 개종할 것이고 이슬람법이 국가들 사이에 실행될 것이다. 유대인들과 그리스도인들은 오늘날 무슬림들이 믿는 방식으로 예수를 믿게 될 것이다. 유대인들은 그가 예언자임을 알게 될 것이고, 그리스도인들은 그가 하나님의 아들이 아님을 확신하게 될 것이다. 예수의 명령에 모든 십자가들을 파괴되는 것을 보고 그리스도인들은 그가 십자가에 달리지 않았음을 깨닫게 될 것이다. 예수는 결혼하여 가정을 갖게 될 것이다. 일단 사명을 완수하면 그는 자연사할 것이고, 메디나에 무함마드 옆에 장사될 것이다. 예수의 죽음은 일반 부활에 대한 예증이 될 것이다.[24)]

이처럼 이슬람은 예수의 십자가 죽음이 갖는 역사성에 대해 논쟁한다. 예수 이전에 많은 예언자들을 죽였다고 꾸란이 유대인들을 비난하는 것을 생각해 보면, 왜 하나님은 예언자들은 죽도록 놓아 두시고, 예수에 대해서는 그들이 주장하는 대로 죽이지 못하도록 했는지 질문하게 된다. 예언자들 사이에서 예수가 차지하는 높은 위치 때문인가? 그가 단순한 예언자(*nabi*)가 아니라 경전을 위임받은 사도(*rasul*)이기도 하기 때문인가? 꾸란은 이에 대해 분명한 답을 주지 않는다. 나는 예수의 십자가 죽음을 부인하는 이슬람 이해의 배후에는 두 가지 이유가 있다고 본다. 두 이유 다 하나님의 속성과 연관된 것인데, ① 하나님은 그의 사자들에게 신실하시고, ② 하나님은 결코 패할 수 없는 분이시기 때문이라는 것이다.

---

24) 예수가 2,000년 전에 죽었다고 주장하는 현대 무슬림들은, 마지막 때에 그가 다시 올 것이라는 것을 믿지 않는다. 그들이 꾸란 본문을 해석하는 방법은 전통적인 예수의 미래 사역 이해와 대치되는데, Khawwam, *al-Masih*, pp. 352-357에서 찾아볼 수 있다.

1) 하나님은 그의 사도들에게 신실하시다

꾸란은 하나님이 그의 종에게 신실하시다고 진술한다. 하나님은 자신의 대의가 승리하기를 추구하는 자들에게 승리를 주신다(22:40; 40:51).

> 믿는 백성들이여!
> 너희가 하나님의 목적을 도울 때
> 그분(하나님)께서도 너희를 도와 너희의 발을 견고하게 하여 주시리라.(47:7)

아브라함과 롯, 노아에게 그러하셨고(21:51-77), 모세에게도 그러하셨으며(28:18-28), 마지막으로 무함마드에게도 그러하셔서 그는 적들을 이겨냈다. 만일 하나님이 예수와 같은 위대한 선지자가 핍박자에게 넘어가서 죽임을 당하도록 하셨다면, 그의 공평하심은 말할 것도 없고, 하나님의 신실하심도 부인될 것이다. 예수의 메시지 — 그것이 곧 하나님의 메시지이다 — 는 믿을 수 없는 것이 될 것이다. 결과적으로 하나님은 예수를 구원해야만 했으며, 유대인들이 예수에게 선고했던 불공평하고 수치스러우며, 잔인한 죽음으로부터 그를 구원하셨다.

2) 하나님은 결코 패할 수 없는 존재이다

꾸란에서 유대인들은 불신자들로 보일 뿐만 아니라, 종종 하나님의 적으로 나타난다. 수라 4에 나오는 비난은 그리스도인들을 향한 것이 아니라, 예수를 믿지 않으려는 유대인들에 대한 것이다. 유대인들은 예수가 스스로 하나님의 사도인 메시아라고 주장했기 때문에 그를 죽였다고 선언했다. 그들이 예수를 죽였다는 사실은 그가 하나님이 보낸 자가 아니라는 그들의 주장으로 증명된다. 수라 4:157-159는 전통적으로도 그렇듯이 유대인들이 말하는 것을 거부하는 것으로 이 주장에 대응한다. 그들이 믿고 있는 것과는 반대로, 그들은 예수를 죽이는데 성공하지 못했으며, 이는 예수가 진실로 자신이 주장하던 그 사람이었음을 증명한다.

꾸란의 대답은 예수가 하나님의 사도인데 십자가에 못 박힐 수 없다는 유대인들의 가설에 은연중에 동의하고 있다. 유대인들은 "예수는 하나님이 보낸 자가 아니다. 우리가 그를 죽였기 때문이다."라고 말하고, 꾸란은 다음과 같이 대답한다. '유대인들은 예수를 죽이지 않았다. 그는 하나님의 위대한 사신 중 한 명이기 때문이다. 만약 그가 십자가에서 죽었다면, 하나님이 패배하신 것이 될 것이다. 유대인들의 살인 계획을 망쳐 버리고 예수를 그들의 손에서 구원함으로 하나님은 그 자신의 이름을 입증하셨다. 수라 4:158에서 진술하는 것처럼, 그는 자신이 진실로 최고의 능력과 지혜를 가진 존재임을 나타내셨다.'

우리는 여기서 서로 정반대 방향에 있는 두 입장에 직면해 있다. "예수는 하나님이 보낸 자가 아니기 때문에 십자가에 달려 죽은 것이다."라는 유대인들의 설명과, '하나님이 예수를 보내셨다. 그래서 그는 십자가에서 죽지 않았던 것이다.' 라는 이슬람의 설명이 그것이다.

이 논점을 좀 더 명확하게 보기 위해, 예수 자신의 제자들과 그들을 신뢰했던 사람들이 기록한 복음서를 살펴보는 것이 유용할 것이다. 복음서를 주의 깊게 읽어 보면 위의 두 설명과 다른 세 번째 설명을 발견할 수 있다. 그것은 다음과 같이 시작된다. '하나님이 예수를 보내셨다. 그럼에도 그는 십자가에 달려 죽었다.' 진실로 복음서는 바로 예수의 십자가 죽음을 통해 메시아로서의 그의 사명을 완수했다고 가르친다.

11. 베드로와 십자가

모두 유대인들이었던 예수의 제자들은 예수가 하나님의 예언자요 메시아였는가 그렇지 않은가 하는 딜레마에 직면한 첫번째 사람들이었다. 예수가 메시아라면 그의 적들에게 승리를 거두어야 하고, 그렇지 않다면 그것이 바로 그가 패배하여 죽음을 맞은 이유가 된다.

제자들이 점차 그들의 주님이 누구였는지 발견하게 된 것처럼, 우리는 복음서를 통해 예수가 죽은 이유를 알게 된다. 그들이 어떻게 예수의 죽음을 받아들이게 되고, 그것을 그의 사명의 기초로 보게 되었는지 알아보기 위해, 베드로의 생각이 전개되는 순서를 따라가 볼 것이다.

베드로는 우리에게 잘 알려진 인물로, 다른 제자들의 대변자 역할을 한 것으로 보인다. 그는 또한 야고보와 요한과 함께 예수의 '내부 집단'에 속해 있었다. 우리는 그가 예수를 보는 관점이 어떻게 변해 갔는가를 살펴볼 것이다. 처음에 하나님에 대한 베드로의 생각은, 예수에 대한 그의 인식에서도 나타나듯이, 이슬람의 신 개념과 크게 다르지 않았다.

(1) 예수 따르기

베드로는 예수의 첫 제자가 아니었다. 그는 세례 요한의 제자였던 그의 형제 안드레를 통해 예수를 만났던 것이다. 예수가 그에게 다가오는 것을 보았을 때, 요한은 요단 강변에서 세례를 주고 있었다. "하나님의 어린양을 보라!"고 요한은 외쳤다(요 1:36). 그의 증언은 즉시 안드레와 다른 제자의 심금을 울렸다. 그들은 곧바로 예수를 따라가서 그와 함께 하루를 보냈다(요 1:37-39).

이 만남을 기뻐하면서, 안드레는 즉시 그의 형제인 시몬에게 가서 "우리가 메시아를 만났다."고 말했다. 그는 시몬을 예수에게 데려왔고, 예수는 시몬에게 "네가 요한의 아들 시몬이니 장차 게바라 하리라."(게바는 번역하면 베드로라)고 말했다(요 1:41-42).

시몬은 이에 대해 별 반응을 하지 않은 것으로 보인다. 그는 그의 형제가 말한 것을 믿었는가? 그의 침묵은 의심했기 때문인가, 놀랐기 때문인가, 아니면 다른 무슨 이유에서였는가?

시몬은 그의 형제처럼 어부였다. 그는 분명 예수가 그의 배에 올라타서 갈릴리 해변의 군중들을 가르쳤을 때 매우 감동 받은 것이 분명하다. 가르치기를 마치고 나서, 예수는 배를 깊은 물로 이끌고 나가 고기 잡는 그물을 내리도록 시몬에게 명했다.

시몬은 "선생이여, 우리들이 밤이 맞도록 수고를 하였으되 얻은 것이 없지마는 말씀에 의지하여 내가 그물을 내리리이다." 하고 답했다.

그러나 결과는 엄청난 것이었다. 너무나 많은 물고기들이 잡혀서 다른 배가 한 척 더 와서 도와야 했다. 그러고서도 두 배가 모두 잠기게 될 지경이었다. 두려움에 가득 찬 시몬은 예수의 무릎 아래 엎드려 "주여 나를 떠나소서 나는 죄인이로소이다!" 하고 외쳤다.

예수는 시몬을 안심시키며 그의 미래 사역에 대해 간단하지만 인상적인 말을 하였다. "무서워 말라 이제 후로는 네가 사람을 취하리라"(눅 5:1-11).

시몬이 더욱 놀라운 경험을 하게 된 것은 이와 유사한 상황의 디베리아 바닷가(갈릴리 바다의 다른 이름)에서였다. 그 일은 밤에 일어났다. 그날, 예수는 엄청나게 많은 군중들에게 음식을 제공했다. 예수는 제자들에게 배를 타고 먼저 바다 저편으로 가도록 명했다. 그는 군중들을 보내신 후 홀로 기도하는 시간을 가지셨다. 새벽녘에 제자들과 합류하려고 그들에게 갔을 때, 그들은 거센 파도와 싸우고 있는 중이었다. 제자들은 예수가 물위를 걷는 것을 보고 두려움에 휩싸여, "유령이다!" 하고 외쳤다.

"안심하라. 내니 두려워 말라." 예수가 대답했다. 시몬은 곧 안심하며, 자신도 그를 향해 물위를 걸을 수 있는지 예수에게 물었다. 그는 물위를 걷기 시작했지만, 무슨 일이 일어나고 있는지 믿을 수가 없었다. 빠져 가면서 그는 두려워 외쳤다. "주여 나를 구원하소서." 예수는 손을 내밀어 그를 잡고 "믿음이 적은 자여 왜 의심하였느냐?" 하고 말하였다.

제자들은 놀라며 "진실로 하나님의 아들이로소이다." 하고 외쳤다 (마 14:22-33).

(2) 예수가 누구인지 배우기

예수는 군중들을 가르치고, 많은 기적과 표적을 행하여 자신이 누구이며 왜 왔는지를 나타냈다. 제자들은 점차 더욱 상세하게 그를 알게 되었다. 결정적인 전환점은, 가이사랴 빌립보에서 예수가 제자들에게 자신의 정체를 좀 더 분명하게 드러내기로 결정했을때 였다.

> "노중에서 제자들에게 물어 가라사대 사람들이 나를 누구라고 하느냐 여짜와 가로되 세례 요한이라 하고 더러는 엘리야 더러는 선지자 중의 하나라 하나이다 또 물으시되 너희는 나를 누구라 하느냐?"

예수의 질문은 제자들을 놀라게 한 것으로 보인다. 그들은 그에 관한 자신들의 의견 말하기를 주저했다. 그러한 주저함이 베드로의 직접적이고 즉각적인 대답을 더욱 놀라운 것으로 만들었다. "베드로가 대답하여 가로되 주는 그리스도시니이다"(막 8:29).

아마도 이 설명의 가장 획기적인 측면은 예수가 그의 제자들에게 자신의 메시아적 정체성을 누설하지 말도록 경고할 때 드러난 예수의 확고함일 것이다. "이에 자기의 일을 아무에게도 말하지 말라 경계하시고"(막 8:30). 예수는 왜 이 비밀을 지키려고 했는가? 왜 그는 모든 사람이 그가 누구인지 알게 되는 것을 원치 않았는가? 우리는 예수의 이어지는 답변에서 예수 자신으로부터 그 답을 듣게 된다.

(3) 고난당하는 법 배우기

처음으로 예수는 공개적으로 제자들에게 그의 사명의 성격을 드러냈다. 예수는 종교 권위자들이 자신을 죽일 것이며, 그 죽음이 그의 사명에 필요한 부분이라는 것을 설명했다. "인자가 많은 고난을 받고 장로들과 대제사장들과 서기관들에게 버린바 되어 죽임을 당하고 사흘 만에 살아나야 할 것을 비로소 저희에게 가르치시되"(막 8:31).

예수를 메시아라고 맨 먼저 선언했던 베드로는 또한 주님의 사명이 고통받는 죽음으로 끝나야 한다는 사실에 대해서도 맨 먼저 견딜 수 없어한 제자였다. "베드로가 예수를 붙들고 간하여 가로되 주여 그리 마옵소서 이 일이 결코 주에게 미치지 아니하리이다"(마 16:22). 예수를 메시아로 인식한 베드로를 칭찬했던 예수는 이제 이 말을 한 것에 대해 그를 책망했다. 베드로의 말은 사단의 영감을 받은 말이라는 것이었다. "사단아 내 뒤로 물러가라 너는 나를 넘어지게 하는 자로다 네가 하나님의 일을 생각지 아니하고 도리어 사람의 일을 생각하는도다"(마 16:23).

예수를 위한 의도에서 나온 것이 분명한 베드로의 생각은 하나님이 당신의 메시아를 죽음에서 구하기 위해 충분히 행할 수 있는 방법이었다. 그러나 이것은 예수에게는 참으로 받아들일 수 없는 것이었다. 예수는 베드로의 생각에 대해 글자 그대로 중상하는 것으로, 즉 그 말의 원래 의미에 따르자면, 그가 이루기 위해 온 사명의 길에 어떤 걸림돌이 되는 것으로 말하고 있다. 예수는 거기에서 그치지 않고, 제자들에게 그의 발자취를 따라 걷도록, 십자가의 길을 걷도록 부르고 있다. "아무든지 나를 따라오려거든 자기를 부인하고 자기 십자가를 지고 나를 좇을 것이니라 누구든지 제 목숨을 구원코자 하면 잃을 것이요 누구든지 나를 위하여 제 목숨을 잃으면 찾으리라"(마 16:24-25).

예수에게는 죽음이 생명의 길이었고 낮아지는 것이 높아지는 길이었다. 그러나 제자들은 그러한 가르침을 받아들이기가 어려웠다. 그들은 주님이 죽었다가 다시 살아나야만 한다고 말하는 것을 듣고 몹시 근심했다(마 17:22-23). 제자들은 예수의 말을 이해하지 못했지만, 그 의미를 감히 묻고자 하지 않았다(막 9:32). 이러한 사실은 자신의 사명을 끝까지 완수하려고 하는 예수의 결정을 조금도 삭감시키지 못했다.

갈릴리 바다의 건너편 해안인 가버나움에서 예수는 그 전 날 자신이 먹였던 군중들과 다시 만났다. 그는 군중들이 어떤 동기로 오게 되었는가를 잘 알고 있었다. "너희가 나를 찾는 것은 표적을 본 까닭이 아니요 떡을 먹고 배부른 까닭이로다 썩는 양식을 위하여 일하지 말고 영생하도록 있는 양식을 위하여 하라 이 양식은 인자가 너희에게 주리니…"(요 6:26-27).

"저희가 가로되 주여 이 떡을 항상 우리에게 주소서 예수께서 가라사대 내가 곧 생명의 떡이니 내게 오는 자는 결코 주리지 아니할 터이요 나를 믿는 자는 영원히 목마르지 아니하리라"(요 6:34-35).

이 말을 듣고, 예수의 인기를 두려워하던 유대인 권위자들은 그를 향해 불평했다. 그들에게 예수는 기껏해야 '요셉의 아들', 인간에 불과할 뿐이었다.

그러나 예수는 다시 말했다. "나는 하늘로서 내려온 산 떡이니 사람이 이 떡을 먹으면 영생하리라."

가버나움에 있는 회당에서 한 이 말은 많은 사람들의 마음을 휘저어 놓았다. 그의 제자들조차 "이 말씀은 어렵도다. 누가 들을 수 있느냐?" 하고 말했다. 많은 사람들이 격분하여 예수를 버리고 떠났다. 예수는 열두 제자들에게 돌이켜 그들에게 선택하도록 물었다. "너희도 가려느냐?"

그 질문은 베드로의 즉각적인 답변을 이끌어냈다. "주여 영생의 말씀이 계시매 우리가 뉘게로 가오리이까"(요 6:22-71).

이 대답을 통하여 베드로는 예수의 제자가 된다는 것이 쉽지 않다는 것을 인정하면서도, 동시에 달리 행하는 것이 그에게 불가능하다는 자신의 인식을 드러낸다.

(4) 섬기는 법 배우기

예수 사역의 마지막 시기는 메시아로서의 그의 사역을 완성하는 것이었다. 체포되던 날 밤, 그는 열두 제자들을 그의 주변에 불러모았다. 함께 음식을 나눈 후에, 예수는 당시의 종이 하던 것처럼 수건을 허리에 동이고, 대야에 물을 담아 제자들의 발을 씻기기 시작했다. 그러나 베드로는 주님이 자신의 발을 씻기는 것을 절대 거부했다. "내 발을 절대로 씻기지 못하시리이다."

그 충동적인 제자는 주님이 그렇게까지 자신을 낮춘다는 것을 상상조차 할 수 없었다. 우리는 그의 분개가 합당하다고 생각하지만, 그럼에도 예수는 그를 책망했다. "내가 너를 씻기지 아니하면 네가 나와 상관이 없느니라."

이 엄숙한 경고는 베드로의 태도를 완전히 바꾸어 놓았다. 그는 주님을 잃고 싶지 않았던 것이다. "주여 내 발뿐 아니라 손과 머리도 씻겨 주옵소서"(요 13:1-20). 의심의 여지없이, 이 상징적인 예수의 행동은 그의 임박한 죽음의 의미를 보여 주고 있었다. 자신의 생명을 주는 것은 그가 제자들을 사랑한다는 최고의 증거이다. 삶의 마지막 행위인 죽음을 통하여, 그는 하늘의 영광으로 문지방을 넘게 될 것이다. 그토록 철저하게 자신을 낮춤으로 그는 자신의 메시아적 사명을 완수하게 될 것이다. 즉, 모든 이의 종이 됨으로 모든 이의 주인이 되는 것이다.

식사가 끝나자마자, 예수는 제자들에게 자신이 체포될 때 그들 모두가 자신을 버릴 것이라고 말한다. 그러나 베드로는 이에 항변한다. "다 버릴지라도 나는 그렇지 않겠나이다." 승리감에 도취하여 베드로는 분명 진지하게 그러한 비겁한 행동은 그에게 어울리지 않는다고 생각한다. 그는 점점 불가피하게 다가오는 것처럼 보이지만, 자신은 아직도 받아들일 수 없는 예수의 죽음으로부터 주님을 붙들 수 있기를 바라는 것인가?

예수는 그의 충동적인 제자를 착각 속에 놓아 두지 않는다. "내가 진실로 네게 이르노니 오늘 이 밤 닭이 두 번 울기 전에 네가 세 번 나를 부인하리라."

자신이 비겁하다고 생각하지 않는 베드로는, 자신이 배신자가 될 수 있으리라고는 더욱 생각할 수 없었다. 예수가 정말로 죽어야만 한다면, 그는 예수와 함께 죽음에 이를 것이라고 말한다. "내가 주와 함께 죽을지언정 주를 부인하지 않겠나이다."

이러한 열정은 순수한 충성인가 아니면 진실한 용기인가? 그도 아

니면, 가정이나 혹은 자포자기인가? 그는 주님의 죽음에 대한 생각에
너무나 두려워서 홀로 남기보다는 차라리 주님과 함께 죽기를 바란
것인가? 어느 경우이든, 본문은 "모든 제자도 이와 같이 말하니라" 하
고 우리에게 말해 주고 있다(막 14:27-31).

자신의 때가 다가옴을 보면서, 예수는 베드로와 다른 두 제자를 데
리고 따로 가서 그의 심정을 나눈다. "내 마음이 심히 고민하여 죽게
되었으니 너희는 여기 머물러 깨어 있으라." 그는 조금 나아가서, 자
신을 기다리고 있는 것에 대해 고민하면서 하나님께 간구했다. "아바
아버지여 아버지께는 모든 것이 가능하오니 이 잔을 내게서 옮기시옵
소서 그러나 나의 원대로 마옵시고 아버지의 원대로 하옵소서." 그가
세 제자들에게 돌아왔을 때, 제자들은 자고 있었다. 고통으로 쉬어 버
렸을 목소리로 그는 베드로에게 말했다. "시몬아 자느냐? 네가 한시
동안도 깨어 있을 수 없더냐?" 제자들이 그의 죽음의 필요성을 받아
들이도록 분투하면서, 예수는 지금 내부적으로 분투하고 있었다. 그
것이 끔찍한 죽음이 될 것을 알고 있으면서도, 그는 아버지의 뜻에 대
한 최고의 복종의 표시로 그것을 받아들인다(막 14:32-42).

복음서는 예수의 체포 상황과 유대인 최고 법정 앞에 서 있는 예수
의 모습을 자세하게 설명한다. 제자 중 한 사람인 유다의 입맞춤으로
정체가 발각되어, 예수는 로마 군인들에게 체포된다. 그 순간, 베드로
는 칼을 잡고 격렬하게 그러나 무분별하게 대제사장의 종의 오른쪽
귀를 쳐서 떨어뜨린다. 예수는 곧 그를 고치시고 베드로에게 말한다.
"네 검을 도로 집에 꽂으라 검을 가지는 자는 다 검으로 망하느니라
너는 내가 내 아버지께 구하여 지금 열두 영 더 되는 천사를 보내시게
할 수 없는 줄로 아느냐 내가 만일 그렇게 하면 이런 일이 있으리라
한 성경이 어떻게 이루어지리요"(마 26:52-54). 예수는 아버지와의 관

계에 대해서는 전혀 의심하지 않았다. 그는 자신이 아버지께 구해 달라고 요청하면 분명히 그렇게 하실 것이라는 것을 알고 있었다. 그러나 다른 한편으로는, 지금 일어나고 있는 일이 하나님의 말씀에 예언된 것처럼 그의 사명의 일부라는 것도 온전히 알고 있다. 그는 이 사명을 이룰 것을 자유롭게 선택한다.

예수가 예언한 대로, 그의 모든 제자들(요한만 빼고)이 그를 버리고 도망친다. 군인들이 그를 대제사장에게로 데려가고, 거기서 그의 재판이 이루어진다(마 26:47-56). 이스라엘에서 가장 높은 성직자인 대제사장에게 심문당하면서, 예수는 자신이 바로 고대 예언자들이 예언한 메시아라고 주저 없이 밝힌다. 이처럼 심판관의 눈에 죄로 보이는 것을 그대로 밝힘으로, 그는 사형을 선고받고 모든 고문과 조롱과 모욕을 당한다(마 26:57-68).

(5) 실패로부터 배우기

베드로는 멀리서 따라가서 예수의 재판 바깥뜰에 있다. 마침내 그는 대제사장의 종 가운데 한 명의 눈에 띄게 된다. 그는 "너도 갈릴리 사람 예수와 함께 있었도다." 하고 그를 도전한다.

그러나 베드로는 그것을 부인한다. "나는 네 말하는 것이 무엇인지 알지 못하겠노라."

다른 비자가 말한다. "이 사람은 나사렛 예수와 함께 있었도다."

다시 베드로는 그의 결백을 주장하면서 예수와 어떤 관계도 없다고 부인한다.

마침내 그는 모든 그룹으로부터 궁지에 몰리게 된다. "너도 진실로 그 당이라." 그들은 그를 밀어붙인다. "네 말소리가 너를 표명한다."

베드로의 전형적인 갈릴리 말소리가 그의 약점을 드러내고 있다(마

26:73). 사람들의 공공연한 비난이 그를 화나게 만들고, 그는 자신에
게 저주를 내리기 시작한다. 그리고 그들에게 맹세한다. "내가 그 사
람을 알지 못하노라!"

곧 닭이 울자, 베드로는 예수가 전에 했던 말을 기억하게 된다. 그
는 새벽을 깨우고 슬피 운다. 이제 그는 이해하기 시작한다(막 14:66-
72). 극적인 사건과 맞닥뜨리면, 인간의 마음은 무너지거나 혹은 더
강해지게 된다. 그 순간 시몬은 분명 무너져 내렸다. 나중에서야 그는
강해지고 예수가 그에게 주었던 이름을 얻게 될 것이다. 베드로는 헬
라어로 '바위'를 의미하는 것이다.[1]

(6) 죽음, 부활, 승천

예수는 로마 총독인 빌라도 앞에 선다. 종교 지도자들이 선동한 군
중의 압박으로 인해 빌라도는 마지못해 유대인 최고 법정이 선고한 형
을 확정한다(요 18:28-19:16). 자신이 못 박힐 십자가를 지워서, 그들은
예수를 예루살렘 근처에 있는 작은 언덕으로 데려간다. 골고다라고 불
리는 장소에서 그들은 예수를 못 박고, 예수는 일반 범죄자처럼 두 강
도 사이에서 죽음을 맞는다. 그의 십자가에는 히브리어와, 라틴어, 헬
라어로 '나사렛 예수 유대인의 왕'이라고 쓴 팻말이 붙어 있다.

'예수의 사랑 받는 자'로 알려진 예수의 제자 요한은 열두 제자 중
주님이 십자가에서 죽을 때 그곳에 있었던 유일한 제자이다. 예수를
따르던 사람 가운데 네 명의 여성도 그곳에 있었고, 그 가운데는 예수
의 어머니 마리아도 있었다(요 19:17-42).

예수가 죽은 후 셋째 날, 여성 몇 명이 예수의 몸에 향료를 바르려

---

1) 사 복음서 중 마가복음이 베드로의 부인을 가장 자세히 설명하고 있다. 전통에 의
하면, 베드로 자신이 이 복음서 저술에 공헌했다고 한다.

고 무덤에 간다. 그러나 빈 무덤을 발견하고 당황한 채 그 사실을 제
자들에게 알리기 위해 간다(눅 24:1-12). 베드로와 그 사랑 받는 제자
는 서둘러 그곳에 가서 여인들이 말했던 것과 동일한 사실을 발견한
다(요 20:1-10).

　이 일 후에, 예수는 베드로와(눅 24:34), 막달라 마리아(요 20:11-
18)에게 보이신다. 또 그의 제자 중 두 명과 합류하여 그들과 함께 엠
마오로 가는 길을 걷는다. 처음에는 예수를 알아보지 못했던 그 두 제
자는 나사렛 예수에게 일어난 일로 인해 그들이 얼마나 놀라고 당황
했는지를 말한다.

> "그는 하나님과 모든 백성 앞에서 말과 일에 능하신 선지자여늘 우리 대
> 제사장들과 관원들이 사형 판결에 넘겨주어 십자가에 못 박았느니라 우리는
> 이 사람이 이스라엘을 구속할 자라고 바랐노라 이뿐 아니라 이 일이 된 지
> 가 사흘째요 또한 우리 중에 어떤 여자들이 우리로 놀라게 하였으니 이는
> 저희가 새벽에 무덤에 갔다가 그의 시체는 보지 못하고 와서 그가 살으셨다
> 하는 천사들의 나타남을 보았다 함이라 또 우리와 함께한 자 중에 두어 사
> 람이 무덤에 가 과연 여자들의 말한 바와 같음을 보았으나 예수는 보지 못
> 하였느니라"(눅 24:19-24).

　예수는 자신이 누구인지 말하지 않으면서 그들에게 답한다. "미련
하고 선지자들의 말한 모든 것을 마음에 더디 믿는 자들이여 그리스
도가 이런 고난을 받고 자기의 영광에 들어가야 할 것이 아니냐 … 후
에 예수가 떡을 축사하고 떼실 때 두 제자의 눈이 밝아져 자신들이 함
께 말하던 자가 다름 아닌 예수임을 깨닫게 된다(눅 24:13-35).

　같은 날에, 예수는 도마가 제자들 가운데 있지 않을 때에 그들에게
나타난다(요 20:19-23). 후에 그들이 도마에게 주님을 보았다고 말했

을 때, 그는 대담하게도 "내가 그 손의 못자국을 보며 내 손가락을 그
못자국에 넣으며 내 손을 그 옆구리에 넣어 보지 않고는 믿지 아니하
겠노라."라고 단언한다.

일주일 후에 제자들은 다시 그 집에 있었고, 이번에는 도마도 함께
있었다.

> "문들이 닫혔는데 예수께서 오사 가운데 서서 가라사대 너희에게 평강이
> 있을지어다 하시고 도마에게 이르시되 네 손가락을 이리 내밀어 내 손을 보
> 고 네 손을 내밀어 내 옆구리에 넣어 보라 그리하고 믿음 없는 자가 되지 말
> 고 믿는 자가 되라
> 도마가 대답하여 가로되 나의 주시며 나의 하나님이시니이다 예수께서
> 가라사대 너는 나를 본 고로 믿느냐 보지 못하고 믿는 자들은 복되도다"
> (요 20:25-29).

후에, 예수는 갈릴리 해변에서 제자 중 일곱에게 나타난다. 밤새도
록 고기를 잡았음에도 한 마리도 잡지 못한 채 그들은 실망하고 있었
다. 자신이 누구인지 밝히지 않은 채, 예수는 배 오른편에 그물을 던
지라고 제안한다. 그들이 그가 말한 대로 하자 놀랍게도 엄청나게 많
은 고기가 잡힌다. 사랑받던 제자 요한이 처음으로 예수를 알아본다.
그러나 물에 뛰어들어 주님께로 간 자는 베드로이다. 제자들과 함께
식사를 한 후에, 예수는 베드로에게 같은 질문을 세 번 한다. "요한의
아들 시몬아 네가 다른 사람들보다 나를 더 사랑하느냐?"

베드로는 주저함 없이 대답하지만, 자신을 다른 사람들과 감히 비
교하지는 않는다. "주여 모든 것을 아시오매 내가 주를 사랑하는 줄을
주께서 아시나이다."

이 세 번의 고백으로, 예수는 자신을 세 번 부인하였던 이 제자를

온전히 회복시키고, 더 나아가 다른 제자들에 대한 책임을 맡긴다. 베드로는 예수처럼 자신의 피로 하나님에 대한 그의 성실을 확증할 때까지 이 책임을 감당할 것이다. 전해지는 이야기에 의하면, 베드로는 십자가에서 죽었는데, 이는 주님에 대한 그의 사랑의 마지막 증거였다(요 21:1-19).

예수는 하늘로 올라가기 전 지상에서의 모든 40일을 제자들을 가르치면서 보낸다. "해 받으신 후에 또한 저희에게 확실한 많은 증거로 친히 사심을 나타내사 사십 일 동안 저희에게 보이시며 하나님 나라의 일을 말씀하시니라"(행 1:3).

(7) 예수의 죽음과 부활 설교하기

예수가 하늘로 올라가고 10일 후, 그의 제자들은 그가 약속한 성령을 받는다. 베드로는 오순절 축제를 위해 예루살렘의 먼지투성이 길에 모여 있던 수많은 유대인들 앞에 서서 강력하게 말한다. 그는 예수 그리스도의 죽음과 부활에 관해 말하면서 사람들을 도전한다. "그가 하나님의 정하신 뜻과 미리 아신 대로 내어 준 바 되었거늘 너희가 법 없는 자들의 손을 빌어 못 박아 죽였으나 하나님께서 사망의 고통을 풀어 살리셨으니 이는 그가 사망에게 매여 있을 수 없었음이라"(행 2:23-24, 참조. 행 3:13-15; 4:10-12).

베드로는 변했다! 이제 그는 깊이 확신하고, 하나님의 뜻이 예수의 죽음을 통해 이루어졌다고 크게 선포한다. 그는 유대인들이 예수의 사명을 실패로 이끌지 않았다고 선언한다. 오히려 그 반대이다! 메시아를 거부한 그들의 죄로 말미암아, 그들이 알지 못하는 사이에 하나님의 계획이 이루어진 것이다. 하나님은 예수를 적들의 손에 넘겨주신 것이 아니라, 죽음에서 살리심으로 하나님이 보내신 자를 거부했던 자들에게 '복수' 하셨다. 예수의 십자가 죽음은 그의 마지막 패배가 아니라 가장 큰 승리였다. 그의 죽음과 부활로 인해 예수는 영원히 죽음을 정복했다!

(8) 고난당하는 법 가르치기

신약은 베드로가 아직 성숙하지 못한 그리스도인 공동체를 가르치고 격려하기 위해 쓴 두 개의 서신을 포함하고 있다. 그의 첫 서신은 예수의 죽음과 그것이 그를 따르는 모든 자들에게 미치는 중요성을 상세하게 다룬다. 그는 독자들에게 실망하지 말고, 그 자신이 이 세상에서 몹쓸 고난을 당하신 구세주의 길을 따라 시련을 견디도록 권한다. 베드로는 예수의 제자들이 당하는 그러한 어려움은 주와 밀접한 친교를 나누는 길이 된다고 설명한다.

> "애매히 고난을 받아도 하나님을 생각함으로 슬픔을 참으면 이는 아름다우나 죄가 있어 매를 맞고 참으면 무슨 칭찬이 있으리요 오직 선을 행함으로 고난을 받고 참으면 이는 하나님 앞에 아름다우니라 이를 위하여 너희가 부르심을 입었으니 그리스도도 너희를 위하여 고난을 받으사 너희에게 본을 끼쳐 그 자취를 따라 오게 하려 하셨느니라 저는 죄를 범치 아니하시고 그 입에 궤사도 없으시며 욕을 받으시되 대신 욕하지 아니하시고 고난을 받으시되 위협하지 아니하시고 오직 공의로 심판하시는 자에게 부탁하시며 친히 나무에 달려 그 몸으로 우리 죄를 담당하셨으니 이는 우리로 죄에 대하여 죽고 의에 대하여 살게 하려 하심이라 저가 채찍에 맞음으로 너희는 나음을 얻었나니 너희가 전에는 양과 같이 길을 잃었더니 이제는 너희 영혼의 목자와 감독 되신 이에게 돌아왔느니라"(벧전 2:19-25).

전에 예수의 고난과 죽음을 그토록 받아들이기 어려워했던 그 동일한 사람이 이러한 구절들을 기록하였다는 것은 믿기 어려운 사실이다. 베드로는 예수의 죽음이, 구원하는 메시아로서의 예수의 사명의 핵심이라는 것을 이해하기까지 얼마나 긴 여정을 걸어야 했는가? 베드로의 깨달음은 그가 매일 주님과 가졌던 교제의 결과였다. 그는 예수가 여러 면에서 유일무이한 예언자라는 것을 깨닫게 되었다. 예수의 가르침, 주장, 권위, 겸손, 기적은 물론이고, 예수가 죽음에서 일어난 후 베드로에게 나타났던 사실 역시 베드로의 방향 전환과 메시아로서의 예수 인식에 결정적인 역할을 하였다. 베드로는 예수가 승리의 왕이 될 수 있었던 것은 오직 고난당함으로 죽음에서 승리했기 때문이라는 것을 보게 되었다.

12. 예수의 죽음과 부활에 대한 증거

베드로와 함께 하는 여정에서, 우리는 예수의 죽음에 대한 많은 증거를 보았다. 이제 이 증거와 이슬람이 제기하는 반대들을 연결시켜 보려 한다. 크랙(Kenneth Cragg)이 이를 잘 요약해 준다. "우리가 살펴본 것들에도 불구하고, 꾸란의 여론이 '예수에게 십자가 죽음은 일어나지 않았다.'고 말하거나, 더 나아가 이슬람의 여론에서도 '그럴 필요가 없고, 또한 그래서도 안 된다.'고 말한다면, 그것은 예수에게 역사적으로 일어나지 않았고, 구속적으로 필요 없으며, 윤리적으로 일어나서는 안 되는 것이 된다."[1]

그러면 (예수 죽음의 증거를 찾아보면서) 역사적으로, (예수 죽음의 목적을 찾아보면서) 구속적으로, (예수 죽음의 의미를 찾아보면서) 윤리적으로 그 문제를 살펴보도록 하자.

(1) 예수 죽음의 역사적 증거

1) 복음의 확실성

예수에 관한 꾸란 구절들의 거의 반 이상이 그의 탄생과 관련된 것이다. 그의 지상 삶의 마지막과 관련된 소수의 구절들과 비교해 볼 때 이는 매우 중요한 사실이다. 예수의 죽음에 관해서는 네 본문이 있는데, 그 중 두 개는 일반적인 죽음으로 그의 죽음을 언급하고 있고 (5:120; 19:33), 한 본문은 다른 방식으로 해석되며(3:55), 그리고 한 본문은 예수의 죽음과 십자가를 분명하게 부인하는 것으로 보인다 (4:157-158). 상당히 간결한 마지막 본문은 역사적으로 일어난 사건을

---

1) K. Cragg, *Jesus and the Muslim: An Exploration*, p. 178.

설명하는 것이 아니라, 반-유대 논쟁의 한 부분이다. 그 주요 목적은 예수의 십자가 죽음을 부인하지 않는 그런 것이 아니라, 예수의 명예를 모욕하는 유대인들에게 하나님의 예언자로서 예수를 입증하려는 것이다. 꾸란 본문은 그 사건 이후 600 년이 지나서 기록되었다는 것을 강조할 필요가 있다. 그러나 사 복음서는 예수 승천 이후 60 년 정도 이내에 기록되었다. 마가와 요한복음은 예수의 탄생에 관해 아무것도 전하지 않는다. 마태와 누가는 어느 정도 자세히 전하지만, 많은 비중을 두지는 않는다(마태복음은 28 장 중 2 장, 누가복음은 24 장 중 2 장 분량이다). 신약의 나머지 부분을 살펴보면, 예수의 탄생에 대해서 실제적으로 언급한 곳이 없다. 그와 반대로, 그의 죽음과 부활에 대해서는 반복해서 언급되고 있다. 예수의 죽음 상황은 사 복음서에서 모두 등장한다(각 복음서마다 두 장씩).

예수의 십자가 죽음에서 절정에 이르는 사건들은 복음서에서 매우 자세히, 그리고 오직 증인들만이 말할 수 있는 차원으로 기록되어 있다. 라지가 제시하는 것과는 반대로, 이 증거는 결코 소수가 아니다. 로마 군병들에 더하여, 진행되는 일을 보기 위해 모여든 수많은 사람들이 있었다(눅 23:48). 예수의 친어머니와 그의 사랑하는 제자는 십자가에서 말하면 들릴 정도의 거리에 있었다(요 19:25-27). 예수의 제자들 가운데 두 명인 아리마대 요셉과 니고데모는 예수의 시신을 장사했다(요 19:38-42). 또한 예수를 잘 알던 몇 여성들은 그들을 따라 "그 무덤과 그의 시체를 어떻게 둔 것을 보"러 갔다(눅 23:55). 예수의 어머니와 제자들이 어떻게 그가 다른 사람일 것이라고 생각했겠는가? 그와 그토록 가까이 있었던 이들이 그런 실수를 할 수 있었겠는가?

2) 제자들의 정직성

우리는 복음서의 설명을 통해, 예수의 제자들이 주님의 폭력적 죽음을 받아들이는 데 엄청난 어려움을 겪었다는 것을 분명히 보았다. 그들은 다가오는 현실을 보면서 그럴 수밖에 없기 때문에 받아들인 것뿐이다. 진실로 그들은 그들의 주님이 그런 식으로 고통당할 수 있다는 것을 믿을 수가 없었다. '영웅'의 죽음은 그의 사명이 실패한 것으로 생각하게 했다. 우리는 정말 제자들을 이해할 수 있다! 그들 가운데 우리가 있었다면 누가 그들과 달리 행동했겠는가?

예수가 십자가에 달리지 않았다는 논지가 조금이라도 그럴듯하다면, 그의 제자들이 분명 그에 대한 첫 지지자들이 되었을 것이다. 그러나 그들은 그러한 선택의 여지를 남기지 않았다. 그 증거가 너무나 확실해서 그들은 예수가 죽은 현실을 받아들일 수밖에 없었다. 그들은 달리 방도가 없었던 것이다. 예수의 죽음을 받아들이면서 그들이 맞았던 어려움은 그들의 증언에 비중을 더한다. 그들이 처음에 너무나 받아들이기 힘들어했던 사건에 대해 복음서 저자들이 왜 거짓을 말하겠는가? 라지도 그들이 거짓을 말한 이유에 대해서는 아무런 설명도 하고 있지 않다.

예수가 체포될 때에 제자들이 도망간 것은 사 복음서에 모두 기록되어 있다. 또한, 어느 복음서도 시몬이 자신을 변명하고 예수를 부인한 것에 대해 잠잠하지 않는다. 비겁한 것이 배신한 것보다는 훨씬 나은 것이지만, 그럼에도 그렇게 행동한 것을 인정하는 것은 누구에게나 유쾌한 일이 아니다(막 14:43-51, 66-72를 보라). 만일 예수가 진정으로 체포되고 유죄 판결을 받고 십자가에 달리지 않았다면, 왜 그의 제자들이 때로 그처럼 비열하게 행동한 것을 고백하는 것인지 이해하기 어려울 것이다. 그들 역시 착각의 희생자들인가? 꾸란은 그것을 확증하는 데에까지는 나가지 않고 있다. 꾸란은 예수를 죽이려고 했던 유대인들에게만 착각했다는 말을 하고 있기 때문이다. 라지는 예수와 그토록 가깝게 지냈던 제자들은 무슨 일이 일어나고 있는지 잘못 알 수가 없다고 생각한다. 라지는 그것이 우리가 복음서에서 발견하는 이 동일한 제자들의 증언이고, 또한 그들이 모두 예수가 십자가에서 죽었다는 데 동의하고 있다는 사실을 모르고 있든지 아니면 떨쳐 버렸을 것이다.

예수의 제자들로 하여금 마침내 주님이 죽음에서 살아나셨다고 말하게 만든 것은 무엇이었을까? 만일 예수가 그냥 하늘로 들림받았다면 말이다. 역사적 관점에서 볼 때, 죽음에서의 부활과 그에 이은 승천은 그들에게 매우 낯선 것이었다. 그들은 예수가 에녹처럼(창 5:24; 히 11:5; 꾸란 19:57) 그리고 엘리야처럼(왕하 2:9-11) 하늘로 옮기었다고 보고 싶은 마음이 더 강했을 것이다. 그러나 그들에게는 선택의 여지가 없었다. 그들은 주님이 죽임 당했다가 다시 살아났다는 것을 받아들일 수밖에 없었던 것이다.

3) 예수의 증거

복음서는 체포되기 직전에 예수가 평소의 그답지 않았다고 기술하고 있다. 동요 없이 독약을 삼켰던 소크라테스와 달리, 예수는 그의 임박한 죽음을 바라보면서 심히 근심하였다. 그는 큰 고통 가운데 있었고, 그 마음 깊은 곳으로부터 가능하면 이 고난의 잔을 그에게서 옮겨 달라고 하나님께 간청했다. 이때처럼 예수가 우리와 가깝게, 제자들에게 그렇게 인간적으로 보인 적이 없었다. 그 역시 그러한 두려운 운명을 피하고 싶었던 것이다. 그는 그의 제자들 몇 명에게 깨어서 기도하라고 요청했지만, 제자들은 깨어 있으려고 애쓰다가 곧 잠에 빠져들었다.

만일 그러한 일이 실제로 있지 않았다면, 왜 복음서는 예수가 그토록 두려워하고, 그의 제자들이 그토록 부끄러워하는 사건을 기술하고 있겠는가? 또한, 우리는 어떻게 죽음의 면전에서 극도로 취약한 예수의 일면과, 하나님의 아들로서의 그의 정체성을 함께 조화시킬 수 있겠는가? 예수의 죽음이나 그의 신성 가운데 하나를 부인하는 것이 인간의 합리성으로는 좀 더 받아들이기 쉽고 편리할 것이다. 그의 제자들이 이 두 면을 모두 확증했다는 사실은 그들의 설명이 믿을 만한 것이라는 사실에 더욱 비중을 두게 한다. 우리는 어떤 면에서 증거가 좀 더 그런 것 같지 않을수록, 더욱 진리일 가능성이 높은 상황에 있다. 증인들은 그의 증언이 받아들여질 것인가 거부될 것인가 하는 생각에 고민할 필요 없이 단지 그가 본 것을 말할 뿐이다. 그들은 또한 그들의 증언이 좀 더 믿을만하도록 변형시키지도 않는다.

예수는 그가 하나님께 자신을 구해 달라고 요청할 수 있음을 알고 있었지만, 그렇다면 그의 고난을 예언하고 있는 성경은 이루어지지 않았을 것이다(참조. 마 26:52-54; 요 19:28). 예수는 그의 죽음 없이는 사명이 완수될 수 없다는 것을 알고 있었다. 그가 기도한 것은, 그 모든 것을 통하여 하나님의 이름이 높임 받는 것이었다. "지금 내 마음이 민망하니 무슨 말을 하리요 아버지여 나를 구원하여 이때를 면하게 하여 주옵소서 그러나 내가 이를 위하여 이때에 왔나이다 아버지여 아버지의 이름을 영광스럽게 하옵소서"(요 12:27-28). 예수는 몇 시간 동안 십자가 위에 달려 있었다. 죽기 전에 몇 개의 짧은 문장들을 입 밖에 내었는데, 그 가운데 하나는 마리아의 아들로서의 정체성을 분명히 하는 것이었다(요 19:26-27). 이는 십자가에 달린 사람이 분명 예수이며, 그의 제자 중 한 사람(예를 들면 가룟 유다)이나 다른 사람이 아니었다는 것을 증명한다.

예수가 죽음에서 일어난 그날, 그는 제자들을 비롯하여 몇몇 사람들에게 나타났다. (유다는 그들 중에 있지 않았다. 예수를 배반한 후 자살했던 것이다. 마 27:3-5를 보라.) 만일 예수의 제자들이 주님이 죽었다고 잘못 믿고 있었다면, 예수가 그들에게 나타났을 때 곧바로 그들이 옳게 인식하도록 하지 않았을까? 그러나 제자들은 예수가 십자가에서 죽어야 하는 필요에 대해서도 회의적이었던 것처럼, 그의 부활에 대해서도 그러했다. 그래서 예수는 십자가에서 죽은 것이 진정 자신이었음을 제자들에게 확신시키려 하였다.

> "이 말을 할 때에 예수께서 친히 그 가운데 서서 가라사대 너희에게 평강이 있을지어다 하시니 저희가 놀라고 무서워하여 그 보는 것을 영으로 생각하는지라 예수께서 가라사대 어찌하여 두려워하며 어찌하여 마음에 의심이 일어나느냐 내 손과 발을 보고 나인 줄 알라 또 나를 만져보라 영은 살과 뼈가 없으되 너희 보는 바와 같이 나는 있느니라 이 말씀을 하시고 손과 발을 보이시나 저희가 너무 기쁘므로 오히려 믿지 못하고 기이히 여길 때에 이르시되 여기 무슨 먹을 것이 있느냐 하시니 이에 구운 생선 한 토막을 드리매 받으사 그 앞에서 잡수시더라 또 이르시되 내가 너희와 함께 있을 때에 너희에게 말한바 곧 모세의 율법과 선지자의 글과 시편에 나를 가리켜 기록된 모든 것이 이루어져야 하리라 한 말이 이것이라 하시고 이에 저희 마음을 열어 성경을 깨닫게 하시고 또 이르시되 이같이 그리스도가 고난을 받고 제 삼일에 죽은 자 가운데서 살아날 것과 또 그의 이름으로 죄 사함을 얻게 하는 회개가 예루살렘으로부터 시작하여 모든 족속에게 전파될 것이 기록되었으니 너희는 이 모든 일의 증인이라"(눅 24:36-48, 참조. 요 20:19-29)

예수의 부활을 보고 힘을 얻은 제자들은 그가 하늘로 올라가기 전까지 40일간 그와 함께 있었다. 제자들에게 예수의 부활은 전혀 기대하지 못한 너무나 놀라운 것이었다. 예수는 몇몇 다른 사람들에게도 나타났고, 한 번은 500명의 사람들에게 일시에 나타나기도 했다(고전 15:3-8).

4) 초기 역사가들의 저술

역사가들은 분명 이 논쟁에서 할 말이 있을 것이다. 타키투스 (Tacitus, 초기 2세기 로마의 역사가)는 그리스도인들이 '디베랴를 통치하던 로마 행정장관 본디오 빌라도의 선고로 사형에 처해진 그리스도'로부터 이름을 딴 자들이라고 설명한다(사료 15:44).[2] 요세푸스 (Flavius Josephus, 1세기 유대인 역사가) 역시 그의 『유대인들의 고사』 (Antiquities of the Jews)에서 예수와 그의 십자가에 관하여 기록했다. "우리 가운데 제일인자들의 제안으로 빌라도가 그를 십자가 형에 처했다."[3]

따라서 예수의 십자가 죽음이 사실인지 착각인지를 역사적 관점에서 고려해 볼 때, 우리에게는 증거가 결코 적지 않다. 복음서의 진정성과, 제자들의 정직성, 예수의 증언, 초기 역사가들의 저술은 간단히 처리해 버릴 수 없는 것이다.

---

2) C. Blomberg, *The Historical Reliability of the Gospel*, pp.196-197.
3) 요세푸스의 가장 유명한 자료 가운데 하나는 다음과 같이 기록하고 있다: "이제, 이런 때에 예수라는 현명한 사람이 있다. 그를 사람이라고 부르는 것이 합당하다면 말이다. 예수는 놀라운 일을 행한 자이기 때문이다. 그는 기쁨으로 진리를 받는 자들의 선생이다. 그는 많은 유대인들과 이방인들을 자신에게로 이끌었다. 그는 (그) 그리스도였다. 그리고 우리 가운데 일인자들의 제안으로 빌라도가 그를 십자가형에 처했을 때, 처음에 그를 사랑하던 자들은 그를 버리지 않았다. 예수가 셋째 날 다시 살아서 그들에게 나타났기 때문이다. 신의 예언자들은 이러한 것을 예언했고, 그 밖에도 그에 관한 만 가지 놀라운 일들을 예언했다. 그리고 예수를 이름을 딴 그리스도인 종족은 현재까지 사라지지 않고 있다."(W. Whiston 역, *The Works of Flavius Josephus*, book 18, ch. 3, par. 3, p. 574) 일부 역사가들은 이 본문의 진정성을 의심하면서, 그리스도인 서기들이 일부를 편집했다고 주장한다. 요세

(2) 예수 죽음의 구속적 목적

예수는 제자들에게 그의 죽음을 논의의 여지조차 없는 꼭 필요한 것으로 제시했다. "이때로부터 예수 그리스도께서 자기가 예루살렘에 올라가 장로들과 대제사장들과 서기관들에게 많은 고난을 받고 죽임을 당하고 제 삼일에 살아나야만(must) 할 것을 제자들에게 비로소 가르치시니"(마 16:21, 참조. 막 8:31; 눅 9:22; 17:25; 24:7; 내가 강조한 부분).

그렇다면 왜 그의 죽음이 필요했는가? 먼저, 그는 자신의 고난에 대한 예언을 완성해야만 했기 때문이다(사 53장; 슥 13:7; 시 16:8-11; 22:1, 16; 31:5; 34:20; 69:21; 눅 22:37을 보라). 그러나 성경은 왜 그의 고난을 우선으로 예언하는가? 그 대답은, 인간으로서 우리가 누구인가, 그리고 하나님은 누구이신가에서 찾을 수 있다.

1) 인간은 죄인이므로 구속이 필요하다

우리는 7 장에서, 이슬람은 사람이 죄를 짓기 때문에 죄인(sinner)이라고 가르치지만, 죄가 있는 자들은 아니라고, 즉 영적으로 죽은 자들은 아니라고 가르친다는 것을 보았다. 또한 이슬람에서는 **하나님과의 깨어진 관계**를 죄로 보는 것이 아니라, **하나님께 불순종하는 행동**을 죄로 여긴다. 우리가 본 것처럼, 이슬람에서 인간은 돌이킬 수 없는 죄인 혹은 만회할 가망이 없는 잃은 자가 아니다. 만약 그렇다면 구속의 필요도 없고 그리스도의 죽음이 필요하지도 않기 때문이다. 그러

푸스는 그리스도인이 아니었기 때문에, 그가 예수의 메시아 됨이나 그의 부활에 관하여 기록하지 않았을 것이라고 하는 것은 가능한 일이다. 그러나 기록의 대부분은 믿을 만한 것으로 보인다(예를 들어 예수의 십자가 형 선고를 언급하는 것). 또한 이것은 비그리스도인의 예수에 대한 고대 증언으로 중요하다. Blomberg, *Historical Reliability*, pp. 200-201을 보라.

나 성경은 인간을 윤리적으로 타락한 존재로 그린다. 죄가 우리 삶의 모든 영역을 지배하고 있으며 우리를 죽음으로 이끌고, 우리는 절망적인 상황에 있는 것이다. 구속이 필요하다. 그것만이 우리의 유일한 희망이다.

예수는 그의 우선 사명을 **예언자로서의** 사명이 아니라, **구속자로서의** 사명으로 제시했다.[4] "인자의 온 것은 섬김을 받으려 함이 아니라 도리어 섬기려 하고 자기 목숨을 많은 사람의 대속물로 주려 함이니라"(막 10:45).

2) 하나님은 공정하시고, 용서하시는 분이시다

이슬람과 기독교는 둘 다 하나님이 공정하고 용서하시는 분이라고 말한다. 문제는 어떻게 이 두 속성을 하나로 조화시키는가 하는 것이다. 즉, 하나님이 어떻게 그의 정의를 타협하지 않으면서 사람들을 용서할 수 있는가 하는 것이다. 만일 그가 죄인들을 용서한다면, 그들의 죄는 묵과하지 않는 것인가? 그리고 만일 그가 그들을 처벌한다면, 그는 무자비하지 않은 것인가?

'다른 것과 연계하는 죄(셔르크, *shirk*)'는 좀 다르지만, 일반적으로 이슬람에서의 죄는, 기독교에서처럼 그렇게 심각하지 않다. 이 문제

---

4) 구속적 고난의 개념에 가장 열려 있는 무슬림들이 스스로 고난당한 자들이라는 것을 주목할 필요가 있다. 이처럼 매해 아슈라(`Ashura)의 기념식은 시아 무슬림들에게 카발라(Karbala`)에서 60/680년에 죽임 당한 이맘 후세인의 구속적 고난에 참여할 기회를 준다. 투쟁적인 아랍인들, 특히 팔레스타인 시인들(Samih al-Qasim, Mahmoud Darwish) 역시 예수의 십자가 죽음에서, 자기 백성들에게 가해지는 불공평에 대항하는 그들의 투쟁에 대한 전형을 보았다(참조. M. Borrmans, *Jesus et les musulmans d'aujourd'hui*, pp. 192-201). 팔레스타인의 자유를 위한 투사에게 사용되는 단어 *fedayee*는 문자적으로 '자기 백성을 위해 자기 생명을 희생시키는 자'를 의미한다. 이는 아랍 그리스도인들이 그리스도에게 '구속자'라고 말할 때 사용하는 *fadi*와 같은 어원에서 나온 말이다.

가 무슬림들에게는 그렇게 중요한 것으로 보이지 않기 때문이다. 모든 무슬림들은 사람들이 자신들의 선행으로 악행을 만회할 수 있다는 사실을 지적할 것이다(11:114). 8 장에서 유념해 보았듯이, 수니 무슬림들 역시 하나님의 주권에 호소한다. 하나님은 그가 원하는 것이면 무엇이나 할 수 있는 권리를 가지고 있다. 그리고 그의 창조물인 인간은 무엇으로든 그를 도전할 아무 권리도 가지고 있지 않다. '그 분(하나님)이 행하신 것에 대해서는 질문을 받지 아니하나 그들은 질문을 받게 되니라'(21:23). 그러므로 하나님은 자유롭게 '하나님 의지에 의하여 관용을 베풀고 또한 그분의 뜻에 의하여 벌을 내리시니'라 (2:284, 참조. 3:129; 5:20, 43; 48:14). 그러나 우리가 본 대로, 무타질라파 무슬림들은 하나님이 정의로우시다면 모든 큰 죄를 처벌해야 한다고 본다. 만일 회개하지 않으면 영원히 죄로 고통당할 것이다. 심지어 큰 죄를 하나만 지었어도 그렇다. 그러므로 하나님의 용서는 오직 작은 죄들만을 덮으신다고 그들은 믿는다(4:31). 성경은 사람들이 자신들의 악행을 선행으로 구속할 수 없다고 가르친다. "형벌 받을 자는 결단코 면죄하지 않고"(출 34:7, 참조. 출 23:7; 민 14:18; 신 5:11). 우리는 모두 하나님의 심판을 받아 마땅하다. 그러나 하나님은 우리를 사랑하시고, 우리를 용서하고 싶어하신다. 하나님의 정의와 용서는 예수의 죽음을 통해 조화된다. "세상 죄를 지고 가는 하나님의 어린 양이로다"(요 1:29). 예수의 죽음은 우리의 크고 작은 모든 죄를 위한 구속적 희생이다―만일 죄에 대한 그런 구분이 이루어질 수 있다면 말이다(요일 2:2). 십자가 위에서 예수는 스스로 세상 죄를 짊어지셨고, 이를 위해 그는 일시적으로 하나님에 의해 버림받았다(마 27:45-46). 예수가 다른 이들을 대신해서 죽었기 때문에, 예수를 구원자요 주님으로 바라보는 모든 자들에게 하나님은 자신의 용서를 베푸실 수 있고, 또한 그렇게 하실 것이다.

예수는 제자들에게 그의 죽음의 이유를 확실히 알리고자 하셨다. 죽기 직전에 예수는 제자들과 함께 식사를 하고, 식사 마지막에 떡과 잔을 나누는 것을 통해 극적으로 그의 임박한 죽음이 갖는 의미를 설명했다.

> "저희가 먹을 때에 예수께서 떡을 가지사 축복하시고 떼어 제자들을 주시며 가라사대 받아 먹으라 이것이 내 몸이니라 하시고 또 잔을 가지사 사례하시고 저희에게 주시며 가라사대 너희가 다 이것을 마시라 이것은 죄 사함을 얻게 하려고 많은 사람을 위하여 흘리는바 나의 피 곧 언약의 피니라"
> (마 26:26-28).

떡은 그의 상한 몸을, 포도주는 곧 흐르게 될 그의 피를 가리킨다. 여기서, 예수는 하나님과 그의 백성 사이에 새로운 언약의 중재자로서 자신을 나타낸다. 그의 희생적 죽음에 기초하는 언약. 새로운 인류의 지도자로서, 예수는 첫 아담이 우리를 이끈 죽음에서 인류를 구원하는 새 아담이다(롬 5:12-19).

(3) 예수 죽음의 윤리적 의미

무슬림들은 예수의 죽음이 갖는 윤리적 의미를 받아들일 수 없어하면서, 그것이 하나님의 윤리적 기준에 맞지 않는다고 생각한다. 그러나 이러한 의미들을 살펴보기 시작하면서, 우리는 예수의 죽음이 하나님의 윤리적 기준의 근저가 되는 하나님의 정의를 온전히 만족시킨다는 것을 강조할 필요가 있다.

1) '예수는 결백하다!'

무슬림들은 죄 없는 예수가 다른 이들을 대신해서 고통당한다면, 그것은 예수에게 비윤리적인 것이라고 항변한다. 만일 예수가 강요에 의해 그렇게 행동했다면 이 논쟁은 적절할 것이다. 그러나 신약은 예수가 자의로 우리의 구속을 위해 자신의 생명을 주기로 선택했음을 분명하게 나타낸다(빌 2:7-8; 히 10:5-10). 우리를 향한 예수의 사랑과 하나님의 뜻이 완벽한 조화를 이루어 내려진 결정이었던 것이다. 이처럼 놀라운 하나님의 사랑의 증거를, 그분이 누구신가에 대한 우리의 이해와 맞지 않는다고 해서 논쟁할 것인가? 결국, 하나님은 자신의 사랑을 자신이 생각하는 최선을 방법으로 표현하는 주권적인 분이 아니신가?

2) '사람들이 책임져야 한다!'

꾸란은 심판의 날 인간의 개별적인 책임을 강조한다. 모든 사람은 그들 자신의 행동에 대해 보상 받고 처벌 받을 것이다(6:164; 99:7-8). 성경 역시 같은 것을 가르친다. "범죄하는 그 영혼은 죽을지라 아들은 아비의 죄악을 담당치 아니할 것이요 아비는 아들의 죄악을 담당치 아니하리니 의인의 의도 자기에게로 돌아가고 악인의 악도 자기에게로 돌아가리라"(겔 18:20). 이 말은, 만일 하나님이 그의 사랑이 아니라 정의만으로 우리를 다루신다면 우리는 모두 다 죽게 된다는 것을 의미한다. 왜냐 하면 "의인은 없으되 하나도 없기" 때문이다(롬 3:10; 시 14:3).

구원이 전적으로 하나님의 구속적인 사랑에 달려 있다는 사실은, 그러나 우리의 책임이 전적으로 개입되지 않는다는 의미는 아니다. 우리 각자는 개인적으로 그리스도 안에서 하나님의 구속 사역에 반응할 필요가 있다. 우리의 책임은, 한편으로는 우리의 영적·윤리적 상태를 살펴보고, 다른 한편으로는 그리스도 안에 나타나는 하나님의 계시를 검토해 보는 것에 있다.

3) '너무나 쉽다!'

만일 하나님이 그리스도를 믿는 것 이외에 다른 조건 없이 인간을 구원하신다면, 왜 인간이 죄를 삼가야 하는지 논란이 된다. 두려워할 처벌이 없다면, 사람들이 어떻게 잘못 행하는 것을 그만둘 것인가? 그 대답은, 그리스도인의 삶은 하나님의 정죄에 대한 두려움에 있는 것이 아니라, 하나님의 놀라운 사랑과 그 사랑에 대한 우리의 반응에 있다는 것이다. 우리가 진심으로 하나님을 사랑한다면, 우리는 그를 기쁘시게 하기 위해 최선을 다해야 한다. 우리는 그의 명령을 지키고 싶어하게 될 것이다. 또한, 하나님께 용서를 구하고 고의로 계속해서 죄를 짓는다는 것이 말이 되는가? 분명히 그러한 태도는 일관적이지 않을 뿐만 아니라 위선적인 것이다(참조. 롬 6 장).

진실한 신자는 하나님께서 자신의 삶을 변화시키시도록 자신을 하나님께 맡긴다. 그들은 다른 이들에게 하나님께서 자신에게 하신 것과 같이 하는 데 헌신한다. "우리가 우리에게 죄 지은 자를 사하여 준 것같이 우리 죄를 사하여 주옵시고"(마 6:12; 내가 강조한 부분과 번역). 그리스도인의 삶은 반드시 하나님의 속성을 반영해야 한다. 예수는 제자들에게 "하늘에 계신 너희 아버지의 온전하심과 같이 너희도 온전하라"고 했다(마 5:48). 하나님의 최고 기준을 유지하면서 그러한 그리스도인의 삶은 사는 것이 쉬운 일인가?

(4) 예수 부활의 독특성

확고한 역사적 사실인 예수의 죽음으로부터의 부활은 독특한 것이다. 예수가 죽음에서 일으켰던 자들은 다시 죽음을 맞았지만, 예수는 다시는 죽음을 맞지 않는 영원한 생명으로 살아났다. 예수에게 했던 것과 같은 일을 하나님은 다른 어느 선지자에게도, 그 누구에게도 한 적이 없으시다. 이러한 비할 바 없는 사건의 신학적 중요성이 무시되어서는 안 된다.

먼저, 예수를 죽음에서 일으킴으로, 하나님은 예수가 그의 사명을 성취했음을 선언했다. 예수는 그의 생명을 죄에 대한 희생으로 드렸고, 하나님은 이 희생을 받으시고 기뻐하셨다. 우리를 하나님과 화해하게 하는 구속이 이루어졌다. "예수는 우리 범죄함을 위하여 내어줌이 되고 또한 우리를 의롭다 하심을 위하여 살아나셨느니라"(롬 4:25).

둘째로, 하나님은 예수를 그의 적들의 손에서 구원함을 통해서가 아니라, 죽음에서 일으킴으로 예수의 정당함을 입증하셨다(행 2:23-24; 빌 2:5-11). 그렇게 함으로 하나님은 그의 종에게 신실하신 분임을 나타내 보이셨다. 하나님은 또한 가장 예기치 않은 방법으로 자신이 아무도 이길 수 없는 존재임을 나타내셨다. 예수의 죽음을 통해, 하나님은 악과 죄와 죽음에 대해 최고를 승리를 거두셨다. 고대 동방 기독교에서는 이를 이렇게 찬양한다. '무덤에 있는 자들에게 영원한 생명을 주시고자 주님의 죽음이 격파되고, 그리스도께서 죽음에서 일어나셨다'(참조. 히 2:14-15). 이런저런 방법으로 예수가 십자가에서 죽지 않았다면, 하나님은 그의 목적을 이루는 데 실패하셨을 것이다(행 2:23). "하나님께서 그리스도 안에 계시사 세상을 자기와 화목하게 하시며 저희의 죄를 저희에게 돌리지 아니하시"기 때문이다(고후 5:19).

셋째로, 예수의 부활은 예수가 주장했던 것에 대한 하나님의 승인을 나타낸다. 다음의 몇 장에서 보게 되겠지만, 예수는 자신에 대하여 다른 어느 선지자도 하지 않았던 주장을 했다. 예수에게 그런 주장을 할 자격이 있는가, 아니면 그가 하나님의 특권을 침해했는가? 하나님이 예수를 죽음에서 일으키신 것은, 예수가 진실로 누구인가 하는 질문에 대한 해답이다.

예수는 이제 하늘의 하나님 우편에 있으면서, 하나님으로부터 세상의 구세주라는 영예를 얻었다. 예수는 모든 종류의 방법을 통해 자신을 사람들에게 계시한다. 다마스쿠스 노상에서 예수는 자신의 가장 사나운 적대자 사울(다소의 사울)에게 나타나서, 그를 그의 가장 헌신된 제자 사도 바울로 변화시켰다(행 9:1-22). 예수의 다른 제자 요한은 십자가에 달린 예수의 모습과 정 반대되는 예수의 비전을 보았다.

"몸을 돌이켜 나더러 말한 음성을 알아보려고 하여 돌이킬 때에 일곱 금 촛대를 보았는데 촛대 사이에 인자 같은 이가 발에 끌리는 옷을 입고 가슴에 금띠를 띠고 그 머리와 털의 희기가 흰 양털 같고 눈 같으며 그의 눈은 불꽃 같고 그의 발은 풀무에 단련한 빛난 주석 같고 그의 음성은 많은 물소리와 같으며 그 오른손에 일곱 별이 있고 그 입에서 좌우에 날선 검이 나오고 그 얼굴은 해가 힘 있게 비춰는 것 같더라 내가 볼 때에 그 발 앞에 엎드러져 죽은 자 같이 되매 그가 오른손을 내게 얹고 가라사대 두려워 말라 나는 처음이요 나중이니 곧 산 자라 내가 전에 죽었었노라 볼지어다 이제 세세토록 살아 있어 사망과 음부의 열쇠를 가졌노니[즉, 나는 사망과 사망의 세계에 대한 권한을 가지고 있으니](계 1:12-18, 내가 강조한 부분).

13. 종이신 왕

10장을 시작하면서 우리는 꾸란이 어떻게 예수를 그리고 있는지 살펴보았다. 기독교 경전에서는, 십자가 죽음과 부활을 통해 절정에 이르는 그의 사명이, 이슬람에서는 전혀 다른 각도로 조명되고 있다. 우리는 예수 그리스도가 진실로 누구인지 살펴보면서 연구를 계속할 것인데, 먼저 예수를 인간 예언자로 살펴보고자 한다. 이슬람 용어로는 '하나님의 종' 예수로 표현할 수 있을 것이다. 그러나 우리는 더 나아가 '예수가 단지 인간일 뿐인가? 단지 예언자일 뿐인가?'를 질문할 필요가 있다. 본 장에서와 이후로 이어지는 여러 장에서 이 질문들을 자세하게 설명해 볼 것이다.

우리가 앞에서 살펴본 대로, 무슬림들은 예수를 하나님의 위대한 예언자 중 한 명으로 존경한다. 반면, 복음서는 우리에게 역설적인 초상을 그려 주고 있다. 예수는 하나님의 완벽한 종이자 동시에 하나님의 기름 부음 받은 왕이다.

(1) 하나님의 종

복음서에서 인간의 인성은 처음부터 강조되고 있다. 마태와 누가는 그의 탄생을 기록하고, 신생아를 아브라함과(마태복음에서) 아담으로 (누가복음에서) 거슬러 올라가는 가계에 올려놓고 있다.[1] 복음서와 꾸란이 증거하고 있듯이 예수가 기적적으로 수태되었다고 해서, 이러한

---

1) 꾸란에 나오는 천사의 수태 고지(3:45-47; 19:16-21)는 어느 정도 누가 복음의 설명(눅 1:26-38)과 유사하다. 그러나 꾸란의 예수의 탄생(19:22-26)은 누가 복음 (참조. 눅 2:1-7)과 매우 다르다.

사실이 조금도 그가 인간임을 의심케 하지는 않는다. 어쨌든, 그는 기적적인 방법으로 이 세상에 온 유일한 사람은 아닌 것이다. 세례 요한 역시 이러한 방법으로 예수보다 먼저 왔고, 성경과 꾸란 모두 이를 말하고 있다. 그러나 그의 사촌과는 달리 예수는 생물학상의 아버지가 없었다.

꾸란은 예수의 창조를 아담의 창조에 비교한다. "하나님께서 아담에게 그랬듯이 예수에게도 다를 바가 없도다. 하나님은 흙으로 그를 빚어 그에게 말씀하셨다. '있어라.' 그리하여 그가 있었느니라." (3:59, 참조. 15:29; 32:9; 38:72)

아담은 하나님이 직접 창조하셨다. 그는 아버지도 어머니도 없다.[2] 예수 역시 마리아의 자궁에 하나님이 직접 창조하셨다. 꾸란은 처녀에게서 태어났다고 해도, 그것이 예수가 원래 신이었다는 것을 의미하지는 않는다고 주장한다. 그러나 아담과 예수는 분명히 구분되어야 한다. 아담은 첫 인간이었고, 따라서 그의 존재는 하나님의 직접적인 창조 행위의 결과일 수밖에 없었지만, 예수의 경우에는 그렇지 않은 것이다. 예수의 수태는 처녀인 어머니로부터 났다는 점에서 독특하다. 예수는 요셉과 성적 관계를 맺은 적이 없는 마리아에게서 났다(마 1:24-25). 꾸란은 요셉에 대해서는 언급조차 하지 않는다.

아랍인들은 아버지 쪽을 따라 이름을 짓는다. 그러나 예수는 아버지가 없으므로, 꾸란에서 종종 마리아의 아들로 불린다(세 차례). 이는 복음서에는 단 한 번 나오는 명칭이다. 이 명칭이 예수를 존경하는 데 사용되는 꾸란과 달리, 유대인들은 경멸적인 방법으로 이를 사용했다. 그들은 예수가 하나님의 선지자라는 것을 믿지 않기 때문이었다.

---

2) 참조. 5:75; 라지, VI:12, pp. 51-52.

"안식일이 되어 회당에서 가르치시니 많은 사람이 듣고 놀라 가로되 이
사람이 어디서 이런 것을 얻었느뇨 이 사람의 받은 지혜와 그 손으로 이루
어지는 이런 권능이 어찌 됨이뇨 이 사람이 마리아의 아들 목수가 아니냐 야
고보와 요셉과 유다와 시몬의 형제가 아니냐 그 누이들이 우리와 함께 여기
있지 아니하냐 하고 예수를 배척한지라 예수께서 저희에게 이르시되 선지자
가 자기 고향과 자기 친척과 자기 집 외에서는 존경을 받지 않음이 없느니
라 하시며"(막 6:2-4, 내가 강조한 부분).

라지는 '마리아의 아들'이라는 명칭이, 그리스도인들이 믿는 것과
는 반대로, **예수가 하나님의 아들이 아니라는 것을 의미한다고 믿는
다.**[3]

하디스는 예수와 그의 어머니가 그들의 생애를 시작할 때 사단의
세력으로부터 보호받는 특별한 축복을 누렸다고 전한다. '아담의 후
손 가운데 사단이 건드리지 않은 자가 없다. 그렇기 때문에 아이는 태
어날 때 크게 우는 것이다. 사단이 마리아와 그의 아이를 제외하고 모
든 아이를 건드리기 때문이다.'[4]

복음서에서 우리는 예수가 그의 사역을 시작하기 전에 40일을 광
야에서 보낸 것을 읽을 수 있다. 이 긴 기간의 금식 후에 그는 사단의
유혹을 받았다. "네가 만일 하나님의 아들이어든 명하여 이 돌들이 떡
덩이가 되게 하라 … 뛰어내리라[저가 너를 위하여 그 사자들을 명하
시리니 저희가 손으로 너를 받들어 발이 돌에 부딪히지 않게 하리로
다] … 내게 엎드려 경배하면 이 모든 것을 네게 주리라"(마 4:1-11).

그러나 예수는 이 도전들 중 어느 것도 취하기를 거절했다. 그는
하나님의 신실하심을 시험하거나, 명예나 부를 쉽게 얻기 위해 이 세

3) 참조. 19:34; 라지, XI:21, p. 185.
4) 부카리, anbiya' 44:IV, p. 426, no. 641 [3177].

상에 온 것이 아니라 섬기기 위해 왔다. 모든 예언자들이 가르쳤던 것
처럼, 예수 역시 하나님이 유일하신 분이라는 것과 하나님만이 경배
의 대상이라는 것을 강조했다. "사단아 물러가라 기록되었으되 주 너
의 하나님께 경배하고 다만 그를 섬기라 하였느니라"(마 4:10). 하나
님에 대한 전적인 순종을 확증함으로써, 예수는 모든 유일신 신자들
가운데 한 명이 되었다.

팔레스타인에서의 그의 삶을 볼 때, 예수는 분명히 전적으로 인간
이었다. 모든 인간들처럼 그는 피곤했고 굶주렸고 목이 말랐다(요 4:7-
8). 그는 자신의 감정을 위장하거나 기쁨과 슬픔을 숨기지 않았다. 그
는 친구 나사로의 죽음으로 인해(요 11:35), 그리고 예루살렘에 심판
이 다가올 때(눅 19:41) 슬피 울었다. 마음이 온유하고 겸손하여(마
11:29), 그는 민중들과, 심지어 사회에서 소외된 자들과도 친구가 되
었다. 처음에 그와 하나님의 관계는 특별한 것처럼 보이지 않았다. 밤
이 맞도록 기도하는 것을 제외하고는 말이다. 그는 하나님은 그보다
더 위대하시다고 말했고(요 14:28), 하나님만이 알고 계시는 일에 대
해 자신은 무지하다는 것을 기꺼이 인정했다(막 13:32).

예수는 자신이 '인자'라고 가장 자주 말했는데, 이는 그의 인성을
강조하는 명칭이다. 그의 인성은 그가 죽기 전 날 밤에 가장 분명하게
나타난다. 그는 고통에 가득 차서 가능하다면 임박한 고난으로부터
자신을 구해 달라고 간절히 하나님께 기도했다.

"베드로와 야고보와 요한을 데리고 가실새 심히 놀라시며 슬퍼하사 말씀
하시되 내 마음이 심히 고민하여 죽게 되었으니 너희는 여기 머물러 깨어
있으라 하시고
조금 나아가사 땅에 엎드리어 될 수 있는 대로 이때가 자기에게서 지나

가기를 구하여 가라사대 아바 아버지여 아버지께는 모든 것이 가능하오니 이 잔을 내게서 옮기시옵소서 그러나 나의 원대로 마옵시고 아버지의 원대로 하옵소서"(막 14:33-36, 내가 강조한 부분).

예수는 전적으로 하나님께 복종했다는 의미에서 완전한 '무슬림'이었다. 꾸란도 이를 말하고 있다.

그리스도는 하나님의 종 됨 이상으로 자만하지 아니했으니 가까이 있는 천사들도 그랬도다.(4:172)

다른 수라에서 꾸란은 예수가 하나님의 종에 불과했다고 말한다.

그(예수)는 한 종에 불과하니라. 우리(하나님)는 그에게 은혜를 베풀어 이스라엘 자손을 위한 교훈이 되게 하였도다.(43:59)

그러나 예수가 다른 모든 사람들과 정확히 같은 의미에서 하나님의 종인가? 다른 예언자들과 같은 의미에서 종이라는 말인가? 그는 하나님의 종에 불과한가, 아니면 그보다 훨씬 더한 존재인가? 성경에 계시된 예수의 사명을 살펴보면 이 질문들에 답할 수 있을 것이다.

(2) 하나님의 왕

성경 본문에서, 지상에 하나님의 왕국을 세우도록 기름 부음 받고 위임받은 하나님의 왕은 '메시아'로 알려져 있다. 당시에 그 명칭이 정치적 의미를 가지고 있었기 때문에, 예수는 그것을 사용하고 싶어 하지 않았다. 대신에, 그는 자신을 '인자'로 나타내기를 좋아했는데, 이는 아마도 그 말의 모호성 때문이었을 것이다.

1) 인자

처음 보기에 '인자'는 단순히 사람을 의미한다. 구약에서도 '인자'라는 말은 사람을 가리킬 때 사용되었다. (겔 2:1-3; 시 8:4; 144:3). 그러나 그 이상의 의미가 있다. 다니엘서에서 그 명칭은 인류를 다스리도록 하나님이 기름 부은 왕을 가리킨다. 다니엘은 한 환상에서 이 뛰어난 왕을 보았다. 그가 본 것을 다니엘은 단지 비유적인 언어로만 표현할 수 있었기 때문에, 그의 글에서 영원한 왕은 '옛적부터 항상 계신 자'로 나타나고 있다.

> "왕좌가 놓이고
> 옛적부터 항상 계신 이가 좌정하셨는데 …
> 그 보좌는 불꽃이요
> 그 바퀴는 붙는 불이며 …
> 심판을 베푸는데
> 책들이 펴 놓였더라 …

> 내가 또 밤 이상 중에 보았는데 인자 같은 이가 하늘 구름을 타고 와서 옛적부터 항상 계신 자에게 나아와 그 앞에 인도되매 그에게 권세와 영광과 나라를 주고 모든 백성과 나라들과 각 방언하는 자로 그를 섬기게 하였으니 그 권세는 영원한 권세라 옮기지 아니할 것이요 그 나라는 폐하지 아니할 것이니라"(단 7:9-10, 13-14, 내가 강조한 부분).

'인자'라는 인물은, 일반적인 명칭으로 보이지만 종교적으로는 매우 중요하다. 예수 당시의 유대인들은 경전을 매우 잘 알고 있었는데, 그 명칭은 하나님의 기름 부음 받은 왕을 생각나게 했던 것이다. 예수가 자신을 '인자'와 동일시한 것은 매우 의미가 있다. 예수는 자신이 마지막 날에 인류를 심판할 사명을 가지고 있는 전 세계의 왕이라고 주장하고 있는 것이다. 마지막 때에 그의 역할을 생생하게 그리고 있는 본문이 있다.

> "인자가 자기 영광으로 모든 천사와 함께 올 때에 자기 영광의 보좌에 앉으리니 모든 민족을 그 앞에 모으고 각각 분별하기를 목자가 양과 염소를 분별하는 것 같이 하여 양은 그 오른편에 염소는 왼편에 두리라 그때에 임금이 그 오른편에 있는 자들에게 이르시되 내 아버지께 복 받을 자들이여 나아와 창세로부터 너희를 위하여 예비된 나라를 상속하라"
>
> (마 25:31-34, 참조. 마 19:28).

예수는 유대 관원들 앞에서 재판을 받을 때, 자신이 사형 당하리라는 것을 알고 있었지만, 그것이 하나님이 그에게 감당시키신 것이라는 것을 의심하지 않았다. 그는 자신을 고소한 자들에게 "인자가 권능자의 우편에 앉은 것과 하늘 구름을 타고 오는 것을 너희가 보리라"고 말씀하셨다(막 4:62).

그렇다면 예수는 하나님의 종인가, 아니면 하나님의 왕인가? 둘 다라는 것이 그에 대한 대답이다. 그는 종인 왕이다. 그러나 그는 많은 인간 왕들과 같은 왕이 아니다. 그는 사람들 위에 군림하는 것으로 그의 왕 됨을 나타내는 것이 아니라, 그들을 섬기는 것으로 나타낸다. 그의 왕 됨은 종의 왕 됨이다. "인자의 온 것은 섬김을 받으려 함이 아니라 도리어 섬기려 하고 자기 목숨을 많은 사람의 대속물로 주려 함이니라"(막 10:45).

2) 주님의 종

이사야서에서 우리는 '종의 노래'로 알려진 예수에 대한 네가지 묘사를 발견하게 되는데, 이들은 각각 '주님의 종'을 가리키고 있다.

첫번째 노래(사 42:1-9)는, 하나님이 기뻐하시는 그의 택함 받은 자로 종을 나타낸다. 하나님이 높이시고, 하나님의 영으로 능력 받은 그의 사명은 세상에 공의가 임하게 하는 것이다. 단호하게, 그러나 연약한 자들을 측은히 여기면서 자신의 사명을 평화롭게 이루어 낸다. 모세처럼 그는 하나님과 인간 사이에 새로운 율법과 새 언약을 가져온다. 그러나 모세와는 달리, 이스라엘에게만이 아니라 세상의 모든 사람들에게 빛을 가져다준다.

두 번째 노래(사 49:1-13)는 종의 사명에 있어서 그 전 세계적인 특성을 강조한다. 태에서 나옴으로부터 부름 받은 그는 하나님과 특별한 관계에 있다. 이스라엘에게 거부당한 그는, 지상의 다른 나라 사람들과 함께 일부 이스라엘 백성들이 받게 되는 구원의 전수자(initiator)이다. 그는 하나님께 영광을 돌리고, 하나님은 그를 영화롭게 하신다.

세 번째 노래(사 50:4-11)는 종을 온전한 제자로 그리고 있다. 그는 하나님의 말씀에 귀 기울이고 그것을 전한다. 사람들은 그를 정죄하지만, 하나님은 그의 정당함을 입증하신다. 그의 말이 곧, 하나님을 의뢰하고 반역하는 자들을 심판하는 자들을 위로하시는 하나님의 말씀이다.

네 번째 노래(사 52:13-53:12)는 종을 우리 죄를 위한 희생물과 죄에 대한 승리자로 그리고 있다. 인간에게 조롱당하고, 그들로 인해 죽임당한 그는 그럼에도 불구하고 그들을 위해 기도한다. 사실 그의 죽음은 모든 나라를 위한 구속의 희생이다. 아낌없이 생명을 포기함으로 인해, 종은 다시 살아났고 하나님이 그를 올리시고 영화롭게 하셨다. 그는 수많은 후손을 받게 되었는데, 이들은 예수가 그들을 위해 하신 일을 믿을 때 의롭다 함을 받게 된다.

종과 구속의 관점에서 그의 사명을 정의하면서, 예수는 주님의 종

으로 자신을 나타낸다. "내가 너희에게 말하노니 기록된바 저는 불법
자의 동류로 여김을 받았다 한 말이 내게 이루어져야 하리니 내게 관
한 일이 이루어 감이니라"(눅 22:37). 예수는 제자들에게 네 번째 종의
노래를 지목하는데, 거기서 하나님은 다음과 같이 말씀하신다.

> "나의 의로운 종이 자기 지식으로 많은 사람을 의롭게 하며 또 그들의 죄
> 악을 친히 담당하리라
> 이러므로 내가 그로 존귀한 자와 함께 분깃을 얻게 하며
> 강한 자와 함께 탈취한 것을 나누게 하리니
> 이는 그가 자기 영혼을 버려 사망에 이르게 하며
> 범죄자 중 하나로 헤아림을 입었음이라
> 그러나 실상은 그가 많은 사람의 죄를 지며
> 범죄자를 위하여 기도하였느니라 하시니라"(사 53:11b-12).

따라서 예수는 하나님과 인간 모두를 섬겼다. 그는 자신의 생명을
구속의 희생으로 드림으로써 하나님의 뜻을 이룬 것이다.

3) 종과 왕

예수는 가장 뛰어난 하나님의 종이다. 아무도 예수처럼 하나님을
섬긴 자가 없었다. 예수는 우리를 영원한 죽음에서 구하고, 하나님과
의 관계를 회복시키기 위해 그의 생명을 주었다. 죽기 전 날 그는 제
자들에게 그의 주인 됨이 의미하는 것을 극적인 방법으로 설명해 주
었다. 제자들과 마지막 만찬을 나눈 후에, 그는 일어나서 겉옷을 벗고
수건을 허리에 동이고 제자들의 발을 씻겼던 것이다(요 13:1-13). 종의
역할을 함으로써, 그는 제자들에게 자신이 종인 왕이라고 말하고 있
었다.

그렇다면 예수는 하나님의 종이 되는 것을 그의 위엄보다 낮은 것으로 보았는가?(참조. 4:172) 물론 그렇지 않다! 그는 하나님의 가장 헌신된 종이었다. 그는 하나님과 사람을 섬기는 것을 그의 영광으로 생각했다. 그는 우리와 동등 됨을 취하사 자신이 기꺼이 우리의 죄를 감당하려 하였다. 그러면서, 그는 하나님의 뜻을 온전히 행하고, 모든 다른 사람보다도 더욱 인간으로서 자신을 나타내었다.

그가 하나님의 종이라는 사실이, 그렇다면 예수가 하나님이 선택하신 왕일 수 없다는 것을 의미하는가? 그렇지 않다. 오히려 그 반대이다. 예수는 그와 하나님의 관계가 독특하듯이, 그렇게 독특한 방법으로 하나님을 섬겼기 때문이다. 또한 예수가 그의 사명을 통해 하나님의 속성을 드러냈기 때문에, 하나님은 그를 옳다 칭하셨다. 그를 죽음에서 건짐으로써가 아니라, 죽음에서 살리시고, 모든 창조물의 주로 세움으로써 그렇게 하신 것이다.

> "그는 근본 하나님의 본체시나
> 하나님과 동등 됨을 취할 것으로 여기지 아니하시고
> 오히려 자기를 비어
> 종의 형체를 가져
> 사람들과 같이 되었고
> 사람의 모양으로 나타나셨으매
> 자기를 낮추시고
> 죽기까지 복종하셨으니 곧 십자가에 죽으심이라
> 이러므로 하나님이 그를 지극히 높여
> 모든 이름 위에 뛰어난 이름을 주사
> 하늘에 있는 자들과 땅에 있는 자들과 땅 아래 있는 자들로
> 모든 무릎을 예수의 이름에 꿇게 하시고

모든 입으로 예수 그리스도를 주라 시인하여
하나님 아버지께 영광을 돌리게 하셨느니라"
(빌 2:6-11, 내가 강조한 부분).

성경이 예수의 주 됨을 나타내는 방법은 잘 알려진 하디스와도 일
치하는 것이다. '백성의 지도자는 그들의 종이다.'[5] 이것이 인간에게
도 진실일진대, 하나님께는 얼마나 더 그러하겠는가? 그는 최고의
'지도자'이고, 우리는 그에게서 온전한 지도자상을 보게 된다. 어떤
의미에서, 역설적으로 오직 하나님만이 그의 창조물을 온전하게 섬길
수 있다고 말하게 된다. 지도하는 것은 섬기는 것과 함께 가는 것일
뿐만 아니라, 누군가가 훌륭한 지도자가 되기 위해서는, 그는 종의 태
도를 가져야만 한다. 온전한 섬김은 지도자가 되기 위해 꼭 필요한 기
술이다. 예수 그리스도의 뛰어난 섬김을 통해 우리는 그가 하나님이
지명하신 왕이라는 것을 깨닫게 된다. 이것이 복음서의 비범한 계시
이다. 주님이신 하나님은 사실 종이신 하나님인 것이다!

---

5) *Sayyidu l-qaumi khadimuhum.* 나는 정경으로 인정받는 하디스 모음에서 이런 이야
기를 읽은 적이 없다. 이븐 아라비는 이를 반대로 인용한다: "백성들의 종이 그들
의 지도자이다. 섬김을 통해 자신의 통치권(lordship)을 나타내는 사람은 진실로
온전히 헌신된 종이다."

14. 꾸란과 성경에 나타나는 예수의 명칭

우리는 꾸란에서 다양한 명칭으로 예수를 부른다는 것을 살펴보았
다. 이러한 명칭들은 예수의 기적적인 탄생과 함께 그를 특별한 예언
자로 나타낸다. 그는 '사도'로, '하나님의 말씀'으로, '그의 영'으로,
'메시아'로 명명된다. 이러한 명칭들은 성경에도 등장한다. 이슬람과
기독교 전통에서 이 명칭들이 가지는 의미를 검토해 보면, 무슬림들과
그리스도인들에게 예수가 누구인지를 살펴보는 데 도움이 될 것이다.[1]

(1) 예수는 예언자이고 사도이다

예수는 꾸란에 나오는 예언자들 가운데 특출한 위치를 차지하고 있
다. 그는 여섯 명의 위대한 예언자 가운데 한 명이다. 아담, 노아, 아
브라함, 모세, 예수, 그리고 무함마드. 마지막 세 명의 공통점은, 책으
로 기록된 율법을 가져왔다는 것이다. 예수는 하나님의 예언자로, 그
리고 사도로, 복음을 받았는데, 이는 모세에게 주어진 율법을 확증하
는 것이다. 신의 허락으로 예수는 기적을 행하여 자신의 사명을 이스
라엘 백성들이 보고 신뢰할 수 있도록 하였다. 그는 사람들이 집에서
몰래 행하는 것을 알 수 있는 능력이 있었다(3:49).

예수의 삶은 성령(ruh al-qudus)이 함께 하는 삶이었다(2:87, 253;
5:113). 어떤 식으로든 그 누구와도 신성을 나누지 않는 신의 유일성
을 해하지 않기 위해, 무슬림 주석가들은 성령을 천사 가브리엘로 보
았다. 따라서 꾸란에서는 예수를 단지 창조된 인간으로 보고 있다.

1) 현대 무슬림 저술가들이 어떻게 예수 그리스도를 보고 있는가에 관한 유익한 연구
는 아랍어로 된 M. Khawwam, *al-Masih fi l-fikri l-islami l-hadith wa fi l-masihiyya*,
pp. 197-229에서 찾아볼 수 있다.

예수(메시아)는 마리아의 아들로써 선지자일뿐 이는 이전에 지나간 선지
자들과 같음이니라.(5:78)

복음서 역시 예수를 예언자요 하나님의 사도로 나타내지만, 상당히
다른 의미를 갖는다. 모세는 그의 백성들에게 하나님이 자신과 같은
예언자를 그들을 위해 세우실 것이라고 말했다. "네 하나님 여호와께
서 너의 중 네 형제 중에서 나와 같은 선지자 하나를 너를 위하여 일
으키시리니 너희는 그를 들을지니라"(신 18:15). 이 예언을 바탕으로,
유대인들은 모세와 같은 예언자의 도래를 기다려 왔다. 그들은 그가
메시아라고 생각했다. 그들은 세례요한이 광야에서 회개하라고 외치
기 시작했을 때도 이 예언자를 기다리고 있었다. 어떤 사람들은 요한
에게 그 예언자냐고 물었지만(요 1:21), 요한은 이를 단호히 부인하고
질문자들의 관심을 예수에게 집중시켰다(요 1:26-27).
   예수가 행하는 기적을 보고, 그의 말씀을 들은 많은 유대인들은
"이는 참으로 세상에 오실 그 선지자라"는 결론에 이르게 되었다(요
6:14, 참조. 요 7:40). 그러나 예수는 단지 예언자들 가운데 한 명에 불
과하다고 생각하는 사람들도 있었다(마 16:14; 21:11; 막 6:15). 하나님
은 예수가 진정 그 예언자(the Prophet)임을 확증하시면서, 다음과 같
이 그에 대해 증거하셨다. "이는 내 사랑하는 아들이요 내 기뻐하는
자니 너희는 저의 말을 들으라"(마 17:5). "그의 말을 들으라"는 말은
하나님이 모세에게 약속하셨던 말씀을 연상시킨다(신 18:15). 수 천
년이 지난 후에 하나님은 예수가 보내기로 약속했던 그 예언자임을
선포하고 계시는 것이다. 예수의 부활 후에, 제자들 역시 그들의 주님
이 진실로 그 예언자였음을 선포했다(행 3:20-22). 이는 그들이 처음에
믿었던 대로였다(요 1:45).

요한복음은 예수를 하나님이 세상에 보내신 사도로 나타낸다. 예수
는 이 세상을 정죄하기 위해서가 아니라 구하기 위해서 오셨다(요
3:17). 예수는 하나님이 하시는 것을 했고(요 10:37), 하나님의 말씀을
말하고, 하나님의 영이 충만했다(요 3:34). 그의 사명은 자신이 하나님
과 하나인 것처럼, 그의 백성을 하나님과 하나 되게 하는 것이었다.
그렇게 될 때 세상은 하나님이 그를 보내셨음을 알게 될 것이다(요
17:21-23). 사실, 하나님을 아는 것은 그가 보내신 자를 아는 것과 분
리될 수 없다. "영생은 곧 유일하신 참 하나님과 그의 보내신 자 예수
그리스도를 아는 것이니이다"(요 17:3). 이 사도는 단순히 하나님이
보내신 자가 아니라, 하나님으로부터 오고(요 8:42; 17:8), 그의 백성들
을 자신의 생명을 희생하기까지 사랑한 후에(요 15:12-13) 하나님께로
돌아가는 자이다(요 13:1).

일부 무슬림들은 신명기 18 장 15-18절과 그 예언자에 대한 예언들
을 가리키면서, 그것을 예수에게 적용하기보다는 무함마드에게 적용
한다. 우리는 20장 '경전은 무함마드가 장차 올 것을 예언하고 있는
가?'에서 이 문제를 다시 다룰 것이다.

(2) 예수는 하나님의 말씀이다

꾸란은 예수를 '하나님의 말씀(*kalimatuhu*, 4:171)', '하나님으로부
터 온 말씀(*kalimatun minhu*, 3:39, 45)'이라고 부른다. 무슬림 주석가들
은 이 둘을 한 명칭으로 본다.[2] 그들은 이를 어떻게 이해하고 있는가?
라지는 예수의 기적적인 탄생에 비추어 이를 해석해야 한다고 설명

---

2) 일반적으로, 무슬림 주석가들은 예수의 '하나님의 말씀' 됨과 '하나님으로부터 온
말씀' 됨을 구분하지 않는다. 그들은 '하나님으로부터'를 강조하는 경향이 있다.
예수는 하나님의 말씀이므로 신이라고 말하는 비무슬림들이 자칫 오해할 가능성
이 적기 때문이다.

하면서, 모든 것은 하나님의 창조 명령 "있으라"를 통해 존재하기 시작한다고 말한다. 예수의 경우는, 아버지가 없으므로 하나님의 창조 명령으로 존재하게 된 것이 더욱 분명하다는 것이다.[3] 다른 해석에서는, 예수가 많은 표적을 통해 그의 메시지가 하나님으로부터 온 것 임을 증명하였던 점을 들면서 그가 하나님의 말씀이라고 말한다(3:45).[4]

이러한 '하나님의 말씀'으로서의 예수에 대한 설명은 몇 가지 의문을 제시한다. 만일 예수가 자신이 창조된 방법 때문에 '하나님의 말씀'이라고 불린다면, 꾸란에서 이와 유사하게 창조된 아담은 왜 '하나님의 말씀'으로 지칭되지 않는가? 또한 예수가 능력 있게 하나님의 말씀을 전했기 때문이라면, 왜 무함마드는 이런 명칭으로 존경받지 않는가? 이슬람의 설명은 하나님의 유일성을 손상시키는 위험을 피하려고 하지만, 이러한 설명이 만족스럽지 못하다.

이 명칭의 진정한 의미를 발견하기 위해서는, 그것이 처음 나타나는 복음서의 본문을 생각해 보아야 한다(요 1:1-18). 요한복음은 예수에 대해 이렇게 말한다. "태초에 말씀이 계시니라 이 말씀이 하나님과 함께 계셨으니 이 말씀은 곧 하나님이시니라 그가 태초에 하나님과 함께 계셨고 만물이 그로 말미암아 지은바 되었으니 지은 것이 하나도 그가 없이는 된 것이 없느니라 … 말씀이 육신이 되어 우리 가운데 거하시매"(요 1:1-3, 14a). 따라서 예수는 하나님의 영원한 말씀이 육신이 되었다는 의미에서, 하나님 계시의 인간화라는 점에서 하나님의 말씀이다. 예수는, 무슬림들이 꾸란을 하나님의 말씀으로 생각하는 것과 어느 정도 유사한 의미에서 하나님의 말씀인 것이다. 그리스도인들에게 하나님의 영원한 말씀은 인간 예수를 통해 드러난다. 무슬

---

3) 참조. 부카리, *anbiya'* 47:IV, p. 428(47장의 서론).
4) 라지, IV:8, pp. 42-43.

림들에게 그것이 꾸란을 통해 드러나는 것처럼 말이다. 그러나 인간
이고 동시에 신인 예수와는 달리, 무슬림들에게 꾸란은 오직 신적인
것일 뿐이다.[5]

(3) 예수는 하나님의 영이다

예수를 하나님의 말씀으로 기술하는 수라 4:171에서, 그는 또한
'하나님으로부터 온 영(a Spirit from him, *ruhun minhu*)' 으로 지칭된다.

> 실로 예수 그리스도는 마리아의 아들이사 하나님의 선지자로써
> 마리아에게 말씀이 있었으니
> 이는 주님의 영혼(a Spirit from him)이었느니라. 하나님과 선지자들을 믿
> 되
> (4:171, 내가 강조한 부분)

본문의 정황으로 볼 때, 주님(him)은 하나님을 가리키는 것으로 보
이지만, 일부 무슬림들은 이 명칭이 가브리엘과 관계되어 있는 것이
라고 설명한다. 라지는 다섯 가지 해석을 제시한다.[6]

❶ 사람들은 보통 극도로 순결하고 깨끗한 것을 말할 때 '영'이라
   는 말을 사용한다. 예수는 아버지가 없고, 가브리엘이 마리아에
   게 숨을 불어넣어 창조되었으므로, 그는 순결하고 따라서 '영'
   인 것이다. 예수가 그(가브리엘)로부터 왔다는 것은 예수를 그만
   큼 존경하는 것이다.

❷ 예수는 하나님 계시의 도구였고, 때로 꾸란은 이를 '영'으로 기

---

5) 이 비교는 아샤리(Ash'ari)가 이해하는 하나님 말씀을 가리킨다. 무타질라파 신학
   자들은 꾸란을 하나님의 영원하고 창조되지 아니한 말씀으로 생각하지 않는다..
6) 라지, VI:11, p. 91.

술한다. '이렇게 하여 우리(하나님)는 우리(하나님)의 명령으로
그대에게 계시[문자적으로 '영']하나니' (42:52, 참조. 16:2). 예
수는 하나님 계시의 대사였기 때문에, 그는 어떤 의미에서 '하
나님으로부터 온 영'이다.

❸ 예수는 하나님으로부터 온 '자비'라는 의미에서 하나님으로부
터 온 '영'이다. 하나님의 자비는 하나님의 영으로 지칭된다.
'하나님께서는 이미 그들의 마음속에 믿음을 기록하셨고 그분
의 영혼으로 보호하셨기 때문이라' (58:22). 예수는 사람들에게
이 세상과 다음 세상에서의 삶에 대해 가르쳤기 때문에 하나님
으로부터 온 자비이다.

❹ 아랍어에서 '영'에 대한 단어 루(ruh)와 '숨(breath)'에 대한 단
어 리(rih)는 매우 유사하다. 예수는 가브리엘이 마리아에게 숨
을 불어넣어 창조되었다는 의미에서 '영'이다. 가브리엘은 '하
나님으로부터 온 영'이라고 불린다. 그는 '우리[하나님]는 그녀
[마리아]에게 우리의 영[즉, 가브리엘]을 불어넣어' 라는 하나님
의 명을 받아 행동했기 때문이다(21:91, 참조. 66:12).[7]

❺ 예수에게 '영'[어떤 영(a spirit)이 아니라]의 자격을 준 것은 그
를 높이기 위한 것이다. 그는 진실로 고귀하고, 거룩하며, 뛰어
난 영들 가운데 한 분이기 때문이다. '그(하나님)로부터' 라는 말
은 예수를 찬미('azzama)하고 존경(sharrafa)하는 의미로 사용되
었다.

7) 참조. 부카리, *anbiya'* 47:IV, p. 428(47장의 서론).

이 해석들 가운데 네 번째는 '영'을 천사 가브리엘과 동일시한다. 그러나 꾸란이 천사들과 영 사이를 구분하고 있다는 것은 말할 필요도 없다(70:4; 78:38; 97:4을 보라). 예수가 사명을 감당하는 동안 예수를 지지했던 것은 성령이었다(2:87, 253; 5:113). 무슬림 주석가들이 하나님을 영과 가브리엘을 동일시할 때, 그들은 하나님의 영이 하나님과 구별된다는 어떤 의견도 받아들이지 않기 위해 그렇게 하는 것처럼 보인다. 그들은 그것이 하나님의 유일성을 손상한다고 생각하는 것이다.

신약에서 예수는 한 구절에서만 '영'으로 지칭된다. "첫 사람 아담은 산 영이 되었다 … 마지막 아담은 살려 주는 영이 되었나니"(고전 15:45). 본문에서 '살려 주는 영'이라는 표현은, 죽음에서 승리한 그리스도가 그를 신뢰하는 자들에게 새 생명을 줄 수 있게 되었다는 것을 의미한다. 복음서는 천사 가브리엘과 성령을 분명하게 구분하고 있다. 성령은 예수의 수태에서 하나님의 대리자였던 반면, 가브리엘의 역할은 마리아에게 무슨 일이 일어날 것인지 그리고 그녀가 어떻게 수태하게 될 것인지 알려 주는 것뿐이었다(마 1:20; 눅 1:35).

성령은 예수가 세례를 받을 때 비둘기의 형태로 그에게 임한 하나님의 영이다(마 3:16). 그는 예수 사역 전반에서 활동했다(마 12:28; 눅 4:1-2; 요 3:34). 죽기 직전에(요 14-16), 그리고 부활 직후에(행 1:8), 예수는 제자들에게 자신이 하나님께 올라간 후 성령을 보내 주겠다고 약속했다. 이 성령은 예수의 제자들에게 그리스도에 관한 온전한 지식과 이스라엘 밖에까지 복음을 전할 능력을 주는 사명을 지닌 '진리의 영'이다(요 14:15-18; 15:26-27; 16:7-15).

(4) 예수는 메시아다

알-마시(*al-Masih*), '메시아' 는 꾸란에서 예수를 가리킬 때 11번 사용하는 명칭이다. 일부 무슬림 주석가들은 알-마시가 예수의 히브리어 이름인, 아랍어 마시아(*masiah*)라고 본다. 그러나 대다수의 무슬림들은 이 단어가 개인 이름이 아니라 명칭이라고 보고 있다. 그들은 그 어원에 대해서 의견을 달리하고 있다.

라지는 열 개의 가능한 설명을 제시하고 있다.[8] 첫 세 개는 동사 마사하(*masaha*)의 능동적 의미에 기초하고 있는데, 그 의미는 '만지다' '기름 붓다' '닦아 내다' '(땅을) 측량하다' 혹은 (장소를) '돌아다니다' 이다. 즉, 예수가 행동의 주체이다. '만지는 자' '돌아다니는 자':

❶ 이븐 아바스는 예수가 병든 자를 손으로 만질 때마다 병이 나았기 때문에 알-마시라고 불린다고 생각했다.

❷ 예수는 여행자이다. 그는 나라 전체를 돌아다니곤 했기 때문에, 마시(*Massih*, *Masih*의 강조된 형태)라고도 읽힐 수 있는 명칭이 붙었다는 것이다.

❸ 예수는 종종 고아들에게 손을 얹고 하나님의 축복을 빌었기 때문에 메시아라고 불릴 수 있다.

마사하의 수동적 의미에서, 예수는 동사의 목적이 된다: '기름부음 받은 자' '만져지는 자':

❹ 예수는 죄와 악에서 순결하기 때문에 알-마시라고 명명되었다.

❺ 평발을 가진 사람이 (아랍어로는) 암사(*mamsuh al-qadamayn*, 또

---

8) 수라 3:45; 라지. IV:8, pp. 43-44.

는 *amsah*)로 알려져 있다. 예수 역시 그랬기 때문에 알-마시라
고 불렸다.

❻ 예언자로서 예수는 신성한 기름 부음을 받은 자이다.

❼ 가브리엘은 예수가 태어날 때 사단이 건드리지 못하도록 그의
날개로 예수를 만졌다.

❽ 예수가 어머니의 자궁 밖으로 나왔을 때, 그는 신성한 기름을
바르고 있었다.

마지막 두 해석은 어원에 기초한 것이 아니라, 단지 예수를 찬양하
고자 하는 것이라고 라지는 주석한다.

❾ 알-마시는 알-말리크(al-malik, '왕')를 의미한다.

❿ 알-마시는 알-시디크(al-siddiq, '공정한 사람')를 의미한다.

이러한 해석들 가운데, 오직 여섯 번째와 아홉 번째만이 성경에서
그 말이 갖는 의미인 '기름 부음 받은 왕'과 가깝다. 성경에서 '메시
아'라는 말은, 이스라엘에서 어떤 상황하에 이행되는 의식을 가리킨
다. 왕들과, 제사장들, 예언자들을 부서에 소개할 때 그들에게 신성한
기름을 바르는 것이 풍습이었던 것이다. 따라서 '메시아'라는 말은
후에 선택받은 자라는 그런 의미를 갖게 되었다.

메시아는, 다윗의 후손 가운데 한 명을 세우겠다고 하나님이 약속
하신 왕이다(삼하 7장). 다윗의 아들 솔로몬은, 그 왕국의 모든 위엄
과 영광에도 불구하고 오실 왕의 희미한 전조에 지나지 않았다. 이 왕
은 하나님과 아버지-아들 관계를 즐길 것이고, 지상의 모든 사람들을

그의 백성으로 삼으실 것이다(시 2). 다윗 왕은 그를 주님이라고 불렀다(시 110). 예언자 미가 역시 메시아에 대해 말하면서, 베들레헴이 그가 태어날 곳이며, 그의 기원은 고대로부터 영원하다고 보았다.

> "베들레헴 에브라다야
> 너는 유다 족속 중에 작을지라도
> 이스라엘을 다스릴 자가
> 네게서 내게로 나올 것이라
> 그의 근본은 상고에,
> 태초에니라"(미 5:2).

이사야는 그에게 임마누엘('하나님이 우리와 함께 계시다')이라는 이름을 주었고, 그의 탄생이 기적적일 것이라고 예언하였다(사 7:13-14). 이 새로 태어난 왕은 공평과 정의의 영원한 나라를 다스릴 것이라고 이사야는 선포하였다.

> "그 정사와 평강의 더함이 무궁하며
> 또 다윗의 위에 앉아서
> 그 나라를 굳게 세우고
> 지금 이후 영원토록
> 공평과 정의로
> 그것을 보존하실 것이라"(사 9:7).

이 모든 관점에서 볼 때, 예수 탄생 당시 많은 사람들이 매우 간절히 메시아의 도래를 기다린 것은 결코 놀라운 일이 아니다. 그러나 유대인들이 로마 통치하에 있었기 때문에, 메시아에 대한 그들의 기대에는 정치적 색채가 짙었다. 그들은 나라를 로마의 압제에서 풀어 줄 해방자를 고대하고 있었던 것이다.

복음서의 족보는 예수를 다윗의 아들로 제시한다(마 1:1; 눅 3:23-31). 천사 가브리엘은 마리아에게 그녀의 아들이 아버지 다윗의 위에 앉게 될 것이라고 말했다. "마리아여 무서워 말라 네가 하나님께 은혜를 얻었느니라 보라 네가 수태하여 아들을 낳으리니 그 이름을 예수라 하라 저가 큰 자가 되고 지극히 높으신 이의 아들이라 일컬을 것이요 주 하나님께서 그 조상 다윗의 위를 저에게 주시리니 영원히 야곱의 집에 왕 노릇 하실 것이며 그 나라가 무궁하리라"(눅 1:30-33). 예수는 미가가 예언했던 대로 다윗의 동네인 베들레헴에서 태어났다(눅 2:1-7).

30여 년이 지난 후에 제자들은 점차 그들의 주님이 진실로 그들이 기대해 왔던 메시아(그리스도)라는 것을 발견하게 되었다(마 22:41-46; 요 4:26). 예루살렘을 향해 떠나기 전에, 그곳에서 자신이 십자가형에 처해질 것을 알았던 예수는 자신이 메시아라는 사실을 아무에게도 말하지 말라고 제자들에게 경고했다. 이는 어떤 대중적인 오해도 받지 않기 위해서였다(마 16:13-20). 종교 권위자들에게 심문을 당하면서도 그는 명칭을 사용하는 데 조심했다. 그는 사람들이 기대하던 그런 종류의 메시아가 아니었다. 정치적인 왕이 아니었던 것이다. 그러나 분명 예언자들이 예언했던 메시아였다(참조. 마 26:63-64; 막 14:60-62; 눅 22:66-70, 참조. 단 7:13-14).

그가 승천한 후 제자들이 담대하게 전했던 대로, 예수의 부활은 메시아로서의 즉위식이었다.

"이 예수를 하나님이 살리신지라 우리가 다 이 일에 증인이로다 하나님이 오른손으로 예수를 높이시매 그가 약속하신 성령을 아버지께 받아서 너

회 보고 듣는 이것을 부어 주셨느니라 다윗은 하늘에 올라가지 못하였으나 친히 말하여 가로되

주께서 내 주에게 말씀하시기를
내가 네 원수로
네 발등상 되게 하기까지
너는 내 우편에 앉았으라 하셨도다

하였으니 그런즉 이스라엘 온 집이 정녕 알지니 너희가 십자가에 못 박은 이 예수를 하나님이 주와 그리스도가 되게 하셨느니라 하니라"
(행 2:32-36, 참조. 13:32-33).

따라서 예수는 이제 세상의 주로, 특히 그를 그리스도로 고백하는 사람들의 주로 다스리신다. 그가 영광 중에 오실 때에 모든 사람들이 그의 주 되심을 알게 될 것이다(고전 15:20-28).

요약하자면, 꾸란에 나오는 예수에 대한 다양한 명칭들은 여러 예언자들 가운데 그의 뛰어난 위치를 보여 준다. 이러한 사실이 의심의 여지없이 예수가 '현세와 내세에서 영광이 있는' 자로 지칭되는 이유를 설명해 준다(3:45). 모세가 어느 정도 그랬던 것처럼 말이다(33:69). 예수는 이 세상에서만 영광 받는 자가 아니다. 천사처럼(4:172) 그는 하나님의 왕좌 가까이 있다(3:45). 그러나 비록 하나님이 그를 가장 위대한 예언자들 중 한 사람으로 만들었지만(참조. 2:253), 꾸란에서 묘사되는 예수는 본질적으로 다른 예언자와 같은 인간일 뿐이다.

따라서 꾸란에서 예수에게 주는 명칭은, 동일한 명칭일지라도 복음서의 명칭이 갖는 의미와 다르다. 복음서에서는 예수를 모든 예언자들 가운데 특권 있는 자로 가리킬 뿐만 아니라, 그에게 다른 예언자와

는 다른 그만의 독특한 위치를 부여한다. 이러한 독특한 위치에 대한
주장은 좀 더 자세히 검토해 볼 필요가 있는 것이다.

15. 예수는 하나님의 아들인가?

이제 우리는 그리스도인들과 무슬림 사이에 논쟁의 정점을 이루는 가장 민감한 문제를 다루려고 한다. 그리스도인들을 하나님의 계시가 예수를 통해 절정에 이르렀다고 믿는다. 하나님 자신이 그의 아들을 통해 이 세상에 오셨다는 것이다. 무슬림들은 하나님의 유일성을 심각하게 위협한다고 생각하여 이러한 믿음을 절대 거부한다.

이 어려운 문제를 다루기 전에 우리는 꾸란이 예수의 신성을 부인하는 배경을 기억해 볼 필요가 있다. 예언자 무함마드의 사명은, 최고신에게 많은 신들을 연계시키던 아랍인들에게 하나님의 유일성을 전하는 것이었다. 오직 창조자 한 분만이 계시기에 그는 사람들이 그분만을 경배해야 한다고 설교했다. 사람들은 하나님의 뜻을 따르고 그의 명령에 복종해야만 한다는 것이다(72:18, 20).

아랍인들의 '연계설' 은 하나님이 여러 관계를 가지고 있다는 믿음이었다.

- 아내 또는 아내들(72:3)
- 아들들(2:116; 6:100-101; 10:68; 17:111; 18:4; 19:91-92; 21:26; 25:2)
- 딸들(6:100; 16:57; 17:40; 37:149-153; 43:19; 53:27)

꾸란은 또한 이슬람 이전 종교에서 경배의 대상이 되었던 주요 여신들 세 명의 이름을 기록하고 있다(53:19-20). 그러한 신앙을 상대로, 무함마드는 아랍 다신교를 강하게 공격하면서 하나님의 초월성과 위엄을 강조하려 했다. 그것은 창조물 가운데 어떤 것도 신성시될 수 없으며, 따라서 하나님의 일부가 될 수 없다는 것이었다(43:15).

> 또한 하나님께서 자손을 두셨다 말하는 자들이 있으니
> 실로 너희들은 불견한 주장을 함이라
> 그때에 하늘이 찢어지려 하고 대지가 갈라지며
> 산들이 산산 조각이 되려 하였으니
> 이는 그들이 하나님께 자손이 있다고 불결한 말을 했기 때문이라.
> 하나님은 자손을 가질 필요가 없으시매(19:88-92)

　7장에서 보았듯이, 꾸란에서 용서받을 수 없는 죄는 창조물을 경배의 대상으로 삼는 것이다. 창조주 한 분만이 유일하시기 때문이다(4:48, 116).

　아랍 다신교에 격렬하게 대항하는 이러한 상황을 배경으로 우리는 그리스도인들에게 했던 비난을 이해해야 한다. 기독교 신앙 역시 일종의 '연계'로 보이기 때문이다. 반-다신교에 대한 열심과 노력을 가지고, 그리스도가 하나님의 아들이며(9:30) 하나님이 그리스도라는(5:17, 72) 주장을 비난하면서 무함마드는 꾸란의 메시지를 선포했다. 또한 그는 하나님이 하나님과 마리아, 예수로 된 삼인이라는 주장을 반박하면서 이를 더욱 정당화했다.

> 성서의 백성들이여! 너희 종교의 한계를 넘지 말며 하나님에 대한 진실 외에는 말하지 마라. 실로 예수그리스도는 마리아의 아들이사 하나님의 선지자로서 마리아에게 말씀이 있었으니 이는 주님의 영혼이었느니라. 하나님과 선지자들을 믿되 삼위일체설을 말하지 말라 하니 이는 너희에게 복이 되리라. 실로 하나님은 단 한 분이시니 그분에게는 아들이 있을 수 없음이니라. 천지의 삼라만상이 그분의 것이니 보호자로서 충만하시도다.(4:171)
> 　하나님이 셋 중의 하나라 말하는 그들은 분명 불신자이라. 하나님 한 분

외에는 신이 없거늘 만일 그들이 말한 것을 단념치 않는다면 그들 불신자들
에게는 고통스러운 벌이 가해지리라.(5:76)

라지는 무슬림들이 이 본문들을 세 가지 방법으로 해석해 왔다고
그의 주석에서 설명하고 있다.[1]

❶ 일부 무슬림들은 본문이 기독교에서 말하는 삼위일체 교리, 즉
하나님과 마리아, 예수가 삼 신이라는 것을 부인한다고 생각한
다. 이들은 하나님이 예수에게 '네가 백성에게 말하여 하나님을
제외하고 나(예수)와 나의 어머니를 경배하라 하였느냐?' 라고
물었던 수라 5:119에 대한 해석으로 돌아간다.

❷ (그리스도인들이 하나님과 마리아, 예수의 삼위를 믿는 것이 아니라
는 것을 알고 있는) 다른 무슬림들은 그리스도인들이 하나님과
함께 마리아와 예수를 말하지도 못하도록 배웠다고 생각한다.
이러한 해석은 본문에 '신들' 이라는 말이 나오지 않는다는 사실
에 기초하고 있다.(본문은 글자 그대로 볼 때, '세 신들' 이라기보다
는 '셋' 이라고 말하고 있다.) 세 이름을 함께 언급하는 것은 진정
잘못된 것이다. 하나님께 더해서 예수와 마리아를 두 신이라고
말하고 있기 때문이다. 꾸란에는 이와 같이 잘못 사용된 언어가
또 있다. '동굴의 동료들' 에 대한 이야기에서 사람들이 그 수에
대해 말하는 방법이 매우 혼란스럽다. '그들은 셋인데 네 번째
가 그들의 개이라.' (18:22)

❸ 라지는 기독교 교리가 '본질적으로 한 분이신 하나님과 삼위' 에

---

1) 라지. VI:11, p.92 그리고 VI:12, p.51.

관한 것이라는 것을 잘 알고 있다.[2] 그는 꾸란이 성경의 삼위일
체 교리를 거부한다고 믿으면서, 삼위일체를 다음과 같이 설명
한다. '아버지, 아들 그리고 성령의 삼위 안에 한 본질. 이들 셋
은 태양이 원형이고, 빛이고 열인 것과 같은 것이다. 그리스도
인들은 아버지를 본체로, 아들을 말씀으로, 그리고 성령을 생명
으로 언급한다. 그들은 아버지가 하나님이고, 아들이 하나님이
고, 영이 하나님이고, 그리고 모두가 다 한 하나님이라고 주장
한다.'

이 세 번째 설명은 기독교의 삼위일체 교리를 공정하게 기술하고
있다. 우리가 라지에게 동의하지 않는 유일한 영역은 그가 기독교의
성육신 교리를 정의하는 방법이다. 그는 물이 포도주나 우유에 섞이
는 것과 같은 방법으로 말씀이 예수의 몸에 섞였다고 말한다. 라지가
기독교 단성론자들과 동일하게 성육신을 이렇게 정의했다고 해서 우
리는 라지를 비난할 수 없다.[3]

어떤 경우에도, 기독교 교리는 라지에게 이해가 가지 않는 것이며,
그는 이성적으로 순수하게 그것을 절대 거부한다. 셋은 하나가 될 수
없고, 하나는 셋이 될 수 없는 것이다. 따라서, 그는 기독교의 삼위일
체 교리보다 더 왜곡되고 허위인 교리는 없다고 결론짓는다.

2) *Inna llaha wahidun bi-l-jawhar thalathatun bi-l-aqanim.* 라지가 기독교 교리에 익숙
한 것은 그리스도인들과의 논쟁으로 인한 것이다. 그러한 논쟁을 기록한 것으로는
*Munazara fi l-radd `ala l-Nasara*가 있다. 그는 성경은 잘 알지 못하기 때문에, 저
서에 인용하지 않고 있다.

3) (오늘날은 이집트 콥틱 교회와 시리아에 있는 시리아 정교회로 대표되는) 기독교
단성론자들은 예수가 한 가지 본성만 가지고 있다고 믿는다. 그것은 인성보다는
신성이다. 다른 한편, (오늘날 이라크와 시리아에 있는 아시리아 교회로 대표되
는) 경교도들은 예수가 두 본성을 가지고 있다고 믿는다. 그 두 본성은 서로 연관
되어 있지만 하나로 일치되어 있지는 않다. 예수는 인성을 가졌고, 그리스도는 신

(1) 만일 하나님께 아들이 있다면

라지는 기독교 교리가 비합리적이라고 보기 때문이 이를 거부한다. 그러나 종교에 대한 이러한 합리적인 접근은 이슬람의 가르침과 잘 맞지 않는다. 무엇이 진리이고 아닌가를 결정하는 데 있어서 이슬람은 인간의 이성을 최고로 하고 있는가? 나는 그렇게 생각하지 않는다. 이슬람에서는 기독교와 마찬가지로 계시가 이성보다 우선순위를 차지하기 때문이다. 이러한 사실은 흥미롭게도 하나님에게 아들이 있을 수도 있다는 꾸란 구절을 통해 분명하게 확증되고 있다. 이 구절에서 예언자는 인간의 이해 한도를 넘어서는 하나님의 계시를 받아들이도록 권고 받고 있다.

> 일러 가로되 '자비로운 하나님께서 아들을 가졌다면 내게 제일 먼저 경배하는 자가 되리라.' 천지의 주님이시며 권자에 오르실 주님께 영광이 있으소서 실로 그분은 불신자들이 묘사한 분이 아니시라.(43:81-82)

본문이 가리키는 것은 무함마드가 하나님의 계시에 복종해야만 한다는 것이다. 심지어 그것이 인간의 기대와 상반될 경우에도 마찬가지이다. 라지에 의하면, 81절을 글자 그대로 받아들이면 이는 하나님에게 아들이 있다는 것을 의미할 것이라고 생각하는 무슬림들이 있다. 그러나 그것은 불가능하다고 보기 때문에 그들은 다른 해석에 의

성을 가졌다는 것이다. 7세기에 북부 아라비아에서 많은 아랍 부족들은 그리스도인들이었다. (북서쪽의) Ghassanides는 단성론자들이었고, (북동쪽의) Lakhmides는 경교도들이었다. 이 아랍 그리스도인들은 교회협의회에서 교리를 정한 비잔틴 제국으로부터 이단으로 몰렸다. 즉, 그리스도는 (단성론자들에 반하여) 두 본성을 가지고 있고, (경교도들에 반하여) 한 사람이라는 것이다. 그리스도의 인성과 신성은 (단성론자들에 반하여) 혼동이나 변화 없이, 그리고 (경교도들에 반하여) 분열이나 구분 없이 하나로 통합되었다는 것이다.

존해 왔다.[4]

❶ 일부 무슬림들은 그 경배를 아들에게 향하는 것이 아니라, 직접
하나님께 향하는 것으로 본다. 그들은 그 구절이 '심지어 하나
님에게 아들이 있더라도, 나는 여전히 아들이 아니라 하나님만
을 경배하는 첫 사람이 될 것이다.' 라는 것을 의미하는 것으로
본다. 이는 가능한 해석이다. 아랍어 본문은 문자적으로 '만일
가장 자비로우신 분에게 아들이 있다면, 나는 첫번째 경배자가
될 것이다.' 라는 것이기 때문이다. 라지는 이러한 해석이 부당
하다고 생각한다. 하나님에게 진실로 아들이 있는데 무함마드
가 그것을 부인했다면, 그는 자신의 무지와 진리를 부인하려고
고집한 것이라는 것이다. 이러한 태도가 예언자에게 걸맞은 것
이 아니기 때문에 이 해석은 옳은 것이 될 수 없다고 본다.

❷ 두 번째 해석은 첫번째 것을 약간 변형하여, 아들의 존재라는
객관적인 사실보다 논의의 강점을 더 강조한 것이다. '만일 하
나님에게 아들이 있다는 것을 증명할 수 있더라도, 나는 여전히
그것을 부인하고 하나님만을 경배할 것이다.' 이러한 해석은 라
지에게 이해가 가지 않는다. 이는 예언자가 그것이 구체화될 때
에만 그 주장을 거부할 것이라고 말하고 있기 때문이다. 무함마
드가 그러한 사실을 부인하는 것은 그 경우가 이루어지거나 말
거나에 달려 있는 것이 아니다.

❸ 다른 이들은 그 구절이 '만일 하나님에게 아들이 있다면, 나는
여전히 그것을 부인하는 첫 사람이 될 것이다.' 를 의미하는 것

---

4) 라지, XIV:27, pp. 196-198.

으로 이해한다. 이 해석은 다소 낯선 `abida 동사의 의미에 기초하고 있다. 이 동사는 일반적으로는 '경배하다'를 의미하지만 '거부하다' 혹은 '부인하다'를 의미할 수도 있다. 그 동사의 의미는 아직 기본적으로는 이전의 해석과 동일하며, 라지도 역시 동일한 이유로 이를 거부한다.

❹ 그러나 다른 무슬림들은 아랍어에서 인(*in*)은 '만약'이 아니라 '아니다' (*ma*)를 의미한다고 본다. 무함마드는 이렇게 말하도록 명령받았다는 것이다. '하나님에게는 아들이 없다. 그러므로 나는 메카에서 첫 유일신교 신자이고, 하나님에게 아들이 없다는 것을 선포한다.' 이 해석 역시 설득력이 부족하며, 라지도 받아들이지 않는다.

라지는 그 구절의 조건절이 글자 그대로 해석되어야 한다고 본다, 즉 '만일 하나님에게 아들이 있다면, 나는 그 아들을 경배하고 섬기는 첫 사람이 될 것이다.'라고 보아야 한다는 것이다. 여기서 목적하는 바는, 만일 무함마드가 하나님에게 아들이 있다는 것을 믿고자 하지 않는다면, 그것은 그가 편견을 가지고 있거나 논쟁하려는 것이 아니라는 것이다. 그는 그 말이 맞는다면 그것을 인정할 준비가 되어 있다. 그러나 하나님에게는 아들이 없고, 아들이 있다는 것을 증명할 만한 것이 없기 때문에, 그가 그러한 사실을 받아들일 수 없다는 것이다. 더 나아가 라지는 하나님에게 아들이 없다는 확실한 증거가 있기 때문에, 무함마드가 아들을 경배하는 것을 물론이고 그의 존재를 받아들여야 할 아무런 이유도 없다고 말한다.

이 해석은 상당히 설득력이 있지만 몇 가지 질문을 야기한다. 진정으로 하나님에게 아들이 없다는 확실한 증거가 있는가? 만일 그렇다

면 그 증거가 어디에 있는가? 그리고 하나님에게 아들이 있다고 한다
면 어떻게 할 것인가? 무슬림들은 예언자처럼 이 아들을 경배하고 섬
길 준비가 되어 있는가?

　일반적으로 말하자면, 무슬림들과 그리스도인들은 하나님의 계시
가 인간의 이성보다 우선한다는 데 동의한다. 하나님의 누구신가에 대
해서, 인간의 마음은 충실한 종이지만 믿지 못할 선생이기도 하다. 그
리스도인의 관점에서, 왜 우리가 지성만으로는 하나님을 알 수 없는가
에 대해 적어도 두 가지 이유를 들 수 있다. 먼저, 제한적인 창조물은
무한한 창조주를 이해할 수가 없고, 둘째, 인간의 마음은 인류 전체만
큼이나 죄악이 가득하기 때문이다. 따라서 하나님을 아는 것은 우리
자신의 이성을 신뢰하기보다는, 그분을 신뢰하는 것을 의미한다.

(2) 오해에 대한 반박

　꾸란은 예수가 하나님의 아들이 아니라고 분명하게 제시하고 있는
가? 나는 그렇게 생각하지 않는다. 꾸란은, 삼위일체와 예수의 아들
됨에 대한 오해를 거부하고 있을 뿐이다.

- 성경에서 말하는 삼위일체는 꾸란에서 거부하는 삼신론과 전혀
  관계가 없다. 그리스도인들은 아버지이시고, 아들이시고, 성령이
  신 한 분 하나님을 믿는 것이지, 하나님과 마리아, 예수의 삼 신
  을 믿는 것이 아니다.
- 예수는 하나님의 아들이 아니다. 그는 마리아의 자궁에 기적적으
  로 수태되었기 때문이다. 그러나 오히려 예수는 하나님의 아들이
  기 때문에 기적적으로 수태된 것이다.
- 하나님은 예수가 수태될 때 그의 인성을 창조하셨다. 이는 예수

가 말 그대로 온전한 인간이라는 것을 의미한다. 그의 꾸란 이름인 예수와, 그가 마리아의 아들이라는 사실은 매우 정당한 것이다.

• 하나님은 아들의 위격(person)만으로 축소될 수 없는 분이시다. 그리스도가 하나님이라는 것은 맞지만(그의 신성에 근거하여), 하나님이 그리스도라는 것은 사실이 아니며, 꾸란이 거부하는 것이 바로 이것이다.(참조. 5:17, 72).

• 하나님의 아들의 성육신은 결코 사람이 신이 되었다는 것을 의미하지 않는다. 성육신은 인간의 신성화와 정확히 반대되는 것이다. 인간의 신성화는 인간이 하나님의 계열로 승격되었다는 것을 의미하는 반면, 성육신은 하나님의 겸손을 말하는 것이다. 분명히 하나님은 예수를 그의 아들로 택한(take) 것이 아니다. 이러한 주장은 꾸란에서 정당하게 반박하고 있는 것이다.

• 신성과 인성이 예수의 위격 안에서 하나가 되었다. 그리스도인들은 그리스도라는 한 위격을 경배하는 것이지 그의 신성이나 인성이 아니다. 이 하나 됨은 인간의 신성화나 인간화된 신성이 아니다. 인성과 신성이 서로 분리되어 존재하면서, 섞이거나 혼동되지 않는다.[5] 따라서 그리스도인들은 결코 창조된 것을 창조주와 연계하여 경배하지 않는다.

(3) 하나님은 낳지도 않고, 태어나지도 않았다

그렇다면, 하나님이 '낳지도 않고, 태어나지도 않았다' 라고 말씀하

---

5) 칼케돈(451)의 상징은 다음과 같이 진술한다. '우리는 한 분이고 동일한, 유일한 아들 주 예수 그리스도는 혼동이나 변화 없이, 분열이나 구분 없이, 두 본성으로 인정받아야만 한다고 고백한다. 그 본성들 사이의 구분은 그 본성들이 하나 되었다고 해서 결코 무너질 수 없는 것이며, 오히려 두 본성 각각에 적합한 특성은 한 사람, 한 실체 안에 함께 있으면서 계속 보존된다.' J. Neuner and J. Dupuis (eds.), *The Christian Faith in the Documents of the Catholic Church*, par. 615, p. 166.

시는 그 유명한 수라는 어떻게 된 것인가?

> 일러 가로되, 하나님은 단 한 분이시고,
> 하나님은 영원하시며,
> 낳지도 않고 태어나지도 아니했나니
> 그분과 대등한 자 세상에 없도다.(112:1-4)

역사적으로 이 메카 계시는 그리스도인들을 향한 것이 아니라, 다
신교 아랍인들과 하나님의 아들들과 딸들에 대한 그들의 믿음에 관한
것이다. 그러나 라지는 여기에 더 광범위한 의미가 있다고 본다.[6] 이
구절은 천사들을 하나님의 딸들이라고 하는 아랍인들을 비난하고(참
조. 17:40; 37:150; 43:19; 53:27), 또한 에스라가 하나님의 아들이라고
하는 유대인들과, 그리스도가 하나님의 아들이라고 하는 그리스도인
들을 비난하고 있다는 것이다.

> 유대인이 이르길 에즈라가 하나님의 아들이라 말하고 기독교인들은 예수
> 가 하나님의 아들이라 하니
> 이것이 그들의 입으로 주장하는 말이라. 이는 이전에 불신한 자들의 말
> 과 유사하니 하나님이 그들을 욕되게 하사 그들은 진실에서 멀리 현혹되어
> 있더라. (9:30)

라지는 그리스도인들이 두 그룹으로 나누어진다고 본다. 예수가 진
정한 의미에서(haqiqatan) 하나님의 아들이라고 믿는 이들과, 하나님
이 아브라함을 친구로 택하셨듯이(참조. 4:125) 예수를 아들로 택하여
그를 영화롭게 했다고 믿는 이들이다. 이 두 번째 그룹의 믿음(이것은
사실 양자론으로 알려진 기독교 이단이다)은 하나님이 '자족하시는 분

---

6) Razi, XVI:32, pp. 168-169

(*ghani*)' 이며 따라서 그 누구의 도움도 필요로 하시지 않는다는 근거를 바탕으로 꾸란에서 거부된다(10:68; 17:111, 참조. 2:116; 19:35, 92; 21:26; 25:2). 이 주장에서는 아무 흠도 찾을 수 없지만, 라지가 첫번째 그룹에 대해 제기하는 것은 훨씬 설득력이 없다. 라지는 하나님은 '낳지도 않고, 태어나지도 않았다' 는 사실이 이성적으로 증명된다고 말한다. 하나님은 '여러 본체(*jism*)' 가 아니시기 때문에 낳지 않으신다. 즉, 하나님은 여러 부분으로 이루어진 본체가 아니시며(*mutaba`id*), 부분으로 나누어지지 않는다(*munqasim*)는 것이다. 라지는 이 논의를 수라 39의 한 구절에 대한 그의 주석에서 발전시킨다.

> 하나님께서 아들을 원하셨다면 그분께서 창조한 자 가운데서 그분이 원하신 자를 선택하셨으리라.
> 그러나 그분께 영광이 있으소서 그분은 홀로 계시며 모든 것을 주관하시는 하나님이시라.(39:4)

라지는 하나님에게 아들이 있을 수 없는 세 가지 이유가 있다고 설명한다.[7] 첫째, 아들을 생산한다는 것은 그의 형상을 따라 어떤 것이 만들어지기 전에, 아버지의 한 부분이 (여러 많은 부분들 중에서) 떨어져 나온다는 것을 의미한다. 그러나 하나님은 하나의 유일한 본체(*fard mutlaq*)이므로 아들을 가질 수 없다. 둘째, 아들은 아버지와 부합하는 속성(*ta`yin*)을 지니고, 동일한 정체성(*mahiyya*)을 갖기 마련이다. 그러나 하나님과 그의 아들은 그럴 수 없다. 하나님은 오직 한 분 하나님에게만 정의될 수 있는 '본질적으로 필요한 존재(*wajib al-wujud li-dhatihi*)'인 것이다. 셋째, 아들을 갖는다는 것은, 남편과 아내 같은 동일한 종(*jins*)이 존재한다는 것을 의미한다. 만일 하나님에

---

7) Ibid., XIII:26; pp. 211-212.

게 아들이 있다면, 그는 그와 같은 속성을 지닌 아내가 있어야 하고, 그렇다면 그는 더 이상 한 분 하나님일 수 없다. 하나님이 근접할 수 없는 존재(*qahhar*)로 기술된다는 사실 역시, 그에게 아들이 있을 수 없다는 것을 말해 준다. 사람은 그의 사후 그를 계승한 아들을 필요로 하지만, 하나님은 죽는 존재가 아니다. 그분은 모든 것을 정복하시며 그 어느 것에도 정복당하지 않으신다.

이제 라지가 자신의 의견을 밝힌 것인가? 하나님에 관계된 오해에 대해서는 그렇지만, 기독교의 신론에 대해서는 말하지 않았다고 본다. 기독교는 삼위와 하나님의 하나 되신 본질 사이에는 구분이 있어야 한다고 말한다. 하나님의 본질은 진실로 하나이고, 유일하고, 나누어질 수 없는 것이다. 아들을 갖는 것은 신의 본질이 아니라 아버지이다. 이렇게 아들을 갖게 되는 것은 인간의 경험과는 다른 것이다.

아버지가 누구인가 하는 것, 그와 바로 동일한 실재가 역시 아들이고 성령이다. … 아버지는 아들에게 그의 본체를 주고, 그를 영원으로부터 생기도록 한다. … 그 누구도 아버지가 아들에게 본체의 일부를 주고, 일부는 간직했다고 말할 수 없다. 아버지의 본체는 나누어질 수 없는 것이며 완전히 단일한 것이기 때문이다. 또한 아들을 낳으면서, 아버지가 그의 본체를 아들에게 전수해 주었다고도 말할 수 없다. 아들에게 본체를 전수하고 나서 자신에게는 본체가 남아 있지 않으므로, 아버지는 더 이상 본체가 아닌, 그런 식으로 전수했다고 말할 수 없다는 것이다. … 이 실재는 낳지도 않고, 태어나지도 않고, 속행하지도 않는다. 그러나 아들을 낳는 것은 아버지이고, 태어나는 것은 아들이며, 속행하는 것은 성령이다. 따라서 위격들 사이에는 구분이 있으나, 본성상은 하나이다.[8]

---

8) 이 정의들은 1215년 네 번째 라테란협의회로 거슬러 올라가는 라테란 상징에서 나온 것이다(Neuner and Dupuis, *Christian Faith*, pars. 318-319, p. 116; 내가 강조한 부분).

  이처럼, 하나님의 아들로서의 예수의 존재는 하나님에게 배우자가
있다거나, 하나님이 아들을 필요로 한다는 것을 의미하지 않는다. '아
버지는 아들을 낳는다. 의지의 행위로나 필요에 의해서가 아니라, 본
성으로 그렇게 하는 것이다.'[9] 영원하신 하나님은, 언제나 그러셨고,
또한 언제까지나 아버지이고, 아들이고 성령이신 한 분 하나님이실
것이다.

  라지는 하나님이 영원하시기 때문에 태어나지 않는다고 설명한다.
하나님이 어느 때에 태어났다면, 그의 존재는 그때부터 시작되었을
것이다. 라지의 논점은 일시적이고 신체적인 신의 아들 개념을 반박
한다는 점에서 타당하다. 그러나 기독교는 예수가 말씀의 영적인 의
미에서 하나님의 아들이라고 본다. 아버지로 인해 예수가 생기게 된
것은 영원한 것이며, 마리아의 자궁에서 기적적으로 수태된 것과는
아무 상관이 없다. '시작도 없이, 항상, 그리고 끝도 없이, 아버지는
낳고, 아들은 태어나고, 성령은 속행한다.'[10] 하나이고 유일한 신의
본질과는 달리, 인간의 본성은 하나이지만 유일하지 않다. 매번 인간
이 존재하게 될 때마다 새롭게 생겨나기 때문이다.

  요약하자면, 그리스도인들은 인간적으로는 하나님에게 아들이 없
다고 이성적으로 생각할 수 있다는 데 동의한다. 우리는 '하나님은 낳
지도 않고, 태어나지도 않았다'는 꾸란의 말을 인정한다. 그것이, 하
나님은 영원한 하나님이고, 그의 존재는 그 누구로부터도 아닌 그 자
신에서 온 것이라는 것을 의미한다면 말이다. 그러나 하나님에 대한
잘못된 인간적 개념을 반대하는 것은 옳지만, 그것이 하나님께서 예수

---

9) 'The Faith of Damasus' 로부터(fifth century; Neuner and Dupuis, *Christian Faith*,
   par. 14, p. 10).
10) 라테란 상징으로부터(Neuner and Dupuis, *Christian Faith*, par. 19, p. 14; 내가 강조
   한 부분).

그리스도와 성경을 통하여 우리에게 알게 하신 삼위일체 하나님에 관한 진리를 흐리게 해서는 안 된다. 이제 기독교에서 가르치는 예수의 정체성과 하나님과의 관계에 대한 경전의 증거를 살펴보고자 한다.

(4) 경전의 증거

하나님은 예수 사역의 시초부터 자신을 아버지와, 아들, 성령으로 계시하셨다. 공사역을 시작하기 전에, 예수는 자신의 사역에 대해 극적인 설명을 하였다. 그는 세례 요한에게 세례 받기를 택했고, 그렇게 함으로써 자신이 구원하게 될 사람들과 자신을 동일시하였다. 요한은 사람들에게 회개를 촉구하고 죄 사함을 받는 세례를 베풀기 위해 왔다. 예수가 그에게 오는 것을 보면서 그는 고뇌했다. 그는 예수가 그러한 행동으로 자신을 낮추는 것을 막으려 했다. 예수는 죄가 없었다. 때문에 세례를 받을 필요가 없었던 것이다. 왜 그를 죄인들과 관계시키겠는가? 요한은 예수에게 "내가 당신에게 세례를 받아야 할 터인데 당신이 내게로 오시나이까" 하고 물었다(마 3:14, 내가 강조한 부분). 그러나 예수는 계속해서 주장했다. "예수께서 세례를 받으시고 곧 물에서 올라 오실새 하늘이 열리고 하나님의 성령이 비둘기 같이 내려 자기 위에 임하심을 보시더니 하늘로서 소리가 있어 말씀하시되 이는 내 사랑하는 아들이요 내 기뻐하는 자라 하시니라"(마 3:16-17).

하나님이 공적으로 예수를 증명하시긴 했지만, 예수는 하나님의 아들인 자신의 정체성에 공공연히 사람들의 관심을 끌지 않았다. 이러한 예수의 태도에는 두 가지 이유가 있었다. 첫째는, 그의 겸손이고, 둘째는, 군중들이 그가 하나님의 유일성을 손상시키는 것으로 오해하지 않기를 바랐기 때문이었다. 그러나 제자들에게는 좀 더 개방적이었다. 그들은 예수의 거룩함을 알게 되었고(눅 5:1-11), 자연의 힘을

능가하는 그의 능력에 놀랐다(마 8:27). 예수는 제자들에게 하나님의
아들로서의 정체성을 드러냈고(마 11:25-27), 조금씩 이 말씀들의 진
정한 의미를 발견해 갔다(마 14:33). 어느 날 예수는 제자들이 자신에
대한 계시를 온전히 받을 만한 준비가 되어있는 것을 감지하고서, 그
들을 도전했다.

> "너희는 나를 누구라 하느냐
> 시몬 베드로가 대답하여 가로되 주는 그리스도시요 살아 계신 하나님의
> 아들이시니이다
> 예수께서 대답하여 가라사대 바요나 시몬아 네가 복이 있도다 이를 네게
> 알게 한 이는 혈육이 아니요 하늘에 계신 내 아버지시니라"
> (마 16:15-17).

일주일 후에 예수는 가까운 제자 중 세 명을 데리고 산꼭대기에 올
라가 자신에 대한 새로운 계시를 주었다. "저희 앞에서 변형되사 그
얼굴이 해같이 빛나며 옷이 빛과 같이 희어졌더라 때에 모세와 엘리
야가 예수로 더불어 말씀하는 것이 저희에게 보이거늘 … 말할 때에
홀연히 빛난 구름이 저희를 덮으며 구름 속에서 소리가 나서 가로되
이는 내 사랑하는 아들이요 내 기뻐하는 자니 너희는 저의 말을 들으
라 하는지라"(마 17:2-5). 이러한 압도적인 경험은, 하나님 아버지께
서 예수의 정체성에 대해 주신 엄숙한 증거와 더불어 제자들에게 엄
청난 충격을 주었음이 분명하다. 베드로는 그의 서신 중 하나에서 예
수의 아들 됨에 대한 역사적 증거를 제시하기 위해 이 경험을 다음과
같이 언급하고 있다.

> "우리 주 예수 그리스도의 능력과 강림하심을 너희에게 알게 한 것이 공
> 교히 만든 이야기를 좇은 것이 아니요 우리는 그의 크신 위엄을 친히 본 자

라 지극히 큰 영광 중에서 이러한 소리가 그에게 나기를 이는 내 사랑하는
아들이요 내 기뻐하는 자라 하실 때에 저가 하나님 아버지께 존귀와 영광을
받으셨느니라 이 소리는 우리가 저와 함께 거룩한 산에 있을 때에 하늘로서
나음을 들은 것이라"(벤후 1:16-18).

하나님의 아들로서, 예수는 유대인들에게 높이 존경받는 모세와 엘
리야를 포함하는 모든 예언자들보다 뛰어난 자였다. 예수는 유대 지
도자들에게 예언자들을 하나님의 종으로 묘사하는 반면, 자신은 하나
님의 아들로 언급하고 있다(마 21:33-46). 예수는 그들에게 자신의 죄
를 증명해 보라고 도전했고(요 8:46), 그들은 예수가 지금 자신이 하
나님임을 주장하고 있다는 것을 깨달았다(참조. 요 5:18; 10:33). 그날
부터 그들은 예수를 체포할 기회를 계속해서 찾았지만(요 10:39;
11:53), 그를 따라다니는 수많은 군중들이 그가 체포되면 어떻게 반응
할까 조심하며 두려워했다(마 21:46; 요 12:19). 그들은 마침내 예수를
붙잡아 심문했고, 그가 하나님의 아들이라고 주장했다는 이유로 그를
고소했다(요 19:7). 예수는 자신이 전에 했던 말을 부인하지 않았지
만, 그것이 신의 계시와 일치하는 것이며, 절대 하나님의 유일성을 손
상시키는 것이 아님을 주장했다.

"대제사장이 가로되 내가 너로 살아 계신 하나님께 맹세하게 하노니 네
가 하나님의 아들 그리스도인지 우리에게 말하라
    예수께서 가라사대 네가 말하였느니라 그러나 내가 너희에게 이르노니
이 후에 인자가 권능의 우편에 앉은 것과 하늘 구름을 타고 오는 것을 너희
가 보리라 하시니
    이에 대제사장이 자기 옷을 찢으며 가로되 저가 참람한 말을 하였으니
어찌 더 증인을 요구하리요 보라 너희가 지금 이 참람한 말을 들었도다
    생각이 어떠하뇨 대답하여 가로되 저는 사형에 해당하니라 하고"

(마 26:63-66, 참조. 막 14:61-64; 눅 22:70-71)

예수는 자신이 메시아와 하나님의 아들이라고 주장했기 때문에 신성 모독죄로 판결 받았다. 그러한 주장이 예수가 십자가형을 당하게 된 주요 원인이었다.

하늘로 올라가기 전에 예수는 제자들에게 나타나서 그의 마지막 명령을 맡겼다. 예수가 예언자보다 훨씬 높은 분이라는 것을 이미 깨닫고 있던 자들은 그를 경배했지만 아직 확신하지 못하는 이들도 있었다(마 28:17). 예수는 제자들에게 그의 말씀을 온 세계에 전하도록 위임했다. 그는 복음에 반응하는 자들에게 세례를 주도록 제자들에게 명했다. 이 세례는 예수 그리스도 안에서 자신을 계시하신 삼위일체 하나님에 대한 신앙을 나타내는 것이다. "하늘과 땅의 모든 권세를 내게 주셨으니 그러므로 너희는 가서 모든 족속으로 제자를 삼아 아버지와 아들과 성령의 이름으로 세례를 주고 내가 너희에게 분부한 모든 것을 가르쳐 지키게 하라 볼지어다 내가 세상 끝날까지 너희와 항상 함께 있으리라"(마 28:18-20, 내가 강조한 부분).

예수는 제자들에게 그들이 사명을 감당하는 동안 그들과 함께하겠다고 약속했다. 이 사명은 하나님께서 온 세상을 다스릴 권세를 주신, 다시 사신 그리스도의 좋은 소식을 전하는 것이었고, 지금도 그 사명은 동일하다.

16. 복음서에 나오는 예수의 주장들

2 장에서 우리는 라지가 경전을 어떻게 이해하는지 살펴보았다. 그의 관점은 토라와 복음서의 본문이 왜곡되지 않았다는 것이었다. 그렇다면 그는 그리스도인들이 복음서에 의존하여 예수 그리스도를 하나님의 아들로 믿는 것에 대해 어떻게 설명하는가?

라지는 수라 9:30에 대한 그의 해석('그리스도인들은 그리스도를 하나님의 아들이라고 부른다')에서 이 중요한 질문에 대한 답을 제시한다. 그는 그리스도의 신성에 대한 기독교 가르침이 주요 문제(*ishkalun kabirun*)를 제기한다고 인정한다. 라지는, 하나님의 가장 위대한 예언자들 중 한 명인 그리스도는 이 교리를 결코 가르치지 않았고, 그의 동료들도 마찬가지였다고 말한다. 그렇다면 왜 이 왜곡된 가르침이 생기게 되었는가? 그리고 어떻게 그것이 그리스도에게 속한 것이 될 수 있었는가?

자신의 대답을 제시하기 전에, 라지는 알-와히디(Abu l-Hasan al-Wahidi, 468/1075)의 설명을 언급한다. 오늘날 그는 무슬림 저술가들 사이에 상당히 평판 있는 인물이다. 알-와히디에 의하면, 그리스도의 가르침을 왜곡한 책임이 있는 사람은 바울이라는 이름의 영웅(shuja`)이다. 그 이론은 다음과 같다. 바울은 잠시 동안 그리스도인들을 박해했지만, 곧 그들이 옳고 유대인들이 그르다는 것을 깨달았다. 그렇다면 그리스도인들은 천국에 가고, 유대인들은 지옥에 가게 될 것이다. 그래서 그는 유대인들과 음모를 꾸미며, 박해가 아니라 거짓으로 그리스도인들을 패배시키고자 했다. 그는 자신이 기독교로 개종한 것처럼 가장했고, 곧 교회 지도자 중 한 사람으로 인정받게 되었다. 이 새로운 역할을 하면서 그는 기독교 공동체에 잠입하는 데 성공했다. 그는 그의 거짓 가르침을 퍼뜨리고, 그리스도인들이 그것을 그리스도의 가르침으로 받아들이도록 설득했다.

라지는 이슬람의 가르침에도 맞지 않는 것으로 보이는 이러한 음모론을 권하지 않는다. 하나님이 예수를 부활하게 하신 것이, 겨우 어느 한 용감한 사기꾼이요 가증스러운 유대인이 예수의 메시지를 왜곡함으로 그의 사명을 가로막는 것을 내버려 두기 위한 것은 아니라고 본다. 라지는 다른 설명을 선호한다. 그는 복음서에서 예수를 '아들' 이라고 부르는 것은 그를 영화롭게 하기 위한 것이라고 설명한다. 이는 아브라함이 하나님의 친구로 기술되는 것과 마찬가지라는 것이다 (4:124, 참조. 사 41:8; 약 2:23). 라지는 또한 그리스도인들이 그리스도의 아들 됨을 실제 아들(bunuwwa haqiqiyya)[1]로 해석함으로써, 예수에 대한 유대인들의 적개심에 맞서고자 했을 가능성도 있다고 본다. 이러한 그리스도인들의 해석은 유대인들이 예수에 대해 가졌던 적개심만큼이나 근거가 없는 것이다. 라지가 제시하는 것은, 복음서가 말하는 그리스도의 아들 됨은 문자적으로가 아니라 은유적으로 해석되어야 한다는 것이다. 즉, 예수는 진정한 의미에서 하나님의 아들이 아니며, 그리스도인들은 그가 그렇다고 잘못 믿고 있다는 것이다.

그리스도인들이 잘못 알고 있는 것인지 알아보기 위해, 우리는 복음서로 돌아가서 예수가 자신에 대해 주장하고 있는 것들을 살펴볼 필요가 있다. 그렇게 함으로써, 우리는 복음서가 예수를 유일한 하나님의 아들로—여러 명 가운데 한 명이 아니라—그리고 있다는 것을 알게 될 것이다(요 1:14, 18; 3:16, 18; 참조. 마 11:27; 롬 8:3, 32). 하나님

---

1) 라지. VIII:16, p. 28.

의 예언자들 가운데 그가 차지하는 독특성은, 그의 주장들을 통해 특히 잘 알 수 있다. 그 가운데 일곱 개를 살펴보려고 한다.

❶ **예수의 말은 곧 하나님의 말씀이다.** 하나님의 예언자 중 한 사람으로서, 예수는 하나님의 말씀을 선포했지만, 일반 선지자가 감히 할 수 있는 것 이상으로 나아갔다. 그는 영원한 하나님의 말씀이 그의 말이라고 했다. 그는 하나님의 메시지(복음)가 그의 메시지이고, 하나님의 말씀이 영원하신 것처럼 그의 말이 영원하다고 주장했다(마 5:17-18을 보라). "천지는 없어지겠으나 내 말은 없어지지 아니하리라"(마 24:35, 내가 강조한 부분). 그 어느 예언자도 하나님의 말씀을 자신의 말로 언급한 사람은 없었다. 그들의 사명은 "주께서 이렇게 말씀하셨다 …" 혹은 "주님의 말씀을 들으라 …"고 선포하는 것이었다(참조. 출 8:1; 왕상 20:13; 사 28:14; 렘 19:15). 그러나 예수는 달랐다.

❷ **예수에게는 죄를 사할 권세가 있었다.** 어느 날 한 중풍병자가 상에 누운 채 예수 앞에 들려 왔다. 모든 사람들은 예수가 그를 고치기를 기대했지만, 예수는 대신 "소자야 네 죄 사함을 받았느니라"고 그에게 말하였다.
서기관들이 분개하여 말했다. "이 사람이 어찌 이렇게 말하는가 참람하도다 오직 하나님 한 분 외에는 누가 능히 죄를 사하겠느냐"(막 2:5-6).
그 누구도 사람의 죄를 사할 권리가 없다는 것이 사실이다. 하나님 한 분 외에는 아무도 그럴 수 없는 것이다. 이 믿음은 유대인들과 그리스도인들, 무슬림들 모두 함께 공유하는 것이다(참조. 3:135). 그러나 예수는 자신에게 죄를 사할 능력이 있다는 것을 확신시키기 위하여 병자를 향해 말하였다. "일어나 네 상을 가지고 집으로 가라" 그리고 그는 그렇게 했다! 놀랍게도, 그 사람은 일어서서 그의 상을 가지고 많은 사람들 앞에서 걸어 나갔다(막 2:1-12). 만일 예수에게 그 병자의 죄를 사할 권리가 없었다면, 하나님이 예수에게 이런 기적을 행할 능력을 주셨을까?

이것이 예수가 누군가를 향해 "네 죄를 사하였다"고 말할 첫번째가 아니었다(눅 7:36-50; 요 8:1-11을 보라). 누가복음 7장 49절에서 사람들은 예수가 그런 말을 하는 것을 듣고 속으로 "이가 누구이기에 죄도 사하는가" 하고 중얼거렸다.

❸ 예수의 권위가 하나님의 법보다 위에 있다. 어느 안식일에 예수는 제자들과 함께 밀밭 사이를 걷고 있었다. 제자들은 길을 열며 이삭을 자르기 시작했다. 바리새인들이 이것을 보고 예수에게 와서 물었다. "보시오 저희가 어찌하여 안식일에 하지 못할 일을 하나이까"(막 2:23-24).

모세의 율법은 유대인들이 안식일에 일하는 것을 금하고 있었다. 그러나 적대자들에게 위협받기는커녕 예수는 그들에게 이렇게 응대했다. "안식일은 사람을 위하여 있는 것이요 사람이 안식일을 위하여 있는 것이 아니니 이러므로 인자는 안식일에도 주인이니라"(막 2:27-28).

본문은 바리새인들이 이 대답을 어떻게 받아들였는지 말하지 않지만, 그들은 분명 이를 경멸했을 것이다. 하나님의 법에 철저하게 순종하는 것으로 알려진 자들에게, 누군가가 그 법보다 우선하는 권세를 가지고 있다고 말하는 것을 듣는 것보다 더 충격적인 일은 없다.

❹ 다시 사신 그리스도는 하나님의 새로운 성전이다. 예수는 유월
절 전 날 예루살렘 성전에 있었다. 동물을 팔고 환전하던 자들
은 성전의 바깥뜰에 터를 잡고 순례객들을 대상으로 장사를 하
고 있었다. 하나님의 집에서 이루어지는 이러한 거래에 분노한
예수는 격렬하게 그들을 모두 밖으로 쫓아냈다. 유대인들은 몹
시 화를 내며 예수의 행동에 대해 설명을 요구했다. "네가 이런
일을 행하니 무슨 표적을 우리에게 보이겠느뇨" 예수의 응답은
수수께끼 같은 것이었다. "너희가 이 성전을 헐라 내가 사흘 동
안에 일으키리라"(요 2:18-19).
예루살렘 성전이 유대인들에게 가장 거룩한 장소라는 것을 생각
한다면, 이 말이 얼마나 무례하고 모욕적이었겠는가! 후에, 예
수가 이스라엘의 가장 높은 종교 당국인 산헤드린 앞에 섰을 때
에, 그에게 퍼부어진 가장 주요한 비난은 예수가 그날 했던 말을
정확히 그대로 반복한 것이었다(마 26:61). 심지어 제자들도 예
수의 대답이 무엇을 의미하는지 잘 모르고 있었다. 예수가 죽음
에서 다시 살아난 후에야 그들은 "예수는 성전 된 자기 육체를
가리켜 말씀하신 것"이라는 것을 이해했다(요 2:21).

❺ 예수는 심판의 날에 심판자이다. 우리는 13장에서, 인자로서 예
수는 심판의 날에 왕이라는 주장을 보았다(마 25:31-34). 꾸란에
서 '심판 날의 왕'(1:4)으로 묘사되는 분은 하나님이시다. 예수
가 심판의 날에 사람들에게 그들의 삶을 설명하도록 요청할 사
람으로 자신을 나타낸다는 사실은 매우 중요하다. "나더러 주여

주여 하는 자마다 천국에 다 들어갈 것이 아니요 다만 하늘에
계신 내 아버지의 뜻대로 행하는 자라야 들어가리라 그날에 많
은 사람이 나더러 이르되 주여 주여 우리가 주의 이름으로 선지
자 노릇하며 주의 이름으로 귀신을 쫓아내며 주의 이름으로 많
은 권능을 행치 아니하였나이까 하리니 그때에 내가 저희에게
밝히 말하되 내가 너희를 도무지 알지 못하니 불법을 행하는 자
들아 내게서 떠나가라 하리라"(마 7:21-23, 내가 강조한 부분).
예수는 자신의 두 가지 사명, 즉 하나님이 지명하신 구원자요
심판자로서의 사명을 온전히 잘 알고 있었다.

"내가 진실로 진실로 너희에게 이르노니 내 말을 듣고 또 나 보내신 이
를 믿는 자는 영생을 얻었고 심판에 이르지 아니하나니 사망에서 생명
으로 옮겼느니라 진실로 진실로 너희에게 이르노니 죽은 자들이 하나
님의 아들의 음성을 들을 때가 오나니 곧 이때라 듣는 자는 살아나리
라 아버지께서 자기 속에 생명이 있음같이 아들에게도 생명을 주어 그
속에 있게 하셨고 또 인자 됨을 인하여 심판하는 권세를 주셨느니라"
(요 5:24-27, 참조. 마 7:21-23; 25:31-46).

❻ 예수는 길이요, 진리요, 생명이다. 예언자들은 사람들에게 하나
님의 길을 따르도록 권면했다. 진리이시고 영생을 약속하시는
한 분 하나님을 믿도록 강권했다. 그러나 예언자들과는 달리,
예수는 사람들에게 하나님뿐만 아니라 스스로를 가리키셨다.
"나는 부활이요 생명이니 나를 믿는 자는 죽어도 살겠고 무릇
살아서 나를 믿는 자는 영원히 죽지 아니하리니"(요 11:25-26).
예수의 메시지만이 아니라, 그분 자체가 하나님의 길이요, 진리

요, 생명이다. 더 나아가, 예수는 자신이 하나님이 누구인지에
대한 최고의 지식을 발견할 수 있는 유일한 길이라고 주장하였
다. 그는 사람들이 하나님을 하늘의 아버지로 알 수 있는 유일
한 길이다. "내가 곧 길이요 진리요 생명이니 나로 말미암지 않
고는 아버지께로 올 자가 없느니라"(요 14:6). 요한복음에서, 예
수는 종종 "내가 있다"(I am)라는 말을 사용하여 자신을 나타낸
다. "아브라함이 나기 전부터 내가 있느니라"(요 8:58, 참조.
6:35, 48; 8:12; 10:14; 11:25). 유대 상황에서 이러한 말들은 매우
특별한 중요성을 갖는 것이었다. 하나님은 모세에게 자신을 계
시하실 때 이와 유사한 말씀을 하셨다.

"모세가 하나님께 고하되 내가 이스라엘 자손에게 가서 이르기를 너희
조상의 하나님이 나를 너희에게 보내셨다 하면 그들이 내게 묻기를 그
의 이름이 무엇이냐 하리니 내가 무엇이라고 그들에게 말하리이까
하나님이 모세에게 이르시되 나는 스스로 있는 자니라(I am who I am)
또 이르시되 너는 이스라엘 자손에게 이같이 이르기를 스스로 있는 자
(I am)가 나를 너희에게 보내셨다 하라"(출 3:13-14).

예수는 자신이 누구인지에 대해 더 이상 특별하게 할 수 있는
말이 거의 없었다. 유대 지도자들이 그의 주장을 너무나 지나친
것으로 본 것은 바로 이러한 이유에서였다. 그 어느 예언자도 예
수처럼 그런 식으로 말한 적이 없었다.
위대한 무슬림 신비주의자인 알-할라즈(Al-Hallaj, 309/922)는 그
와 하나님 사이의 관계를 완전한 합일로 묘사했다. 그는 '나는
진리다[즉, 나는 하나님이다](Ana al-haqq)'라고 감히 말하는 정
도였다. 당시의 종교 지도자들은 할라즈를 신성 모독죄로 사형

에 처했다.[2] 그러나 하나님은 예수를 일으켰던 것처럼, 할라즈
를 죽음에서 일으킴으로 그가 옳다고 증명해 주시지 않았다.

❼ 예수는 하나님 아버지와 하나이다. 예수는 제자들을 마지막 인식
의 단계로 이끌기까지 오랜 시간 동안 자신이 누구인지를 나타내
는 데에 주력했다. 처음에는 자신이 누구인지 말하는 것에 신중
했다. 유대인들이, 예수가 하나님의 유일성에 의문을 제기한다고
생각하지 않도록 하기 위해서였다. 그럼에도 불구하고, 우리가
보아 온대로 예수는 자신의 정체에 대한 많은 단서들을 주었다.
유대인들의 주요 절기 중 한 절기에 유대인들은 예수를 시험하기
로 결심했다. 그들은 예수 주위에 모여서 그에게 물었다.

> "당신이 언제까지나 우리 마음을 의혹케 하려나이까 그리스도여든 밝
> 히 말하시오 하니
> 예수께서 대답하시되 내가 너희에게 말하였으되 믿지 아니하는도다
> 내가 내 아버지의 이름으로 행하는 일들이 나를 증거하는 것이어늘 …
> 나와 아버지는 하나이니라"(요 10:24-25, 30).

이 말을 들은 사람들은 분노하여 예수를 돌로 치려고 했다. 그 이
유는 그가 위대한 기적을 행했기 때문에가 아니라, "참람함을 인함이
니 네가 사람이 되어 자칭 하나님이라 함"으로 인한 것이었다(요
10:33).

이러한 격렬한 반응을 우리는 꾸란에서도 볼 수 있다. 꾸란은, 우
리가 보았듯이, 예수를 위대한 예언자로 여기면서도 그의 신성에 대
한 문제가 제기되면, 단호하게 다음과 같이 진술한다.

---

2) 참조. L. Massignon, *Hallaj: Mystic and Martyr*, pp. 64-71

그(예수)는 한 종에 불과하니라. 우리(하나님)는 그에게 은혜를 베풀
어 이스라엘 자손을 위한 교훈이 되게 하였도다.(43:59)

(1) 만일 무함마드가 예수와 같은 주장을 했다면

그리스도인들이 예수를 예언자보다 훨씬 더한 존재로 믿는 이유를
이해하기 위해서, 우리는 복음서에 나오는 예수의 주장을 심사숙고해
볼 필요가 있다. 예수는 완전하고 추종자들에게 높이 존경받는 사람
이었다. 그가 말하면 그들은 귀 기울였다. 우리도 알고 있듯이, 그의
말이 항상 예언자로부터 들어왔던 그런 차원의 말이 아니었다. 그는
스스로에 대해 믿을 수 없는 주장들을 했고, 그들은 그 주장들에 대해
오랫동안 심사숙고해야 했다. 그가 누가인가 하는 것 때문에, 그들은
예수가 말한 것이 그들의 처음 기대와 다르다고 해서 쉽게 그것을 떨
쳐버릴 수 없었다.

무슬림들과 그리스도인들이 서로의 신앙을 좀 더 이해하기 원한다
면, 각각 상대방의 입장이 되어 볼 준비가 되어 있어야 한다. 따라서
어떤 식으로든 무례하지 않기를 바라면서, 잠시 동안 예수가 했던 말
들을 예수 대신 예언자 무함마드가 했다고 한번 가정해 보기로 하자.
그의 동료들이 어떻게 반응했을까? 만일 예언자가 하나님의 말씀인
꾸란이 자신의 메시지라고 주장했다면, 만일 그가 어떤 사람들의 죄
에 대해 용서를 베풀었다면, 일 세대 무슬림들은 곧바로 그를 비난하
면서 신의 권리를 침해했다고 말했을까? 그들은 곧바로 예언자의 윤
리적 무결함에 의문을 제기했을까? 그렇지 않으면, 그를 신뢰하면서,
예언자적인 사명뿐만 아니라 보다 큰 사명이 그에게 주어진 것은 아
닌지 알아보려고 했을까?

질문을 따라가면서, 만일 자신의 권세가 하나님의 법보다 더 크다

고 주장하는 예언자의 말을 들었다면, 일 세대 무슬림들의 태도가 어떠했을지 질문해 보기로 하자. 그들은 곧바로 신성모독으로 예언자를 비난했을 것인가? 그 대신에, 지금 말하고 있는 사람이 고결하고 흠 없는 사람임을 알고 있기 때문에, 그러한 놀라운 진술을 조심스럽게 들어 볼 가치가 있다고 생각하지는 않았을까? 뜻밖에도 이 사람이 의문에 있는 법을 만든 사람일 수도 있다고 그 가능성을 생각해 보지는 않았을까? 카바(Ka`aba) 신전이 무너질 것이고 3일 안에 자신이 세운 새로운 신전으로 대치될 것이라고 예언자가 선포하는 것을 예언자의 동료들이 들었다면 그들은 어떻게 생각했을까? 그들은 이러한 수수께끼 같은 예언을 이해하려고 노력하지 않았을까? 그리고 만약, 그들의 모든 기대와 상반되게, 예언자가 적들에 의해 죽임을 당했다가 다시 살아서 왔다면, 그의 추종자들은 어떻게 반응했을까? 그가 천국에 올라가기 전에 여러 번 그가 살아 있는 것을 보았다면, 그들은 이전에 보았던 것과 들었던 모든 것을, 이 역사상 없었던 사건인 예언자의 부활의 빛에 비추어서 해석해 보려고 하지 않았을까?

만일 무함마드가 자신이 심판날의 심판자일 것이라고 선언했다면 무슬림들은 그를 어떻게 이해했을까? 만일 그가 자신이 진리이고 하나님과 하나라고 주장했다면, 그들은 어떻게 반응했을까? 이 예외적인 예언자가 어쨌든 하나님과 독특한 관계를 즐기고 있지 않은지 여부를 스스로에게 묻지 않았을까? 그들은 그래서는 안 되지만, 무함마드 자신이 명령받아 말한 것처럼, '자비로운 하나님께서 아들을 가졌다면 내가 제일 먼저 경배하는 자가 되리라'(43:81)는 것을 인정했을까?

물론, 현실적으로 우리는 무함마드가 예수와 같은 그런 주장들을 하나도 하지 않았다는 것을 알고 있다. 그러나 예수의 주장들에 대해서는 어떻게 반응해야 하는가? 그 증거가 예수를 단순한 예언자보다 훨씬 더한 존재로 보도록 너무나도 확실하게 우리를 몰아 간다면 어떻게 할 것인가? 복음서가 다른 방법으로는 해석될 수 없다면 어떻게 할 것인가? 우리는 그를 경배하는 자들 가운데 있어야 하지 않을까?

17. 예수의 주장에 대한 이슬람의 해석

복음서를 읽었거나 정통 기독교인들과 접촉해 본 적이 있는 무슬림 사상가들은, 꾸란에서 거부하고 있는 예수의 아들 됨이 성경의 교리와 같지 않다는 것은 깨닫는다. 예수의 신성에 대한 그들의 거부는 분명히 꾸란의 유일신론으로 인한 것이다. 꾸란의 유일신론은 그들의 사상에 깊게 자리 잡고 있지만, 꾸란에 직접 근거할 수는 없다.

라지나 바킬라니와 같이 그리스도인들이 경전의 의미를 (경전의 내용이 아니라) 왜곡했다고 비난하는 사람들은, 꾸란에서 말하는 그리스도의 이미지에 맞게 성경을 해석해 보려고 노력했다. 가잘리의 변증 논문 「예수의 신성에 대한 뛰어난 반박」(The Excellent Refutation of the Divinity of Jesus from the Plain Sense of the Gospel)이 그 좋은 예이다. 그의 작업은 '무슬림들의 일반적인 지식을 대표하지는 않지만, 11세기 말 이슬람의 기독교 지식에 대한 고도의 수위표'로 기술된다.[1]

가잘리는 요한복음에 기초하여 그의 논지를 펴나가기로 신중하게 선택했다. 그리스도인들은 예수의 신성을 말할 때 특히 이 복음서를 지칭한다. 다른 복음서에는 그 교리가 없기 때문이 아니라(16장에서 우리가 검토한 몇 개의 본문에서 볼 수 있는 것처럼), 요한 스스로 이 주제를 그의 주요 저술 목적 중 하나로 지적하고 있기 때문이다. "예수께서 제자들 앞에서 이 책에 기록되지 아니한 다른 표적도 많이 행하셨으나 오직 이것을 기록함은 너희로 예수께서 하나님의 아들 그리스도이심을 믿게 하려 함이요 또 너희로 믿고 그 이름을 힘입어 생명을

---

1) J. W. Sweetman, *Islam and Christian Theology*, part 2, vol. 1, 1955, p. 23을 H. Goddard, *Muslim Perceptions of Christianity*, p. 30에서 인용한 내용.

얻게 하려 함이니라"(요 20:30-31, 내가 강조한 부분). 가잘리는 핵심 본문을 다루면서, 본문이 어떻게 다르게 해석될 수 있는지를 보여 줌으로써, 예수의 신성에 대한 교리를 반박하고자 한다. 우리는 세 영역에서 그리스도인들이 복음서를 읽는 방법에 반대하는 그의 의견을 살펴보고자 한다.

(1) '예수의 기적은 독특한 것이 아니다'

먼저, 가잘리는 예수가 기적을 행한 유일한 예언자가 아니었다고 지적하면서, 따라서 예수의 기적은 그가 인간 이상이었다는 것을 증명하지 않는다고 주장한다.[2]

기적들 자체가 예수를 하나님의 다른 사자들과 구분하지 않는다고 가잘리가 말한 것은 분명히 옳다. 그러나 그리스도인들은 예수의 기적만을 보고 그의 신성을 믿는 것이 아니다. 예수의 신성에 대한 증거는 먼저, 무엇보다도 그의 주장에 있다. 지난 장에서 보았듯이, 복음서의 설명은, 예수는 오직 하나님이 행하도록 한 것(예를 들어, 사람들의 죄를 사한 것)을 행하고, 하나님에게만 돌아갈 자격이 있는 것들(예를 들어, 심판의 날에 사람들을 심판하는 것)을 그 자신에게 돌린 것을 보여 준다. 예수에게서만 독특하게 나타나는 이러한 주장들이 그의 기적을 중요한 것으로 만든다.

그리스도인들과 무슬림들은 모두 하나님이 그의 사자들에게 기적을 행하게 하시고, 그럼으로써 사람들이 그들의 사명을 받아들일 수 있도록 한다고 믿는다. 수라 3에서 우리는 예수가 행한 기적들을 읽

---

2) 가잘리, **al-Radd al-jamil li-ilahiyyat `Isa bi-sarihi l-Injil**, pp. 4-6. 라지도 동일한 논의를 사용한다. 예수가 일으킨 기적들은 그가 하나님의 아들임을 입증하지 않는다. 천사들은 예수보다 더 큰 능력과 지식을 가지고 있다. 그러나 그들도 예수와 마찬가지로 하나님의 종들이다. 라지의 4:172에 대한 주석 **VI:11, p.** 92를 보라.

을 수 있다.

> 나는 장님과 문둥이를 낫게 하며
> 하나님의 허락이 있을 때 죽은 자를 살게 하며
> 너희가 무엇을 먹으며 너희가 무엇을 집안에 축적하는가를 너희에게 알
> 려 주리라
> 너희에게 신앙이 있을 때 너희를 위한 예증이 있도다.(3:49)

이러한 기적들의 중요성은 견줄 데 없는 예수의 주장들을 하나님이 증명한다는 표시를 나타내고 있다는 데 있다. 예수의 말이 진리임을 확증하는 표적인 것이다. 예를 들어, 예수가 눈먼 자를 치유한 것은 스스로에 대해 다음과 같이 말했던 것을 확증해 준다. "나는 세상의 빛이니 나를 따르는 자는 어두움에 다니지 아니하고 생명의 빛을 얻으리라"(요 8:12, 참조. 요 9:5). 예수가 문둥병자를 고쳤을 때, 그는 하나님이 모든 사람을 돌보신다는 것을 보여 주고 있었다. 문둥병자와 같이 '부정'하다는 이유로 배척당하는 이들도 이 말씀에 대해 예외가 아닌 것이다. "내게 오는 자는 내가 결코 내어쫓지 아니하리라"(요 6:37, 참조. 마 8:1-4; 눅 17:11-19). 또한 예수가 죽은 자를 다시 살린 것은, 생명을 주는 자, 즉 자신은 영원한 생명을 주는 자이며, 그가 없이는 부활이 없다는 그의 주장을 확증해 준다. "나는 부활이요 생명이니 나를 믿는 자는 죽어도 살겠고"(요 11:25).

그러므로 기적은 따로 나타난 것이 아니라, 예수의 말과 함께 나타나서 그의 주장을 증거하고, 자신이 누구인지 그리고 왜 왔는지 말하는 자가 진리임을 입증했다.

(2) '예수의 신성에 관한 본문은 은유적이다'

둘째, 가잘리는 예수가 스스로 '하나님의 아들'이요, '주' '하나님'이라고 주장했던 유일한 예언자라는 것을 인정하지만, 이 모든 표현들을 은유적으로 이해해야 한다고 말한다. 그는 예수는 율법의 설립자이므로 그러한 말을 사용할 권리가 있다고 예수를 정당화한다. 그런 경우, 그렇다면 왜 이러한 특권이 무함마드에게는 주어지지 않았는가? 그는 이슬람의 관점에서 가장 위대한 마지막 예언자가 아닌가? 무함마드는, 유대교나 기독교 법과는 달리, 무슬림들이 완전하고 최종적인 법이라고 생각하는 법을 세우는 사명을 맡은 자이다.

예수를 하나님(*ilah*)과 주님(*rabb*)으로 나타내는 본문들을 언급하면서, 가잘리는 이를 넓은 의미에서 생각해야 한다고 말한다. 그렇지 않으면 이성에 모순된다는 것이다. 그는 첫번째 명칭은 예수를 영화롭게 하기 위한 것이고, 두 번째는 '선생' 또는 '소유자'라는 의미로 받아들여야 한다고 말한다.[3] 하나님은 모세에게 그가 그의 형 아론에게 하나님과 같이 될 것이라고 말하지 않았는가?(출 4:16; 7:1) 또한 하나님은 사람들을 '신들'이라고 부르지 않았는가?(시 82:6)

가잘리는 하나님의 아버지 됨과 예수의 아들 됨을 유사한 방법으로 해석한다.[4] 하나님을 '아버지'라고 부르는 것은 우리에게 하나님이 돌보시는 분이요, 자비롭고, 인간에게 친절한 분이라는 것을 상기하는 방법이라는 것이다(참조. 시 103:13). 또한 자신을 하나님의 아들이라고 부르는 것은 하나님에 대한 존경심과 하나님의 뜻에 대한 복종을 나타내는 방법이라고 말한다. 하나님의 영에 대해 말하는 것은, 하나님이 그의 창조물들을 감싸고 있는 은혜와, 축복, 보호에 대해 말하

---

3) 가잘리, al-Radd, pp. 38-40.
4) Ibid., pp. 40-43.

는 것이다. 이처럼 가잘리에 의하면, 예수는 아담이(눅 3:38), 천사가 (욥 1:6), 이스라엘이(출 4:22-23), 솔로몬이(삼하 7:14), 그리고 예수 자신의 제자들이(눅 6:35-36) 하나님의 아들이라고 불렸던 것과 같이 예수도 그렇게 불린 것이다.

1) 요한복음 10장

요한복음 10장을 말하면서도, 가잘리는 예수의 신성에 대한 그의 주장을 은유적으로 이해해야 한다고 제시한다.[5]

> "유대인들이 다시 돌을 들어 치려 하거늘 예수께서 대답하시되 내가 아버지께로 말미암아 여러 가지 선한 일을 너희에게 보였거늘 그 중에 어떤 일로 나를 돌로 치려하느냐
> 유대인들이 대답하되 선한 일을 인하여 우리가 너를 돌로 치려는 것이 아니라 참람함을 인함이니 네가 사람이 되어 자칭 하나님이라 함이로라
> 예수께서 가라사대 너희 율법에 기록한바 내가 너희를 신이라 하였노라 하지 아니하였느냐 성경은 폐하지 못하나니 하나님의 말씀을 받은 사람들을 신이라 하셨거든 하물며 아버지께서 거룩하게 하사 세상에 보내신 자가 나는 하나님 아들이라 하는 것으로 너희가 어찌 참람하다 하느냐 만일 내가 내 아버지의 일을 행치 아니하거든 나를 믿지 말려니와 내가 행하거든 나를 믿지 아니할지라도 그 일은 믿으라 그러면 너희가 아버지께서 내 안에 계시고 내가 아버지 안에 있음을 깨달아 알리라 하신대 저희가 다시 예수를 잡고자 하였으나 그 손에서 벗어나 나가시니라"(요 10:31-39).

인간이 '신들'이라고 불릴 수 있다면(시 82:6), 하나님이 따로 세운 자는 얼마나 더 그러하겠는가? 예언자로서 예수는 어떤 의미에서 신

---

5) Ibid., pp. 9-12.

이었고, 예언자가 되는 것은 하나님의 말씀을 받은 사람이 되는 것 이상을 의미한다고 가잘리는 말한다. 가잘리는 유대인들이 신성모독이라고 예수를 비난할 때 그들은 그의 말을 오해했음이 분명하다고 결론짓는다.

본문에 대한 가잘리의 해석은 예수의 가르침에 대한 일반적인 경향을 보여 주고 있지만, 그 의미를 온전히 이해하고 있지는 않다. 하나님과 인간 사이에 분명한 선을 긋고 있는 유대인들과 달리, 예수는 창조주와 창조물 사이의 대치를 부인하고 있었다. 시편 82편에서 사람들을 '신들'이라고 부른다는 사실에 근거하여, 예수는 하나님의 아들이 성육신한 것은 신학적으로 모순되지 않는다고 제시하고 있었다. 창조물에게 스스로를 계시하시겠다고 선언하신 하나님의 의도를 온전히 이루는 것이라고 말하고 있는 것이다. 그러나 예수는 단순히 하나님의 말씀을 받은 사람들과 자신을 동일시하기만 한 것이 아니다. 그는 하나님이 보내신 존재일 뿐만 아니라, 영원한 하나님의 아들로서 뛰어난 존재임을 말하고 있다. 그는 사람들을 아버지께로 인도하여, 그들 역시 하나님의 자녀―양자―가 되게 하기 위해서 왔다. "영접하는 자 곧 그 이름을 믿는 자들에게는 하나님의 자녀가 되는 권세를 주셨으니 이는 혈통으로나 육정으로나 사람의 뜻으로 나지 아니하고 오직 하나님께로서 난 자들이니라"(요 1:12-13). 이러한 관계에 있어서, 예수가 하나님을 '우리 아버지'라고 부르면서 자신을 제자들과 연관시킨 적이 없다는 것은 주목할 만하다. 그는 항상 '나의 아버지' 혹은 '너의/너희들의 아버지'라고 하거나, 간단히 '아버지'라고만 말한다. 예수가 제자들에게 가르쳐 준, 주의 기도로 알려진 기도는 "하늘에 계신 우리 아버지"로 시작한다. 이는 예수 자신이 기도하는 것으로 기록된 것이 아니라, 제자들에게 기도하도록 모델로 보여 준 것이다. 제자들이 예수에게 "주여 우리에게 기도를 가르쳐 주십시오." 하고 요청하자, 예수는 "너희는 기도할 때에 이렇게 하라 …."고 대답했다(눅 11:1-4; 마 6:9-13, 내가 강조한 부분).

만일 유대 지도자들이 예수의 주장을 오해했다면, 그들이 신성 모독죄라고 판결했을 때 예수가 왜 그들의 마음에 있는 오해를 씻어 주려고 노력하지 않았겠는가? 우리는 예수가 유대 법정 앞에 서서, 하나님의 아들이라고 했던 자신의 초기 주장을 반복하는 것을 볼 수 있다. 그것이 바로 그가 유죄로 판결 받고 사형 당하게 된 이유였다(막 14:60-64). 이처럼 예수는 은유적인 의미에서가 아니라, 실제로 그리고 영적인 의미에서 그가 하나님의 아들이라는 주장을 계속 유지했다.

2) 요한복음 17장

가잘리는 또한 예수가 제자들과 모든 신자들을 위해 기도하고 있는 요한복음 17 장을 제시한다. 예수는 자신이 아버지와 하나 된 것같이, 그들도 하나님과 하나 되기를 기도한다(참조. 요일 4:12-15; 고전 6:17).

> "내가 비옵는 것은 이 사람들만 위함이 아니요 또 저희 말을 인하여 나를 믿는 사람들도 위함이니 아버지께서 내 안에, 내가 아버지 안에 있는 것같이 저희도 다 하나가 되어 우리 안에 있게 하사 세상으로 아버지께서 나를 보내신 것을 믿게 하옵소서 내게 주신 영광을 내가 저희에게 주었사오니 이는 우리가 하나가 된 것 같이 저희도 하나가 되게 하려 함이니이다 곧 내가 저희 안에, 아버지께서 내 안에 계셔 저희로 온전함을 이루어 하나가 되게 하려 함은 아버지께서 나를 보내신 것과 또 나를 사랑하심같이 저희도 사랑하신 것을 세상으로 알게 하려 함이로소이다"(요 17:20-23, 내가 강조한 부분).

가잘리는 이 하나 됨이 예수의 신성을 의미한다면, 이는 또한 제자들의 신격화도 의미한다고 설명한다.[6] 가잘리가 옳게 지적했듯이, 예수의 제자들은 하나님과 하나 됨에 대해 말할 때, 자신들의 신성에 대해서는 전혀 주장하지 않는다. 그러나 그들의 글은 예수의 신성뿐만 아니라 인성도 증거하고 있다(롬 1:3-4; 8:3, 29, 32; 9:5; 요일 2:22-24; 3:8, 23; 4:9, 10, 14, 15; 5:9-13, 20). 사실, 그리스도가 아버지와 하나된 것은 제자들이 하나님과 하나 되는 것의 모델이 된다. 예수의 인성이 신성과 하나 되었다고 해서 그의 인성이 신격화된 것은 아닌 것과 마찬가지로, 제자들 역시 신격화된 것이 아니다. 그들 가운데 성령이 거하심으로 이루어진 예수의 제자들과 하나님 사이의 하나 됨은 그리스도의 두 본성이 하나된 것과 같은 것이다. 즉, 하나님은 인간화되지 않으시며 제자들은 신격화되지 않는 것이다.

3) 요한복음 8장

가잘리는 또한 예수가 유대인들과 논쟁하면서, 자신이 아브라함 이전부터 있었다고 말했던 것을 검토한다.

> "예수께서 대답하시되 내가 내게 영광을 돌리면 내 영광이 아무 것도 아니어니와 내게 영광을 돌리시는 이는 내 아버지시니 곧 너희가 너희 하나님이라 칭하는 그이시라 너희는 그를 알지 못하되 나는 아노니 만일 내가 알지 못한다 하면 나도 너희 같이 거짓말장이가 되리라 나는 그를 알고 또 그의 말씀을 지키노라 너희 조상 아브라함은 나의 때 볼 것을 즐거워하다가 보고 기뻐하였느니라
>
> 유대인들이 가로되 네가 아직 오십도 못되었는데 아브라함을 보았느냐
>
> 예수께서 가라사대 진실로 진실로 너희에게 이르노니 아브라함이 나기

---

6) Ibid., pp. 13-17.

전부터 내가 있느니라 하시니
저희가 돌을 들어 치려하거늘 예수께서 숨어 성전에서 나가시니라"
(요 8:54-59).

우리는 조상 아브라함이 예수의 오심에 대한 계시를 받았다고 말하는 가잘리에게 동의해야 마땅하지만, 아브라함 이전부터 예수가 있었다는 것을, 단순히 하나님이 그의 사도를 보낼 것이라고 영원 전부터 정해 놓았다는 의미로 해석하는 데는 동의할 수 없다.[7] 이러한 설명은 예수가 "아브라함이 나기 전부터 내가 있느니라(I am)"고 한 말의 진정한 의미를 무시하는 것이다. 이미 지적했듯이, 여기에서, 그리고 복음서의 다른 곳에서 예수는 하나님이 모세에게 계시한 바로 그 이름(I am)으로 자신을 명명하고 있다(요 8:24, 28, 58; 13:19; 18:5, 참조. 출 3:14-16).

4) 요한복음 14장
이와 유사하게, 가잘리는 요한복음 14장에서 예수가 빌립에게 대답한 말에 대해 논의하고 있다.

"예수께서 가라사대 내가 곧 길이요 진리요 생명이니 나로 말미암지 않고는 아버지께로 올 자가 없느니라 너희가 나를 알았더면 내 아버지도 알았으리로다 이제부터는 너희가 그를 알았고 또 보았느니라
빌립이 가로되 주여 아버지를 우리에게 보여 주옵소서 그리하면 족하겠나이다
예수께서 가라사대 빌립아 내가 이렇게 오래 너희와 함께 있으되 네가 나를 알지 못하느냐 나를 본 자는 아버지를 보았거늘 어찌하여 아버지를 보

---
7) Ibid., pp. 52-55.

이라 하느냐 나는 아버지 안에 있고 아버지는 내 안에 계신 것을 네가 믿지 아니하느냐 내가 너희에게 이르는 말이 스스로 하는 것이 아니라 아버지께서 내 안에 계셔 그의 일을 하시는 것이라 내가 아버지 안에 있고 아버지께서 내 안에 계심을 믿으라 그렇지 못하겠거든 행하는 그 일을 인하여 나를 믿으라"(요 14:6-11, 내가 강조한 부분).

예수가 "나를 본 자는 아버지를 보았"다고 말한 것에 대해 가잘리는 그것이 단지 예수가 하나님의 대리인임을 의미한다고 받아들인다.[8] 그러나 예수의 진술은 그 이상을 의미하고 있다. 예수는, 예언자들은 하나님의 종들이었지만, 자신은 하나님의 아들이요 상속자이므로 예언자들보다 크다고 가르쳤다(마 21:33-45). 빌립에게 한 대답에서 예수는 자신을 보낸 아버지와 자신이 완전히 동일함을 밝혔다. 그는 자신이 아버지께로 돌아간 후에 제자들에게 성령을 줄 것이며, 제자들은 기독교 공동체를 세상의 모든 사람들에게 확장할 것이라고 말했다. 그 과정에서 제자들은 예수보다 더 큰 일을 행하게 될 것이다. 예수가 지상에 머무는 동안에는 기독교 공동체가 이스라엘 백성들에게만 제한되어 있었기 때문이다.

(3) '본문은 예수가 인간임을 분명하게 나타낸다'

셋째로, 가잘리는 예수의 인성을 나타내는 많은 구절들을 조심스럽게 골라 낸다. 예수는 굶주리고, 제한된 지식을 가지고 있었으며(막 11:12-13), 마지막 때가 언제인지 알지 못하고 있었다(막 11:32). 그는 또한 하나님에 의해 보내졌고(요 17:1-3), 자신이 인간이라고 분명하게 인정하고 있다(요 8:39-40).[9] 가잘리는 십자가 위에서 예수가 한 말

---

8) Ibid., pp. 55-57.
9) Ibid., pp. 18-25.

을 강조한다: "나의 하나님 나의 하나님 어찌하여 나를 버리셨나이까?"(막 15:34). 그는 이 본문을 기독교 교리에 상반되는 것으로 채택하고, 하나님은 결코 인생의 한계에 지배받을 수 없으며, 특히 삶의 가장 큰 비극인 죽음에 대해서 더욱 그러하다고 결론짓는다.

물론, 그리스도인들도 이 구절을 알고 있다. 이 구절을 통해 그리스도인들은 예수 그리스도가 진정으로 하나님이실 뿐만 아니라, 진정으로 인간이라는 것을 인지한다. 인간이 됨으로써, 하나님의 아들은 철저히 인간의 상황 가운데 거했고, 우리와 온전히 하나 되기 위하여 자신의 신적 특권을 포기했다. 그는 우리가 겪는 한계와 필요, 연약함을 경험했다. 유혹 역시 인간 경험의 일부이기에, 그는 심지어 사단의 유혹도 받았다(마 4:1-11). 그러나 우리 모두와는 달리, 그는 결코 죄에 굴복하거나 죄를 짓지 않았다(요 8:46; 14:30). 하나님의 아들이요 동시에 인간으로서, 예수는 철저히 하나님 아버지께 복종했다. 그는 사명을 받았고, 이 사명을 거의 완수했을 때, "나는 아버지께로 가니 아버지는 나보다 크심이니라"(요 14:28)고 말했다.

가잘리의 주요 논점은, 예수의 신성이 여러 문제들, 즉 하나님의 고난과 죽음 및 장사와 같은 해결 불가능한 문제들을 야기한다는 것을 보여 주고자 하는 것이다. 그는 그리스도인들이 하나님이 누구인가에 관해 모든 것을 설명할 수 있다고 주장하지 않는다는 것을 알고 있다. 그러나 그가 여기에서 관심을 갖는 것은 기독교 신앙이 모순된다는 증거를 찾고자 하는 것이다. 그에 대해 우리는, 죽은 것은 그리스도의 본성이 아니라 그의 신체라는 것을 지적할 필요가 있다. 그리스도인들과 무슬림들 모두에게 있어서 죽음은 끝이 아니다. 사람이 이생에서 저생으로 건너가는 것일 뿐이다.

예수는 더욱더 죽음을 두려워했다. 하나님의 아들로서, 그는 삶의 원천이기 때문이었다. 또한 그의 죽음이 갖는 독특성으로 인해, 그는 세상의 죄를 대속하는 그 끔찍한 순간에 아버지로부터 버림받았다. 따라서 죽은 것은 하나님이 아니라, 그의 아들 인간 예수 그리스도였다. '한 사람 안에서 하나가 된 두 본성 각각에 적합한 특성은 이와 같이 보존된다. 위엄이 낮음을 취하고, 강함이 연약함을, 영원이 죽음을 면할 수 없는 운명을 취한 것이다. … 모든 것의 주님이 그의 무한한 위엄을 숨기고 종의 형체를 취하였다. 상처받을 수 없는 하나님이 고통을 겪는 사람으로 낮아지고, 불사의 존재가 죽음의 법에 매어있게 되는 것을 거리끼지 않았다.' [10]

(4) 가잘리의 해석 동기

예수의 주장에 대한 가잘리의 해석은 의심의 여지없이 환원주의적이다. 그는 예수가 하나님과 하나라는 것을 단순히 윤리적인 수준으로 축소시키려 한다. 가잘리가 복음서를 읽는 방식에서 두 가지 동기를 발견할 수 있다. 첫째, 그의 해석은 철저하게 합리주의적이라는 것이다. 그의 논문을 통해 나타나는 합리주의는 그가 수니 신학자이기에 더욱 놀랍게 느껴진다. 앞에서도 보았듯이, 이슬람의 정통 주류인 수니 무슬림들은 하나님의 계시가 인간의 이성보다 우선한다고 생각한다. 따라서 꾸란이 인간의 이성적 판단에 종속되어서는 안 된다. 꾸란이 그렇다면, 하나님의 아들을 통해 하나님의 뜻뿐만 아니라 하나님 자신까지도 계시한 복음서에 대해서는 더욱 그러하다. 이 계시는 비합리적인 것이 아니라, 인간의 이성을 뛰어넘은 것이다.

---

10) 「레오의 책」(The Tome of Leo, 레오 교황이 콘스탄티노플의 총대주교 플라비안에게 449년 6월 13일에 보낸 편지)에서(Neuner and Dupuis, *Christian Faith*, pars. 611-612, pp. 164-165).

둘째, 가잘리가 복음서를 읽는 방식은 이슬람 가르침 특유의 신학적 가설에 기초하고 있다. 이슬람의 중심 사상인 하나님의 절대적 초월성이, 하나님이 인간의 형체로 성육신 할 수 있다는 것을 불가능하게 만들고 있는 것이다. 그는 하나님이기를 포기하지 않고서는 인간의 실제를 경험할 수 없을 정도로 불변하는 존재이다. 우리 죄의 결과를 짊어지는 것은 말할 것도 없고, 하나님이 자신을 인간 창조물과 동일시하는 것조차, 그의 위엄과 주권이 심각하게 위협받는 것으로 생각한다.

기독교 신학은, 최고의 창조물을 향한 하나님의 변함없는 사랑으로 인해 하나님의 아들이 성육신한 것을 기초로 하고 있다. 모든 다른 창조물과는 달리, 인간이 하나님의 형상으로 창조되었다는 사실은(창 1:26-27) 하나님이 그의 인간 창조물과 동일시되는 것을 존재론적으로 가능하게 한다. 그리스도의 죽음을 통해 인류를 구속함으로 하나님의 무한한 사랑이 입증되었다. 그는 죽음에서 예수를 일으킴으로 악에 대한 주권을 나타내 보이셨다. 그는 타협할 수 없는 정의로 죄를 처벌하지만, 죄인들을 구원하심을 자신의 사랑을 증명하셨다. 예수 그리스도를 통해 인류를 구원함으로, 하나님 스스로 종인 왕으로 나타나셨다. 신의 초월성은 하나님이 인간 창조물에 대한 주권을 가지고 계신 주인이면서 동시에 우리를 구속하시는 종이 되셨다는 것을 의미한다.

(5) 단지 좋은 예언자요, 선생?

오늘날 일부 무슬림들은 꾸란이 예수를 매우 특별한 예언자, 진실로 뛰어난 예언자로 그리고 있음을 알고 있다. 그 한 예로, 알제리 학자인 알리 메라드(Ali Merad)는 예수에게 주어진 명칭 — 특별히 '하나

님의 말씀과 영으로서의 예수' — 이 매우 심오한 의미를 갖고 있다는
사실과 더불어 그의 기적적인 탄생을 인정한다. 그는 예수의 창조가
인간에게 최고의 영적 성취를 상징한다고 보고, 무슬림들에게 그러한
예외적인 존재인 예수의 중요성을 좀 더 연구하도록 격려한다. "무슬
림들이 진리뿐만 아니라, 예수에 대한 모든 진리를 안다고 믿으면서,
꾸란이 열어 놓은 길을 추구하려 하지 않고 다른 증거들을 찾으려 하
지 않는다면, 그것은 매우 건방진 일이 될 것이다."라고 그는 말한
다.[11]

　예수가 자신이 하나님임을 부인했다고 증명하고 싶어하는 무슬림
들이 자주 인용하는 복음서의 한 이야기를 마지막으로 살펴보기로 하
자. 매우 종교적이고 부자인 어느 한 청년에 관한 것이다. 그는 예수
가 매우 좋은 선생이라고 생각하고 있었다. 그는 예수에게 달려가 그
앞에 무릎을 꿇고 솔직한 질문을 던졌다. "선한 선생님이여 내가 무엇
을 하여야 영생을 얻으리이까?" 예수는 그에게 다른 질문을 던졌다.
"네가 어찌하여 나를 선하다 일컫느냐? 하나님 한 분 외에는 선한 이
가 없느니라."(막 10:17-18)

　일부 무슬림들은 예수의 대답이 "하나님만이 선하시다. 그리고 너
는 내가 하나님이 아니라는 것을 알고 있다. 따라서 너는 나를 선하다

11) M. Borrmans, *Jesus et les musulmans d'aujourd'hui*, p. 231에서 인용한 A. Merad,
'Le Christ selon le Coran'. 유사한 맥락에서 M. Ayoub은 그리스도가 그에게, 그리
고 많은 다른 시아 무슬림들에게 의미하는 바를 기록하고 있다. '기독교에서 신앙
하고 소망하는 그리스도처럼, 꾸란의 예수와 후기 무슬림 신앙은 단순한 인간, 혹
은 경전을 전하는 사자 이상의 존재이다. 이슬람의 예수가 기독교의 그리스도가
아닌 반면, 복음서의 그리스도는 종종 엄숙하게 무슬림 신앙의 인간 예수를 통해
말한다. 진실로, 이슬람 신비주의의 자유로운 영들은 인간 예수 안에서 그들이 따
르고자 애쓰는 경건과 사랑, 금욕주의의 본뿐만 아니라, 인간성을 완성하고, 하나
님의 빛으로 조명된 인간성의 본이 되는 그리스도를 발견했다(Towards an Islamic
Christology: An image of Jesus in Early Shi`i Muslim Literature', p. 187).

고 해서는 안 된다."는 것을 의미한다고 생각한다. 그러나 이러한 해석은 예수가 대답한 것의 핵심을 놓치고 있다. 예수는 먼저 그 청년의 인간적인 선함에 대한 관점을 도전하고자 하셨다. 그리고 두 번째로, 예수가 누구인가에 대한 그의 이해를 도전하고자 하셨다. 예수는 "너는 나를 선하다고 해서는 안 된다."고 말하고 있는 것이 아니라, "왜 나를 선하다고 하느냐?"고 묻고 있는 것이다. 이 청년은 하나님을 두려워하고 법을 지키는 사람이었기 때문에, 토라를 통해 어느 인간도 진정으로 선할 수 없다는 것을 알고 있어야만 했다(시 14:3; 51:5). 따라서 이 호의적인 그러나 피상적인 청년에게 예수가 묻고 있는 것은, "네가 진실로 그 말을 하고 있느냐? 내가 너에게 누구냐? 나를 단지 종교 선생으로 생각한다면 내게 선하다고 말하지 마라. 그러나 내가 진정 선하다고 생각한다면 너는 내가 누구인지 깨달았느냐?" 하는 것이다.

예수의 질문은 따라서 이 청년에게뿐만 아니라 이슬람 사상에도 두 부분의 도전을 제시한다. 먼저, 우리는 이슬람이 인간 본성에 대해 다소 낙관적인 견해를 갖고 있다는 것을 보았다. 윤리적으로 타락하지 않은 것으로 보고 있는 것이다. 예수의 말은 무슬림들에게 그러한 낙관주의를 다시 한 번 생각하도록 권고하고 있다. 둘째, 이슬람에서는 예수를 매우 존경받는 선생으로 보고 있지만, 예언자 이상으로 생각하지 않는다. 꾸란은 그에게 아무 죄도 없다고 말한다. 이는 무함마드를 포함하는 하나님의 예언자들 가운데 그를 특별하게 구분한 것이다 (참조. 40:55; 47:19; 48:2; 80:1-10; 94:1-3). 예수는 스스로 그의 청중들에게 자신의 죄 없음이 갖는 중요성을 도전했다. "너희 중에 누가 나를 죄로 책잡겠느냐 내가 진리를 말하매 어찌하여 나를 믿지 아니하느냐"(요 8:46). 예수를 제외한 모든 인류가 죄를 지었다면, 예수를 단지 인간으로 생각하는 것이 적합한 것인가?

(6) 단일 유일신론 혹은 삼위일체 유일신론

유일신론은 하나님의 주권과, 온 우주의 하나님에 대한 전적인 의존을 말하며, 천하가 창조주로부터 구별된 것으로 창조를 이해한다. 이슬람의 유일신론은 하나님 한 분 내에 위격 관계의 존재를 거부한다는 점에서 단일신론이다. 기독교의 유일신론은 하나님을 아버지와, 아들, 성령으로 가르치는 삼위일체론이다.

삼위일체 유일신론은 하나님이 관계하는 하나님임을 의미한다. 우주를 창조하기 전에, 하나님은 이미 관계성을 가지고 계셨다. 하나님 한 분 내에서, 아버지는 아들과, 아들은 아버지와, 아버지와 아들은 성령과, 이처럼 서로 관계되어 있었다. 하나님은 관계하는 하나님으로 정의되기 때문에, 그는 세상을 창조하기로 선택하셨다. 그는 아버지와 아들 사이의 관계를 모델로 삼아, 그와 관계할 수 있도록 그의 형상을 따라 남자와 여자를 창조하셨다. 이처럼 아버지가 그의 백성과 맺는 관계는 그가 그 자신과 갖는 관계를 반영하고 있고, 또한 그에 기초하고 있다. 즉, 하나님이 하시는 일은 그분이 누구인가를 반영하는 것이다.

하나님과 그의 인간 창조물 사이의 인격적인 관계의 실재는, 하나님이 스스로에게 갖는 인격적인 관계의 실재에 기초하지 않을 때 쉽게 훼손될 수 있다. 이러한 의미에서 단일 유일신론은 하나님과 인간 사이의 인격적인 관계에 대한 확고한 기초를 제공하지 않는다. 특히 이슬람은 인간이 하나님의 형상으로 창조되지 않은 것으로 보고 있다. 이러한 관계의 인격적인 측면은 한 쪽이 다른 쪽보다 우위에 설 때 약해지게 된다. 법적으로 할 때(이것은 하나님의 자비를 신뢰하지 않는 경우이다.), 혹은 종교가 정치화될 때(이것은 하나님의 주권을 신뢰하지 않는 경우이다.) 인간은 관계에서 지배력을 갖게 된다. 인간의 개성은 운명론으로 인해(이는 인간의 책임을 무시하는 것이다.), 혹은 비인격적인 영성에 의해(이는 하나님이 인간 창조물에게 주신 자아를 무시하는 것이다.) 억압된다. 이처럼 단일 유일신론은 이러한 네 가지 위험에 처해 있다.

❶ 율법주의

하나님이 스스로 영원한 관계에 기초하고 있지 않다면, 인간 창조물이 창조주와 온전한 인격적인 관계에 들어갈 수 있을까? 단일 유일신론은 하나님과의 어떠한 인격적인 관계 개념도 극도로 빈약하게 만든다. 하나님과의 법적인 관계가 갖는 위험은 모든 종교에 존재하는 것이지만, 이슬람과 같이 법을 기초로 하는 종교에서는 더욱 실재적인 위험이 된다.

❷ 비인격적인 영성

이것은 율법주의에 대한 반응이라고 볼 수 있다. 무슬림 신비주의자들은 하나님과의 형식적인 관계에 불만족하여, 창조주와 친밀한 관계를 추구한다. 그들 가운데 다수가(예를 들어, 할라즈) 하나님과 인간 사이의 구별 선을 없애 버림으로써 신의 초월성을 손상시켰다. 수피의 이상은 자신의 정체를 잃어버리고 하나님과 하나가 되는 것이다. 이븐 아라비의 경우, 유일신론이 일원론(*wahdat al-wujud*, 모든 존재가 하나라는 것)으로 변형되었다. 이것은 창조주와 그의 창조 사이에 근본적인 차이가 사라지는 것이다. 세상은 더 이상 하나님이 창조한 것이 아니며, 하나님으로부터 흘러나온 것으로 본다.

❸ 운명론

단일 유일신론은 하나님을 우주의 전능하신 주로 높인다. 그렇
게 하나님의 주권을 강조하는 것은, 사람들에게 하나님이 주신
자유와 개인의 책임을 충분히 발휘하지 못하도록 하는 위험을
안고 있다. 수니 이슬람의 대표자인 아샤리(Ash`ari, 320/930)는
인간의 모든 행동을, 선한 행동이건 악한 행동이건 다 하나님이
창조하시고 의도하셨다고 본다(참조. 6:102; 13:16).[12] 이슬람에
서 이것은 종종 운명론이 되어 버린다. 이슬람은 인간을 무엇보
다도 하나님의 종으로 보고 있기 때문이다.

❹ 종교의 정치화

이는 운명론에 대한 반응이라고 볼 수 있다. 무슬림 개혁가들은
사람들을 동원하고, 그들이 체념을 극복하도록 하기 위해 이슬
람 해방 신학 형태에 자주 의지한다. '한 백성이 스스로 그들의
상황을 변경치 않는 한 실로 하나님은 그들의 상황을 변경치 아
니하시나'(13:11). 무슬림 원리주의는 꾸란과 하디스의 정치적
군사적 해석과, 하나님의 적으로 보이는 자들을 대항한다는 결
의에 기초하고 있다. 운명론과 원리주의는 무슬림들의 운명을
위협하는 두 개의 상반된 위험 요소이다. 많은 무슬림 민족들의
역사는 오랜 기간의 지적 영적 수면 상태 이후에 뜀과 도약으로
점철되어 있다.

삼위일체 유일신론은 창조주와 창조물 사이의 분명한 구분에 대한

---

12) 아샤리의 가르침과 무타질라파 신학자들이 제기했던 이의에 대한 철저한 주해는
D. Gimaret, *La Doctrine d' al-Ash`ari*에서 찾아볼 수 있다. 하나님의 뜻에 대한 그
의 이해는 pp. 291-307에 나와 있고, 인간 행동 현상에 대한 그의 이론은 pp. 369-
399에 있다.

일관성 있는 기초를 제시하면서, 인간에게 순수한 정체성과 고유의 존재성을 수여한다. 한 분 하나님의 여러 위격은 하나님 앞에 자유롭고 책임 있는 창조물로 서 있는 사람들에게 반영되어 나타난다. 하나님은 단지 복종해야 하는 주님이 아니라 우리를 사랑하시는 아버지이시다. 그는 그의 양자 된 자녀들이 그의 사랑에 반응하고 서로 사랑하기를 기대하신다.

성육신한 하나님의 아들, 진정 하나님이고, 진정 사람인 예수 그리스도는 우리가 우리의 창조주와 하나 되기 위한 모델이다. 이 하나 됨은 하나님이나 인간에게 적합한 특성을 변하게 하지 않는다. 인간의 행동은 하나님의 영—전적이고 원초적인 원인—과 인간의 능력—전적이지만 이차적인 원인—모두의 열매이다. 따라서 인간의 책임은 하나님의 주권과 상치되지 않으며 그것과 혼동되지도 않는다. 인간의 자유는 역설적이다. 실제적으로 존재하면서도, 우리와 하나님의 관계를 매우 괴롭히는 악에 매여 있는 상태이기 때문이다. 선이 부재하는 결과인 악은 하나님으로부터 나온 것이 아니며, 우리가 죄를 지을 때 그것은 전적으로 우리에게 책임이 있는 것이다.

헤아릴 수 없는 지혜로 하나님은 악을 허락하셨고, 예수 그리스도의 죽음과 부활을 통하여 영광스럽게 악을 극복하셨다. 이처럼 하나님은 우리가 불순종으로 인해 잃었던 자유를 회복시키셨다. 하나님이 인류의 역사에 인격적으로 개입하셨고, 이미 악을 이기셨다는 사실은 그리스도인들에게 사회적 행위를 위한 견고한 바탕을 제공해 준다. 우리는 지상에 하나님 나라를 확장시키는 데 헌신하는 그분의 동역자가 되도록 부름 받았다. 동시에 우리는 예수가 하나님의 기름 부음 받은 왕으로 도래할 그날을 기대한다. 그때에 하나님의 나라는 온전히 서게 될 것이고, "물이 바다를 덮음같이 여호와를 아는 지식이 세상에 충만할 것"이다(사 11:9).

물론 삼위일체 유일신론 역시 위험을 안고 있다. 하나님의 하나 됨에 대한 의미의 취약성이 그 중 하나이다. 이러한 위험은 요한 필로포너스(John Philoponus, 490~570)가 주장한 이단인 삼신론(아버지와 아들, 성령이 세 신이라는 믿음)을 보아서도 알 수 있듯이 실재하는 것이다. 인간의 신격화 역시 또 다른 위험을 보여 준다. 이는 복음이 하나님과 깊고 친밀한 관계를 즐기도록 사람들을 초청하는 것에 대한 잘못된 결과로 나타난다. 일부 기독교 신비주의자들이 이러한 위험에 직면했다. 예를 들어, 마이스터 에크하르트(Meister Eckhart, 1260~1328)의 가르침은 종종 창조주 하나님과 그의 인간 창조물 사이의 본질적인 경계선을 침해하는 것으로 보인다. 마지막으로, 비합리주의의 위험이 있다. 인간의 이해에 반(反)하지는 않지만, 그 범위를 넘어서는 삼위일체 하나님 교리는, 일부 그리스도인들이 기독교 신앙은 비합리적이라고 믿도록 이끌 수도 있다.

이슬람은, 예수 그리스도의 인격과 사명을 통해 하나님이 인간에게 나타내 보이신 것을 왜곡하도록 위협하는 이러한 위험을 그리스도인들이 경계하도록 계속해서 도전한다.

18. 무함마드의 예언자 직분에 대한 증거:
꾸란과 다른 기적들

무슬림들은 무함마드에 대한 그리스도인들의 태도를 불공평하게
여기며, 이해할 수 없어하고, 심지어 당파심이 강하다고 생각한다.
"우리 무슬림들은 예수를 믿고, 모든 하나님의 예언자들을 믿는다. 우
리는 그들 모두에게 차별을 두지 않는다.[1] 그리스도인들도 무함마드
를 하나님의 예언자로 믿는 것이 어떤가?"

나는 여러 번 이런 식의 도전을 받아 본 적이 있다. 그러나 문제를
그렇게 다루는 것은 전혀 공평하지가 않다. 무슬림들이 그리스도인들
과 동일하게 예수를 믿는 것처럼 들리지만, 사실 그렇지 않기 때문이
다. 무슬림들은 분명히 예수를 가장 위대한 예언자 중 한 사람으로 보
고 있고 모든 무슬림들이 그를 존경하지만, 앞에서도 보았듯이, 그리
스도인들은 예수를 위대한 예언자 이상으로 보고 있다. 그는 그(the)
예언자이다. 그는 하나님의 말씀을 선포했을 뿐만 아니라, 그 자신이
영원한 하나님의 말씀인 것이다.

따라서 무슬림들은 예수를 믿는데, 그리스도인들은 무함마드를 믿
지 않는다고 말하는 것은 문제를 지나치게 단순화시키는 것이다. 우
리는 '믿는다'는 의미가 무엇인지를 질문해야 하고, 왜 믿는지, 무엇
을 믿는지 물어야 한다. 무슬림들의 그리스도를 향한 태도는 꾸란에
기술되어 있다. 그리고 그리스도인들의 무함마드를 향한 태도는 성경
의 가르침을 따라 결정된다. 이러한 사실을 긍정한다면, 그리스도인
들은 꾸란의 도전을 심각하게 고려할 준비가 되어 있어야 하고, 무슬

---

1) 참조. 꾸란 2:136, 285; 3:84; 4:150, 152.

림들은 성경의 도전을 심각하게 고려할 준비가 되어 있어야 한다. 앞에서 복음서에 나타난 예수의 주장들을 살펴보았으므로, 이제 꾸란에 나타나는 무함마드와 그의 사명을 살펴보고자 한다.

무슬림들은 무함마드가 보통 예언자가 아니라고 생각한다. 그는 '최후의 예언자'인 것이다(33:40). 그는 가장 위대한 하나님의 예언자이고 마지막 예언자이며, 또한 이전의 예언자들이 가져온 메시지를 확증하고, 하나님의 계시를 완성시킨다.

(1) 무함마드의 예언자 자격

무슬림들은 무함마드가 예언자라고 주장하면서 몇 가지 범주의 증거들을 제시한다. 라지는 수라 9:32-33에 대한 그의 주석에서 이러한 증거들을 요약하여 제시하고 있다.[2] 여기서 유대교와 기독교 공동체의 지도자들은 무함마드가 예언자라는 증거를 숨기려고 한 자들로 비난 받는다. '그들은 하나님의 광명을 그들의 입으로 끄려 하나 하나님은 허락지 아니하고 그 빛을 완전케 하시니 불신자들이 증오하더라.' (9:32)

라지는 '하나님의 광명'이 무함마드의 진실성을 세워 주는 증거들(dala' il)을 의미한다고 설명한다. 광명이 옳은 것(al-sawab)을 비추듯이, 이 증거들 역시 종교적인 문제에서 옳은 것을 비추고 있다는 것이다. 라지는 무함마드가 예언자라는 많은 증거가 있다고 주장하면서, 네 가지를 언급한다.

❶ 무함마드가 행한 놀라운 기적들(al-mu`jizat al-qahira)
기적은 진실을 증명하거나 증명하지 않는다고 라지는 말한다. 만약, 기적이 진실을 증명한다면 무함마드의 진실성은 확증된

---

2) 라지, VIII:16, pp. 31-33.

다. 그러나 무함마드가 행한 기적들이 그가 하나님의 예언자라
는 것을 증명하지 않는다면 모세와 예수도 예언자가 될 수 없다.

❷ 무함마드가 가져온 영광스러운 꾸란
무함마드가 문맹이라는 것을 생각한다면, 꾸란은 그가 행한 가
장 큰 기적 가운데 하나이다.

❸ 무함마드가 전수한 이슬람법의 주요 내용(*hasil*)
이 법은 하나님께 복종하고, 이 세상의 쾌락을 멀리하며, 사후
의 축복을 추구하라고 사람들을 부르면서 하나님을 높인다. 라
지는 합리적인 방법을 통해 하나님을 향한 다른 길이 없다는 것
이 증명되어 왔다고 주장한다.

❹ 무함마드가 전한 흠 없는 메시지
무함마드의 메시지는 모두 사람들을 하나님께, 하나님 한 분께
만으로 부르고 있으며, 가치 없는 말씀이 하나도 없다.

무함마드가 하나님의 예언자라는 증거는, 유대인과 그리스도인 지
도자들의 이를 거부하려는 모든 노력이 허사로 돌아간 데 있다고 라
지는 기록하고 있다. 그것은 마치 태양 빛을 끄려고 하는 것과 같다는
것이다! 그들의 모든 노력이 허사로 돌아갔을 뿐만 아니라, 무함마드
의 메시지에 반대하는 그들의 적개심에도 불구하고, 하나님이 무함마
드에게 다른 예언자들보다 위대한 승리와 높은 명예를 약속했다고 라
지는 말한다.

무함마드가 예언자라는 위의 증거들을 두 가지 범주로 나눌 수 있
다. 그의 기적들과 그의 메시지. 수라 9:33에 대한 그의 주석에서 라
지는 세 번째 범주의 증거를 제시한다. 이 구절에서 하나님은 그가 어

떻게 무함마드에 대한 그의 약속을 이루고, 그의 빛을 완전케 할 것인
지 말하고 있다. '그분이 복음(Guidance)과 진리의 종교를 선지자에게
보내어 그것을 모든 종교 위에 있도록 하시었으니 불신자들이 또한
증오하더라.' (9:33) 그러므로 완전한 예언자 직분은 세 가지 요소로
요약된다고 라지는 설명한다.

❶ 많은 표적과 기적의 발생(위의 1과 2를 보라). 무함마드는 이 복
   음(Guidance, huda)과 함께 보냄 받았다.

❷ 그가 가져온 종교가 이 세상과 사후에 있어서 ─ 모든 사람에게
   분명하게 보이는 것처럼 ─ 정직(sawab)과 정의(salah), 지혜
   (hikma) 그리고 유용함(manfa`a)의 특징을 가진다는 사실(위의 3
   과 4를 보라). 이것이 '진리의 광명(din al-haqq)'이 의미하는 것
   이다.

❸ 다른 종교들보다 무함마드의 종교가 우세하다는 것 ─ 이것이 '그
   것을 모든 종교 위에 있도록 하시었으니'가 의미하는 것이다.

　이러한 것들이 무함마드가 하나님의 예언자임을 증명하는 주요 증
거들이다. 이는 어느 정도 예언자의 직분에 대한 성경의 범주와 일치
하기 때문에, 꾸란과 성경의 관점에 대한 비교를 더욱 흥미롭게 한다.

(2) 꾸란의 기적
　무함마드의 가장 큰 기적은 꾸란이라고 전해진다. 꾸란의 기적적인
특징(i`jaz al-Qur`an)은 그 문학적 완성도와 내용 그리고 무함마드의
문맹에 기초하고 있다.

1) 꾸란의 문학 형태

무함마드가 메카에서 꾸란을 가르치기 시작했을 때 별로 성공적이지 못했다. 따르는 자들도 얼마 없었다. 그는 조롱당했고(22:47; 38:16), 미친 자(*majnun*, 37:36; 51:52), 점쟁이(*kahin*, 52:29; 69:42), 마술사(*sahir*), 그리고 거짓말쟁이(*kadhdhab*, 38:4; 51:39) 취급을 당했다. 즉, 무함마드는 꾸란을 만들어 냈다고 비난받은 것이다. 무함마드의 비난에 대한 하나님의 응답은 그들에게 꾸란과 비교할 수 있는 열개의 수라를 만들어 내거나(11:13), 아니면 단 한 개라도 만들어 내라는 것이었다(2:23; 10:38). 그들이 이러한 도전을 받아들일 수 없었다는 사실은 꾸란의 초월적인 특성을 드러내 준다. '인간과 진이 서로 같이하여 이 꾸란과 같은 것을 만들려 한다 하여도 그들은 그와 같은 것을 만들지 못하리니 비록 그들 서로가 서로를 도운다 해도 그러하니라.' (17:88, 참조. 52:34)

어떤 때에 무함마드의 적들은 무함마드가 꾸란을 사람에게서 배웠다고 주장하기도 했다. 이에 대한 대답은 무함마드의 선생이 아랍어를 말하는 사람이 아니라는 것이었다.

> "한 인간이 그(무함마드)를 가르치고 있을 뿐이라."라고 말하는 그들을 우리(하나님)는 알고 있나니
> 그들은 외래인이 그를 가르친 것이라 하더라. 그러나 이것은 순수한 아랍어라…
> 실로 거짓하는 자들은 하나님의 말씀을 믿지 아니한 자들로 그들이야말로 거짓말쟁이라.(16:103, 105)

라지는 일부 사람들이 무함마드의 선생들이었다고 주장하는 다섯명의 이름을 인용한다. 세 명은 이슬람으로 개종한 유대인들이고, 한

명은 비아랍인 그리스도인, 그리고 나머지 한 명은 조로아스터교 배경의 무슬림이다.[3] 그러나 꾸란의 특출한 수사법(*fasaha*)을 볼 때, 모국어가 아랍어가 아니었던 이들 중 누구도 꾸란을 무함마드에게 가르쳤다고 볼 수는 없다.

라지는 무함마드에게 선생이 있었다는 주장이 세 가지 이유에서 근거 없는 것이라고 논증한다. 첫째, 그러한 주장은 예언자에 대한 공공연한 적개심으로 인해 자격을 상실한 사람들로부터 나온 것이다. 둘째, 그것은 무함마드와 그의 선생이라고 하는 사람 사이에 다년간의 비밀스러운 관계를 의미한다. 그리고 셋째, 이 선생은 특출하게 공부한 사람일 것이기 때문에 이름이 알려지지 않을 수가 없다.

무함마드에게 유사한 비난을 하는 내용을 담고 있는 또 다른 꾸란 본문이 있다.

> 또한 불신자들은 "이것은 단지 그가 조작하고 다른 무리의 백성이 협력한 허위에 불과하도다."라고 말하니
> 실로 죄악과 허위를 가져온 자들이 그들이라.
> 또 그들은 "그것은 옛 선조들의 우화로 그것을 기록하도록 하여 아침저녁으로 낭송되도록 한 것이라." 말하였도다.(25:4-5)

적들은 무함마드가 다른 사람들의 도움으로 꾸란을 조작하였고, 꾸란이 '옛 선조들의 우화' 밖에 포함하고 있지 않다고 비난한다. 무함마드가 정말로 다른 사람의 도움을 받아 꾸란을 만들어 냈다면, 그의 적들이 그 도전을 받아들이고 교육받은 사람들의 기술을 사용하여 꾸란에 비할 만한 교본을 만들어 냈을 것이라고 라지는 관측한다.

---

3) Ibid., X:20: pp. 94-96.

2) 꾸란의 내용

꾸란이 기적적인 것은, 그 특출함에 더하여 일반인들에게는 알려지지 않은 것들을 계시하기 때문이라고 라지는 설명한다. 특히 무함마드와 같은 문맹에게는 더욱 그렇다는 것이다.[4] 이전에 알려지지 않은 것들(al-ikhbar)에 관한 정보는 꾸란의 기적이 보여 주는 두 번째 측면이다. '이것이 그대(무함마드)에게 계시한 보이지 않는 복음(anba' u l-ghayb)이니라. 네 스스로 그것을 알지 못하고 이전의 그대 백성도 알지 못했으니 인내하라. 실로 말세는 정의에 사는 자들을 위해 있느니라.' (11:49)

꾸란은 오래 전에 일어난 일들(참조. 20:133)과 앞으로 일어날 일을 계시한다는 점에서 기적적이라고 한다. 하나님이 꾸란을 통해 무함마드에게 알게 하신 과거의 일들에 대해 말하면서, 이븐 타이미야는 '그는 아담과, 노아, 아브라함, 모세, 그리스도, 후드(hud), 수얍(Shu`ayb), 살리(Salih)와 다른 이들의 이야기와 같은 과거를 드러내었다. 메카에는 그가 그런 것들을 배울 수 있는 학자가 없었다. … 그는 서신을 주고받거나, 기록된 책을 읽는 것에 익숙지 않은 사람이었다.'고 기록하고 있다.[5]

미래의 일을 예언한 것에 대하여, 이븐 타이미야는 624년에 비잔틴 군대가 페르시아 군대를 이겼던 것과(참조. 30:2-5), 630년에 메카의 다신교도들에게 성장하는 무슬림 공동체가 승리를 거두었던 것을 언급한다(참조. 54:45). 꾸란의 신적 권위는 또한 종말론적인 사건, 예를 들어, 부활과 마지막 심판, 지옥과 천국을 예언한 것을 통해서도 증명된다고 하였다.

---

4) Ibid., XII:24, pp. 44-46.
5) 이븐 타이미야, *al-Jawab al-sahih liman baddala dina l-Masih*, p. 174.

(3) 무함마드는 문맹이었는가?

무함마드가 문맹이었을 것이라는 추측은 무함마드를 움미(*ummi*)라고 말하는 꾸란 본문에 근거한 것이다. 본문에서 하나님은 예언자를 따르는 유대인들과 그리스도인들을 포함하여 그를 믿는 모든 자들에게 자비를 약속하신다.

> 또한 그들은 예언자들이며 움미인 선지자를 따르는 이들이라. 그들은 그들의 기록인 구약과 신약에서 그(선지자)를 발견하리라. …
> 일러 가로되 "백성들이여! 실로 너희 모두에게 … 나를 선지자로 보내셨느니라. … 그러하매 하나님을 믿고 그분의 움미 선지자를 믿으라. 그는 하나님을 믿고 그분의 말씀을 믿으니 그를 따르라. 그리하면 너희가 인도되리라." (7:157-158)

움미라는 말은 움미야(ummiyya, '문맹') 또는 움마(umma, '나라')에서 나온 것이다. 문제는 움미가 첫번째 의미를 갖는가, 아니면 두 번째인가 하는 것이다. 첫번째 의미인 경우, 어떤 종류의 문맹을 말하는 것인가? 무함마드가 읽고 쓸 줄 몰랐다는 의미로 문맹이었다는 것인가? 아니면, '종교적 문맹' 즉, 유대교나 기독교 경전에 무지했다는 의미의 문맹인가? 그리고 두 번째 의미인 경우, 무함마드가 아랍 사람으로서 '이스라엘'과 반대되는 '나라들'에서 왔기 때문에 움미 예언자라는 것인가?

해석적인 관점에서 본다면, 꾸란 문맥에 비추어서 움미의 의미를 찾는 것이 현명하다. 그 말은 다른 네 구절에서 더 나온다. 각각의 구절에서 움미는 복수 형태인 움미윤(*ummiyyun*)으로 나타나고 있다.

1) 수라 2:78

그들 (유대인) 중에는 글을 알지 못하여(움미윤) 그 성서를 알지 못하매 그들의 희망에 불과했도다. 그들은 단지 추측을 했을 뿐이라.(2:78)

라지는 움미윤이라는 말이 경전이나 예언자가 없는 자들을 의미하거나, 그렇지 않으면 읽고 쓸 수 없는 사람들을 의미할 수 있다고 설명한다. 유대인들에게는 경전과 예언자들이 있기 때문에, 라지는 두 번째 의미가 맞는 것이라고 생각한다. 그는 또한 두 번째 의미를 선호하는 다른 이유로, 예언자가 그의 백성들에게 말하는 하디스를 인용한다. '우리는 문맹(움미) 국가이다. 우리는 쓸 줄도, 셀 줄도 모른다.'[6] 꾸란 구절은 유대인들에 관한 것인 반면, 이 하디스는 아랍 민족을 말하고 있다. 따라서 이 하디스에 나오는 움미의 의미를 유대인들에게 적용하는 것이 합법적인가? 또한 동일한 단어가 반드시 유대인들에게와 마찬가지로 아랍인들에게도 동일한 의미를 가지는가?

나는 움미윤이라는 말이 그 인접한 문맥에서 해석되어야 한다고 제안한다. 동일한 구절의 '그 성서를 알지 못하매'라는 말이 움미윤의 의미를 설명해 주는 것이다. 그들은 어떤 종류의 문맹에 유대인들의 죄가 있는지 진술하고 있다. 그들은 토라를 가지고 있었지만, 그 메시지를 이해하는 데 실패했다. '경전에 있어서'(종교적으로) 문맹이었던 것이다.

2) 수라 3:20

만일 그들이 그대에게 분쟁한다면 "나는 하나님께 귀의하였으며 나를 따

---

6) 참조. 부카리, sawm 13:III, p. 75, no. 137 [1780]. 라지, II:3, p. 127.

르는 자들도 그러하니라."고 말하여라. 성서의 백성들에게 그리고 알지 못
하는 자들에게 "너희들은 귀의하였느냐?"라고 말하여라.
　만약 그들이 귀의한다면 그들은 옳은 길로 인도될 것이며, 만일 그들이
등을 돌린다 해도 그 계시를 전하는 것은 그대의 의무이라.(3:20)

　라지에 의하면, 이 구절은 두 그룹으로 나누어질 수 있는 모든 비
무슬림들을 가리킨다. 첫번째 그룹은, 그 주장이 정당한 것이든(유대
인들이나 그리스도인들처럼), 그렇지 않든(조로아스터교인들처럼) 자신
들이 경전을 받았다고 주장하는 자들을 포함한다. 두 번째 그룹은 전
혀 경전을 가지고 있지 않은 이들, 즉 우상 숭배자들이다.
　라지는 아랍 동료들[7]이 움미윤으로 기술된다고 설명한다. 그들에
게는 경전이 없고 따라서 읽거나 쓸 줄 모르는 사람들에 비유되기 때
문이다. 이 비교는 당시에 대부분의 아랍인들이 쓸 줄 몰랐다는 사실
에 근거한 것이다.
　이 구절은 무함마드에게 그들이 누구이건 간에 모든 불신자들과 논
쟁하라는 것이라고 라지는 결론짓는다. 또한 '성서의 백성들'이라고
기술된 경전을 가진 자들과, 그리고 움미윤이라고 기술된 경전이 없
는 자들과 논쟁하라는 의미라는 것이다.[8]

　3) 수라 3:75

　성서의 백성들 중에는 천금을 보관하여도 그것을 돌려주는 무리가 있고
또 그들 중에는 일디나르를 보관하여도 요구하지 아니하면 돌려주지 않는

7) 아랍 우상숭배자들은 꾸란에서 무슈리쿤(*mushrikun*)으로 기록되어 있다. 무슈리
쿤은 문자적으로 '연계시키는 자들'을 의미한다. 그들은 경배하면서 하나님과 다
른 신들을 '연계시키기' 때문이다.
8) 라지, IV:7, p. 185.

무리가 있도다. 그리고서 그들은 그것에 대해, "우리는 문맹인들(아랍인)에 대한 의무가 없도다."라고 말하니 그들은 하나님에 대해 거짓말을 하고 있음을 그들은 잘 알고 있도다.(3:75)

이 구절에 대한 주석에서 라지는 움미를 이해하는 두 가지 방법을 언급한다. 그는 이 두 가지 중 어느 하나를 선호하는 것 같지 않다. 어떤 이들은 이 단어가 '어떤 것의 기원'을 의미하는 움(umm)에서 나왔다고 본다. 따라서 예언자는 어떤 교육도 받지 않고, 그의 원래 상태대로 있었다는 의미에서, 즉 배우지 않은 자라는 의미에서 움미였다. 또 다른 사람들은 움미라는 말이 무함마드의 고향인 메카에서 나왔다고 본다. 메카는 꾸란에서 움 알-꾸라(umm al-qura) '도시들의 어머니'로 알려져 있다.(6:92; 42:7)[9]

이 구절에서, 유대인들이 유대인의 관점에서 아랍인들을 움미윤이라고 부른다는 것을 주목할 만하다. 나의 관점에서 이것은 아랍인들이 '그 나라들'의 일부라는 것, 즉 그들은 하나님이 이스라엘에게 주신 축복에 속하지 않는다는 것을 의미할 수 있을 뿐이다. 그 축복 가운데 경전들이 가장 중요한 것이다.

4) 수라 62:2

그분(하나님)께서 그들 백성 중 무학자(움미윤)인 무함마드를 한 선지자로 보내어 그로 하여금 그분(하나님)의 말씀을 낭송하고 그들을 청결케 하며 그 성서와 지혜를 가르치도록 하였나니 실로 이전의 그들은 방황하고 있었도다.(62:2)

---

9) Ibid., IV:8, p. 90.

이 구절은 무함마드 자신을 포함하여 아랍 민족을 움미윤으로 표현하고 있다. 여기서 라지는 자신의 해석을 제시한다. 그는 움미라는 말이 아랍 국가를 가리킨다고 말한다. 그들은 첫째, 경전이 없는 움미 국가이기에 이렇게 불리고, 둘째, 읽거나 쓸 줄 모르기 때문에 그렇다. 라지는 꾸란 해석의 권위자이고 무함마드의 동료 중 한 사람이었던 이븐 아바스가 이 구절에 대해 말하였던 것을 인용한다. '움미윤은 경전이 없고, 예언자가 있었던 적인 없는 사람들이다.'[10] 그렇다면 라지의 해석 가운데 첫번째 부분만이 유명하고 권위 있는 이븐 아바스의 지지를 받고 있는 것이다.

5) 경전이 없다, 또는 문맹?

꾸란에 나오는 모든 움미를 살펴본 결과, 움미가 아랍 국가에 적용되었을 때—무함마드가 가장 대표적인 인물이다.—그 말은 주로 문맹을 말하는 것이 아니라, 종교적인 정체성을 가리키는 것으로 보인다. 따라서 수라 7:157-158은 무함마드를 '문맹 예언자'로 보기보다는 '경전을 모르는 예언자'로 기술할 때 가장 잘 이해된다.[11] 아랍인 예언자로서, 무함마드는 경전이 없는 '국가들'(즉 '이방인들')로부터 왔다. '성서의 백성들'과 달리 아랍 민족은(그리고 보다 일반적으로 그 '나라들'은) 무함마드에게 꾸란이 계시될 때까지 하나님으로부터 기록된 계시를 받은 적이 없었다. 따라서 무함마드는 '이방인 예언자'라는 의미에서 움미 예언자이다.

---

10) Ibid., XV:30, p. 4.

11) 유수프 알리(A. Yusuf `Ali)의 것과 같은 꾸란의 일부 영어 번역은 '글자를 모르는 예언자'라는 용어를 사용한다. '글자를 모르는'의 번역은 어떤 종류의 문맹을 의미하는 것인지 분명하지 않기 때문에 뜻이 모호하다. 성스러운 서신들을 알지 못하는 것(영적 문맹)을 의미할 수도 있고, 아니면 알파벳 문자를 모르는 것(읽거나 쓸 수 없다는 의미의 문맹)일 수도 있다.

오늘날 무함마드가 '이방인 예언자'라는 의미에서 움미 예언자라
고 보는 일부 무슬림 학자들이 있다. 무함마드 하미둘라(Muhammad
hamidullah)의 프랑스어 번역 꾸란은 7:157-158에서 '이방인 예언자'
라고 하고 있다(그리고 3:20, 75; 62:2에서 '이방인들'이라고 한다). 번역
자는 각주에서 예언자 무함마드와 다른 '이방인 사도'인 바울을 명쾌
하게 비교하고 있다.[12] 사실, 경전을 받은 나라(이스라엘, 유대인들)와
경전이 없는 나라들(이방인들, 국가들, 그리스인들) 사이의 구분은 성경
으로 거슬러 올라간다(롬 1:16; 15:8-9). 바울은 유대인 배경에서 왔지
만, 스스로 이방인들에게 보냄을 받은 사도로 생각했다(롬 15:15-18;
갈 2:8). 이사야서가—하디스는 이를 무함마드에게 적용한다.—'나라
들'(즉 '이방인들'), 즉 아랍어로, 움미윤에게 보냄 받은 예언자를 말
하고 있다는 것은 주목할 만한 가치가 있다(사 42:1, 6).[13]
　수라 7이 무함마드가 문맹이었다는 증거로 사용될 수 없다면, 문제
는 여전히 남아 있게 된다. 무함마드는 문맹이었는가, 아닌가? 일부
무슬림들은 다른 꾸란 본문을 그의 문맹에 대한 증거로 삼는다. 다음
의 본문에서 하나님은 무함마드를 그의 예언자로 선택한 중요성을 드
러내신다.

　　그대에게 그 성서를 계시했느니라. … 그대는 이 성서가 계시되기 전에
　　글을 읽을 수 없었으며(tala) 그대의 바른 손으로 쓸 수도 없었거늘
　　(khatta) 만일 그대가 그럴 수 있었다면 불신자들은 그것(꾸란)을 의심하
　　였으리라.(29:47-48)

---

12)　al-Kitab wa-l-Qur'an(성경과 꾸란) pp. 139-143에서 움미 예언자를 '이방인 예언
　　자'로 이해한 M. Shahrur를 보라.
13)　부카리, buyu`50:III. p. 189, no. 335 [1981]; tafsir 48:3:VI, p. 345, no. 362 [4461]. 이
　　하디스는 20장에서 인용되었다.

무슬림들은 이 구절들이 무함마드가 읽거나 쓸 수 없었다는 것을 분명하게 증거한다고 생각한다. 꾸란의 초월적인 특성을 생각할 때, 아무도, 심지어 가장 교육을 많이 받은 사람이라 할지라도 그것을 만들어 냈다고 할 수 없을 것이라고 라지는 설명한다. 그러나 만일 무함마드가 교육을 받은 사람이라면, 꾸란을 모욕하는 사람들은 무함마드 자신이 꾸란을 만들어 냈다고 의심할 수도 있을 것이다. 이처럼 예언자가 문맹이었다는 것은 꾸란의 신적 기원을 더욱 확실하게 증명해 준다.[14]

무함마드의 문맹을 종교적인 의미로 이해한다 할지라도 라지의 주장은 여전히 타당하다. 무함마드는 유대인 서기나 기독교 학자가 아니었다. 성서의 백성들과 달리, 경전에 친숙한 사람이 아님에도, 그가 토라와 복음서에 견줄만한 책을 가지고 왔다는 것은 꾸란이 하나님의 말씀이라는 것을 증명한다. 이처럼 위의 본문(29:47-48)은 무함마드의 '종교적 문맹'이라는 점에서 해석될 수 있다. 동사 탈라(*tala*)는 평범한 낭독을 의미하는 것이 아니라, 종교적인 선포를 가리킨다. 마찬가지로, 동사 카타(*khatta*)는 종교적인 저술과 관련하여 사용된다. 즉, 꾸란을 선포하기 전에 무함마드는 '성서의 사람'이 아니었다. 이방인 예언자로서 그는 어느 경전에도 숙달하지 않았다. 따라서 꾸란은 하나님으로부터만 가능할 수 있는 것이다.

이러한 증거를 염두에 두면서, 왜 움미라는 말이 예언자에게 사용되었을 때는 전통적으로 '문맹'이라는 의미로 이해되고, 반면 아랍 민족에게 사용되었을 때는 '이방인들'로 이해되었는지 질문할 수 있을 것이다. 꾸란의 기적적인 특성을 높이려고 그런 것은 아닐까? 또한 꾸란의 문학적인 완성도 문제에 대해서도 다음과 같이 질문할 수

14) 라지. XIII:25, p. 68.

있을 것이다. 문학적인 기준을 종교적 주장에 대한 증거로, 즉 무함마드가 하나님의 예언자이고 꾸란은 하나님의 말씀이라는 증거로 사용하는 것이 적합한가?

(4) 무함마드가 행한 다른 기적들

꾸란이 무함마드의 가장 큰 기적이라고 하지만, 꾸란만이 그가 하나님의 예언자임을 증명하는 것은 아니다. 꾸란과 달리, 이슬람 전통은 무함마드가 많은 기적을 베풀었다고 말하고 있다. 이븐 타이미야는 "그의 기적은 천 가지가 넘는다 — 달을 가르거나 기적적인 꾸란, 경전의 백성들이 그에 대해 예언한 것, 예언자들과 마술사들의 그에 대한 예언, 보이지 않는 목소리가 그를 알린 것과 같은 다른 표적들이 있다."고 말한다.[15]

무슬림들은 무함마드가 예언자라는 것을 증명하기 위해 달을 가른 것을 자주 인용한다. 아랍의 다신교도들이 무함마드에게 기적을 보이도록 요구했다. 그 응답으로 예언자가 달을 가리키자 두 개로 갈라졌다. 다른 기적들과 달리, 이 초월적인 사건은 꾸란에서도 암시되고 있다. 이슬람 전통에 의하면, 하나님은 무함마드의 사명과 마지막 심판을 가리키는 표적으로 이 기적을 일으키셨다.

> 심판의 날이 가까워 오매 달이 둘로 분리되었도다.
> 그러나 그들이 그 예증을 보았다 하더라도, "이것은 항상 있는 마술에 불과하도다."라고 말했으리라.
> 이렇듯 그들은 거역한 채 그들의 욕망을 따를 뿐이라. (54:1-3)

"무함마드 시대에 살았던 사람들은 그들의 눈으로 달이 분리되는

---

15) 이븐 타이미야, *al-Jawab*, p. 173.

것을 보았고 증거했다. 그리고 그에 대한 자료가 연속적으로 전승되었다."고 이븐 타이미야는 설명한다.[16] 실제로 부카리의 하디스 편집에서 우리는 무함마드의 동료들이 이 표적에 대해 짧게 언급하는 세 개의 기록을 찾을 수 있다. 예를 들어 이븐 마수드(Ibn Mas`ud)는 다음과 같이 말했다. "예언자의 생애 동안 달이 두 부분으로 나누어졌고, 그것에 대해 예언자는 '증거를 지키라.'고 말했다."[17]

하디스에 기록되어 있는 다른 기적들에는, 동료들이 목말라하거나, 기도 전에 세정 의식을 위한 물이 없을 때 무함마드의 손가락 사이로 물이 솟아난 것과, 굶주렸을 때 음식이 풍성해진 것, 예언자가 사용하기 위한 설교단으로 대체되었을 때 종려나무 줄기가 신음한 것이 있다.[18]

또한 다양한 사람들이 무함마드를 하나님의 예언자로 알아보았다고 전해진다. 그러한 이야기들은 꾸란이나 하디스에서는 찾을 수 없지만, 시라(*Sira*, 무함마드의 전기)와 같은 다른 이슬람 문학에 등장한다. 한 이야기에 따르면, 무함마드가 아직 소년이었을 때 한 점쟁이가 그 '위대한 미래'를 갖게 될 것이라고 예언했다고 한다. 다른 이야기는, 무함마드가 십대였을 때 상업을 하는 삼촌 아부 탈립(Abu Talib)과 시리아에 갔는데, 카라반이 바스라에서 도착했을 때 바히라(Bahira)라고 하는 그리스도인 수도승을 만났다. 그 수도승은 소년이 하나님의 예언자가 될 것임을 알아보고 그의 삼촌에게 이렇게 조언했다고 한다. "당신의 조카를 본국으로 데리고 가서 유대인들에 맞서 그를 잘 인도하시오. 하나님 곁에 두시오! 그들이 그를 본다면, 그리고 내가 아는 것을 알게 된다면, 그를 해할 것이오. 당신 조카 앞에 위대

16) Ibid., p.178.
17) 부카리, *manaqib* 27:IV, p.533, no. 830 [3364].
18) 참조. 부카리, *manaqib* 25:IV, pp. 496-507, nos. 771-785 [3306-3320].

한 운명이 있소. 그를 어서 고향으로 데려가시오."[19] 무함마드에 관한
대중 문학에서 우리는 악한 영들과 관련된 것들뿐만 아니라 이처럼
사람들과 관련된 많은 이야기들을 찾을 수 있다. 그러나 그러한 이야
기들의 역사성을 찾기가 매우 어렵다.

---

19) 참조. A. Guillaume, *The Life of Muhammad: A Translation of Ibn Ishaq´s Sirat rasul Allah*, pp. 79-81; 또한 pp. 90-95를 보라.

19. 무함마드의 예언자 직분에 대한 증거:
완전한 법과 정치적 성공

지금까지 무함마드의 기적들, 특히 꾸란의 기적을 살펴보았다. 이제 그의 메시지와 정치적 성공에 대해 살펴보려고 한다. 무함마드를 하나님의 예언자로 인식하게 하는 그의 메시지는 어떠한가? 그의 정치적 그리고 군사적 승리가 이슬람이 하나님의 완전한 종교라는 것을 증명한다는 것은 어떠한가?

(1) 이슬람법의 완전성

무슬림 신학자들은 유대교와 기독교, 이슬람을 비교하고 나서 이슬람이 최고라고 종종 주장한다. 그들은 이 세 종교 모두가 다 하나님이 주신 것(*adyan samawiyya*)이라고 말하지만, 이슬람이 완전한 법을 갖고 있으며, 하나님과 그의 영광에만 집중하는 최종 종교라고 본다. 무슬림 공동체는 움마툰 와사툰(*ummatun wasatun*)이라고 기술된다 (2:143). 라지는 무슬림들이 이 표현을 어떻게 이해하고 있는지 알려준다. 무슬림 공동체는 공정하고, 올바르며, 존경할 만하고, 균형 잡힌, 선을 행하고 유대교와 기독교의 중간 지대를 점유하는 공동체로 이해된다.[1]

이븐 타이미야는 그리스도인들을 반박하는 그의 논문 「그리스도의 종교를 변형시킨 자들에게 주는 정답」에서 이러한 노선을 따라 논쟁하고 있다. 종교적 · 도덕적 그리고 형사상의 법률을 영역별로 보면서, 그는 이슬람법이 유대법이나 기독교 교리보다 뛰어나다는 것을

---

1) II:IV, pp. 88-97에 나오는 수라 2:143에 대한 라지의 해석을 보라.

설명하고자 한다.[2] 그의 입장을 좀 더 잘 이해하기 위해 그의 주장을
몇 가지 살펴보면서, 많은 영역에서 그가 토라와 복음서의 가르침을
심각하게 오해하고 있는 것으로 보인다는 것을 지적할 필요가 있다.
그의 주장에 대한 자세한 논평은, 좀 유보해 두었다가 21장에서 좀 더
자세히 응답하고자 한다.

1) 종교법

이븐 타이미야는, 그리스도인들은 공의가 유대교의 특징이고, 은혜
가 기독교의 구별되는 특징이라고 주장한다고 말한다. 그러나 꾸란의
종교에서, 공의와 은혜는 구분될 수 없는 것이며 완전히 하나라는 것
이 그의 주장이다. 이처럼 이슬람은 '공의를 명하고(사람들에게) 선을
훈계함으로 은혜와 법이 만나는' 종교라는 것이다.[3] 하나님은 공의와
은혜의 하나님이고, 이슬람 역시 그렇다. "토라의 법은 주로 혹독하
고, 반면 복음서의 법은 너그럽다. 꾸란의 법은 온건하여 이 두 자질
을 모두 갖추고 있다."[4] 무함마드는 이것이 하나님의 성품을 반영하
고 있다고 한다. "그는 스스로를 자비와 용서의 예언자로 말하였지만,
또한 싸움을 두려워하지 않고 대승리를 거두는 예언자로도 말하고 있
다."[5] 여기서 그는 적들에게 지나치게 너그러웠던 다른 유대인 예언
자들과는 달리 완전한 자로 보인다. 무슬림 공동체 역시 중간 지대에
있다고 한다. "하나님은 그의 공동체에게 자비와 겸손으로 믿는 자들
을 대하도록 말씀하신다. 그러나 불신자들에 대해서는 혹독하고 엄격
하게 대하도록 하신다."[6]

---

2) 이븐 타이미야, *al-Jawab al-sahih liman baddala dina l-Masih* (1984), pp. 350-369.
3) Ibid., p. 351.
4) Ibid., p. 357.
5) Ibid.
6) Ibid., 참조. 꾸란 5:57; 48:29.

이슬람법은 이생과 사후에 대해 균형 잡힌 초점을 가지고 있다고 한다. 토라ㅡ무슬림들은 이를 통해 모세의 법을 이해한다.ㅡ는 지상에서의 삶을 주로 다루는 세상의 법으로 보인다. 그러나 이슬람법은 훨씬 더 포괄적이다. '꾸란에는 사후에 대한 언급이 있다. 꾸란은 사후를 증명하고 있으며, 그것을 말하고 있다. 토라에 견줄 수 없는 천국과 지옥에 대한 묘사가 있는 것이다.'[7] 토라가 지나치게 '이 세상'에 집중한다고 비난받는 반면, 무슬림들은 복음서는 반대의 극단으로 갔다고 말한다. 이 세상에는 관심이 별로 없고, 다음 세상에만 집중한다는 점에서 지나치게 영적으로 보인다는 것이다.

유대인들은 많은 예언자들을 죽였고, 대부분 예수를 하나님이 보내신 예언자로 인정하지 않았다. 반면, 그리스도인들은 예수가 하나님의 아들이라고 주장한다. 이븐 타이미야는 무슬림들이 이 두 극단 사이에 서 있다고 주장한다. 그들은 예수를 하나님의 위대한 예언자 가운데 한 분으로 인식하고 있으며, 유일신 하나님을 믿고, 차별 없이 모든 예언자들을 믿는다는 것이다.

2) 도덕법

이븐 타이미야는 유대인 공동체의 도덕 규범이 충분히 엄격하지 않다고 생각한다. 예를 들어, 이혼이 합법적이고 일부다처에 대해 아무 제한도 두지 않고 있다. 반면에, 기독교 규범은 너무 엄격하다. 이혼과 일부다처를 모두 금하고 있기 때문이다. 그러나 이슬람법은 너무 가혹하지도 않고 너무 느슨하지도 않다고 생각한다. '그것을 통해 하나님은 인간이 그를 따르기 쉽도록 하셨다. 그것은 무함마드 이전 사람들에게는 쉽지 않았던 것이다.'[8] 무슬림들에 관한 한, 하나님은 지

---

7) 이븐 타이미야, *al-Jawab*, p. 354.
8) Ibid.

나치게 지키기 어려운 규정들을 부과하지 않으셨다(22:78). 이혼은 합법이지만 적극 만류하고 있고, 일부다처는 부인을 네 명까지만 두도록 제한하고, 조건적이며, 또한 남편은 부인들을 모두 공평하게 대해야만 한다(4:3).

이븐 타이미야는 '복음서에 독립적인 샤리아(Shari`a)가 없기' 때문에 복음서가 큰 약점을 가지고 있다고 주장한다.[9] 그는 그 가르침이 너무 이상적이라고 말한다. 예수가 사람들에게 '선을 행하고, 잘못을 용서하고, 손해를 감수하며, 이 세상에서 금욕적인 삶을 살도록' 요청한다는 것이다.[10] 또한 기독교 공동체가 그리스도의 가르침을 왜곡하고, 그 의도하는 바를 관대하게 바꾸어서 약하고 느슨하게 만듦으로써 설립자의 가르침을 벗어났다고 주장한다.

> 하나님은 관대함과 다정함으로, 악행하는 자들을 용서하고 그들의 잘못을 참음으로, 그들의 품행을 온건하게 하고 그들 가운데 자만과 가혹함을 없애시려고 그리스도를 보내셨다. 그러나 이들 그리스도인들은 과도한 방종에 빠져서 선을 행하고, 금지된 것을 금하는 데 실패했다. 그들은 하나님의 길에서 지하드(성전, jihad)를 행하고, 사람들 간에 공정하게 심판하는 데 실패했다. (죄에 대한) 엄격한 처벌을 세우는 대신에, 그들 경배자들은 혼자 사는 수도승이 되었다.[11]

이슬람법은 기독교의 미덕을 최대한 간직하고 있으며, 또한 샤리아가 도덕법인 동시에 형법이기 때문에, 사람들이 이러한 미덕을 남용하지 못하도록 되어 있다고 한다. 이를 범하는 자들은 엄격한 형법에 직면하게 된다. '무함마드의 법에는 너그러움과 관대함, 용서가 있고,

---

9) Ibid., p. 355.
10) Ibid.
11) Ibid., pp. 358-359.

복음서에 있는 것보다 더 고결한 특징을 갖는다. 그 안에는 또한 혹독함과 지하드가 있고, 믿지 않는 자들과 위선자들에 대한 처벌이 토라보다 더 잘 마련되어 있다. 이 모든 것이 완전의 경지에 이르고 있다.' [12]

3) 형법

이븐 타이미야는 이슬람 형법이 살인자들에 대해 좀 더 너그럽다는 점에서 유대교의 법보다 뛰어나다고 설명한다. 반면, 토라에 있는 형법은 절대적으로 정의에 기초하고 있고, 어떤 잘못에 대해서도 보복만을 명하고 있다는 것이다(출 21:24). 정의의 원칙을 고수하면서도, 이슬람법은 잘못을 범한 사람이 그 대상에게 용서받을 수 있도록 하고 있다. 용서받은 범죄자는 그 대상 혹은 가족들에게 배상금을 지불해야 한다.

> 믿는 자들이여!
> 살인의 경우,
> 자유인 대 자유인, 종복 대 종복, 여성 대 여성으로 동등한 처벌을 하도록 기록되어 있도다.
> 그러나 피해자의 형제로부터 용서를 받은 자는 계율을 따를 것이며 감사의 보상 을 해야 되나니.(2:178)

이븐 타이미야는 '꾸란에 있는 법에서는 보상금을 받는 것이 허락되지만, 토라에서는 법률로 제정되어 있지 않다.'는 것을 주시한다.[13] 예를 들어, 살인자를 용서하는 것은 하나님이 보상하실 선행이다(5:45). 이처럼 피 값을 보상하는 것은 죄를 지은 사람이나 그 희생자(혹은 그 가족) 모두에게 유익할 것이다. 토라의 법은 또 다른 이유

---

12) Ibid., p. 358.
13) Ibid., p. 355.

에서 지나치게 엄격한 것으로 여겨진다. 너무 많은 경우에 벌로 사형
을 명하고 있는 반면, 이슬람법은 배교나, 살인, 성적 부도덕의 경우
에만 사형을 명한다.

그렇다면, 이슬람에 비교할 때 기독교는 어떠한가? 이븐 타이미야
는 복음서에 형법이 상세히 제정되어 있지 않기 때문에, 이슬람법이
훨씬 포괄적이고 공정하다고 생각한다. 14세기에 저술한 그의 저서
에서, 그는 분명 세속적인 정의보다 이슬람의 정의를 선호한다고 하
면서, 기독교에 큰 약점이 하나 더 있다고 주장한다. '그들(그리스도인
들)의 법적 체계는 이중적이다. 교회의 판결이 있지만, 피해자가 가해
자로부터 보호받을 수 있는 것이 없다. 두 번째로는 왕들이 내리는 처
벌이 있다. 그렇지만 이것은 계시된 법이 아니다. 그러나 지배자들의
의견에 따라 기능한다.'[14]

그렇다면 왜 기독교 공동체는 가해자로부터 피해자의 권리를 보호
할 수 없는가? 이븐 타이미야는, '복음서의 법이 권리를 포기하고 가
해자로부터 피해자의 권리를 세우지 않도록 사람들에게 요구한다.'고
그리스도인들이 생각하기 때문이라고 한다.[15] 그러한 관점에서, 그리
스도인들은 그리스도의 가르침을 오해한 자들로 여겨진다. 그리고 그
가르침을 이슬람법이 다시 회복하였다고 생각한다. 이븐 타이미야는
하나님이 정의 대신에 용서를 명하신 것을 믿을 수 없다고 주장한다.
만약 그렇다면 세상은 정글의 법칙이 지배하게 될 것이기 때문이다.
'아무것으로도 악행하는 자들을 제한할 수 없을 것이고, 강한 자가 약
한 자를 억압하고 땅이 타락하게 될 것이다(2:251)'.[16] 따라서, 하나님
은 정의를 명하시고, 그렇지만 사람들에게 용서를 권하시는 것이다

---

14) Ibid., p. 366.
15) Ibid.
16) Ibid.

(참조. 3:134; 4:92; 16:126; 42:43). 이슬람법은 정의와 용서를 통합하고 있다. 전자는 명령이지만, 후자는 선행일 뿐이다. '계시된 법은 정의로운 법 체계를 포함해야만 한다. 또한 동시에 사람들에게 관용하고 친절하게 행동할 것을 권고해야 한다. 이슬람법은 그렇게 하고 있다.'[17] 무슬림들에게 이슬람법은 모든 면에서 완전하다. 하나님 뜻의 궁극적인 표현이고, 유대법 가운데 가장 좋은 것과, 기독교 교리 가운데 가장 좋은 것을 합쳐 놓은 것이라고 생각하는 것이다. 따라서 이슬람법의 완전성은 무함마드가 하나님의 가장 위대한 예언자임을 증명하는 것으로 여겨진다. 반대로, 무함마드가 마지막 예언자로 여겨진다는 사실은, 이슬람법이 흠 없는 것이어야만 한다는 것을 암시한다. 그것이 완전하지 않다면, 완전한 하나님의 법을 가져올 또 다른 예언자를 필요로 할 것이기 때문이다.[18]

이븐 타이미야가 유대 법과 기독교 교리를 이슬람과 비교해 놓은 것을 아래 표에 요약해 놓았다.

그리스도인들은 이러한 분석에 대해, 특히 토라와 복음서의 설명에 대해 그것이 정확한 설명이 아니라고 주장할 것이다. 21장에서 이 문제들 중 일부를 다시 살펴보겠지만, 지금은 다음의 몇 가지만을 짚고 넘어가고자 한다.

❶ 복음서는 특별한 형법을 규정하고 있지는 않지만, 정의를 유지하고 죄인을 벌하는 것을 분명하게 강조하면서, 이를 국가의 책임하에 두고 있다.—"각 사람은 위에 있는 권세들에게 굴복하라 권세는 하나님께로 나지 않음이 없나니 … (권세 있는 자)가 공

---

17) Ibid.
18) 참조. XIII: 25, p. 185에 나오는 수라 33:40에 대한 라지의 해석.

유 대 법	이 슬 람 법 완전한 종교	기 독 교 교 리
정의가 특징이다.	정의와 은혜가 완전히 하나가 되었다.	은혜가 특징이다.
유대인 예언자들은 적들에 대해 무자비했다	무함마드는 확고함과 자비를 부여주었다.	예수는 적들에게 지나치게 너그러웠다.
지나친게 세상적: 이생에 촛점을 맞추고 있다.	균형잡혀 있다: 이행과 사후 모두에 초점을 맞추고 있다.	지나치게 영적이다: 사후에 초점을 맞추고 있다.
예수 믿기를 거부한다.	예수를 가장 위대한 예언자 중 한 명으로 인식한다.	예수가 하나님의 아들이라고 주장한다.
이혼이 허락된다. 일부다처제 제한이 없다.	이혼은 합법이지만 권할 만 하지 않다. 일부다처제에 제한이 있다.	이혼과 일부다처제가 모두 법에 위반된다.
가혹한 형법: 용서가 없다.	정의와 용서	형법이 없다.

연히 칼을 가지지 아니하였으니 곧 하나님의 사자가 되어 악을 행하는 자에게 진노하심을 위하여 보응하는 자니라"(롬 13:1-4).

❷ 예수는 토라를 폐하러 오신 것이 아니라, 완성하기 위해 오셨다 (마 5:17-20). 토라의 도덕법과 시민법은 모든 사회를 위한 하나님의 가치와 우선순위에 대하여 꼭 필요한 가르침을 제시한다. 예를 들어, 24장에서 우리는, 이스라엘 백성이 아닌 자들을 공

동체 내에서 어떻게 다루어야 하는지에 대한 토라의 가르침이, 우리가 사는 21세기와 얼마나 깊은 관련성을 갖고 있는지 살펴볼 것이다. 진지하게 경전을 대하는 그리스도인들은 이후의 세상에 대한 초점뿐만 아니라, 이 세상에서 어떻게 살아야 하는가에 대해서도 많은 가르침을 발견하게 된다.

❸ 예수가 적들에게 지나치게 너그러웠는가? 진실로, 그는 사랑과 용서의 말을 하였고, 정치적 메시아로서 그들과 맞서지 않았지만, 하나님의 진리를 왜곡하고 그를 믿으려 하지 않는 자들에게는 단호한 말을 하였다(눅 11:37-52). 그리고 무엇보다도, 죽음과 부활을 통해 그는 가장 큰 적들인 죄와, 죽음, 악에 승리를 거두었다(골 2:13-15).

❹ 토라를 자세히 살펴보면, 이스라엘 백성들이 하나님의 정의뿐만 아니라 "자비롭고 은혜롭고 노하기를 더디하고 인자와 진실이 많은" 주님을 알았다는 것을 발견하게 된다(출 34:6; 민 14:18; 느 9:17). 사실, 이스라엘 백성들이 너무나 자주 하나님으로부터 돌아섰던 것을 생각한다면, 하나님의 법이 반복해서 강조하는 이러한 측면을 놓칠 수가 없다.

❺ 하나님의 은혜는 진정 복음서의 초점이다. 그러나 그것이 하나님의 정의를 소홀하게 하지는 않는다. 우리가 8장에서 보았듯이, 예수 그리스도의 십자가는 이에 대한 뛰어난 예증이 된다.

십자가는 하나님의 은혜와 공의가 함께 드러나고, 하나님이 "의로우시며 의롭다하시는" 자라는 것을 나타낸다(롬 3:26).

그리스도인들은, 이븐 타이미야가 활동했던 14세기 초에 교회가 매우 건강하지 못했다는 것을 제일 먼저 인정하는 자들일 것이다. 그럼에도 불구하고, 우리가 그리스도인-무슬림 간의 대화를 하게 될 때마다, 한편의 가장 이상적인 모습과 다른 편의 가장 빈약한 모습을 비교하지 않는 것이 최선이라는 것을 다시 한 번 강조할 필요가 있다.

이븐 타이미야의 사상에 대한 이러한 개관 역시, 수세기를 걸쳐 많은 무슬림들이 예수 그리스도의 진실한 메시지보다는 복음서의 매우 미세한 개념에 대해 논쟁했던 방식의 실례가 될 것이다. 무슬림들과 그리스도인들에게 동일하게 세심한 연구와 순수한 대화가 요청된다.

(2) 이슬람의 정치적 성공

우리는 라지가, 다른 종교들에 대한 이슬람의 우월함이 무함마드가 예언자라는 것에 대한 명백한 증거가 된다고 생각한다는 것을 살폈다. 또한 무슬림 공동체의 정치적 패권을 통해 무함마드가 자신의 예언자임을 하나님이 밝히셨다는 것을 보았다.[19]

이슬람의 우월성에 관한 구절(9:33)은 꾸란에서 두 번 반복된다(48:28; 61:9). '복음과 진리의 종교를 선지자를 통하여 보내시고 그것을 다른 모든 종교 위에 두신 분이 하나님이시라. 그러나 불신자들은 그것을 싫어하였더라.' (61:9) 라지는 이러한 우월성을 획득하는 세 가지 방법이 있다고 보았다. 논쟁과 증거를 통하여(*bi l-hijja wa l-bayan*), 수적인 성장과 번영을 통하여(*bi l-kathra wa l-wufur*), 승리와 정복을 통하여(*bi l-ghalaba wa l-istila'*).

이슬람의 이성적인 우월성은 항상 견고했다고 라지는 생각한다. 따라서 무함마드에게 한 약속이 가리킬 수 있는 것은 이슬람이 곧 정치적으로 승리하리라는 것뿐이다. 그러나 누군가가 이를 거부하면서,

---

19) 참조. VIII: 16, pp. 32-33에 나오는 수라 9:33에 대한 라지의 해석.

이슬람이 세계의 많은 나라들에서 우세한 종교가 되려면 아직 멀었다고 말한다면 어떻게 할 것인가? 예를 들어 인도나 중국 같은 나라에서 말이다. 라지는 이러한 반대에 대해 몇 가지 반응을 예로 든다. 여기에는 이슬람이 아랍 반도에 전체적으로 만연해 있다는 사실이 포함된다. 혹은 이슬람이 아랍에서 유대교에 승리했고, 시리아에서 기독교에, 페르시아에서 조로아스터교에 승리했다는 것이 포함된다. 또한 예수가 이슬람법을 실행하기 위해 천상에서 돌아온 후, 이슬람이 진실로 다른 모든 종교들을 지배하게 될 것이라는 것이 포함되어 있다.

라지처럼, 이븐 타이미야도 무슬림 공동체의 정치적 우세함이 무함마드가 진실로 하나님의 예언자임을 나타낸다고 생각한다. 이러한 결론에는 하나도 이상한 것이 없다고 그는 기록하고 있다. 하나님은 무함마드 이전에 온 예언자들에게 승리를 주셨고 그들의 적을 벌하셨기 때문이다(참조. 54:15-45). 하나님은 무함마드와 그의 공동체에게는 더 적극적으로 승리를 안겨 주셨다.

> 하나님은 예언자들에게만 하셨던 지원으로 그를 크게 격려하셨다. 그가 다른 예언자를 무함마드처럼 지원하신 적이 없으셨다. 마치 그가 가장 훌륭한 책을, 가장 훌륭한 법을 가진 가장 훌륭한 공동체에게 가져오는 자인 것처럼 하셨다. 하나님은 무함마드를 아담의 자녀들의 주인(*sayyid*)으로 삼으셨다. … 하나님의 일반적인 행동 양식은 그의 사자들과, 이 세상과 증거의 날 모두를 믿는 자들에게 승리를 주시는 것인데, 이것이 그러한 경우이다.[20]

이슬람의 관점에서, 하나님의 예언자들과 그의 백성들에 대한 하나님의 신실하심은 그들에게 적을 이기는 능력을 주시는 것을 의미한다(참조. 3:12; 24:55; 40:51; 37:171-173). 무슬림 공동체에게 하나님이 주

---

20) 이븐 타이미야, *al-Jawab*, p. 177.

신 성공은 종교적이고 또한 정치적인 것으로 보인다. '그분이 증거와 분명한 주장으로 그것을 정복하게 하셨고, 능력과 창으로 정복하게 하셨'기 때문이다.[21]

마지막 예언자의 공동체는 지상에 내리시는 하나님의 축복을 즐긴 다고 여겨진다. 그것은 이전의 종교 공동체가 누린 적이 없는 것이다. 이븐 타이미야는 정치적 성공의 면에서 유대교와 기독교, 이슬람을 비교한다. 유대 종교의 상태는 다소 어둡다고 그는 말한다. "유대인들 에게는 그들이 모든 민족들 가운데 가장 낮다고 말해야 한다. 그들이 불변하는 하나님의 종교를 붙들고 있다고 여겨질지라도, 그럼에도 계 속해서 정복당하고 압도당한다."[22] 이븐 타이미야는 유대 민족의 법에 대한 복종을 그들의 번영과 관련시킨다. 그들의 계속적인 불복종은 국민의 신분을 상실하는 결과를 가져왔다.

> 그들이 모세의 종교를 따르고 진리의 종교와 지시를 따라 살 때 그들은 승리했다. 그 이후에 그들도 아는 바와 같이 그들 가운데 쇄신이 여러 번 일 어났다(5:59-60). 성서의 백성들(그리스도인들)은 유대인들이 우상을 숭배 하고 예언자들을 죽였다는 것을 인정한다. 하나님은 이러한 이유로 그들이 두 번 멸망당했다고 말씀하셨다(17:4-8). 첫번째 멸망은 느부갓네살이 그들 을 바벨론으로 끌고 갔을 때인데, 그것은 70년 동안 계속되었다. 두 번째 멸 망은 그리스도 이후 약 70년 후에 발생했다.[23]

기독교는 어떠한가? 이에 대한 이븐 타이미야의 분석은 약간 다르 지만, 결론은 동일하다. 기독교는 일부의 정치적 성공을 거두었지만 너무 늦었을 때였다고 그는 기록한다. 기독교 교리는 이미 왜곡되었

---

21) Ibid., p. 163.
22) Ibid., p. 360.
23) Ibid., p. 361.

다는 것이다. 즉, 기독교 공동체가 어느 정도 정치적 성취를 이루었음에도, 여전히 더 위대하고 왜곡되지 않은 종교가 필요했다. '그리스도인들에게 다음과 같이 말할 수 있다. 그들은 콘스탄티누스가 반대하는 유대인들과 이방인들을 죽이고 칼로 승리하여 그리스도인들의 종교를 세울 때까지 계속해서 정복당하고 패하고 뿔뿔이 흩어졌다. 그러나 콘스탄티누스가 승리하게 한 종교는 변하고 타락하였으며, 그리스도의 종교가 아니었다.' [24)

무함마드의 도래로 이전에는 결코 이룩되지 않았던 하나님의 왕국이 지상에 섰다고 이븐 타이미야는 주장한다. 630년에 예언자는 무슬림 군대와 함께 메카로 돌아왔고, 그의 적들에게 최종적인 승리를 거두었다. 도시는 평화롭게 항복했으며, 카바는 우상들을 제거했다. 많은 아랍인들이 새로운 종교에 합류하기 시작했다. 2년 후 무함마드가 죽었을 때, 이슬람은 사실상 아랍 전체를 정복한 상태였다. 이 승리는 많은 다른 민족들에 대한 이슬람 정복의 첫 걸음이었다. '하나님이 무함마드를 보냈을 때, 하나님의 절대적인 유일성과 그분의 돌보심으로 이전의 어느 민족도 알지 못했고, 어느 예언자도 이루지 못했던, 누구도 당해 낼 수 없는 정복을 이루었고 … 지상의 민족 대부분이 무함마드와 함께했으며 … [그와 그의 민족]은 주의 종교가 말과 행위로 세상의 동편에서부터 서편까지 정복하게 하였다.' [25)

이처럼 역사적 사실인 이슬람의 정치적 성공은 중요한 신학적 의미를 가진다. 무슬림들은 그 성공을 통해, 무함마드가 하나님의 위대한 예언자이고, 이슬람이 하나님의 완전한 종교이며, 무슬림 공동체가 지상 최고의 종교 공동체라는 것이 증명된다고 믿는다.

---

24) Ibid., p. 362.
25) Ibid., pp. 362-363.

너희는 가장 좋은 움마로서 백성에게 출현되었도다.

계율을 지키고 악을 배제할 것이며, 하나님을 믿을지니라.(3:110)

이러한 사실을 염두에 두면서 우리가 던져야 하는 질문은 이것이다. 정치적·군사적 성공이 반드시 하나님의 승인을 증명하는가? 하나님 관점의 성공이 항상 우리의 관점과 동일한가?

21장에서 이 문제들을 대부분 다시 다룰 것이다. 그러나 우리는 먼저 무함마드가 예언자라는 증거로 종종 제시되는 또 다른 영역을 살펴볼 필요가 있다. 무함마드를 가리키고 있다고 하는 기독교와 유대교 경전 본문이 그것이다.

20. 경전은 무함마드가 장차 올 것을 예언하고 있는가?

꾸란은 무함마드가 오기 오래 전에 하나님의 예언자들이 그에 대해 말했다고 단언한다. 무슬림들은 이것이 무함마드가 예언자라는 또 다른 기적적인 증거라고 본다. 그들의 주장은 두 본문에 근거하고 있다. 수라 7:157에는 토라와 복음서에 무함마드에 관한 기록이 있다고 나와 있다. 수라 61:6에는 예수가 그의 이후 아흐마드(*ahmad*)가 올 것을 선포했다는 좀 더 특별한 기록이 있다. 이 이름은 예언자의 여러 이름 가운데 하나이다.[1]

> 또 마리아의 아들 예수가,
> "이스라엘 자손들이여! 실로 나는 너희에게 보내어진 선지자로서 내 앞에 온 구약과 내 후에 올 아흐마드라는 이름을 가진 한 선지자의 복음을 확증하느니라." (61:6)

라지는 무함마드의 예언자 자격 목록에 무함마드에 관한 예언을 포함하고 있지 않다. 이븐 타이미야는 그러한 예언을 포함하고 있지만, 많은 다른 신학자들과 마찬가지로 그것을 증명할 본문을 성경에서 인용하고 있지 않다. 이러한 사실은 초기 무슬림 신학자들이 제한적으로밖에 경전을 접할 수 없었다는 것을 말하고 있는가?

현대 무슬림 저술가들은 그러한 논쟁을 훨씬 많이 사용한다. 사실 경전은 실제로 무함마드를 가리키고 있는데, 그리스도인들과 유대인

---

1) 2장, n. 1을 보라.

들이 잘못 해석했다고 주장한다. 그들이 종종 언급하는 본문은 이사야서(사 42:1-9)와, 신명기(신 18:18), 그리고 요한복음(요 14-16)이다.[2] 성경에 속하지 않는 바나바 복음서(Gospel of Barnabas)를 말하는 사람들도 있다.

(1) 주님의 종

언젠가 무함마드의 동료 중 한 명이, 토라가 예언자에 대해 어떻게 기술하고 있는지 물었다. 그의 답변이 부카리이 하디스 편집에 수록되어 있다.

〔무함마드는〕 꾸란이 그에 대해 말하는 자질 중 일부를 가지고 있는 자로 토라에서 기술되고 있다.

예언자여! 우리는 너를 증인으로, 좋은 소식을 주는 자로, 경고하는 자로, 그리고 문맹자들의 인도자로 보냈다.[3] 너는 나의 종이고 나의 사자이다. 나는 너를 무타와킬(*Mutawakkil*, 하나님을 의지하는 자)이라 명명했다. 너는 무례하지도, 가혹하지도 않고, 장터를 소란스럽게 하지도 않으며, 네게 악행하는 자에게 악을 행하지 않고, 관용과 용서로 그들을 대한다. 하나님은 그가 부정한 자들을 바르게 하여, 그들이 "하나님 이외에는 경배 받으

---

2) 별로 인용되지 않는 다른 구절에는 시편 45장 3-5절이 있다. 본문은 하나님의 사자를 정치적·군사적 지도자로 기술하고 있다. 이는 예수의 사명이 아니라 전적으로 무함마드의 사명의 한 부분이었다. 그리스도인의 반응은, 우리가 살펴본 대로, 예수가 하나님의 기름 부음 받은 왕이고, 그가 영광 중에 다시 올 때에는 모든 사람이 그에게 복종할 것이라는 것이다. 무슬림들은 또한 아가 5장 16절을 말한다. 거기에서 '사랑스러운'에 대한 히브리 단어는 *mah^emuddîm* 이다.

3) '문맹자들'에 대한 아랍어는 움미윤(*ummiyyun*)이다. 18장에서 우리는 이 단어가 '나라들'(움마, '나라'로부터) 혹은 '문맹자들'(움미야, '문맹'으로부터)로 번역될 수 있다는 것을 보았다. 본 하디스가, 1절과 6절에서 '나라들' 혹은 '이방인들'을 말하고 있는 이사야 42장 1-9절을 언급하고 있기 때문에, 첫번째 번역이 더 선호된다.

실 만한 분이 없다."고 말하고, 눈먼 자가 눈을 뜨며, 귀머거리가 듣게 되고, 닫힌 마음이 열리게 될 때까지 그에게 죽음을 허락하지 않으실 것이다.[4]

이 말들은 이사야의 첫번째 종의 노래를 희미하게 반영하고 있다 (사 42:1-9). 그 노래에서 주님의 종은 하나님이 택하시고, 길에서 소리를 높이지 아니하며, 나라들에 정의를 가져올 자로 묘사된다. 그렇다면 이사야가 무함마드를 말하고 있는가? 본문을 자세히 살펴보면 전혀 그런 것 같지 않다. 이사야 42장을 주의 깊게 읽어 보면, 종의 평화로운 사명과, 연속되는 전쟁이 특징인 무함마드의 사명이 대조된다고 말하지 않을 수 없는 것이다. 게다가, 복음서의 저자 마태는 이사야의 예언이 예수 안에서 완성되었다고 확증하면서 그 본문을 인용한다.

"사람이 많이 좇는지라 예수께서 저희 병을 다 고치시고 자기를 나타내지 말라 경계하셨으니 이는 선지자 이사야로 말씀하신바

보라 나의 택한 종
곧 내 마음에 기뻐하는바 나의 사랑하는 자로다
내가 내 성령을 줄 터이니
그가 심판을 이방에 알게 하리라
그가 다투지도 아니하며 들레지도 아니하리니
아무도 길에서 그 소리를 듣지 못하리라
상한 갈대를 꺾지 아니하며
꺼져 가는 심지를 끄지 아니하기를
심판하여 이길 때까지 하리니
또한 이방들이 그 이름을 바라리라"(마 12:15-21, 참조. 42:1-4).

---

4) 부카리, buyu` 50:III, p. 189, no. 335 [1981]; tafsir 48:3:VI, p. 345, no. 362 [4461].

예수는 자신의 사역을 통하여 진정한 겸손을 보이셨다. 그는 섬기기 위하여 온 것이지, 기적의 유익을 통해 자신의 영광을 얻으려 하지 않았다. 이사야의 다른 종의 노래, 특히 네 번째 노래는 비할 수 없는 아름다움으로(사 52:13-53:12) 종의 고난을 말하고 있다. 이는 이러한 예언들이 오직 예수만을 가리킬 수 있다는 것에 대한 충분한 증거가 된다(참조. 마 8:16-17). 만일 그런 증거가 필요하다면 말이다.

> "그는 멸시를 받아서 사람에게 싫어 버린 바 되었으며
> 간고를 많이 겪었으며 질고를 아는 자라
> 마치 사람들에게 얼굴을 가리우고 보지 않음을 받는 자 같아서
> 멸시를 당하였고 우리도 그를 귀히 여기지 아니하였도다
> 그는 실로 우리의 질고를 지고
> 우리의 슬픔을 당하였거늘
> 우리는 생각하기를 그는 징벌을 받아서
> 하나님에게 맞으며 고난을 당한다 하였노라
> 그가 찔림은 우리의 허물을 인함이요
> 그가 상함은 우리의 죄악을 인함이라
> 그가 징계를 받음으로 우리가 평화를 누리고
> 그가 채찍에 맞음으로 우리가 나음을 입었도다
> 우리는 다 양 같아서 그릇 행하여
> 각기 제 길로 갔거늘
> 여호와께서는 우리 무리의 죄악을 그에게 담당시키셨도다"(사 53:3-6).

(2) '새 모세'

무함마드 압두는 자세한 언급 없이 모세와 이사야가 무함마드의 도래를 예언했다고 기록하고 있다. 이 이집트 학자가 이사야에 대해서는 위의 본문(사 42장)을 염두에 두었겠지만, 모세에 대해서는 어떤

가? 오늘날 많은 무슬림들이 신명기를 인용하고 있다. 14장에서 언급한 이 본문에서, 모세는 이스라엘 백성들에게 **그와 같은(like him)** 예언자가 올 것이라고 말한다. 이러한 이유로 본문은 '새 모세'에 관한 예언으로 알려져 있다.

> "네 하나님 여호와께서 너의 중 네 형제 중에서 나와 같은 선지자 하나를 너를 위하여 일으키시리니 너희는 그를 들을지니라 …
>
> 여호와께서 내게 이르시되 … 내가 그들의 형제 중에 너와 같은 선지자 하나를 그들을 위하여 일으키고 내 말을 그 입에 두리니 내가 그에게 명하는 것을 그가 무리에게 다 고하리라"(신 18:15, 17-18).

이 예언이 무함마드를 통해 완성되었다고 하는 무슬림들은 세 가지 주장을 제시한다.

❶ 성경은 이스라엘 사람들이 이스마엘의 후손, 즉 아랍인의 형제들이라고 말한다(예를 들어, 창 16:12; 창 25:18). 예수 자신은 이스라엘 사람이었던 반면, 아랍인으로서 무함마드는 이스라엘 사람들의 형제였다.

❷ 모세와 무함마드 사이의 유사성이 모세와 예수 사이의 유사성보다 훨씬 많다. 예수와 달리, 모세와 무함마드는 보통 방식대로 태어났다. 그들 둘 다 결혼했고 아이들을 낳았다. 자연스러운 죽음을 맞았고 장사되었다. 예수는 예언자일 뿐이지만, 그 둘은 또한 정치적 그리고 군사적 지도자들이었다. 예수와 달리 그들은 적들을 물리쳤다. 처음에 조금 저항하고 회의하다가 백성들은 곧 그들을 받아들였다. 반면 예수는 소수의 추종자들을 제외하고는 이스라엘 사람들에게 거부당했다. 그들에게 맡겨진

계시 역시, 예수와 달리, 모세와 무하마드는 그들의 생애 동안 기록으로 남은—그렇게 주장된다.—율법을 가져왔다.

❸ 모세처럼, 하나님의 말씀은 예언자 무함마드에게 구술되었고, '그는 들은 것을 그대로 반복했다. 무함마드 자신의 사상이나 출처는 그가 말한 것에 어떤 식으로도 개입되지 않았다.' [5]

그렇다면 모세가 무함마드의 도래를 말하고 있었는가? 유대인들에게 기대하라고 했던 그 위대한 예언자가 무함마드인가? 신명기 18장 17-18절을 볼 때, 그것은 다시 한 번 설득력을 잃는다. 위의 구절을 읽으면서 우리는 다음을 염두에 두어야 하기 때문이다.

❶ 이스라엘 백성들의 정황에서, '형제들'은 이스라엘 동료들만을 의미할 수 있다(참조. 레 10:6; 왕상 12:24; 미 5:2-3). 예를 들어 신명기 17장을 보면, 백성들은 "네가 네 하나님 여호와께서 네게 주시는 땅에 이르러서 그 땅을 얻어 거할 때에 만일 우리도 우리 주위의 열국같이 우리 위에 왕을 세우리라는 뜻이 나거든 반드시 네 하나님 여호와의 택하신 자를 네 위에 왕으로 세울 것이며 네 위에 왕을 세우려면 **네 형제 중에서 한 사람으로 할 것이요 네 형제 아닌 타국인을 네 위에 세우지 말 것이며**"라는 말을 듣는다(신 17:14-15, 내가 강조한 부분).

❷ 사라가 죽은 후에도 아브라함은 남아 있었기 때문에, 이삭에게는 이스마엘 이외에도 다른 형제들이 몇 명 있었다(창 15:1-4). 그러나 오직 이삭만이 '약속의 아들'이었다(창 18:10-14). 하나

---

5) J. Badawi, *Muhammad in the Bible*, pp. 25-47. 또한 A. Deedat, *What the Bible Says about Muhammad*, pp. 5-15를 보라.

님은 이삭과 언약을 맺으신 것이지, 그의 형제들과 맺으신 것이
아니었다(창 17:15-22). 하나님께서 이삭과 맺으신 고유의 관계
를 잘 알고 있었던 아브라함은 그를 후사로 삼았다. "아브라함
이 이삭에게 자기 모든 소유를 주었고 자기 서자들에게도 재물
을 주어 자기 생전에 그들로 자기 아들 이삭을 떠나 동방 곧 동
국으로 가게 하였더라"(창 25:5-6). 예수님이 하나님을 말하면서
늘 "아브라함과 이삭과 야곱의 하나님"이라고 했던 것은 주목할
만한 가치가 있다. 이삭의 형제들에 대해서는 언급하고 있지 않
은 것이다(참조. 마 8:11; 22:32).

❸ 예수는 모세의 예언이 자신을 가리키고 있다는 것을 알고 있었
다. 그는 유대 지도자들에게 "모세를 믿었더면 또 나를 믿었으
리니 이는 그가 내게 대하여 기록하였음이라"고 말하였다(요
5:46). 예수의 제자들은 그가 '새 모세'라는 것을 확신하고 있었
으며, 신명기를 인용하면서 그것이 예수 안에서 완성되었다고
말하였다(요 1:45; 행 3:20-22).

그렇다면 어떤 의미에서 예수는 모세와 같은가? 모세가 했던 사역
의 많은 측면이 예수의 사역에서 온전히 나타났다. 모세가 이집트의
노예 생활에서 그의 백성을 구원해 낸 것처럼, 예수도 그의 백성을 죄
와 죽음의 노예에서 구원했다는 점에서 모세는 예수를 예시하고 있다.

[모세는] 이스라엘에게 기초적이고, 신학적이고 윤리적인 본질을 주었
다. 그것은 이후 수세기에 걸쳐 예언자들이 전할 메시지를 뒷받침하는 것이
다. 그는 하나님의 특별한 심판을 선포하는 것뿐만 아니라, 중보 기도와 그
의 백성들의 유익을 위한 열정적인 관심에 충실했다. 그는 그의 백성들과

함께 그리고 그들을 위해서 고난당했으며, 마침내 그가 평생 사역한 열매를 온전히 보지 못하고 죽음을 맞았다. 이러한 측면에서 그는 이후의 진정한 예언자들을 위한 모델이 되었을 뿐만 아니라, 구약 예언자들 가운데 그와 '같은' 이가 없다는 평을 받았으며(신 34:10-12), 그와 같을 뿐만 아니라(참조. 행 3:22ff), 아들이 종을 능가하는 것처럼, 진실로 그를 능가하는 한 예언자를 예표하는 자가 되었다(참조. 히 3:2-6).[6]

하나님의 계시와 관련되는 한 예수는 모세보다 훨씬 더 위대하다. 그는 하나님이 얼굴을 대면하고 이야기했던 하나님의 예언자일 뿐만 아니라 하나님의 말씀 자체이다. 그는 하나님의 사자일 뿐만 아니라, 그의 가르침과 기적, 그리고 무엇보다도 그의 죽음과 부활을 통해 강력하게 나타난 하나님의 메시지인 것이다.

"옛적에 선지자들로 여러 부분과 여러 모양으로 우리 조상들에게 말씀하신 하나님이 이 모든 날 마지막에 아들로 우리에게 말씀하셨으니 이 아들을 만유의 후사로 세우시고 또 저로 말미암아 모든 세계를 지으셨느니라"
(히 1:1-2).

"저는 모세보다 더욱 영광을 받을 만한 것이 마치 집 지은 자가 그 집보다 더욱 존귀함 같으니라 집마다 지은 이가 있으니 만물을 지으신 이는 하나님이시라 또한 모세는 장래에 말할 것을 증거하기 위하여 하나님의 온 집에서 사환으로 충성하였고 그리스도는 그의 집 맡은 아들로 충성하였으니 우리가 소망의 담대함과 자랑을 끝까지 견고히 잡으면 그의 집이라"
(히 3:3-6).

---

6) C. Wright, *Deuteronomy*, pp. 217-218.

(3) '성령'

요한복음은 예수가 최후의 만찬 마지막에 그리고 체포 전에 그의 제자들과 나눈 대화를 기록하고 있다(요 14-16). 떠나기 전, 예수는 '성령'의 오심에 대해 이야기했다. 이는 이후로 '상담자' '돕는자' '위로자' '대변자'로 번역되고 있다.

> "내가 아버지께 구하겠으니 그가 또 다른 보혜사를 너희에게 주사 영원토록 너희와 함께 있게 하시리니 저는 진리의 영이라"
> (요 14:16-17).

> "보혜사 곧 아버지께서 내 이름으로 보내실 성령 그가 너희에게 모든 것을 가르치시고 내가 너희에게 말한 모든 것을 생각나게 하시리라"
> (요 14:26).

> "내가 아버지께로서 너희에게 보낼 보혜사 곧 아버지께로서 나오시는 진리의 성령이 오실 때에 그가 나를 증거하실 것이요"(요 15:26).

> "그러나 내가 너희에게 실상을 말하노니 내가 떠나가는 것이 너희에게 유익이라 내가 떠나가지 아니하면 보혜사가 너희에게로 오시지 아니할 것이요 가면 내가 그를 너희에게로 보내리니"(요 16:7).

> "내가 아직도 너희에게 이를 것이 많으나 지금은 너희가 감당치 못하리라 그러나 진리의 성령이 오시면 그가 너희를 모든 진리 가운데로 인도하시리니 그가 자의로 말하지 않고 오직 듣는 것을 말하시며 장래 일을 너희에게 알리시리라"(요 16:12-13).

일부 무슬림들은 오늘날 예수가 도래를 예고했던 '성령'이 무함마드라고 주장한다. 머리스 바실레(Maurice Bucaille)가 이러한 입장이

다.[7] 그의 주된 논의는 두 헬라어 동사 '듣다' 와 '말하다' 가 "듣고 말
하는 기관을 가지고 있는 존재에게만 적용될 수 있는 구체적인 행동
을 정의한다."는 것이다. 그는 "그것을 성령에게 적용하는 것은 불가
능하다."고 말한다.[8] 그러므로 바실레는 "오늘날의 본문에 '성령' 이
라는 용어가 존재하는 것은 일부러 후에 첨가한 것이기 쉽다. 이는 예
수의 뒤를 이어 올 예언자의 도래를 예고하는 원래의 의미를 변형시
키고자 한 것이며, 따라서 기독교 교회가 형성될 당시의 가르침과 상
반되는 것이었다. 이러한 가르침들은 예수가 마지막 예언자라는 것을
유지하고 있다."[9]고 한다.

헬라어 파라클레토스(*paracletos*)가 원어가 아니었다는 의견도 있
다. 일부 무슬림들은 이것이 유사하게 발음되는 단어인 페리클리토스
(*periklytos*)를 대체한 것이라고 주장한다. 페리클리토스는 '찬양 받기
에 합당하신 분' 을 의미하는데, 이는 아랍어 무함마드(*Muhammad*)의
상당 어구이다.[10]

이 주장이 가지고 있는 문제는 이를 뒷받침할 본문상의 증거가 하

7) M. Bucaille, *The Bible, the Qur'an and the Science: The Holy Scriptures Examined in the Light of Modern Knowledge.* 이 책에 대한 기독교 시각의 응답으로는, W. Campbell, *The Qur'an and the Bible in the Light of History and Science*를 보라.
8) Bucaille, *Bible, Qur'an*, p. 105.
9) Ibid., p. 106.
10) 예를 들어, 유수프 알리(A. Yusuf `Ali)의 수라 61:6에 대한 노트 5438을 보라. 그는 다음과 같이 설명한다. "찬양 받는 자인 '아흐마드' 혹은 '무함마드'는 헬라어 periclytos의 번역이다. 현재의 요한복음 14장 16절과, 15장 26절, 16장 7절에서, 영어 역의 'Comforter' 라는 단어는, 헬라어로 'paracletos' 이다. 이는 'Comforter' 보다는 '대변자', '다른 사람의 도움으로 부름 받은 자, 친절한 친구'를 의미한다. 학자들은 paracletos가 periclytos의 왜곡된 해석이며, 예수는 원래 거룩한 예언자 아흐마드(*Ahmad*)의 이름을 예언했다고 주장한다. 심지어 Paraclete라고 읽을지라도 그것은 거룩한 예언자에게 적용될 것이다. 그는 '모든 창조물들을 위한 자비' (21:107)이고, '믿는 자들에게 가장 친절하고 자비롭기'(9:128) 때문이다'(*The Holy Qur'an: Translation and Commentary*).

나도 없다는 것이다. 오늘날 우리에게 있는 사본 중 어느 것에도 그러한 이문(異文)은 없다. 게다가 예수는 '보혜사'를 '진리의 영'과 동일시하고 있다(요 14:17; 15:26; 16:13). 예수가 그의 제자들에게 비유적으로 말하고 있다는 사실에 관심을 집중한다면, 바실레의 어려움은 쉽게 없어질 수 있을 것이다(요 16:25). 성령은 사람처럼 듣거나 말할 수 없다고 말하면서, 예수의 말을 글자 그대로 받아들일 필요는 없다. 결국 그의 영을 통해 말씀을 전하는 것은 하나님 아니신가?

그렇다면 예수의 예언은 어떻게 완성되었는가? 사도행전에서 우리는 예수가 승천하기 직전에 제자들에게 성령을 보내겠다는 그의 약속을 상기시켰음을 읽게 된다. "예루살렘을 떠나지 말고 내게 들은 바 아버지의 약속하신 것을 기다리라 요한은 물로 세례를 베풀었으나 너희는 몇 날이 못 되어 성령으로 세례를 받으리라"(행 1:4-5). 예수는 제자들에게 성령의 오심이 **그가 떠난 직후에 예루살렘에서** 일어날 것이라고 말했다. 진실로, 예수가 제자들을 떠나고 열흘 후에 오순절 날 성령이 그들에게 임했다. 이날은 제자들의 생애에 전기가 되었다. 그들은 모인 무리들—오순절 축제에 예루살렘에 순례하러 왔던 각국에서 온 유대인 무리들—에게 담대하게 복음을 전하기 시작했다(행 2:1-41).

(4) 바나바 복음서는 어떠한가?

학자들을 포함하여, 일부 호의적인 무슬림들은 바나바 복음서가 유일하게 권위 있는 복음서라고 주장한다. 이 복음서는—복음서라고 주장된다—예수의 실제 가르침을 포함하고 있다. 다음은 아타 울 라힘(ʿAta ur-Rahim)이 그 저술과 저자에 대해 제시한 것이다.[11]

---

11) M. ʿAta ur-Rahim, *Jesus, a Prophet of Islam.*

바나바 복음서는 유일하게 남아 있다고 알려져 있는 예수의 제자가 기록한 복음서이다. 즉, 저자는 예수가 메시지를 전했던 삼 년 동안 대부분의 시간을 예수의 실제 동료로 보냈던 사람이다. 따라서 그는 복음서로 인정되는 네 복음서의 저자와는 달리, 예수의 가르침에 대한 직접적인 경험과 지식을 가지고 있다. 그가 기억하고 있는 예수와 그의 가르침을 언제 기록했는지는 알려져 있지 않다. — 요한 마가와 함께 사이프러스로 돌아올 때까지는 아무것도 기록하지 않았을 가능성이 있다. 이 두 사람은 예수가 지상을 떠난 이후 얼마 후에 이 여행을 했다. 이는 마가 역시 함께하는 바나바와 더 이상 여행하기를 거절했던 다소의 바울과 헤어진 후였다.[12]

바나바 복음서에서는 예수가 그의 이후에 무함마드가 올 것이라고 선포한 구절이 열두 번 나타난다.[13] 이러한 예언 가운데 일부에서 예수는 자신이 메시아임을 부인하면서, 사람들에게 메시아가 아직 오지 않았다고 말한다.

여자가 말하였다. "주님, 당신이 메시아이신가 봅니다."
예수가 대답하였다. "나는 구원의 예언자로 이스라엘에게 보냄 받았다. 그러나 내 후에 하나님께서 온 세상에 보내신 메시아가 올 것이다. 그를 위해 하나님은 세상을 만드셨다. 그때 온 세상은 하나님을 경배할 것이고 자비를 얻게 될 것이다. 그 메시아는 지금은 백 년마다 찾아오는 희년을 매년 모든 장소에서 이루어지게 할 것이다."[14]

만일 그 메시아가 예수가 아니라면 누구일 것인가? 예수는 메시아

12) Ibid., p. 39.
13) 17장, p. 18; 36장, p. 46; 43장, p. 56; 72장, p. 91; 97장, p. 123; 112장, p. 142; 163장, p. 211; 212장, p. 260; 220장 p. 271. 이 자료들은 L. and L. Ragg. 번역 바나바 복음서에 기초한 것이다.
14) Ibid., 82장, p. 104, 참조. 42장, p. 54; 96장, p. 122, 112장, p. 142.

라고 기대되는 인물이 무함마드라 불릴 것이라고 선언한다.

　　그때 성직자가 말하였다. "메시아가 어떻게 불릴 것인가, 그리고 어떤 표적이 그의 도래를 드러낼 것인가?"

　　예수가 대답하였다. "메시아의 이름은 훌륭하다. 하나님이 그의 영혼을 창조하시고 그 이름을 그에게 주신 후, 천상의 광채 아래 두셨기 때문이다. 하나님이 말씀하셨다. '무함마드야 기다려라. 너를 위해 내가 천국과, 세상과, 만물을 만들 것이다. 그곳에 너를 있게 할 것이고, 너를 축복하는 자마다 그만큼 축복을 받을 것이고, 너를 저주하는 자마다 그만큼 저주를 받을 것이다. 내가 너를 세상에 보낼 때는 나의 구원의 사자로 보낼 것이며, 너의 말이 진리가 될 것이다. 하늘과 땅이 멸망할지라도, 너의 믿음은 결코 없어지지 않을 것이다.' 그의 축복 받은 이름은 무함마드이다."

　　그때 군중들이 소리를 높여 말하였다. "하나님이시어, 당신의 사도를 우리에게 보내주소서. 오 무함마드, 세상의 구원을 위해 속히 오소서."[15]

　　이러한 사실은 무엇을 말하는가? 바나바 복음서는 가장 믿을 만한 복음서인가? 먼저 우리는 **유일하게 현존하는 사본인 바나바 복음서**가, 예수 시대에 사용된 언어가 아니라 이탈리아어로 되어 있다는 것을 주목해야만 한다. (비엔나의 도서관에 보관되어 있는) 그 복음서를 연구했던 전문가들은, 그것이 16세기 이전의 것일 수 없다고 말한다. 따라서 그것은 2세기에 기록된 **바나바 서신(Epistle of Barnabas)**과 아무 관련이 없는 것이다.

　　둘째, 이 복음서의 저자가 매우 의심스럽다. 사 복음서와는 달리, 저자, 즉 바나바는 자신이 복음을 썼다고 분명하게 말하면서, 예수의 열두 사도들의 목록에서 도마를 지우고 자신의 이름을 올려놓았다.

---

15) 바나바 복음서, 97장, pp. 123-124; 참조. 163장, p. 212; 220장, p. 271.

그러나 우리가 가지고 있는 모든 역사적 기록들은 바나바가 예수의 제자 가운데 한 명이 아니었다는 것을 알려 준다. 그는 바울과 가장 친한 친구 중 한 명이었으며, 바울이 엠마오 도상에서 회심한 직후, 그를 예루살렘에 있는 지도자들에게 소개했던 사람이다(행 9:26-28). 후에 그는 시리아의 안디옥에서 뛰어난 교회 지도자들 가운데 바울과 함께 있었다(행 11:25-30). 그는 첫번째 전도 여행에서 (마가와 함께) 바울의 동료 사역자였다(행 13-14). 후에, 바울과 바나바는 의견을 달리하고 갈라섰지만, 신학적인 문제와는 아무 상관이 없는 것이었기 때문에(행 15:36-41), 바나바가 바울의 가르침과 정 반대되는 복음서를 기록했다고 보기는 매우 힘들다. 바울이 골로새 교인들에게 보낸 편지에서 보여주듯이, 그 세 사람(바울, 바나바, 마가)은 서로 좋은 관계를 유지했다(골 4:10). 바나바 복음서의 저자는 예수의 제자라기보다는 이슬람으로 개종한 이탈리아인인 것으로 보인다.

셋째로, 그리고 가장 중요하게는, 우리가 바나바 복음서의 내용을 살펴볼 필요가 있다는 것이다. 바나바 복음서는 광범위하게 이슬람의 가르침과 맥을 같이하고 있다. 예를 들어, 예수는 그가 하나님의 아들인 것을 부인하고, 심지어 자신을 하나님이라고 생각했던 사람들을 바로잡도록 제자들을 보내고 있다. 그는 십자가에서 죽지 않지만, 하나님이 배신자인 유다를 그의 형상으로 변형시켜서 유다를 예수로 잘못 보이게 하여 예수 대신에 십자가에서 죽게 한다. 예수의 제자들은 밤에 (유다의) 시신을 훔치고 예수가 죽음에서 살아났다고 주장한다. 예수는 체포되기 전에 세 천사의 이끌림을 받아 세 번째 천상으로 올라갔다. 그 후 동일한 천사들의 호위를 받으면서 잠시 동안 다시 돌아와서 마리아와 제자들을 위로하였다. 그는 현재 천상에 있으며, 그리스도인들이 자신에 대해 가르치는 것을 바로잡기 위해 마지막 때가 이르기 전에 돌아올 것이다. 그러고 나서 죽을 것이고, 마지막 날에 일으켜질 것이다.

예수에 대한 그림이 전통적인 이슬람의 가르침과 너무나 가깝기 때문에, 저자가 변증론적 의도를 가지고 있다는 것에 의심의 여지를 남기지 않는다. 그러나 저자는 일부 중요한 실수를 한다. 이슬람의 가르침과 일치하지 않는 주장을 하는 것이다.[16] 과도한 열정으로 저자는 예수 스스로 메시아가 아니라고 말하도록 하고 있지만, 아브라함의 아들 이스마엘을 통해 올 메시아를 예비하는 자로 예수를 그리고 있다. 이것은 물론 꾸란과 상반되는 것이다. 우리가 살펴 본대로, 예수는 꾸란에서 몇 번이나 알-마시(al-Masih)라고 기록되고 있기 때문이다(3:45; 4:157, 171-172; 5:17, 72, 75; 9:30-31). 바나바 복음서에 의하면, 마리아는 고통 없이 예수를 나았는데, 이 또한 꾸란과 상반된다(19:23). 정경 복음서와 어느 정도 맥을 같이하여 살펴볼 때, 많은 면에서 예수의 묘사가 이슬람적이지 않다. 사람들이 이미 지나치게 취해 있는 혼인 잔치에서 예수가 물을 포도주로 변화시킨 기적은 많은 무슬림 독자들에게 충격을 주었을 것이다. 게다가 나사렛을 갈릴리 바다 해변에 위치시키고 있는 것으로 보아(사실 10마일 이상 떨어져 있음에도), 저자는 팔레스타인의 지형을 별로 잘 알지 못하는 것으로 보인다.

요약하자면, 거리와 시간, 언어가 저자를 예수와 분리시키고 있으며, 출처가 의심스러운 그의 저술은 예수의 생애와 메시지에 대한 정확한 설명을 주기 어렵다.

---

16) "바나바 복음서를 무슬림이 기록했다면, 왜 꾸란과 상반되는가?"를 질문하는 사람도 있을 것이다. 바나바 복음서는 아마도 개종한 지 얼마 되지 않은 신자가 대단한 열정을 가지고 꾸란의 가르침을 아직 온전히 알지 못한 채 기록했을 것이다. 또한 아랍어를 몰랐기 때문이기도 했을 것이다.

21. 무함마드는 하나님의 예언자인가?

예수가 사역을 시작할 때, 많은 유대인들이 메시아의 도래를 간절히 기다리고 있었다. 이미 메시아임을 자처하며 거짓 주장하는 사람들이 있었지만, 아무도 성공을 거두지 못하고 있었다(행 5:36-37). 따라서 예수가 제자들에게 하나님으로부터 보냄 받았다고 주장하는 거짓 사자들이 그의 이후에도 나타날 것임을 경고한 것은 놀라운 것이 아니다(마 24:5). 예수는 심지어 큰 성공을 거두는 자도 있을 것이지만, 마지막에는 그들의 행동이 그들 스스로를 대적하여 증거할 것이라고 예언했다. "거짓 선지자들을 삼가라 양의 옷을 입고 너희에게 나아오나 속에는 노략질하는 이리라 그의 열매로 그들을 알지니 가시나무에서 포도를, 또는 엉겅퀴에서 무화과를 따겠느냐"(마 7:15-16). 이러한 예언들은 사도들의 생애 동안 실제로 드러나면서 곧 놀라울 정도로 정확하게 증명되었다. 기독교 신앙을 잘 알고 있고, 심지어 예수의 사도들이 세운 교회의 일원이기도 했던 자들이 복음과 다른 교리를 퍼뜨리기 시작했다. 그 결과, 사도들은 초기 그리스도인들이 거짓된 가르침에 견고히 맞서고 그들을 이단으로 드러내도록 강권해야 했다(요일 2:18-23, 4:1-6). 그리스도인들은 또한 대비하지 못한 영적 현상에 직면해야 했다. 사도들은 범사를 헤아려, 선을 붙들고 악은 어떤 모양이라도 피하도록 그들에게 권면했다(살전 5:19-22).

그러나 이슬람은 어떤가? 이슬람은 기독교 이후 6세기가 지나서, 기독교가 거의 전파되지 않았던 곳에서 나타났다. 성경의 가르침은 여전히 스스로 예언자라고 주장하는 사람의 입장을 평가하는 데 유용하다. 우리는 다시 한 번 무함마드와 그의 사명을 살펴보면서 다음과 같은 질문을 던질 필요가 있다. 성경은 예언자의 기적이 하는 역할에 대해 무엇을 말하는가? 성경은 예언자가 전하는 메시지의 내용에 대해 무엇을 말하는가? 성경은 승리와 성공의 의미에 대해 무엇을 말하는가?

(1) 기적의 역할

하나님이 이스라엘에게 예언자를 보내실 때, 일부는 그들의 사명을 증명해 주는 표적과 함께 보내심을 받았다. 하나님은 이런 방식으로 예수를 입증하셨지만, 많은 사람들은 그를 믿고자 하지 않았다(마 11:20-24). 예수는 하나님이 그를 보내셨고, 그의 기적을 보도록 하셨다는 것을 부인하는 사람들과 직면하게 되었다.

> "유대인들이 에워싸고 가로되 당신이 언제까지나 우리 마음을 의혹케 하려나이까 그리스도여든 밝히 말하시오 하니 예수께서 대답하시되 내가 너희에게 말하였으되 믿지 아니하는도다 내가 내 아버지의 이름으로 행하는 일들이 나를 증거하는 것이어늘 너희가 내 양이 아니므로 믿지 아니하는도다 … 만일 내가 내 아버지의 일을 행치 아니하거든 나를 믿지 말려니와 내가 행하거든 나를 믿지 아니할지라도 그 일은 믿으라 그러면 너희가 아버지께서 내 안에 계시고 내가 아버지 안에 있음을 깨달아 알리라"
> (요 10:24-26, 37-38).

예수의 사도성을 계속해서 거부하는 사람들에게 베풀었던 예수의 결정적인 기적은 부활이었다. 십자가상에서 죽기 오래 전에 그는 자신이 죽고 삼일 만에 다시 살아날 것이라고 부활을 예고했다(마 12:38-40). 이보다 더 큰 기적은 분명 없다. 이것은 유례가 없는 유일무이한 기적이다. 자신의 말을 따라 죽었다가 다시 살아난 사람은 아무도 없

다. 하나님이 예수를 죽음에서 살리신 것은 하나님의 사자인 예수의
정체성을 강력하게 드러내시는 것이다. 부활은 예수의 가르침과 주장
이 진실임을 확증한다.

무함마드 역시 기적을 베풀었다고 한다. 그러나 그의 기적은 예수
가 베푼 기적과 어떻게 비교되는가? 또한 어떤 증거가 있는가?

1) 무함마드의 기적은 분명하게 증명되는가?

| 문맹 무함마드

18장에서 보았듯이, '꾸란의 기적(*i`jaz al-Qur`an*)'은 수라 7:157-
158의 전통적인 해석에 따라 무함마드가 문맹이었다는 추측에 크게
근거하고 있다. 우리는 움미의 가능한 의미를 살펴보면서, 꾸란에서
움미는 무함마드가 '문맹 예언자'였다는 의미일 가능성만큼이나 '이
방인 예언자'를 의미할 수 있다고 결론지었다. 이처럼 무함마드가 문
맹이었는가 하는 것은 증명되기 어려운 이론이다. 무함마드가 문맹이
아니었다면, 꾸란의 수사법은 기적적인 것과는 거리가 있게 된다.

| 꾸란의 문학적 특성

꾸란이 아랍 문학의 정수를 보여 주는 반면, 그것이 유일무이한
것인지는 확신할 수 없다. 꾸란은 다른 아랍 문학 작품들과 비교될 수
있다. 예를 들어, 이슬람 이전의 아랍 문학에 나오는 알-무알라카트
(*al-mu`allaqat*)로 알려진 뛰어난 시들과 비교될 수 있는 것이다. 그러
나 꾸란의 문학적 특성을 분석하면서 생기는 문제는, 논의가 다소 주
관적으로 되어 버린다는 것이다. 문학적 범주가 보편적으로 인식되지
않고, 믿음의 문제에 관한 우리의 판단은 쉽게 편파적으로 흐른다. 그

러나 비록 꾸란의 문학적 문체가 기적적이라고 인정할지라도, 우리는 그 언어에만 기초하여 결론을 내릴 수는 없다. 그 메시지를 생각해 보는 것이 훨씬 더 중요하다. 그럴 때에만이 우리는 그것이 하나님으로부터 온 것인지 아닌지를 확실하게 알 수 있을 것이다.

| 꾸란의 내용

라지는 꾸란이 수사적으로 뛰어날 뿐 아니라, 일반인들에게 알려진 적이 없는 것들을 계시하고 있기 때문에 기적적이라고 설명했다. 그러나 이것이 어느 정도 사실인가? 이전의 예언자들에 대한 정보와 마지막 때에 있을 일들에 대한 예언은 아라비아에 살고 있던 유대인들을 통해 쉽게 접할 수 있었다. 비잔틴이 페르시아에 승리할 것(624)이라는 분명한 예언과, 무슬림들이 메카인들에게 승리(630)할 것이라는 내용의 예언적 특성은 보증되지 않는다. 그 예언들은 독특한 예언이 아니며, 관련된 본문의 시기가 분명하지 않다. 또한 예언이 분명하게 증명되기 위해서는, 예언이 이루어지고 나서 오랜 시간이 흐른 뒤에 성취되어야 한다는 것을 누구나 알 것이다. 그렇지 않다면, 그것은 가까운 미래에 일이 어떻게 될 것인지 누군가가 생각해 본 것에 지나지 않을 것이다. 예수에 관한 예언들은 기록된 후 수백 년이 지나서 성취되었다.

| 무함마드의 다른 기적들

무함마드의 다른 기적들에 대해서는 어떤가? 한 가지를 제외하고는 이들 기적들이 꾸란에 언급되어 있지 않다는 사실이 주목할 만하다. 하디스는 몇 가지 기적들을 말하고 있지만, 그 설명들이 믿을 만한지는 합리적인 면에서 확실치 않다. 무슬림 학자들은 많은 하디스가 예언자의 것으로 만들어졌다는 데 동의한다. 이 기적들 가운데 가장 유명한 것은 꾸란에도 나와 있는 달을 가른 기적이다(54:1-3). 그러나 이 본문을 무슬림들이 전통적으로 이해해 왔듯이 글자 그대로 해석해야 하는가? 일부 무슬림들은 본문을 은유적으로 해석했다. 꾸란에서 천상이 갈라진 것을 말하는 것처럼(55:37; 69:16; 84:1), 달이 갈라진 것은 '그때에 대한 표적', 즉 마지막 때를 풍유하는 것으로 이해한다.[1]

| 토라와 복음서에 있는 예언들

우리는 이븐 타이미야가 말한, 무함마드가 성경에 예언되어 있다고 하는 또 다른 '기적'을 살펴보았다. 꾸란은 무함마드의 도래가 토라와 복음서에 예언되어 있고(7:157), 예수 자신도 무함마드를 예고했다고 말한다(61:6). 그러나 특별한 성경 본문을 제시하지는 않는다. 우리는 무슬림들이 가장 자주 인용하는 본문들을 살펴보았다. 예수는 '모세와 같은' 예언자에 관한 예언(신 18:18)과 '주의 종'으로 묘사되는 예언(사 42:1-9)을 성취했다. 파라클레토스, 즉 보혜사의 도래에 관한 예수의 약속은 그가 승천한 지 열흘 만에, 성령이 예루살렘에 있는 제자들에게 임했을 때 성취되었다(요 14:16, 26; 15:26; 16:12-13; 행 1:8; 2:1-4).

---

1) 평판 있는 무타질라파 신학자(231/846)인 Nazzam은 달을 가른 것에 대한 꾸란 본문에 우화적인 해석을 제시한 사람 중 한 명이다(*Shahrastani, Kitab al-Milal wa l-nihal*, p. 215, n. 70을 보라). 또한 이 본문에 대한 'A. Yusuf `Ali의 각주(n. 5128)를 보라. 무슬림들이 본문에 대해 내리는 세 가지 다른 해석들을 열거하고 있다. 문자적 · 우화적 · 종말론적 해석.

2) 기적이 예언자 자격에 대한 충분한 증거가 되는가?

만일 누군가가 기적을 행한다면, 우리는 자동적으로 이 사람을 하나님이 보낸 예언자로 가정할 것인가? 다시 말하면, 기적이 예언자 자격에 대한 충분한 증거가 되는가? 토라는 이 질문에 대해 아니라고 답한다. 왜 아닌가? 기적은 하나님이 보낸 자가 아니라도 행할 수 있기 때문이다(출 7:11-12; 마 24:24를 보라). 예를 들어, 거짓 예언자들과 거짓 선생들도 종종 기적을 행할 수 있다. 하나님이 그것을 허락하시는 것은, 우리를 혼란에 빠뜨리기 위해서가 아니라 아마도 우리의 동기를 시험하기 위한 것이라고 할 수 있다. 하나님은 우리가 다른 무엇보다 그분을 사랑하고, 그분을 섬기고, 명령에 복종하여 살기를 원하신다.

> "너희 중에 선지자나 꿈꾸는 자가 일어나서 이적과 기사를 네게 보이고 네게 말하기를 네가 본래 알지 못하던 다른 신들을 우리가 좇아 섬기자 하며 **이적과 기사가 그 말대로 이룰지라도** 너는 그 선지자나 꿈꾸는 자의 말을 청종하지 말라 이는 너희 하나님 여호와께서 너희가 마음을 다하고 성품을 다하여 너희 하나님 여호와를 사랑하는 여부를 알려 하사 너희를 시험하심이니라 너희는 너희 하나님 여호와를 순종하며 그를 경외하며 그 명령을 지키며 그 목소리를 청종하며 그를 섬기며 그에게 부종하고"(신 13:1-4, 내가 강조한 부분).

이 엄한 경고는 기적 자체만으로는 예언자의 진실성을 입증할 수 없다는 것을 분명히 하고 있다. 기적이 어떤 사람의 진정성을 증거할 수는 있지만, 그것만으로 충분하지는 않은 것이다.

예수는 제자들에게 기적에 속지 말라고 경고했다. "거짓 그리스도들과 거짓 선지자들이 일어나 큰 표적과 기사를 보이어 할 수만 있으면 택하신 자들도 미혹하게 하리라"(마 24:24). 그렇다면, 기적은 예언자 자격을 증명할 수는 있지만 본질적인 것은 아니다. 예를 들어, 예수는 세례 요한이 가장 큰 예언자라고 했지만, 세례 요한은 어떤 기적도 행하지 않았다(마 11:11; 요 10:41).

이처럼, 기적이 결정적인 증거가 아니라면 누군가가 하나님의 사자인지 아닌지 어떻게 알 수 있는가? 위의 신명기 본문은, 무엇보다 가장 중요한 것은 메시지의 내용이라고 가르친다. 그 메시지가 유일하신 하나님을 경배하도록 요청하는가? 그렇다면 이 하나님은 누구인가? 그는 자신을 이스라엘 백성들에게 "너희를 애굽 땅에서 인도하여 내시며 종 되었던 집에서 속량하여 취하"셨다(신 13:5)고 계시하신 구원의 하나님인가? 예언자의 메시지를 검토해 보아서 그가 진정 하나님이 보낸 사람인지를 결정하는 것은 꼭 필요한 일이다.

비록 무함마드가 기적을 행한 것으로 보이더라도, 그 자체가 그의 예언자 자격을 충분히 증거하지는 않는다. 그가 가져온 메시지를 검토하는 것이 결정적인 요인이 될 것이다. 만일 그리고 오직 그의 메시지가 하나님으로부터 온 메시지라고 보일 때에만, 그의 기적은 그가 예언자라는 증거를 강화시켜 줄 것이다.

(2) 메시지의 내용

꾸란은 종종 예수가 전파한 복음이 모세가 가져온 토라를 확증한다고 말한다(5:46). 마찬가지로, 꾸란은 꾸란이 토라와 복음서 모두를 확증한다고 주장한다(2:91; 3:3, 81; 4:47). 이러한 주장은, 한 분이신 하나님이 그의 예언자들에게 기본적으로 동일한 메시지를 보내어 백성들에게 주게 한다는 가정을 기초로 하고 있다. 다시 말하자면, 우리는 예언자들이 계속해서 가져온 메시지가 서로 일치한다고 기대할 수 있는 것이다.

하나님 말씀의 유일성은, 왜 꾸란이 유대인들과 그리스도인들에게 무함마드의 메시지가 진실로 하나님으로부터 온 것이라는 것을 확인하려고 하는지 설명해 준다(참조. 10:94; 16:43; 21:7). 꾸란에 나타나는 하나님 말씀의 통일성은 하나님이 그 저자임을 증명하는 것으로 보인다. '왜 그들은 꾸란을 숙고하지 아니함인가? 만일 그것이 하나님이 아닌 다른 것으로부터 왔다면 그들은 그 안에서 많은 모순을 발견했으리라'(4:82). 라지는 이 구절이 무함마드의 예언자 자격을 도전하는 자들에게 주는 반응이라고 설명한다. 그는 다시 한 번 우리에게 그 증거를 상기시켜 준다. 꾸란은 문체가 뛰어나고 알려지지 않은 것들을 보여 주고 있으며, 모순이 없다(*salamatuhu mina l-ikhtilaf*).[2] 진실로 꾸란 메시지의 내적인 일관성은 중요하지만, 그것으로 충분하지는 않다. 외적인 일관성 역시 성립될 필요가 있다. 꾸란의 메시지가 이미 계시된 경전들 즉 토라와 복음서와 일치하는지 확인할 필요가 있는 것이다.

사역 초기부터 예수는 그의 메시지가 하나님의 이전 계시와 일치한다고 가르쳤다. "내가 율법이나 선지자나 폐하러 온 줄로 생각지 말라 폐하러 온 것이 아니요 완전케 하려 함이로라"(마 5:17). 예수는 여러 방법으로 토라의 가르침을 성취했다. 그는 그 가르침을 완성했고, 율법의 영적 의미를 제시하여 그 온전한 의미를 보여 주었으며, 또한 자신에 관해 예언된 것을 이루었다. 그러면서 그는 다른 예언자와 달리, 인간의 죄성을 폭로하고 우리를 향한 하나님의 사랑을 온전히 드러냈다. 무엇보다도, 죽음과 부활을 통하여 하나님을 세상의 구세주로 계시했다(요일 4:14).

---

2) 라지. V:10, p. 157.

1) 무함마드의 메시지가 초기 계시와 일치하는가?

무함마드의 예언자 자격을 평가하기 위해, 우리는 꾸란의 가르침이 어떻게 이전의 예언자들과 비교되는지 질문해야만 한다. '마지막 예언자'(33:40)는 의심 없이 그의 사명이 선구자들의 자취를 직접적으로 따르고 있다고 보았을 것이다. 이슬람은 아랍 다신교에 대해 일신교로 승리했고, 하나님의 유일성이 이슬람 교리의 핵심이라는 것에 아무도 이의를 제기할 수 없다. 꾸란은 하나님, 창조, 계시, 인간, 일반적인 부활과 심판의 날과 같은 믿음의 주요 주제들에 있어서 일관성을 보여 준다. 내적으로는 분명한 일관성을 보여 주지만, 그 외적인 일관성 — 하나님의 이전 계시들과의 일치 — 은 없다.

이슬람은 분명한 유일신 종교이고, 이슬람에서 하나님의 속성은 성경에서 찾아볼 수 있는 것과 대체로 일치한다. 그러나 꾸란에서 찾을 수 없는 중심적인 특성이 하나 있다. 꾸란은 하나님을 구세주로 가리키지 않는다. 예수 그리스도의 죽음과 부활을 통해 우리의 구속을 이루시는 하나님으로 그리지 않는 것이다. 꾸란은 이런 하나님을 알지 못하기 때문에, 예수의 사명이 갖는 본질을 깨닫지 못한다. 이븐 타이미야가 예수에 대해 말했던 것은 꾸란이 예수에 대해 말하는 것을 반영하고 있고, 무슬림들이 예수의 가르침을 이해하는 전형적인 방법을 보여 준다. '복음서가 토라와 다른 것은 일반적으로 고결한 특성, 찬양 받을 만한 금욕주의, 금기 가운데 일부를 허용한 것이다. 그러나 이 모든 것이 다 꾸란에 있고, 꾸란에서 더욱 완전하게 존재한다.'[3] 이는 기독교 메시지를 극도로 빈약하게 설명한 것이다. 복음서는 단순히 '고결한 특성'으로 불릴 수 없는 것이다. 복음서는 무엇보다도 예수 그리스도를 통한 하나님의 구원 사역에 관한 것이다. 이는 단순

---

3) 이븐 타이미야, *al-Jawab al-sahih liman baddala dina l-Masih*, p. 355.

히 우리에게 좀 더 나은 삶을 살도록 요청하는 메시지가 아닌 것이다. 복음서는 우리가 하나님 앞에서 우리의 죄성을 깨닫고, 용서를 구하는 우리의 유일한 희망을 그리스도에게 두도록 요청한다.

복음서는 하나님이 어떻게 아담과, 아브라함, 모세, 다윗, 그리고 많은 다른 예언자들과 맺은 언약을 이루셨는지 말한다. 그 언약은 그 자신이 어느 날 인류를 죄와, 죽음, 영원한 형벌에서 구원하리라는 것이다. 하나님은 '[그의 백성을] 애굽 땅에서 인도하여 내시며 종 되었던 집에서 속량하여 취하'셨을 때(신 13:5) 이 약속의 성취를 예시하셨다. 꾸란은 이스라엘 사람들이 모세의 지도 아래 바로의 격렬한 반대에도 불구하고 자유를 얻게 된 이야기를 말해 준다(10:75-93). 그러나 이 사건이 예수 그리스도를 통해 완성될 것과, 그 예언적 차원은 인식하지 못하고 있다. 무함마드의 메시지에 이 엄청난 부분이 빠져 있기 때문에, 그리스도인들은 이슬람이 복음서를 확증한다고 볼 수가 없다. 꾸란에는 복음서의 핵심이 빠져 있는 것이다. 복음의 핵심은, 예수 그리스도를 통한 하나님의 구원과 사랑에 관한 좋은 소식이다.

2) 복음서의 가르침이 이슬람법보다 열등한가?

19장에서 우리는 이븐 타이미야가 이슬람법의 우월성을 논하는 대로 따라가 보았다. 그는 기독교 교리가 그러한 완전한 경지에 이르지 못한다고 확신했다. 그러나 우리는 몇 가지 영역에서 그가 복음서의 가르침을 충분히 이해하고 있지 못하다는 것에 주목했다. 따라서 이제 그리스도인의 삶에 대한 원리들을 살펴보고자 한다.

하나님의 구원하시는 사랑이 복음서 메시지의 핵심인 것처럼, 하나님의 사랑이 그리스도인의 삶에서도 기초가 된다. 사랑은 기독교 윤리의 동력이 된다. 이웃을 사랑하는 것은 이슬람법에서처럼 선택해야 할 사항이 아니라 명령인 것이다. 모든 인간은 인종, 종교, 사회적 혹은 문화적 배경에 관계없이 이웃으로 여겨진다(눅 10:25-37). 이 명령은 또한 우리의 원수를 사랑하는 것을 의미한다(마 5:43-48). 하나님의 사랑이 자격 없는 자를 사랑하는 것으로 표현되듯이, 하나님은 우리 역시 다른 사람을 용서하는 것으로 우리의 사랑을 표현하도록 요구하신다(마 18:21-35).

이븐 타이미야가 기독교를 지나치게 이상적인 것으로 기술했던 것을 돌이켜보라. 그러나 예수의 가르침이 무슬림들이 생각하는 것처럼 정말 그렇게 이상적인가? 분명히 완전하긴 하지만 이룩할 수 없는 것은 아니다. 인간은 진실로 약하고 죄가 많지만, 하나님은 능력이 있으시고, 우리가 그의 높은 기준을 따라 살도록 힘을 주실 수 있으며 또한 그렇게 하고자 하신다. 이것이 기독교의 도덕적 기준이 이슬람과 다른 이유이다. 진실로 기독교는 상당히 높은 기준을 제시한다.

이슬람에서와 같은 자세한 도덕 규범을 복음서에서 발견할 수 없다는 것은 사실이다. 이것은 기독교 윤리가 이슬람처럼 율법이나 규정에 기초한 것이 아니라, 원리와 가치에 기초하고 있기 때문이다. 그 실행은 사람들이 누구이고, 그들의 역사적·사회적 상황이 어떠한지에 따라 달라진다. 어떤 법 체계든지 그것이 공정하기 위해서는 적용 대상의 변화하는 환경을 고려해야 한다. 지상의 모든 나라에 적합하도록 적응성과 융통성이 있어야 하는 것이다.

'하나님의 사랑'(요일 4:8, 16). 하나님께서 예수 그리스도를 통해 사랑을 보이셨듯이, 그의 법을 통해서도 사랑을 나타내셨다. 하나님은 이스라엘에 정의를 세우기 위해, 좀 더 특별하게는, 과부나 고아들, 그리고 그 땅에 사는 비이스라엘인들과 같은 약한 자들을 돌보기 위해 모세에게 법을 위탁하셨다(신 10:18-19). 이 원리들은 오늘날에도 하나같이 다 깊은 관련성을 갖고 있다.

복음서에 법 체계가 없다는 사실은 기독교가 지상에서의 삶에 관심이 없다는 것을 의미하지 않는다. 기독교 원조 기구인 자선 단체는 "우리는 죽음 이전의 삶을 믿는다"라고 적고 있다. 진실로, 전 세계의 많은 그리스도인들이 구제와 개발, 교육, 사회의 소외된 자들에 대한 돌봄, 인권 남용의 종식에 적극적으로 참여하고 있다.

현대 사회는 성경의 이스라엘 사회와 매우 다르기 때문에, 모세 법을 문자적으로 적용하는 것은 불가능하며 바람직하지도 않다. 유대 학자들은 토라가 현대 유대인에게 적절하게 올바로 해석되어야 한다는 것에 동의한다. 이는 점차 세속화되어 가고 있는 서구 사회에서 분명하게 나타난다. 무슬림 사회 역시 정도의 차이는 있지만 동일한 도전에 직면해 있다. 어느 무슬림 국가에서도 이슬람법이 전적으로 그리고 문자 그대로 적용되지는 않는다. 다행히도 많은 무슬림들이 이슬람의 형법을 있는 그대로 엄격하게 실행하도록 지지하지 않는다.

토라와 복음서의 가르침은 시민법과 형법에 대한 지침을 제시한다는 점에서 유용하다. 하나님은 또한 모든 인간의 마음에 도덕법을 새겨 놓으셨다(롬 2:14-15). 이는 신자들이나 불신자들이나 모두 정의의 통치를 받고 있다는 것을 의미한다. 우리 모두는 우리가 어떻게 이 책임을 완수하는가에 대해 하나님 앞에 책임이 있는 것이다.

요약하자면, 그리스도인들은 하나님의 사랑과 용서에 관한 좋은 소식인 복음을 위탁받았다. 이 메시지는 하나님의 이름으로 정의가 함께 이루어지지 않는다면 쉽게 선포될 수 없다. 죄인을 위해 하나님의 사랑과 용서를 말하면서, 또한 동시에 이 동일한 사람을 기소하는 것이 어떻게 가능한가? 복음이 모든 제한과 혼란으로부터 자유하기 위해서는, 사법부와 국가로부터 분리되어야 한다. 그러나 그리스도인들은 시민 권위자들과 그들의 역할이 합법적이라는 것을 진정으로 인식하고 있다(롬 13:1-7). 이들 권위자들은 사람들을 다스리고 그들 가운데 정의를 세울 권리와 의무를 가지고 있다. 그들의 과업은 악행하는 자들을 처벌하고, 그런 과정에서 하나님의 정의를 어느 정도 반영하는 것이다. 그러므로 그리스도인들은 복음을 증거하고, 사회 정의를 실천하는 데 기여해야 하는 두 가지 책임을 가지고 있다.

무함마드가 가져온 꾸란의 메시지는 예수 그리스도의 복음과 어떻게 비교되는가? 꾸란은 하나님을 구세주로 가리키지도 않고, 하나님의 사랑을 이 세상에서 살아가기 위한 삶의 원리로 보지도 않기 때문에, 무슬림들은 어느 정도까지 자신들의 종교를 완전하게 보는지 스스로에게 질문해야만 한다. 성경이 말하는 것처럼 죄가 그렇게 심각하다면, 우리를 인도할 법이 있는 것만으로 충분할 것인가? 우리를 구원할 구세주가 필요하지 않을까?

(3) 성공의 의미

라지와 이븐 타이미야는 무함마드 생애 동안, 그리고 그의 죽음 이후 몇 년간 이루어진 이슬람의 군사적·정치적 성공이 무함마드의 예언자 자격에 대한 그의 주장을 증명해 준다고 주장한다. 지난 몇 세기 동안 이슬람 국가들의 정치적 세력이 하락해 가고 있긴 하지만, 이 성공을 의문시하는 사람은 없을 것이다. 1948년의 이스라엘 독립과, 인접 아랍국들에 대한 이스라엘의 연이은 승리는 이슬람의 우월성에 또 다른 심각한 도전을 제시한다. 그럼에도 불구하고, 이슬람은 세계에서 가장 위대한 종교 중 하나로 남아 있고, 무슬림 공동체는 세계 인구의 5분의 1을 차지한다. 이슬람은 확립된 종교이지만, 다섯 명 중에 한 명만이 무슬림이라는 사실은 그 성공이 과대평가되어서는 안 된다

는 것을 보여 준다. 어떤 다른 주요 종교들(불교, 기독교, 힌두교)에
대해서도 동일하게 말할 수 있는 것이다. 이들 종교들 가운데 어느 하
나가 지배적이지 않다는 사실은, 종교 승리주의를 제지시키는 데 도
움을 주고, 진리는 수적인 면에서만 측정될 수 없다는 매우 중요한 경
고를 준다.

초대 교회 시기에 가말리엘이라고 하는 존경받는 유대인 율법 선생
이 있었다. 그는 바울이 그리스도인이 되기 전에 그를 가르친 사람이
었다(행 22:3). 가말리엘은 역사적 성공이 하나님으로부터 왔다고 주
장하는 운동 모두에게 실질적인 평가가 된다고 생각했다. 일부 그리
스도인 지도자들이 유대인 권위자들로부터 격렬한 반대에 직면했을
때, 가말리엘은 유대 대 공의회에서 동료들에게 그들을 죽이지 말하
고 납득시켰다. 그는 그리스도인들이 성공하는지 못하는지 기다려 보
라고 그들에게 조언했다.

> "이스라엘 사람들아 너희가 이 사람들에게 대하여 어떻게 하려는 것을
> 조심하라 이전에 드다가 일어나 스스로 자랑하매 사람이 약 사백이나 따르
> 더니 그가 죽임을 당하매 좇던 사람이 다 흩어져 없어졌고 그 후 호적할 때
> 에 갈릴리 유다가 일어나 백성을 꾀어 좇게 하다가 그도 망한즉 좇던 사람
> 이 다 흩어졌느니라 이제 내가 너희에게 말하노니 이 사람들을 상관 말고
> 버려두라 이 사상과 이 소행이 사람에게로서 났으면 무너질 것이요 만일 하
> 나님께로서 났으면 너희가 저희를 무너뜨릴 수 없겠고 도리어 하나님을 대
> 적하는 자가 될까 하노라"(행 5:35-39).

그러나 가말리엘이 옳았는가? 겉으로 보기에 그는 지혜로운 답변
을 한 것으로 보인다. 그러나 역사적인 경험을 살펴볼 때, 그의 이론
은 빈약한 기반 위에 서 있는 것으로 보인다. 재차 우리는 진리를 위

해 일어섰던 소수가 세상에서는 실패자들로 보였던 것을 발견한다. 또한 놀라운 성공을 이루고 엄청난 추종자들을 호령했던 지도자들이, 하나님의 진리와는 거리가 먼 잔인하고 비인간적인 정책으로 나아갔던 것을 발견한다.

하나님은 전능하시기 때문에, 우리는 그분의 목적이 어느 창조물에게도 패할 수 없다는 것을 확신할 수 있다. 하나님의 목적이 승리하게 되어 있는 것이다. 그러나 하나님이 의미하시는 성공이 반드시 우리의 기대와 일치하지는 않는다. 가말리엘은 토라의 선생이기 때문에 이것을 알고 있어야 했다. 성경은 하나님의 성공이 인간의 기준으로 판단되어서는 안 된다고 말한다.

예수가 오기 수백 년 전에, 이스라엘 백성들은 신정체제 하에 살고 있었다. 왕은 지상에서 하나님의 대리인이었고, 그의 군대는 주님의 군대였다. 이러한 상황에서 적에 대한 이스라엘의 승리는 하나님의 승리로 비쳐졌다. 그러나 심지어 이런 상황에서도 군사적 성취는 비판적으로 평가되었다. 다윗 왕의 예를 보라. 그는 예루살렘을 정복하여 왕국의 수도로 삼았다(삼하 5:6-12). 그러나 그가 하나님을 위하여 성전을 건축하고자 했을 때, 그것은 허락되지 않았다. 하나님이 그에게 말씀하신 그 이유가 매우 중요하다. "너는 군인이라 피를 흘렸으니 내 이름을 위하여 전을 건축하지 못하리라"(대상 28:3, 참조. 대상 22:8). 이스라엘의 군사적 영웅은 하나님의 위대한 평화 업적 가운데 하나를 이행하는 데 적합하지 않았다!

이스라엘에서조차 하나님의 충실한 종들이 종종 어려움과, 모욕, 박해에 직면했다. 그러나 이러한 일들이 실패와 하나님의 불승인으로 해석되지 않는다. 반대로, 종들은 '감당치 못'한다고 서술된 적대적인 세상에서 고난당하는 동안 보여 준 인내로 인해 칭찬 받는다.

"돌로 치는 것과 톱으로 켜는 것과 시험과 칼에 죽는 것을 당하고 양과 염소의 가죽을 입고 유리하여 궁핍과 환난과 학대를 받았으니 (이런 사람은 세상이 감당치 못하도다) 저희가 광야와 산중과 암혈과 토굴에 유리하였느니라 이 사람들이 다 믿음으로 말미암아 증거를 받았으나 약속을 받지 못하였으니 이는 하나님이 우리를 위하여 더 좋은 것을 예비하셨은즉 우리가 아니면 저희로 온전함을 이루지 못하게 하심이니라"(히 11:37-40).

예수는 팔레스타인이 로마 제국에 속해 있을 때 그의 공적인 사역을 시작했다. 유대인들의 충성을 얻으려 하는 종교 당파들 가운데 열심(셀롯)당이 있었다. 그들은 로마에 대해 무장 봉기를 일으키고 싶어했다. 많은 유대인들이 이스라엘을 로마 점령에서 해방시켜 줄 약속된 메시아를 기다리고 있었다. 예수의 제자들 가운데에도 이러한 메시아적 기대를 가지고 있는 자들이 있었다(마 10:4). 그들은 하나님의 예언자가 이스라엘의 잃어버린 영광을 회복시킬 것이라고 확신하고 있었다. 그러나 예수의 사역에는 이스라엘의 독립이 포함되어 있지 않았을 뿐 아니라, 그는 범죄자처럼 십자가에서 생을 마감했다. 많은 사람들이 이를 완전한 실패로 보았다. 예수의 죽음과 함께, 일부 유대인들이 실낱같은 희망으로 붙들고 있었던 모든 국가적 기대들이 결정적으로 무너져 내렸다. 예수의 제자들은 극도로 실망했다. 그들은 혼란스러웠고 깊은 절망에 빠져들었다. 무덤이 비어 있지 않았으면 정말 그러했을 것이다. 아래의 본문은 두 명의 제자들이 살아나신 그리스도에 대한 그들의 감정을 어떻게 기술하고 있는지 다시 한 번 보여 주고 있다. 이는 지금 이야기하고 있는 대상이 누구인지 그들이 아직 깨닫기 전이다.

"나사렛 예수의 일이니 그는 하나님과 모든 백성 앞에서 말과 일에 능하신 선지자여늘 우리 대제사장들과 관원들이 사형 판결에 넘겨주어 십자가에 못 박았느니라 **우리는 이 사람이 이스라엘을 구속할 자라고 바랐노라** 이뿐 아니라 이 일이 된지가 사흘째요 또한 우리 중에 어떤 여자들이 우리로 놀라게 하였으니 이는 저희가 새벽에 무덤에 갔다가 그의 시체는 보지 못하고 와서 그가 살으셨다 하는 천사들의 나타남을 보았다 함이라 또 우리와 함께한 자 중에 두어 사람이 무덤에 가 과연 여자들의 말한 바와 같음을 보았으나 예수는 보지 못하였느니라 하거늘"(눅 24:19-24, 내가 강조한 부분).

예수가 그의 백성들이 정치적으로 기대하는 것을 채워 주지 않았다는 것은 매우 중요하다. 그의 사명은 이스라엘을 압박자 로마인들로부터 해방시키는 것보다 훨씬 더 중요한 것이었다. 그는 훨씬 더 큰 승리를 성취해야 하는 것이다. 그는 인간의 진정한 적인 죽음을 물리치기 위해 온 것이다. 예수가 죽음에서 부활한 것은 그가 죽음에 승리했다는 것을 강력하게 보여 준다. 그가 이 결정적인 승리를 거두었기 때문에 하나님이 우리에게 영생의 선물을 주실 수 있는 것이다.

예수의 승리가 결정적이었던 반면, 그는 사람들에게 자신을 믿으라고 강요하지 않았다. 그는 적들에게 굴욕을 주거나 그들 앞에 나타나서 적어도 하나님께서 그를 입증하셨다는 것을 보일 수도 있었다. 그러나 그는 누군가를 대적하거나, 누군가가 그를 믿도록 하기 위해 자신의 승리를 이용하려 하지 않았다. 그는 제자들 앞에 나타나서 그들의 믿음을 강하게 하고 그들이 자신에 대해 알고 있었던 것을 확증시켜 주었다. 그러고 나서 복음을 모든 곳에 전파하도록, 그리고 모든 족속을 제자 삼도록 제자들에게 위임했다(마 28:16-20). 그는 제자들이 복음으로 세상을 다스리게 될 것이라고 결코 약속하지 않았다. 그가 약속한 것이 있다면, 그것은 제자들의 그의 고난에 참예하게 될 것이라는 것이었다. "내가 너희더러 종이 주인보다 더 크지 못하다 한 말을 기억하라 사람들이 나를 핍박하였은즉 너희도 핍박할 터이요"
(요 15:20, 참조. 마 16:24).

예수는 부활한 지 40일 만에 승천했고, 그것은 그가 하나님 우편에
앉으심을 의미했다. 그의 왕권은 우주적인 것이다. 세상 모든 왕국을
다스리는 왕권인 것이다. 그러나 영적인 왕은 누구나 될 수도 없는 것
이고 되어서도 안 되는 것이다. 따라서 그것은 어떤 정치적인 세력과도
연계되어서는 안 된다. 복음은 하나님이 모든 사람에게 영생을 주시는
것에 관한 것이다. 이 제안에 대한 순수한 반응은 개인적이어야 하고,
어떤 압력에 의한 것도 아니어야 한다. 또한 이 제안은 예수가 하나님
의 왕국을 세우기 위해 지상에 다시 오실 때까지 계속될 것이다.

> "볼지어다 구름을 타고 오시리라
> 각인의 눈이 그를 보겠고
> 그를 찌른 자들도 볼 터이요
> 땅에 있는 모든 족속이 그를 인하여 애곡하리니
> 그러하리라 아멘
> 주 하나님이 가라사대 나는 알파와 오메가라 이제도 있고 전에도 있었고
> 장차 올 자요 전능한 자라 하시더라"(계 1:7-8).

예수와 무함마드는 둘 다 사명을 성공적으로 완수했지만 그 방법은
두 가지 면에서 매우 달랐다. 무함마드는 말씀과 칼로 적들을 이겼다.
그는 그의 민족으로부터 승리하는 하나님의 예언자라는 환호를 받으
며 죽음을 맞았다. 그는 승리를 통해 많은 민족들이 창조주 하나님을
유일신 하나님으로 경배하도록 만들었다. 반면에, 예수는 결코 적들
과 맞서지 않았다. 하나님이 그를 죽음에서 일으키실 때까지, 적들은
자신들이 예수를 이겼다고 생각했다. 죽음에 대한 그의 최종 승리는

하나님이 구세주이심을 계시한다. 죄와 죽음을 이긴 예수를 믿는 자마다 영생을 얻게 된다. "네가 만일 네 입으로 예수를 주로 시인하며 또 하나님께서 그를 죽은 자 가운데서 살리신 것을 네 마음에 믿으면 구원을 얻으리니"(롬 10:9).

(4) 그렇다면 무함마드는 하나님의 예언자인가?

기독교적 관점에서 무함마드의 사명을 검토해 보면, 우리는 그의 예언자 자격을 도전하지 않을 수 없다. 그가 기적을 행했다는 것이 증명된다 할지라도, 그의 기적은 여전히 충분한 증거가 되지 못한다. 우리는 그의 메시지가 이전 예언자들의 메시지와 일치할 때에만이 이 증거가 증거로 제시될 수 있다는 것을 살펴보았다. 또한 이슬람법이 내적으로는 일관적이더라도, 하나님의 이전 계시와는 부분적으로만 일치할 뿐이라는 것을 보았다. 이슬람의 성공, 특히 이슬람 형성 이후 초기에 있었던 성공이 반드시 이슬람의 신적 기원을 가리킨다고 볼 수 없다. 예수 그리스도를 통한 하나님의 결정적인 승리와 비교해 볼 때 더욱 그렇다.

따라서 그리스도인들은 전심으로 이슬람 신조의 첫 부분, '나는 하나님 이외에 신이 없음을 증거합니다(*ahhadu an la ilaha illa-llah*)'에 동의할 수 있지만, 두 번째 부분, '무함마드는 하나님의 마지막 사도입니다(*wa anna muhammadan rasulu-llah*)'는 그리스도인으로서의 신앙을 버리지 않고는 받아들일 수는 없다.

이러한 입장이 기독교와 이슬람을 비교 연구해 본 논리적인 결과이다. 기독교와 이슬람의 주장이 양립할 수 없다는 것을 알고 있는 박식한 무슬림들에게는 이러한 사실이 놀라운 일이 아니다. 이러한 비양립성은 어떤 식으로든 성경이 왜곡되었다는 이슬람의 가정을 전제로 하고 있다. 그리스도인들은 기대하는 바가 거의 없기 때문에, 꾸란의 역사적 진정성이나 무슬림들이 꾸란을 해석하는 방식에 대해 질문조차 하지 않는다. 그들은 성경과 꾸란의 가르침, 특히 예수 그리스도에 관한 가르침이 일치하지 않는 것을 보고, 꾸란이 하나님의 말씀이 아니라고 단순하게 결론짓는다.

22. 이슬람에 계시가 있는가?

일부 그리스도인들은 이슬람에 대하여 매우 부정적으로 접근한다. 나는 무함마드에 대한 그들 일부의 성급한 판단에 난처했던 경험이 종종 있다. 그들은 무함마드가 사기꾼이며 심지어 적그리스도라고 생각한다. 나는 꾸란을 하나님의 말씀으로, 무함마드를 하나님의 예언자로 받아들일 수 없지만, 그럼에도 할 수 있는 한 긍정적으로 이슬람에게 접근하고자 한다. 나는 할 수만 있다면 무슬림들을 공격하거나 그들의 감정을 상하게 하고 싶지 않다. 내게는 많은 무슬림 친구들이 있다. 이슬람과 기독교 사이에 차이가 없는 것처럼 생각하고 싶은 마음은 분명히 없지만, 경솔하게 이슬람 전체를 모두 외면해 버리고 싶지도 않다.

그렇다면 그리스도인들이 어떻게 반응할 수 있을까? 이슬람에 우리가 일정할 수 있는 진리가 있는가? 하나님은 무슬림들에게 어떤 식으로든 자신을 나타내고 계시는가?

(1) 일반 계시와 특별 계시

성경은 하나님이 많은 여러 가지 방법으로 인류에게 자신을 계시하셨다고 가르친다. 신학자들은 두 가지 범주의 계시를 말한다. 그것은 ① **일반 계시**, 즉, 성경을 가지고 있든 가지고 있지 않든, 전 세계의 모든 사람들이 알 수 있는 하나님의 계시와, ② **특별 계시**, 즉, 경전들과 그의 아들 예수 그리스도를 통한 하나님의 계시이다. 특별 계시는 하나님을 구세주로 가리키고, 하나님이 말씀하시고 행하신 것을 알려 준다.

일반 계시는 적어도 세 가지 영역에서 발견될 수 있다. 먼저, 인간으로서 우리는 하나님의 형상으로 창조되었다(창 1:27-28). 비록 죄로 인해 손상되기는 했지만 이 형상이 완전히 없어지지는 않았다. 사람들은 계시된 경전의 도움 없이도 진리의 측면들을 어렴풋이 감지할 수 있는 종교적 감각을 여전히 가지고 있다. 하나님은 인간을 창조하셨고, 따라서 그들이 "하나님을 혹 더듬어 찾아 발견케 하려 하심이로되 그는 우리 각 사람에게서 멀리 떠나 계시지 아니하"신다(행 17:27).

사람들이 스스로 찾을 수 있는 진리에 대한 이러한 부분적인 통찰력에 더하여, 하나님은 창조하신 세상이 하나님을 증거하게 하셨다.

> "하늘이 하나님의 영광을 선포하고
> 궁창이 그 손으로 하신 일을 나타내는도다
> 날은 날에게 말하고
> 밤은 밤에게 지식을 전하니
> 언어가 없고
> 들리는 소리도 없으나
> 그 소리가 온 땅에 통하고
> 그 말씀이 세계 끝까지 이르도다"(시 19:1-4, 참조. 시 8:3).

조용하긴 하지만 창조의 증거는 하나님의 속성을 드러내고 있다. 하나님의 선하심, 그의 영원하심, 위엄, 능력과 영광. 따라서 모든 인간은 하나님의 특별 계시와는 별도로, 모두 하나님에 대한 자연스러운 지식을 받았다.

그렇다면, 하나님의 일반 계시를 구성하는 세 요소는 ① 하나님의 형상을 따른 인간의 창조, ② 하나님의 속성을 반영하는 세상의 창조, 그리고 ③ 그의 모든 창조물에게 주신 하나님의 우주적인 축복이다. 일반 계시는 우리가 하나님을 아는 진실한 지식에 이를 수 있는 기초가 된다. 우리가 그 증거에 세심하게 귀 기울이기만 한다면 말이다.
그러나 현실적으로 우리는 죄가 많기 때문에 양심의 소리를 막아 버
리고, 하나님의 증거를 왜곡시키려는 경향이 있다. 우리의 종교적 탐
색이 아무리 진지할지라도 그것이 일종의 우상숭배를 막지는 못하며,
신비적으로 혹은 미숙하게 표현될 것이다. 따라서 일반 계시에만 의
지한다면, 우리의 하나님 인식은 그것이 아무리 숭고할지라도 제한적
이고 왜곡될 수밖에 없다.

"하나님의 진노가 불의로 진리를 막는 사람들의 모든 경건치 않음과 불
의에 대하여 하늘로 좇아 나타나나니 이는 하나님을 알 만한 것이 저희 속
에 보임이라 하나님께서 이를 저희에게 보이셨느니라 창세로부터 그의 보이
지 아니하는 것들 곧 그의 영원하신 능력과 신성이 그 만드신 만물에 분명
히 보여 알게 되나니 그러므로 저희가 핑계치 못할지니라
   하나님을 알되 하나님으로 영화롭게도 아니하며 감사치도 아니하고 오히
려 그 생각이 허망하여지며 미련한 마음이 어두워졌나니 스스로 지혜 있다
하나 우준하게 되어 썩어지지 아니하는 하나님의 영광을 썩어질 사람과 금
수와 버러지 형상의 우상으로 바꾸었느니라"(롬 1:18-23).

모든 종교가 품고 있는 진리들이 일반 계시를 가리키고 있긴 하지
만, 그렇다고 해서 하나님이 이들 종교들을 진실한 종교로 승인하신
다는 의미는 아니다. 인간의 종교에서는 하나님의 계시가 부분적이고
종종 왜곡되기 때문에, 하나님 자신이 그 진정성을 보증하시는 특별
계시가 필요하다.
   꾸란에서 발견할 수 있는 하나님과 그분의 속성에 대한 진리는 부
분적으로 일반 계시의 측면으로 설명될 수 있다. 아랍인들은 이슬람
전에 알라를 최고의 하나님이요, 천지의 창조자로 잘 알고 있었다.

"만일 그대가 천지를 창조하신 분이 누구냐고 그들에게 묻는다면 '하나님' 이라 말하리라"(31:25, 참조. 39:38; 43:9). 무함마드의 아버지의 이름은 바로 압둘라(ʿAbdullah), 즉 '하나님의 종' 이었다. 이는 이슬람 전에 아랍인들이 하나님을 경배하였다는 사실을 증명한다. 그러나 창조나, 예언자들, 이스라엘, 그리고 마지막 심판과 같은 다른 꾸란 관련 주제들에 대해서는 어떤가? 이러한 주제들에 관한 꾸란의 가르침은 이슬람 경전이 나름대로 성경적 전통과 아랍 종교 전통 모두의 측면을 포용하고 있다는 것을 알려 준다. 이러한 이성적인 분석 배후에 있는 지도 원리는 강력한 유일신론이다. 이처럼 꾸란은 일반 계시와 특별 계시 모두의 영향을 받고 있으며, 이는 이슬람이 성경적 종교도 아니고, 성경의 전통에서 완전히 독립적인 종교도 아니라는 것을 의미한다.

기독교와 이슬람이 모두 유일신 종교이기 때문에, 이들은 그리스도인들과 무슬림들에게 두 공동체가 만날 수 있는 견실한 공동의 장을 제공한다. 우리가 진실로 겸손하고 존중하는 자세를 보인다면, 이 만남은 서로를 이해하고, 도전하고 풍성하게 하는 데 도움을 줄 것이다.

(2) 일반 은총과 특별 은총

이슬람의 예언자 무함마드가 성경에서 말하는 예언자 자격의 표준에 맞지 않는다고 말하는 것이 반드시 무함마드의 고결함을 의심하는 것은 아니다. 그는 분명 그의 세대에서 신에 대해 가장 열심 있는 아랍인이었을 것이다. 복음서에 관한 그의 지식은 분명 부분적이었겠지만, 그것으로 그의 동기를 성급하게 결론지어서는 안 된다. 나는 그가 하나님의 예언자였다고 믿지 않지만, 그가 (개인적인 이익을 위해 의도적으로 백성들을 속인) 사기꾼이었다고도 생각하지 않는다. 그가 진실하게 믿었기 때문에 하나님이 그를 예언자로 부르셨고, 하나님으로부터 꾸란을 받았다는 것도 가능한 일이다. 꾸란은 종종 '실로 하나님은 마음의 비밀들을 다 알고 계시니라' (3:119), 그리고 '당신은 숨겨진 것도 아시는 분이십니다' (5:116)라고 말하고 있는 것이다.

내가 무함마드에 대한 성급한 판단을 피하려고 하는 것처럼, 무슬림 개인들을 판단하는 것 역시 피하고 싶다. 이슬람을 하나님이 주신 종교로 인식하지 않는 것이, 무슬림의 종교 생활을 가치 판단하는 것을 의미하지는 않는다. 하나님은 그가 만드신 모든 것을 사랑하시고 돌보신다. 그분은 종교적 배경에 관계없이 그가 만든 모든 인간들의 삶에서 역사하시는 분이신 것이다. 많은 그리스도인들이 복음서의 가르침에 따라 살지 못하고 있다. 꾸란의 가르침을 따르는 무슬림들보다 나은 것이 없는 것이다.

우리가 하나님의 일반 계시와 특별 계시를 말할 수 있는 것처럼, 우리는 또한 하나님의 일반 은총과 특별 은총을 말할 수 있다―여기서 은총은 하나님이 주시는 축복을 의미하는데, 전혀 축복 받을 가치가 없는 자들에게도 주시는 축복이다.

일반 은총은 모든 사람들에게 주시는 하나님의 은총이다. 하나님이 주시는 은총의 이 측면은 보편적인 것으로, 모든 인간들이 경험하는 것이다. 하나님은 계속해서 그의 창조물을 돌보시면서, 혼란에 빠지지 않도록 지탱하시고, 떠받드시고, 보존하신다. 그리고 우리에게 그분의 도덕적 기준을 알게 하셨다. 하나님은 물질적·영적 축복을 인간 창조물들에게 차별 없이 후하게 내려주신다.

"그러나 자기를 증거하지 아니하신 것이 아니니 곧 너희에게 하늘로서 비를 내리시며 결실기를 주시는 선한 일을 하사 음식과 기쁨으로 너희 마음에 만족케 하셨느니라"(행 14:17).

"하나님이 그 해를 악인과 선인에게 비춰게 하시며 비를 의로운 자와 불
의한 자에게 내리우심이니라"(마 5:45).

특별 은총(구원하시는 은총)은 하나님이 그의 백성들의 삶에 베푸시
는 그의 구원 사역을 의미한다. 그 결과 백성들이 하나님을 구세주로
믿게 되고, 용서받고, 영생을 얻게 된다(엡 2:8-9).

한편에 하나님의 일반 계시와 일반 은총의 실재, 그리고 다른 한
편에 이슬람의 일신교와 성경에 나타난 하나님의 특별 계시의 조화
는, 하나님을 두려워하는 무슬림들이 진실한 하나님을 경배한다는 것
을 의미한다. 비록 그들이 예수 그리스도 안에서 나타난 그분의 계시
를 통해 하나님을 온전히 알지는 못한다 할지라도 말이다. 이는 또한
왜 많은 무슬림들이 경건한 삶을 살고, 매일의 생활에서 순수한 경건
을 보여 주는지 설명해 준다. 그들은 다른 사람들과의 관계에서뿐만
아니라 개인적으로도 법의 도덕적 기준을 지키려고 노력하면서, 할
수 있는 한 하나님께 복종한다.

나는 하나님을 지금 두려워하는 경건한 무슬림들이 충분한 하나님
의 계시를 가지고 있다고 말하는 것이 아니다. 반대로, 그들은 다른
사람들과 마찬가지로 여전히 예수 그리스도에 대해 들을 필요가 있
다. 그들은 여전히 복음에 반응하고 예수를 그들의 주님이요 구원자
로 믿어야 할 필요가 있는 것이다.

고넬료의 예를 보라(행 10:1-11:18). 그는 초대 교회 시대에 로마의
백부장이었다. 그는 "경건하여 온 집으로 더불어 하나님을 경외하며
백성을 많이 구제하고 하나님께 항상 기도하"였다고 기술되어 있다
(행 10:2). 그러나 그는 유대인도 그리스도인도 아니었다. 하나님은 그

에게 천사를 보내어, 그의 삶에 아무 문제도 없다고 말씀하신 것이 아
니라, 베드로를 초청하여 복음에 대해 들으라고 하셨다. 하나님을 두
려워하는 사람이 되는 것으로는 충분하지 않다. 예수에 반응할 필요
가 있는 것이다. 메시지를 듣고, 고넬료와 그의 가족은 그리스도를 믿
는 첫 이방인들이 되었다.

(3) 그리스도인들이 받는 도전

이슬람에 대한 그리스도인의 관점은 비판적일 필요가 있다. 성경의
가르침에 비추어 이슬람 교리를 평가할 필요가 있는 것이다. 예수 그
리스도를 통해 나타난 하나님의 최고 계시에 관한 이 가르침은, 하나
님으로부터 왔다고 하는 모든 계시를 도전한다. 또한 하나님의 사람
들이라고 주장하는 자들 역시 도전한다. 그리스도인들뿐만 아니라 유
대인들도 포함해서 말이다. 예수 자신은 유대인 지도자들을 주저 없
이 비판하였다(마 23:1-36). 심판의 날에, 복음을 듣고도 믿지 않은 자
들은 복음을 듣지 못한 자들보다 더 엄하게 심판 받을 것이라고 예수
는 선언했다(마 10:15; 11:20-24; 12:41-42). 그는 로마 관리와 이방인
여인에게 스스럼없이 존경을 표하였다. 이는 그들에게서 어느 이스라
엘 백성보다도 더 큰 믿음의 증거를 보았기 때문이었다(마 8:5-10;
15:21-28).

예수가 사마리아인들을 대하는 태도는 더욱 중요하다. 그들은 종교
적 믿음과 인종적 배경으로 인하여 유대인들에게 차별 받는 사람들이
기 때문이다. 어느 때인가 예수는 열 명의 문둥병자들을 고치셨다. 그
러나 그 가운데 사마리아인 한 명만이 예수에게 감사하기 위해 귀찮
은 길을 되돌아왔다. 예수는 이러한 '우연의 일치'를 그냥 넘어가지
않고, 사마리아인의 본이 되는 자세를 칭찬하는 데 사용했다. "예수께

서 대답하여 가라사대 열 사람이 다 깨끗함을 받지 아니하였느냐 그 아홉은 어디 있느냐 이 이방인 외에는 하나님께 영광을 돌리러 돌아온 자가 없느냐"(눅 17:17-18).

사마리아인들을 향한 사람들의 편견을 뒤엎으려는 예수의 결심은 선한 사마리아인에 대한 유명한 비유에서 더욱 분명하게 나타난다. 이 이야기에서 영웅은 제사장이나 율법사가 아니라 사마리아인이다 (눅 10:25-37). 이 비유가 얼마나 자극적이었을지 깨닫는 것은 쉽지 않다. 누군가가 율법사에게 "네 이웃을 어떻게 사랑하는지 알고 싶으면, 사마리아인이 한 것처럼 너도 가서 그렇게 하라."고 말하는 것보다 더 참을 수 없는 일은 없었을 것이다. 하나님의 원리들을 어떻게 실천해야 하는지 사마리아인으로부터 배우라고 하는 것은 분명히 율법사가 가장 듣고 싶지 않은 말이었을 것이다.

그리스도인들은 이슬람에 있는 어떤 진리나, 무슬림들의 삶에서 일어나는 하나님 은혜의 증거를 거부해 버리지 않도록 주의할 필요가 있다. 그리스도인들은 무슬림들로부터 배우고, 그럴 필요가 있다면, 그들이 이제까지 가지고 있었던 무슬림들에 대한 관점을 도전 받을 준비가 되어 있어야 하는 것이다!

예수가 그리스도인들에게 깨어 있으라고 한 것에는 두 가지 차원이 있다. 자신의 삶이 믿음과 조화되어 있는지 스스로 점검할 필요가 있는 것만큼이나, 비기독교 종교를 비판적으로 볼 필요가 있는 것이다. 변화된 삶의 증거 없이 옳은 것을 믿는 것은 그러한 믿음이 전혀 순수하지 않다는 것을 분명하게 보여 주는 것이다. 예수 그리스도에 대한 믿음을 가지고 있다면, 구원받고 용서받았다면, 변화된 삶이 눈에 보이는 증거가 되어야 한다(약 2:14-24). 마지막 심판에서 예수는 제자들을 전혀 편애하지 않으실 것이다. 그들은 말이 아니라 기독교적인 삶

의 실재에 따라 심판 받을 것이다. 그들이 이 시험에 실패한다면, 예언
자 자격에 대하여 거짓 주장한 자들처럼 그렇게 책망 받을 것이다.

> "거짓 선지자들을 삼가라 양의 옷을 입고 너희에게 나아오나 속에는 노략
> 질하는 이리라 그의 열매로 그들을 알지니 가시나무에서 포도를 또는 엉경
> 퀴에서 무화과를 따겠느냐 이와 같이 좋은 나무마다 아름다운 열매를 맺고
> 못된 나무가 나쁜 열매를 맺나니 좋은 나무가 나쁜 열매를 맺을 수 없고 못
> 된 나무가 아름다운 열매를 맺을 수 없느니라 아름다운 열매를 맺지 아니하
> 는 나무마다 찍혀 불에 던지우느니라 이러므로 그의 열매로 그들을 알리라
> 나더러 주여 주여 하는 자마다 천국에 다 들어갈 것이 아니요 다만 하늘
> 에 계신 내 아버지의 뜻대로 행하는 자라야 들어가리라 그날에 많은 사람이
> 나더러 이르되 주여 주여 우리가 주의 이름으로 선지자 노릇하며 주의 이름
> 으로 귀신을 쫓아내며 주의 이름으로 많은 권능을 행치 아니하였나이까 하
> 리니 그때에 내가 저희에게 밝히 말하되 내가 너희를 도무지 알지 못하니
> 불법을 행하는 자들아 내게서 떠나가라 하리라" (마 7:15-23).

결국, 어느 신앙의 진실성이 점검되는 시금석은 예수 그리스도에
관한 가르침에 있다. 예수가 누구인지 그리고 왜 이 땅에 오셨는지에
있는 것이다(참조. 요일 2:22-23; 4:2-3). 우리는 착각하지 말아야 한다.
우리의 모든 삶이 예수 그리스도의 주되심 아래 있지 않다면, 우리의
신앙은 가치가 없는 것이다.

05^부... 현대의 논쟁점들

05부... 현대의 논쟁점들

23. 이스라엘이냐, 팔레스타인이냐

아랍인 그리스도인으로서, 나는 유럽에 온 이후 계속해서 두 가지 논쟁점을 의제로 가지고 있다. 첫째는, 아랍-이스라엘 사이의 대립과, 팔레스타인 사람들의 권리이고, 둘째는, 유럽 이민자들이 직면한 상황이다. 나는 이 두 가지가 모두 그리스도인-무슬림 관계에 영향을 미치고 있다고 확신한다.

유럽에 살고 있는 다수의 이민자들은 무슬림들이지만, 지난 몇 세기 동안 유럽은 기독교와 밀접한 관계를 가져 왔다. 그렇다면, 비무슬림 국가에서의 무슬림들의 입지는 어떤 것일까? 그들은 어떤 대우를 받아야 하는가? 다음 장에서 우리는 토라와 복음서가 우리에게 요청하는 반응을 살펴볼 것이다.

본 장에서는 이스라엘이나 팔레스타인의 문제에 초점을 맞출 것이다. 대부분의 유럽 나라들은 1948년 이스라엘이 국가로 설 때 조건 없는 후원을 해 주었다. 많은 그리스도인들 역시, 특히 복음주의자들이 성경 예언의 완성을 주장하면서 계속 뒷받침이 되어 주었다.[1] 그러나 그러한 뒷받침이 반드시 옳은 것일까? 그것이 그 땅에 대한 하나님의 목적에 부합하는 것인가? 그것이 하나님의 공의에 적합한 것인가? 중동에서의 충돌로 인해 그리스도인들은 그들에게 제기된 이 질문들을 피할 수가 없게 되었다.[2]

---

1) T. Weber, "How Evangelicals Became the Best Friends of Israel", pp. 38-49; P. Bennis and K. Mansour, " 'Praise God and Pass the Ammunition!' The Changing Nature of Israel' s US Backers", pp. 16-18, 43을 보라. 또한 *Israel and Christians Today*와 같은 정기 간행물과 the so-called Christian Embassy in Jerusalem을 보라.
2) 이 주제에 관한 탁월한 서적 가운데에는, C. Chapman: *Whose promised Land?*

(1) 땅의 약속

이스라엘 땅에 대한 신학적 논쟁은 하나님이 아브라함에게 주신 약속에서 시작하고 있다.

> "너는 너의 본토 친척 아비 집을 떠나 내가 네게 지시할 땅으로 가라
> 내가 너로 큰 민족을 이루고
> 네게 복을 주어
> 네 이름을 창대케 하리니
> 너는 복의 근원이 될지라
> 너를 축복하는 자에게는 내가 복을 내리고
> 너를 저주하는 자에게는 내가 저주하리니
> 땅의 모든 족속이
> 너를 인하여 복을 얻을 것이니라" (창 12:1-3).

많은 유대인 시온주의자들과 복음주의 그리스도인들은, 이 약속이 팔레스타인 땅에 대한 영원한 소유권이 유대인들에게 있다는 성경적 기초를 제시한다고 보고 있다. 그러나 그것만이 이 약속을 이해하고 성취하는 유일한 방법은 아니다. 우리는 복음서가 나사렛 예수를 이스라엘의 메시아로 가르치고, 또한 그를 통해 그의 백성에 대한 하나님의 약속이 성취된다고 가르치고 있음을 기억해야 한다.

무엇보다도, 이스라엘 백성들에게 주신 가나안 땅의 선물은 **일시적인** 것이었다. 메시아의 도래는 약속된 땅이라는 바로 그 개념을 폐기시켰다. 메시아의 도래가 가져올 급진적인 변화에 대하여, 예언자 에스겔은 이스라엘 땅이 더 이상 유대인들만의 소유물이 되지 않을

---

*Israel or palestine?*이 있다. 또한 P. Walker, *Jerusalem: past and present in the Purposes of God; Jesus and the Holy City: New Testament perspectives on Jerusalem;* 그리고 K. Cragg, *Palestine: The Prize and Price of Zion*이 있다.

것이라고 선언했다.

> "그런즉 너희가 이스라엘 모든 지파대로 이 땅을 나누어 차지하라 너희는 이 땅을 나누되 제비 뽑아 너희와 너희 가운데 우거하는 외인 곧 너희 가운데서 자녀를 낳은 자의 기업이 되게 할지니 너희는 그 외인을 본토에서 난 이스라엘 족속같이 여기고 그들로 이스라엘 지파 중에서 너희와 함께 기업을 얻게 하되, 외인이 우거하는 그 지파에서 그 기업을 줄지니라 나 주 여호와의 말이니라"(겔 47:21-23).

유대인들과 동등하게 외인들과도 땅을 함께 나누라는 이 명령은 매우 중요하다. 이는 메시아의 도래가 **새로운 체제**를 세울 것임을 상징하고 있다. 이스라엘에게 하신 하나님의 약속을 모든 민족들이 얻게 될 것이다. 이스라엘과 나라들 사이에 더 이상 차별이 존재하지 않을 것이기 때문이다.

이 예언을 문자 그대로 취하면, 현재의 역설적인 상태를 설명해 준다. 이스라엘 국가는 본토 팔레스타인 사람들을 희생시키면서 유럽 유대인들에 의해 세워졌다. 많은 팔레스타인 사람들은 자신의 땅을 빼앗긴 채, 이웃 국가들에서 난민으로 살아가고 있다.

둘째, 이스라엘 땅은 **하나님 나라**를 위해 이룩되었다. 복음서는 모두 예수께서 이루기 위해 오신 하나님 나라에 관한 것이다(마 4:17; 눅 17:21). 예수가 약속의 땅에 대해 암시한 것은 유일하게 팔복에 대한 가르침에서뿐이었다. "온유한 자는 복이 있나니 저희가 땅을 기업으로 받을 것이요"(마 5:5).

예수의 제자들은 다윗 왕국의 회복을 포함하여 이스라엘에게 하신 모든 약속이 '다윗의 아들' 예수를 통해 완성되었다고 확신하였다(행 15:12-18). 결국, 처음에 약속을 받은 아브라함 자신은 "하나님의 경영하시고 지으실 터가 있는 성을 바라고" 있었다(히 11:10). 이 성은 가나안 땅에 있는 성이 아니라 예루살렘이지만, '하늘의 예루살렘'이다 (히 12:22; 갈 4:26). 나의 해석이 이스라엘에 대한 하나님의 약속을 영적인 것으로 만든다면, 그것은 예수와 그의 제자들이 해석한 방법에 근거하였기 때문이다.

마지막으로, 하나님이 아브라함에게 하신 약속은 조건적인 것이었다. 다른 말로 하자면, 이스라엘 백성들은 그들이 하나님의 법에 순종하는 한 그 땅에 거주할 수 있다고 규정되어 있었다. 그렇지 않으면 하나님이 그 땅의 이전 거주자들인 가나안 사람들에게 하신 것처럼 그들에게 벌을 내리실 것이었다(창 15:16; 신 18:12). 모세는 백성들에게 분명하게 경고하면서, 불순종하면 심판을 맞게 될 것이라고 말했다. "이왕에 여호와께서 너희에게 선을 행하시고 너희로 번성케 하시기를 기뻐하시던 것같이 이제는 여호와께서 너희를 망하게 하시며 멸하시기를 기뻐하시리니 너희가 들어가 얻는 땅에서 뽑힐 것이요 여호와께서 너를 땅 이 끝에서 저 끝까지 만민 중에 흩으시리니"(신 28:63-64). 이러한 경고는 이스라엘 역사에서 두 번이나 실재가 되었다. 주전 586년에 바벨론 왕 느부갓네살이 예루살렘을 침략하여 성전을 파괴하고 사람들을 추방하였으며, 또한 주후 70년, 로마 군대가 예루살렘을 포위하고 거주자들을 쫓아내 버렸던 것이다.

예수는 예루살렘에 무슨 일이 일어날지 알고 있었기 때문에, 그 성에 내릴 미래의 심판을 생각하며 우셨다. 그럼에도 불구하고, 그는 이 비극적인 사건을 사람들이 그를 거부한 결과로 제시했다.

"가까이 오사 성을 보시고 우시며 가라사대 너도 오늘날 평화에 관한 일을 알았더면 좋을 뻔하였거니와 지금 네 눈에 숨기웠도다 날이 이를지라 네 원수들이 토성을 쌓고 너를 둘러 사면으로 가두고 또 너와 및 그 가운데 있는 네 자식들을 땅에 메어치며 돌 하나도 돌 위에 남기지 아니 하리니 **이는 권고 받는 날을 네가 알지 못함을 인함이니라** 하시니 라"(눅 19:41-44, 내가 강조한 부분).

　이스라엘 백성들이 바벨론에서 돌아올 것을 예언했던 선지자들과 달리, 예수는 그의 백성들이 돌아와 그들의 나라가 회복될 것을 약속 하지 않았다(눅 21:20-24).

　그러므로 오늘날의 이스라엘 국가는 신학적인 중요성을 가지고 있 지 않다. 이스라엘은 어느 다른 국가보다 더 낫거나 나쁘지 않은 것이 다. 이스라엘의 최근 역사는 그것이 하나님의 도덕적 기준과 거리가 멀다는 것을 보여 준다.

(2) 계속되는 충돌

　아랍 땅에 이스라엘이 선 것은 매우 불공평한 것이었다. 이것은 역 사상 그 땅에 살고 있던 사람들에게 인간적인 비극을 안겨 주었다. 팔 레스타인 사람들로부터 고국을 빼앗고, 많은 이들을 난민 캠프로 내몰 았다. 아랍 사람들은 이러한 의미의 불공평을 세계를 통하여 깊이 자 각하였다. 많은 팔레스타인 사람들이 절망에 빠졌다. 특히 아랍 정부 들이 그들에게 했던 약속을 지키지 못하자 더욱 그렇게 되었다. 그 약 속은 그들을 고국으로 돌려보내 주겠다는 것이었다. 팔레스타인 난민 들은 그들 자신의 손으로 그들의 운명을 개척하기로 결심했고, 이로 인해 팔레스타인 해방 기구(Palestine Liberation Organization)가 탄생 했다. 세계가 그들의 상황에 무관심한 것처럼 보일 때는 폭력에 의지 하기도 했지만, 이스라엘은 너무나 강력하게 보였다. 1967년 6월에 이스라엘은 아랍의 새 영역들을 정복했고, 그 결과 이스라엘 지배하에

382 기독교와 이슬람의 대화:아랍 그리스도인이 본 이슬람

살고 있는 아랍 사람들은 더욱 많은 문제들에 직면되게 되었다.

1980년대에 팔레스타인 젊은이들의 무장 봉기(인티파다, intifada)가 목격되었다. 이는 이스라엘에게 점령당한 요르단 서안과 가자 지구에서 일어난 것이었다. 이스라엘 군인들과 시민들을 향한 시위와 돌 투척이 있었고, 정부의 반응은 가혹했다. 이 '돌의 혁명'은 미디어를 통해 잘 포장된 채 이중적 영향을 미쳤다. 이 사건은 세상 사람들에게 팔레스타인 사람들이 독립에 대한 희망을 버린 적이 없다는 것을 보여 주었고, 많은 이스라엘 사람들에게 그들의 정체성에 관한 자기 성찰의 질문을 던지게 하였다. 수년간 스스로를 억압받는 자들로 생각하고 있었던 사람들이 이제 억압자로 변해 가고 있었다. 이스라엘 정부의 정책은 점점 더 많은 팔레스타인 사람들이 감옥에 가고, 추방당하고, 고문당하게 되는 결과를 낳았다. 팔레스타인 사람들의 땅은 몰수당했고, 새 유대인 정착자들이 자리를 잡았다. 이스라엘은 인종 차별 국가가 되어 가고 있었다.

1990년대 초에는 양편 모두, 유일한 방법은 서로의 존재 권리를 인정하는 것밖에 없음을 깨닫게 되었다. 1993년 9월, 이스라엘과 팔레스타인 지도자들은 오슬로 성명에 사인했다―이는 평화를 향한 첫걸음이었다. 평화 과정에 반대했던 사람들은 양편 모두에서 활동을 계속하고 있었다. 1995년 11월, 이스라엘 사회는 라빈 총리(Yitzhak Rabin)가 암살되면서 혼란에 빠졌다. 아랍인에 의해서가 아니라, 다른 유대인의 손에 유대인이 살해당한 것이다.

2000년 여름, 평화 과정은 중대한 단계에 도달했다. 민감한 문제인 예루살렘에 관한 내용이 대화의 초점이 되었다. 이 문제는 의도적으로 이 시점까지 남겨져 있었다. 이스라엘 군대가 1967년에 동 예루살렘을 점령한 후, 모든 이스라엘 지도자들은 '예루살렘은 영원히 이스

라엘만의 수도'라고 주장하고 있었다. 이처럼 이스라엘 협상자들은 예루살렘에 대해 진지한 타협을 할 준비가 되어 있지 않았다. 그들은 동 예루살렘을 아랍 주권하에 반환하기를 거부했다. 그 결과, 팔레스타인 사람들은 이스라엘 정부가 땅에 대한 동등한 권리를 인정하지 않으면서 그들과의 평화를 원하고 있다고 느끼게 되었다. 특히 예루살렘에 대해 동등한 권리를 인정하지 않고 있는 것이다. 예루살렘은 유대인들에게만이 아니라 그 땅의 모든 토착민들에게 소중하게 여겨지는 곳이었다. 이스라엘의 비타협성은 팔레스타인 사람들로 하여금 분노와 절망에 불타오르게 하였다. 이스라엘이 팔레스타인 영역에 새로운 유대인 정착촌을 건설하는 정책을 지속하는 것도 그 이유가 되었다. 이 결정적인 평화 회담의 실패에 대한 반응은 두 번째 무장 봉기였다. 2000년 9월에 시작된 이 봉기는 12개월이 채 안 되어 800명이 넘는 사람들의 생명을 앗아갔다고 한다. 이들은 대부분 팔레스타인 사람들이었다. 유엔(United Nations) 결의안은 팔레스타인 사람들에 대해 과도한 힘을 사용한 이스라엘 정부를 비난했다.

(3) 경전의 가르침을 적용하라

아랍인들과, 그리스도인들, 무슬림들을 모두 이스라엘의 반대편이 되게 한 이 충돌에 대해서는 몇 가지 부연 설명이 필요하다.

먼저, 유대인, 그리스도인, 무슬림 경전들은 **땅이 하나님의 것임**을 가르치고 있다. 그분은 궁극적으로 우리의 고국을 포함하는 땅의 소유자이시다. 아랍인들과 유대인들은 모두 이 논쟁 많은 땅에 대한 소유를 주장하지만, 그 땅은 결코 본래부터 그들의 것일 수 없다. 그것은 하나님께 속해 있다(7:128; 시 24:1; 고전 10:26).

예수는 제자들에게, 이 세상을 얻기 위해 그들의 생명을 위험하게 할 정도로 모든 소망과 노력을 기울이지 말라고 경고하셨다. "사람이 만일 온 천하를 얻고도 제 목숨을 잃으면 무엇이 유익하리요 사람이 무엇을 주고 제 목숨을 바꾸겠느냐"(마 16:26). 서로를 공격하며 계속되는 전쟁에서 많은 유대인들과 아랍인들이 글자 그대로 생명을 잃었다는 것은 매우 슬픈 일이다. 그러나 심지어 그들의 생명을 더욱 위험하게 하는 사람들이 있다. 그들은 현안에 대한 정치적 헌신에 가장 큰 비중을 두는 자들이다. 아랍인들과 유대인들 사이의 이러한 충돌은 그들 모두의 죄악성을 드러내었다. 아무도 깨끗한 손을 가졌다고 주장할 수 없다. 지금까지 이 충돌의 유일한 승자는 두 공동체 모두에게 엄청난 고통을 가하고 있는 악(evil)이다.

둘째, 경전들은 **하나님이 자비로운 하나님**이라고 가르친다. 그분은 회개하도록 그리고 용서받도록 사람들을 부르신다. 하나님은 용서하실 뿐만 아니라 그의 백성들을 또한 권면하신다. '거룩한 땅'은 어떤 의미에서 세상에서 가장 거룩하지 않은 장소 가운데 한 곳이 되었다. 자비로운 하나님을 경배하도록 되어 있는 사람들이 그곳에서 일으킨 모든 전쟁들 때문이다. 아랍인들과 유대인들은 그들의 경전으로 돌아가서 하나님의 자비를 구하고, 서로를 자비롭게 대할 수 있도록 도움을 구해야 한다.

그리스도인들은, 고난 받는 종 예수 그리스도의 역사에서 하나님의 자비가 나타났다고 생각한다. 예수의 사랑은 우리가 하나님과 화해하도록 하기 위해 그를 고통으로 이끌었다.

셋째, **평화의 하나님은 또한 공의의 하나님이시다.** 아랍인들, 특히 팔레스타인 사람들이 초기에 불공평한 일을 겪었다는 것을 사람들이 인식해야 할 필요가 있고, 또한 국제 단체가 이를 교정할 필요가 있다. 이는 정치적인 측면에서 이스라엘과 아랍 국가들이 더 이상 이

중적인 기준으로 다루어져서는 안 된다는 것을 의미한다. 이라크가
쿠웨이트에서, 인도네시아가 동티모르에서, 세르비아가 코소보에서
철수하도록 강요받은 것처럼, 이스라엘이 아랍 지역에서 점령을 끝내
고 유엔 결의에 응하도록 강요당한 적이 있었을까? 이스라엘은 국제
적 제재에 직면하지 않고 유엔 결의를 무시할 수 있는 세계에서 유일
한 나라인 것으로 보인다.

팔레스타인 사람들의 '정의, 오직 정의' 라는 외침이 마땅히 우리
귀에 들려야 한다.[3] 이는 존엄성과 국민 정체성을 회복하기 위해, 믿
을 만한 국가를 가질 수 있는 권리가 그들에게 있다는 것을 인식한다
는 의미이다. 이것은 또한 동 예루살렘을 그들의 수도로 인정하고, 가
자 지구와 요르단 서안에서 유대인 정착촌을 없앤다는 의미이다. 그
렇지 않으면, 어느 이스라엘인의 말처럼, 이 국가는 '묶여 있는 새' 에
불과할 것이다. 예를 들어, 가자 지구는 세계에서 가장 인구밀도가 높
은 지역 가운데 하나이다. 140평방 마일에 이르는 이 팔레스타인 자
치 지역에는 150만 명의 사람들이 살고 있다. 팔레스타인 인구가 그
지역의 65% 정도 되는 면적에 살고 있다. 나머지 35%는 유대인 집단
거주지로, 겨우 6천 명의 유대인 정착민들이 소유하고 있는 땅이다.

넷째, 유대 국가의 개념 자체에 문제가 있다. 역사와 현재의 많은
상황들은, 어느 한 국가가 한 종교나 인종 그룹과 밀접히 관련되어 있
을 때마다, 종교적 · 인종적 소수민들은 잘하면 차별 받는 정도이고,
심하게는 핍박을 받게 된다는 것을 보여 준다. 그것이 기독교이든 이
슬람이든 혹은 유대교이든, 종교 국가보다는 세속적이고 다원적인,

---

3) N. Ateek, *Justice, Only Justice: A Palestinian Theology of Liberation*. 또한 R. Abu
El-Assal, *Caught in Between: The Story of an Arab Palestinian Christian Israeli;* E.
Chacour, *Blood Brothers;* and A. Rantisi, *Blessed Are the Peacemakers; The Story of
a Palestinian Christian*을 보라.

그리고 민주적인 국가가 좀 더 예수의 가르침에 가깝다(참조. 마 22:21).

예를 들어, 영국이 백인 그리스도인들만을 위한 국가로 구상되었다면, 우리는 어떻게 반응할 것인가? 그런 일을 지지하는 사람은 거의 없을 것이다. 그러나 시온주의 이념은 이스라엘 국가를 유대인들을 위한, 즉 인종적·종교적으로 구별되는 유대인만의 고국으로 여기고 있다.[4] 이 이념은 이스라엘에 살고 있는 아랍 주민들에게뿐만 아니라, '메시아적' 유대인들에게 '메시아적'(그리스도인) 유대인들도 여전히 유대인들인가? 그들은 당연히 그렇다고 말하지만, 그들의 선교 활동은 고사하고, 존재 자체도 유대교 정체성의 위협으로 보인다. 특히 이스라엘에서 그렇다. 그 시민들이 시민들로 보이지 않는다면, 즉 그들이 인종적, 종교적 배경에 상관없이 인간으로 보이지 않는다면, 어느 국가에서도 인간의 권리를 보호받지 못할 것이다.

그러므로 중동의 충돌은 몇 가지 근본적인 문제를 야기한다. 어느 특정 종교나 인종 그룹과 긴밀히 연결되어 있는 한 국가가, 다른 배경의 사람들을 2류 시민으로 삼지 않는다는 것이 가능한가? 상대적으로 작은 땅으로 어떻게 유대인과 팔레스타인 사람들 모두의 주장을 수용할 것인가? 그들은 단지 서로를 관용하는 것이 아니라, 진정으로 서로를 받아들일 것인가? 물론, 이 질문들은 이스라엘에게만이 아니라, 그 지역에 있는 다른 나라들과도 관계가 있다. 종교적·인종적 정체

---

4) (1948년에) 이스라엘 국가가 성립되자마자, 정부는 남아있는 아랍 사람들의 땅을 제거하려고 하였다. 이러한 정책은, 이스라엘 정부가 갈릴리에 사는 팔레스타인 사람들이 나라를 떠나, 아르헨티나와 브라질에 정착하도록 하기 위해 고안한 비밀 이주 계획을 담고 있는 잘 정리된 문서가 증명해 준다. Nur Masalha, "A Galilee without Christians? Yosef Weitz and 'Operation Yohanan' 1949-1954", in A. O' Mahony (ed.) *Palestinian Christians: Religion, Politics and Society in the Holy Land*, pp. 190-222을 보라.

성과는 상관없는, 모두를 위한 하나의 세속적이고 민주적인 국가라는 해결책은 오늘날에는 이상적인 것으로 보이지만, 긴 안목에서는 이 선택이 평화를 보장할 것이다. 그것이 유대인들과 팔레스타인 사람들 모두에게, 한 종교를 가지고 있는 사람들과 종교가 전혀 없는 사람들 모두에게 공평하기 때문이다. 이스라엘 국가의 구조적 구별이 적절하게 처리되지 않는다면, 이스라엘 사람들과 팔레스타인 사람들이 서로 옆에서 살 수 있게 되리라고 믿는 것은 꿈에 지나지 않을 것이다(참조. 렘 6:13-15). 지금은, 군사적 능력과 핵무기가 팔레스타인 사람들과의 평화를 보장하지 않는다는 것을 이스라엘이 깨달을 적기이다. 시온주의 이념을 거부하고, 비판적이고 용기 있는 결정을 할 필요가 있다. 그럴 때에만, 정의와 평화, 타협이 진정한 기회를 얻고 중동에 의미 있게 존재하게 될 것이다.

(4) 편견을 배제하라

서구에 있는 많은 그리스도인들은 하나님의 선택받은 민족으로 그리고 유대인 대학살의 희생자로 자연스럽게 이스라엘을 동정한다. 그러나 이러한 태도의 부당하고 해로운 결과가 종종 친이스라엘 성향으로 나타난다. 이러한 성향은 아랍인들과 무슬림들에 대한 편견과 결합되어, 그리스도인들이 중동에 정의와 평화를 실현하는 데 긍정적인 기여를 할 수 없게 하였다. 그것은 또한 왜 많은 아랍인들과 무슬림들이 서구와 서구 그리스도인들을 의심하는지도 어느 정도 설명해 준다. 중동 분쟁을 염려하는 사람들은 이스라엘과 아랍인들을 향한 태도를 점검해 보아야 한다. 한 편을 선호하여 다른 편에 손해를 주고 있지 않은지 확인해 보아야 하는 것이다. "재판은 하나님께 속한 것인즉 너희는 재판에 외모를 보지 말고 귀천을 일반으로 듣고 사람의 낯을 두려워 말 것이며 스스로 결단하기 어려운 일이거든 내게로 돌리라 내가 들으리라"(신 1:17).

24. 이주자들을 네 몸같이 사랑하라

이스라엘이 소수 아랍인들과 그리스도인들로 인해 직면하는 문제는 많은 유럽 국가들 역시 안고 있는 것들이다. 지난 수십 년간, 그리고 다양한 이유로 인해 유럽으로 이주한 사람들의 숫자가 급격하게 늘었다. 대부분의 이들 이주자들은 고국으로 돌아가지 않을 것이다. 실제로 그들 가운데 일부는 제2세대와 제3세대를 유럽에서 낳았고, 많은 사람들이 유럽 여권을 가지고 있다. 그들은 사회의 중요한 일원으로 자리 잡았다.

이주 인구의 전통적, 문화적, 종교적 전통이 본토 사람들과 종종 다르기 때문에, 많은 유럽인들이 위협을 느낀다. 그들은 자신들의 국가적 정체성이 위험에 처해 있다고 느끼고 있는 것이다. 그래서 이주자들의 권리를 제한하는 다른 법령을 실행하라고 공개적으로 주장하는 사람들도 있다.

그리스도인들은 이주자들의 종교적 측면에 대해 다른 사람들보다 좀 더 민감할 것이다. 차별 정책을 지지하고 싶은 유혹에 빠진 이들도 있다. 그러나 그러한 태도는 용납될 수 없다. 그리스도인들은 어떤 형태의 인종주의도 용납해서는 안 되는 것이다. 종교적 인종주의는 하나님의 명예를 손상시킬 뿐 아니라, 제거하기가 더 힘들기 때문에 다른 인종주의보다 더 나쁠 수 있다.

성경은 우리에게 두 가지를 요구한다. 첫째, 계시된 진리를 굳게 붙들 것과, 둘째, 우리와 동일한 신앙이나 인종적 배경을 갖고 있지 않은 자들을 조건 없이 환영하라는 것이다. 이 주제의 모든 측면을 여기서 다 검토할 수는 없기 때문에, 성경 가르침의 주된 원리들에 대한 윤곽을 그리는 것에 초점을 맞출 것이다.

(1) 이스라엘의 나그네들

약속의 땅에 나라가 섰을 때, 이스라엘 백성들 사이에는 '나그네들'이라고 기술된 다른 민족의 인구가 상당한 부분을 차지하고 있었다.[1] 이들은 이스라엘 사람들이 아니지만, 구성원으로 동일한 공동체에서 살고 있었다. 그들 가운데에는 이집트를 떠날 때 함께한 사람들도 있었고(출 12:38), 이스라엘 백성들이 가나안 땅에 들어갔을 때 그곳에 살고 있던 사람들도 있었다(고후 8:8). 후에, 룻이나 모압 사람들 같은 다른 나그네들도 이스라엘에 와서 살게 되었다.

솔로몬 왕 시대에, 나그네들의 수는 대략 15만 3천 600명 정도였는데(대하 2:17), 이스라엘 전체 인구에 비할 때 꽤 많은 숫자였다. 그들은 성전을 짓는 데 필요한 대부분의 노동력을 제공했다(대상 22:2; 대하 8:7-8).

이스라엘 백성들은 하나님이 택하신 자들이었기 때문에, 그들은 그 땅에 살고 있는 비이스라엘인들을 멸시하는 위험에 처해 있었다. 따라서 모세 법은 이스라엘 사람들이 그들에게 어떻게 행해야 하는지 매우 특별한 가르침을 주고 있다. 이 가르침은 하나님이 이스라엘을 선택하신 것이 어떤 식으로든 다른 나라를 간과한다는 의미가 아니라는 사실을 강조하고 있다. 말하자면 이 '다른 나라'는 이스라엘에서 나그네들로 나타나고 있는 것이다. 모세 법에서 하나님은 오히려 그들을 돌보시고, 가장 기초적인 것에서부터 그들의 필요에 관심을 두신다. "너희의 하나님 여호와는 … 사람을 외모로 보지 아니하시며 뇌

---

1) 이들은 자신들의 나라(nēkār 혹은 zūr)에 살고 있는 비이스라엘인들과 대립하면서, 이스라엘 사람들(히브리어로 gēr 혹은 tôshāb) 가까이 살았다.

물을 받지 아니하시고 고아와 과부를 위하여 신원하시며 나그네를 사랑하사 그에게 식물과 의복을 주시나니 너희는 나그네를 사랑하라 전에 너희도 애굽 땅에서 나그네 되었었음이니라"(신 10:17-19, 참조. 시 146:9).[2]

음식에 대하여, 하나님은 이스라엘 백성들에게 나그네들 및 레위인들(세속 직업이 없는 종교적인 사람들)과 토지 소산의 맏물을 함께 나누도록 명령하셨다(신 26:11). 하나님은 나그네들과 가난한 자들을 위해(레 19:10; 23:22), 고아와 과부들을 위해(신 24:19-21) 추수할 때 여분을 남겨 두라고 말씀하셨다. 하나님은 이스라엘 백성들에게, 매 삼 년마다 그 해의 십일조를 나그네와 레위인, 고아, 과부와 나누라고 명하셨다(신 14:29).

"네 하나님 여호와께서 너와 네 집에 주신 모든 복을 인하여 너는 레위인과 너의 중에 우거하는 객과 함께 즐거워할지니라 제 삼년 곧 십일조를 드리는 해에 네 모든 소산의 십일조 다 내기를 마친 후에 그것을 레위인과 객과 고아와 과부에게 주어서 네 성문 안에서 먹어 배부르게 하라"(신 26:11-12).

율법적인 공급을 말할 때는, 종종 나그네와 레위인, 가난한 자들, 고아와 과부들을 함께 말함으로써 그들의 삶이 불확실하다는 것을 강조하고 있다. 이들 모두의 상황이 일반 이스라엘 백성들보다 더 취약하기 때문에, 율법은 특별히 그들의 필요에 관심을 기울이고 그들이

---

2) 본서는 성경 인용 문구들을 대부분 NIV 영어 성경에서 가져왔는데, NIV는 'stranger' 보다는 'alien' 이라는 용어를 사용하는 경향이 있다. 그러나 'alien' 은 근래에 우주, 지구 밖이라는 의미를 가질 수 있기 때문에, 나는 대신 'stranger' 라는 용어를 사용할 것이다. GNB는 'foreigner' 혹은 'the foreigner who lives with you' 라는 표현을 사용한다.

보호받도록 보장하고 있다.

이웃을 사랑하라는 일반 명령(레 19:18)은 특별히 나그네를 사랑하라는 명령에 적용되었다. 이스라엘 백성들이 나그네들을 그들의 이웃으로 생각하지 않는 유혹에 빠질 것에 대비하여, 토라는 다음과 같이 강조하고 있다. "타국인이 너희 땅에 우거하여 함께 있거든 너희는 그를 학대하지 말고 너희와 함께 있는 타국인을 너희 중에서 낳은 자같이 여기며 **자기같이 사랑하라** 너희도 애굽 땅에서 객이 되었더니라 나는 너희 하나님 여호와니라"(레 19:33-34, 참조. 출 22:21; 23:9, 내가 강조한 부분). 나그네를 사랑하는 것은 그들의 기본 권리를 존중하는 것을 의미한다. 일반적으로, 그들은 이스라엘 백성들과 동일한 권리를 갖도록 되어 있었다. 여기에 몇 가지 토라에서 언급한 것들이 있다.

❶ 그 땅에 살고 있는 비이스라엘인들은 이스라엘 사람들과 동일한 원리에 근거하여 쉴 수 있는 자격이 있었다. 이는 안식일과 (출 20:10; 23:12; 신5:14) 안식년을 의미하는데, 안식년에는 그들도 토지의 산물을 즐기도록 되어 있었다(레 25:6).

❷ 그들은 공정한 임금을 받도록 되어 있었으며 정한 때에 지급되어야 했다(신 24:14-15).

❸ 그들은 이스라엘 백성들과 동일한 유익을 받도록 되어 있었다. 그들이 가난하다면, 무이자로 대부 받을 수 있었고(레 25:35), 부유하다면 이스라엘 백성 가운데서 노예를 구할 수 있었다(레 25:47).[3]

---

3) 레 25:44-46은 레 25:47-55와 마찬가지로, 이스라엘 백성들이 그들 가운데 거하는 타국인들의 자녀들 가운데, 혹은 주변 나라들로부터 노예를 삼을 수 있도록 허락한다. 레 25:47-55는 언제라도, 어쨌든 희년에는 다시 자유인이 될 수 있는 권리를 보장받는 조건으로, 거주 타국인들이 이스라엘 백성 가운데 노예를 삼을 수 있도록 하고 있다.

또한 그들이 실수로 누군가를 살해했으면, 그런 목적을 위해 지정된 성, 즉 '도피성' 중 하나로 피신하여 생명을 보호할 수 있었다(민 35:15).

❹ 그들은 공정한 심판을 받도록 되어 있었다. 법을 어겼을 경우 이스라엘 백성보다 더 심한 벌을 받지 않도록 되어 있었고(레 24:22), 이스라엘 백성에 대해 고소한 경우 공정한 심판이 이루어져야 했다(신 1:16; 24:17). 자신을 방어할 수 없는 남자나 여자에게 불리한 판결을 내리는 것은 특별히 심한 벌을 받아야 하는 매우 심각한 행위였다. "객이나 고아나 과부의 송사를 억울케 하는 자는 저주를 받을 것이라"(신 27:19).

나그네들을 사랑하는 것은 그들에게 이스라엘의 축제, 즉 유월절(출 12:19, 48, 49; 민 9:14), 오순절(신 16:11), 초막절(신 16:14)에 참여할 기회를 주는 것도 포함되어 있었다. 그들은 이스라엘 공동체와 친밀하게 하나 될 수 있었다. 이러한 하나 됨에 대한 엄숙한 공식 행위는 하나님과 이스라엘 사이의 언약에 참여하는 것과 율법을 존중하겠다는 그들의 헌신이었다(신 29:10).

요약하자면, 그 땅에 사는 비이스라엘인들을 차별하는 것과는 전혀 반대로, 토라는 그들의 권리를 보호하고, 이스라엘 백성들이 그들을 돌봐 주는 것을 의무로 정하고 있다. 율법의 목적은 그들이 국가적 공동체에 합류하는 상황을 만들어서, 그들도 이스라엘 백성들과 동일한 축복을 즐길 수 있도록 하는 것이었다.

오늘날은 어떠한가? 이 토라의 가르침이 21세기에는 무효가 되었는가? 그렇지 않다면, 반대로 다른 기원을 가지고 있는 공동체들이

나란히 거하고 있는 모든 나라와 놀라울 정도의 상관관계를 가지고
있는가?

이스라엘을 염려하는 그리스도인들은 유대인들에게 그들 자신들의
경전이 가르치고 있는 주목할 만한 가르침을 상기시킬 책임이 있다.
과거에 소위 기독교 문명에서 엄청난 고난을 당한 한 민족이 고국을
갖고 있는 팔레스타인 사람들에게 동등한 권리를 인정하지 않는다는
것이 가능한 일인가? 유대인들이 이스라엘에 살고 있는 비유대인들
을 차별하는 것이 과연 옳은 것인가?

(2) 예수의 가르침

앞 장에서 우리는 사마리아인들에 대한 예수의 태도를 보았다. 사
마리아인들은 이스라엘에서 가장 큰 비유대인 공동체였다(눅 9:51-56;
10:25-37; 17:11-18). 우리는 예수가 백성들의 편견에 도전하기 위해 모
든 기회를 사용했다는 것을 알았다. 또한 예수는 더 나아가 자신을 나
그네와 동일시하였다. "내가 주릴 때에 너희가 먹을 것을 주었고 목마
를 때에 마시게 하였고 나그네 되었을 때에 영접하였고"(마 25:35, 참
조. 마 25:31-46). 어떤 의미에서, 예수는 그를 약속된 메시아로 알아보
지 못하는 그의 백성들 사이에서 나그네였다(눅 4:14-30).

토라와는 달리, 예수는 나그네에 대한 자세한 가르침을 주지 않았
다. 두 가지 이유로 이를 설명할 수 있다. 한편으로, 예수는 단순히 율
법의 일반적인 지시를 확증했다. 다른 한편으로, 하나님의 새 백성,
즉 교회는 나라 사이에 어떤 차별도 없이 전 세계의 시민들로 이루어
진다는 것이다(마 8:11-12; 21:43을 보라). 사실, 예수 그리스도의 도래
로 인해 새롭게 열려진 관점에서 보면, 그리스도인들 자신들이 지상
에서 나그네들이라고 할 수 있다(벧전 1:1; 2:11). 아브라함처럼, 그들

은 진정한 약속의 땅인 하늘의 도성으로 진군하고 있다. 그곳에서 그
들 모두는 하나님의 손님이 될 것이다(히 11:13-16).

(3) 그 가르침을 오늘에 적용하는 것

그러므로 구약과 신약성경의 가르침은 매우 분명하다. 국민들과 이
주민들 사이에 어떤 차별이 존재해야 한다면, 그것은 후자에게 호의
를 베푸는 것이어야 한다. 이주민들은 실업자나 편부모 가정과 같은
이들과 함께 '혜택 받지 못하는 자들'이기 때문이다.

그리스도인들은 불공평하게 차별하는 어떤 정책 수립에도 반대하
는 첫번째 사람들 가운데 있어야 한다. 예를 들어, '국민 우선' 정책
들은 이주민들보다는 국민들에게 고용 기회나, 국민 보험, 건강 검진,
아동 수당, 주택 공급에서 우선순위를 준다. 사람들은 필요에 의해서
보다는 국적에 근거하여 구제 받는다. 그러한 정책들은 성경의 가르
침에 위배되는 것이다. 그러한 정책들은 인간의 권리에 대한 심각한
모독이며, 국민들과 이주민들 사이의 긴장을 더욱 증대시킬 뿐이다.

물론, 모든 이주자들이 다 경제적으로 어려운 것은 아니다. 그러나
많은 사람들이, 아니 거의 대부분이 사회적으로 소외 계층이고 감정
적인 압박을 받고 있으며, 문화적으로 이질감을 느낀다. 그들은 종종
그들만의 소사회를 형성하여 서로 가까이 살면서 좀 더 쉽게 살아보
려고 하기도 한다. 인간적으로는 매우 이해가 가는 일인 반면에, 장기
적으로는 이러한 인종적 공동체들이 좀 더 넓은 사회에 합류되도록
도울 수 있을지 의문이다. 유럽에 정착한 이주자들은 본토 사람들과
떨어져 살지 않도록 격려 받아야 한다. 그들은 그 나라를 위해서뿐만
아니라 그들 자신들을 위해서도, 좀 더 큰 공동체에서 그들의 역할을
온전히 감당해야 한다.

이주자들이 그 나라의 삶에 기여하고 있다고 느끼고, 그들의 권리를 보호받으며, 매우 중요하게는 공정한 대우를 받는 한, 유럽은 이주자들에게 자연스러운 고향이 될 것이다. 토라의 기록은 경험을 통해 더욱 확증된다. 선한 법만으로는 충분하지가 않은 것이다. 공정한 법이 이주자들을(사실은 누구든지) 차별로부터 보호해 주지는 않는다. 사람들은 이주자들이 존경받아야 하고, 그들의 말에 귀 기울여야 하고, 그들도 용납받고 인정받고 환영받고, 필요할 때마다 도움받아야 한다는 것을 납득해야 한다. 즉, 그들은 사랑받아야 하는 것이다.

(4) 무슬림 이주자들

서구 유럽의 무슬림들은 이주 인구에서 큰 비중을 차지하고 있고, 많은 사람들이 유럽 시민이 되었다. 이슬람이라는 이미지는 사람들의 마음에서 다소 변색되는 경향이 있는데, 여기에는 다양한 이유가 있다. 역사의 유산은 여전히 유럽과 무슬림 세계의 관계를 무겁게 짓누르고 있다. 이들의 과거와 현재 관계는 종종 적대적이었다(예를 들어, 십자군, 식민주의, 서구의 이스라엘 지지, 걸프 전쟁). 이슬람 원리주의를 주류 이슬람과 연계시키는 것은 오해이다. 일부 무슬림 국가들(아프가니스탄, 이란, 사우디아라비아, 수단)에서 이슬람의 이념은 이슬람이 역행하고 있고, 편협하며 압제적인 종교라는 믿음을 사람들에게 불어넣고 있다. 마지막으로, 다른 종교들처럼 이슬람도 복음의 핵심(예수 그리스도의 주 되심과 그의 신성, 그의 죽음과 부활)을 분명하게 부인하고 있다.

이런 변색된 이미지로 인해 고통당하는 것은 먼저 무슬림 자신들이다. 특히 이슬람에 대한 서구의 비판과 편견에 노출되어 있는 이주자들의 경우에는 더욱 그렇다. 유럽 배경의 그리스도인들과 무슬림들은 유럽 국민들과 무슬림 이주자들 사이에 다리를 놓는 역할을 해야 한다. 그들의 신앙으로 인해, 그들은 이슬람을 비무슬림들에게 설명하고, 무슬림들이 유럽 문화에 관련하도록 도울 수 있는 좋은 위치에 있다.

많은 유럽인들은 무슬림들과의 평화로운 공존이 최선의 경우 의문시되고, 최악의 경우 불가능하다고 믿고 있다. 그들은 이슬람이 좀 더 영향력 있게 될 수 있는 어떠한 것도 반대한다. 예를 들어, 영국에서는 많은 사람들이 새로운 모스크 건립 계획이나 정부의 무슬림 학교 지원을 반대하고 있다. 정부 보조를 받는 많은 가톨릭과 개신교, 유대인 학교들이 있음에도 말이다. 분명히 차별적인 이러한 태도는 무슬림 이웃들에 대해 위협을 느끼는 사람들에게 피상적인 안정감만을 가져다줄 뿐이다. 공존이 어렵다면, 왜 그런지를 알아보아야 한다. 양편 모두가 비난받아야 할 가능성이 높다. 우리의 책임을 받아들일 준비가 되어 있지 않다면, 우리는 불가피하게 속죄 염소를 찾아야 할 것이다.

너무나 자주 이러한 공존의 문제들이 실제 문화적 차이뿐만 아니라 우리의 편견을 드러내 보인다. 사회적 문제들이 과소평가되어서는 안 된다. 문제는 물질적, 도덕적으로 빈곤한 상황에서 발생한다. 이는 그들이 이주자들이건 본토 사람들이건, 모든 소외 계층의 사람들을 둘러싸고 있는 것이다. 교육과 직업의 기회는 그러한 사람들이 사회에 합류할 수 있도록 돕는 주요 수단이다.[4]

---

4) 유럽의 무슬림 인구와, 공존의 결과로서 유럽 국가들과 무슬림 공동체가 설명해야 하는 문제들에 관한 많은 책들이 있다. 예를 들어, C. Chapman, *Islam and the West: Conflict, Co-existence or Conversion;* J. Nielsen, *Muslims in Western Europe;* and L. Newbigin et al., *Faith and Power: Christianity and Islam in 'Secular' Britain* 을 보라.

유럽의 이주 인구는 유럽인들이 그들의 문명을 재검토할 수 있는 기회를 제공한다. 마찬가지로 유럽에 살고 있는 무슬림들은 그들의 상황을 기회로 삼아, 전통적인 이슬람의 가르침을 새롭게 볼 수 있어야 한다. 비무슬림 사회에 산다는 것은 분명히 일부 필요한 조정이 이루어져야 함을 의미한다. 이러한 조정이 타협으로 인식될 필요는 없다. 이슬람 법 체계는 관습법(`urf)을 포함하는 다양한 원리에 기초하고 있다. 유럽 문화의 핵심 가치 가운데에는 종교적 자유, 관용, 공동체보다는 개인 우선이라는 것이 있다. 무슬림들이 다른 사람들과 조화롭게 살기를 원한다면, 이러한 가치들을 그들이 살고 있는 다원주의 사회 환경의 일부로 받아들일 필요가 있다. 이러한 가치들이 특별한 관련성을 갖는 두 영역이 있다. 그것은 '가족'과 '개종'이다. 무슬림들이 얼마나 기꺼이 유럽 사회의 일부가 되려고 하는가 하는 정도는, 예를 들어, 무슬림 여성이 비무슬림과 결혼하기로 결정했을 때, 혹은 무슬림 남성이나 여성이 자신의 선택에 따라 개종하려고 할 때 알 수 있을 것이다. 이러한 결정을 존중하고 용납해 줄 준비가 되어 있는가 하는 것은 매우 중요하다. 이슬람 법은 이 두 경우를 모두 배제하고 있기 때문이다. 무슬림들이 이러한 방향으로 이동할 준비가 되어 있다면, 그들은 이슬람이 과거의 종교라고 생각하는 사람들의 오류를 증명할 수 있을 것이다. 그들은 또한 유럽의 새로운 일면을 형성하는 데 매우 특색 있는 필요한 기여를 하게 될 것이다.

맺는 말   ... 한 분 하나님, 하나의 인류, 하나의 세계

복음서는 하나님의 증인으로 그리스도인들을 부른다. 그리고 꾸란
은 무슬림들을 부르고 있다. 각 공동체에서 이는 무지와 대립을 그친
다는 것을 의미한다. 이는 진리를 듣고 설명하고 이해하려고 노력한
다는 것을 의미한다.

하나님의 메시지가 이해되고 용납되기 위해서는, 메시지를 전하는
사자가 사람들의 상황과 그 메시지를 관련시켜야 한다. 뿐만 아니라,
우리의 자유로운 반응을 요구하시는 자비로운 하나님에 관한 그 메시
지의 본질 자체가 그것이 전달되는 방법을 결정해야 한다. 즉, 하나님
의 이름으로 하는 (기독교 혹은 이슬람)선교라면, 그것은 마땅히 하나
님의 방법으로 이루어져야 한다. 이는 대화와, 공평, 존중, 그리고 자
유롭게 반응할 수 있는 기회를 의미한다.

(1) 한 분이신 하나님

진실한 대화를 통해 그리스도인들과 무슬림들은 서로 이해하고 용
납할 수 있게 될 것이며, 이는 서로의 종교에 대해 좀 더 정확한 개념
을 갖게 해 줄 것이다. 대화는 또한 두 신앙 사이에 대립을 말하지 않
으면서 차이를 인정할 뿐 아니라, 대대로 전해 내려오는 유산의 대부
분을 기독교와 이슬람 공동의 것으로 만들 것이다.

꾸란은 유대인들과 그리스도인들에게 그들의 유일신 신앙의 핵심
에 있어서 무슬림들과 한마음을 갖도록 호소하고 있다.

'성서의 백성들이여! 우리들이나 너희들을 막론하고 하나의 말씀으
로 오라하여 하나님 외에는 다른 신을 경배하지 아니하고 그 무엇도 그
분(하나님)과 비유하지 아니하며, 우리 가운데 어느 누구도 하나님 외에
다른 것을 주님과 대적하지 말라.'

이르되, 만일 그들이 배반한다면, '실로 우리는 하나님의 유일성을
믿는 무슬림임을 지켜보라 말하여라.' (3:64)

꾸란이 유대인들과 그리스도인들을 가리키는 말인 '성서의 백성
들'은 신앙 공동체에게 주어지는 가장 아름다운 이름이요, 잘 알려진
이름 가운데 하나라고 라지는 말한다. 이는 그들이 하나님의 성서
(*kitabu-llah*)를 받았음을 인정하는 것이다.[1] 라지는 수라 3:64의 호소
가 특별히 그리스도인들을 향한 것이라고 제시한다. 이전 구절들
(3:59-61)에서 예수 그리스도에 관한 기독교 교리가 논의되고 있기 때
문이다. 꾸란의 호소는 그리스도인들과 무슬림들 모두에게 종교의 세
항목에 대한 동일한 기반을 제시한다. 하나님 한 분만이 경배 받으실
분이시며, 하나님은 다른 무엇과도 연계되어서는 안 되고, 어느 인간
도 신적 권위를 가지는 것으로 보여서는 안 된다는 것이다.

본서의 한 가지 목적은 그리스도인들은 분명히 유일신교를 믿고 있
지만, 그들의 유일신교는 이슬람의 단일 유일신교와는 다른 삼위일체
유일신교라는 것이다. 경전의 가르침에 근거하고 있는 그리스도에 관
한 기독교 교리는 인간 예수를 신으로 만들지 않는다. 대신에, 인간
창조물들을 구원하시기로 결심하신 하나님이 스스로를 낮추어, 그리
스도를 통해 온전히 우리와 같이 되셨다고 말한다. 하나님의 성육신
은 그분의 단일성, 초월성 혹은 사실 그분의 속성 어느 것도 손상시키
지 않는다. 그리스도를 통해 하나님 스스로 나타나신 것은 그분의 유
일성을 높이고, 그분의 타협 없는 거룩함과, 악에 대한 주권적 승리,
인간을 향한 넘치는 사랑을 역사적으로 증거한다.

---

1) 라지, IV:8, pp. 75-77.

종이신 왕으로서의 그리스도를 통한 하나님의 계시가 가장 놀랍다. 그 결과, 그리스도인들은 하나님의 위대하심과 신의 위엄의 실제적인 깊은 의미를 알게 되었다. 그들은 전심으로 하나님을 경배한다. 하나님만이 경배 받으실 만한 분이시며, 오직 그분만이 주님이 되실 수 있기 때문이다. 다마스쿠스로 가는 길에서 예수가 그에게 스스로를 계시할 때까지 그리스도를 통한 하나님의 계시를 강하게 반대했던 사도 바울은 경외심과 놀라움을 다음과 같이 표현했다.

> "깊도다 하나님의 지혜와 지식의 부요함이여,
> 그의 판단은 측량치 못할 것이며
> 그의 길은 찾지 못할 것이로다
> 누가 주의 마음을 알았느뇨
> 누가 그의 모사가 되었느뇨
> 누가 주께 먼저 드려서 갚으심을 받겠느뇨
> 이는 만물이 주에게서 나오고 주로 말미암고 주에게로 돌아감이라
> 영광이 그에게 세세에 있으리로다 아멘"(롬 11:33-36).

그리스도인들은 수라 3:64에서 표현된 것처럼 세 부분의 진술을 온전히 받아들인다. 그러나 말은 그렇게 하지만, 그리스도인들의 실천이 현실적으로는 때로 성경의 가르침에서 벗어나게 되는 것을 인정해야만 한다. 스스로 그리스도인이라 부르는 사람들이 다 성경의 가르침을 따르는 것은 아니다. 물론 그리스도인들만 그런 것은 아니다. 무슬림들 역시 그들 모두가 다 그들 종교의 가르침에 신실하다고 주장하기는 어려울 것이다. 또한 소위 이슬람 실천이라고 하는 많은 것들이 정통 이슬람과 거의 관계가 없다. 따라서 서로의 신앙에 대해 인정하면서, 그리스도인들과 무슬림들은 기독교 공동체나 무슬림 공동체

모두 그들 경전의 가르침에 따라 살지 못한다는 사실을 인정할 필요가 있다. 기독교가 그리스도인들이라고 주장하는 사람들의 삶에서 반드시 반영되고 있는 것은 아니다. 또한 이슬람이 무슬림들의 실천에서 항상 증거되지는 못한다. 마지막으로, 기독교 교리에 대한 가장 믿을 만한 출처는 성경이고, 이슬람의 가르침은 꾸란이다.

(2) 하나의 인류, 하나의 세계

많은 나라에서 그리스도인들과 무슬림들은 다인종적 · 다원주의적 사회에 살고 있다. 그들은 다른 신앙의 사람들과 무신론자들로 구성된 동일한 사회의 한 부분이다. 그들의 증거에 대한 신뢰성은 부분적으로 자신의 공동체 밖에 있는 사람들과의 관계가 어떠한가에 달려 있다.

대부분의 유럽 국가들에서 그리스도인들과 무슬림들은 소수 그룹을 이루고 있다. 그들은 점차 세속화되어 가는 사회의 부정적인 측면들에 대해 동일한 염려를 하는 경우가 많다. 물질주의, 부도덕, 폭력, 개인주의, 무신론, 마약, 알코올 중독, 낙태법 등이 그 예이다. 그러나 사회가 그들의 신앙에 보여 주는 도전들에 반응하는 대신에, 많은 사람들은 방어적인 태도를 취하는 유혹에 빠진다. 이는 종종 자기중심적 공동체 생활이 발전하도록 허락하는 것을 의미하고, 그 과정에서 그들은 좀 더 넓은 공동체의 사회적 · 영적 복지에 기여할 기회를 상실하게 된다. 그렇게 될 때, 신앙은 하나님에 대한 믿음이 없는 사람들과 관계없는 것으로 보이는 위험을 무릅쓰게 된다.

꾸란은 인류의 다양성뿐만 아니라 그 하나 됨을 강조한다. 다음의 본문은 이러한 두 측면을 강조하면서, 인류의 다양성이 창조자 하나님의 의도적인 뜻이라고 말한다. '사람들이여! 우리(하나님)가 너희를

창조하사 남성과 여성을 두어 종족과 부족을 두었으되 서로가 서로를
알도록 하였느니라. 하나님 앞에서 가장 크게 영광을 받을 자는 가장
의로운 자로 하나님은 모든 것을 아시며 관찰하시는 분이시라'
(49:13). 본문은 무슬림들뿐만 아니라 일반 사람들(al-nas)에게도 말하
고 있다. 우리에게 우리의 기원을 알려 줌으로 본문은 서로에게 자만
하거나 우월감을 갖지 말도록 권고하고 있다고 라지는 설명한다.[2] 우
리는 아담과 이브라는 동일한 아버지와 어머니를 가지고 있다. 하나
님은 우리를 동일한 방식으로 창조하셨다. 결과적으로 우리는 동일한
본성(jins wahid)을 나누고 있다. 이처럼 인류는 하나이고 모든 인간은
동등하다. 또한 우리의 인간성과 관계되는 한, 우리는 모두 동일하게
하나님이 주신 존엄성을 누리고 있다. '우리(하나님)가 창조한 어떤
것보다 그들(아담의 자손)을 위에 두었느니라' (17:70).

　모든 인류의 하나 됨을 강조하면서, 꾸란 본문(49:13)은 하나님께
서는 사람들이 다른 인종 그룹에 속하도록 만드셨다고 말한다. 왜 그
러셨는가? 그분은 사람들이 서로 관계하고 알게 되기를 원하셨기 때
문이다. 이는 인간의 소통을 촉진하기 위해 하나님이 인종적 차이를
명하셨다는 것을 의미한다. 따라서 인간의 다양성은 인류에 대한 하
나님의 목적에 부합하는 것이다. 하나님은 우리가 그분을 경배할 뿐
만 아니라, 서로 순수한 관계를 맺도록 우리를 창조하셨다(참조.
51:56). 인종적 차이가 종종 인종 차별로 나타난다는 것은, 우리 인간
들이 얼마나 창조주가 우리에게 목적하신 것과 멀어져 있는가를 보여
준다. 다른 배경의 사람들 사이에 다리가 되도록 의도된 것이 오히려
장벽이 되었고, 심지어 더 나쁘게는 위협하는 변경이 되어 버렸다!

2) Ibid., XIV:28, p. 17.

인간의 동등성이 종교적 정체성을 무시하지는 않는다. 하나님은 우리를 창조하셨고, 따라서 우리는 그분을 알고 그의 축복을 누린다. 우리는 신앙을 따라 살기 때문에 신앙은 중요한 것이다. 꾸란은 '하나님 앞에서 가장 크게 영광을 받을 자는 가장 의로운 자로 하나님은 모든 것을 아시며 관찰하시는 분이시라' 고 말한다(49:13, 참조. 35:28). 가장 중요한 것은 우리가 누구라고 주장하느냐가 아니라, 하나님과의 관계 속에서 우리가 어디에 있는가 라는 것임을 이 구절은 제시하고 있다. 이 관계는 '두려움(taqwa)'의 특징을 갖는다. 이는 우리의 삶에서 하나님의 주 되심을 인정하고 그에 따라 행동하는 것을 의미한다.

    "여호와를 경외하는 것이 지혜의 근본이요
    거룩하신 자를 아는 것이 명철이니라"(잠 9:10).

성경의 가르침은, 우리의 인종적 · 종교적 다양성에도 불구하고 인간이 하나라고 말하는 수라 49:13을 확증하고 있다. 인간의 존엄성은 우리 모두가 하나님의 형상으로 창조되었다는 사실에서 찾을 수 있다(창 1:27). 죄는 이 형상을 심각하게 손상시켰지만 근본 자체를 없애버리지는 못했다(창 9:6; 약 3:9). 종교적 · 인종적 배경에 관계없이, 모든 사람들은 공평하고, 서로 돌봐주고, 함께 누리는 즉, 좀 더 인간적인 사회를 만들도록 부름 받았다. 결국, 그리스도인들, 무슬림들, 유대인들 및 다른 종교의 사람들과 무신론자들은 계속 좁아지고 있는 한 세계에서 살고 있다. 우리는 이 세계의 고통을 함께 나누고, 그에 대한 많은 동일한 소망을 가지고 있다. 대부분 이 세계는 우리가 만드는 대로 될 것이다.

인류가 하나라면, 어떤 의미에서 우리는 모두 형제들이고 자매들이

다. 하나님을 사랑 많으신 아버지로 믿고 있는 그리스도인들은 하나
님이 말씀하시는 사랑이 무엇인지 알고 있다. 예수는 제자들에게 다
른 사람들을 어떻게 사랑하는지 가르치셨다(눅 10:25-37). 예수는 그
의 사명을 통해 진정한 사랑은 감정적인 것만이 아니라, 행동으로 사
랑하는 것임을 보여주었다.

> "그가 우리를 위하여 목숨을 버리셨으니 우리가 이로써 사랑을 알고
> 우리도 형제들을 위하여 목숨을 버리는 것이 마땅하니라 누가 이 세상
> 재물을 가지고 형제의 궁핍함을 보고도 도와줄 마음을 막으면 하나님의
> 사랑이 어찌 그 속에 거할까 보냐 자녀들아 우리가 말과 혀로만 사랑하
> 지 말고 오직 행함과 진실함으로 하자"(요일 3:16-18).

> "하나님이 세상을 이처럼 사랑하사 독생자를 주셨으니 이는 저를 믿
> 는 자마다 멸망치 않고 영생을 얻게 하려 하심이니라"(요 3:16).

(3) 개인적 반응

모두를 향한 하나님의 사랑은 모두에게 개인적인 반응을 요구하신
다. 아랍 그리스도인으로서 내게 이것은 대부분의 아랍인들이 믿고
있는 종교를 유심히 살펴보면서, 이슬람에 대해 긍정적으로 접근하
고, 꾸란 메시지에 도전받을 준비가 되는 것을 뜻했다. 나의 이러한
관심이 본서를 통해 나타났기를 소망한다.

무슬림들은 하나님이 보내신 모든 선지자들의 메시지가 본질적으
로 동일하다고 믿는다. 모두 동일한 하나님이 동일한 인류에게 보내
신 것이기 때문이다. 많은 하나님의 속성이 꾸란뿐 아니라 토라와 신
약에 나오는 것이 사실이다. 그러나 복음서는 독특하다. 첫째로, 그것
은 하나님의 사랑에 관한 것이고, 둘째로, 그 어느 예언자를 통해서도

예수 그리스도를 통해 나타난 것과 같이 하나님의 사랑이 나타난 적은 없기 때문이다. 이는 인류를 죄와, 악, 죽음에서 구원하는 구속적인 사랑인 것이다(요일 4:8-10을 보라).

내 삶을 통해 진리임을 확신하고 있는 이 놀라운 메시지는, 왜 내가 그리스도인인지를 설명해 준다. 나는 내가 구세주 하나님을 필요로 한다는 것을 알고 있다. 나는 그분이 사랑 많으신 나의 아버지라는 것을 알고 있다. 또한 나는 내가 그런 메시지를 이슬람에서 찾을 수 없다는 것을 알고 있다. 이 복음의 메시지, 좋은 소식은 무슬림들을 포함하는 모든 사람을 위한 것이다. 대부분의 무슬림들이 복음에 대해 알 수 있는 기회를 많이 갖지 못하기 때문에, 나는 특히 무슬림 독자들에게 성경을 가지고 예수 그리스도의 주장들을 신중하게 검토해 보라고 권고한다. 그리고 나서 이 중대한 질문에 반응하라고 말하고 싶다. 예수가 단지 꾸란에서 말하고 있는 그런 존재인가, 아니면 진정 '세상의 구세주' 인가?

● 참고 문헌 ●

Abduh, Muhammad *Tafsir al-Manar,* 12 vols. (Cairo: Dar al-manar, 4th edn, 1954).

Abu Dawud, *Sunan*, 3 vols., tr. Ahmad Hasan (1984; Lahore; Ashraf Publishers, repr. 1988).

Abu El-Assal, Riah, *Caught in Between: The Story of an Arab Palestinian Christian Israeli* (London: SPCK, 1999).

Addas, C., *Quest for the Red Sulphur: The Life of Ibn ʿArabi* (Cambridge: Islamic Texts Society, 1993).

ʿAli, ʿAbdullah Yusuf, *The Holy Qurʾ an: Translation and Commentary* (Beltsville, MD: Amana Corporation, 6th edn, 1989).

Anderson, Norman, *Islam in the Modern World: A Christian Perspective* (Leicester: Apollos, 1990).

ʿAta ur-Rahim, Muhammad, *Jesus, a Prophet of Islam* (London: MWH Publishers, 2nd edn, 1979).

Ateek, Naim, *Justice, Only Justice: A Palestinian Theology of Liberation* (Maryknoll, NY: Orbis, 1989).

Ayoub, M., ʾTowards an Islamic Christology: An Image of Jesus in Early Shiʿi Muslim Literatureʾ , *Muslim World*, vol. 66, no. 3 (July 1976), pp. 163-188.

Badawi, Jamal, *Muhammad in the Bible* (Halifax, NS: Islamic Information Foundation; repr. from al-Ittihad (January-March 1992).

Baqillani, Abu Bakr Muhammad, *Kitab al-Tamhid*, ed. R. McCarthy (Beirut: Librairie Orientale, 1957).

Bennis, P., and K. Mansour, ʿʾPraise God and Pass the Ammunition!ʾ The Changing Nature of Israelʾ s US Backersʾ , *Middle East Report*, no. 208 (fall 1998), pp. 16-18, 43.

Blomberg, Craig, *The Historical Reliability of the Gospels* (Leicester: Inter-Varsity Press, 1987).

Borrmans, Maurice, *Jesus et les musulmans d'aujourd'hui* (Paris: Desclee, coll. 'Jesus et Jesus-Christ', no. 69, 1996).

Bucaille, Maurice, *The Bible, The Qur'an and the Science: The Holy Scriptures Examined in the Light of Modern Knowledge* (Indianapolis, IN: American Trust Publications, 1979).

Bukhari, *Sahih*, 9 vols., tr. Muhammad Muhsen Khan (Beirut: Dar al-arabia, Arabic-English edn, 1985).

Campbell, William, *The Qur'an and the Bible in the Light of History and Science* (Marseilles: Middle East Resources, n.d.).

Chacour, Elias, Blood Brothers (Eastbourne: Kingsway, 1984).

Chapman, Colin, Whose Promised Land? Israel or Palestine? (Oxford: Lion, 1983).

_____, *Islam and the West: Conflict, Co-existence or Conversion?* (Carlisle: Paternoster, 1998).

Chodkiewicz, Michel, *The Seal of the Saints: Prophethood and Sainthood in the Doctrine of Ibn `Arabi* (Cambridge: Islamic Text Society, 1986).

Cirillo, Luigi, and Michel Fremaux (eds.), *Evalgile de Barnabe, Recherches sur la composition et l'origine; texte et traduction* (Paris: Beauchesne, 1977).

Cragg, Kenneth, *Jesus and the Muslim: An Exploration* (London: Geroge Allen & Unwin, 1985).

_____, *Readings in the Qur'an* (London: Collins, 1988).

_____, *Palestine: The Prize and Price of Zion* (London: Cassell, 1977).

Culme-Seymour, A. (tr.), *The Wisdom of the Prophets* (Aldsworth, UK: Beshara, 1975).

Deedat, Ahmed, *What the Bible Says about Muhammad* (Birmingham: Islamic Vision, n.d.).

_____, *Crucifixion or Cruci-fiction?* (Durban: Islamic Propagation Centre International, 1984).

Encyclopaedia of the Hadith (Mawsu `at al-Hadith al-sharif) (Cairo: Sakhr Software, 1995).

Faruqi, Isma`il, *Islam and Other Faiths, ed. A. Siddiqui* (Leicester: Islamic Foundation, 1998)

_____, *et al. Christian Mission and Islamic Da`wah* (Leicester: Islamic Foundation, 1982).

Gaudeul, Jean-Marie, *Encounters and Clashes: Islam and Christianity in History*, vol. 1: Surevy; vol. 2: Texts (Rome: PISAI, 1984).

Ghazali, Abu Hamid, *al-Radd al-jamil li-ilahiyyat `Isa bi-sarihi l-Injil*, ed. and tr. R. Chidiac, with Introduction, Notes and Commentary, as *Refutation excellente de la divinite de Jesus-Christ d' apres les evangiles* (Paris: Presses Universitaires de France, Arabic-French edn, 1939).

_____, The Ninety-Nine Beautiful Names of God, tr. D. Burrell and N. Dahar (Cambridge: Islamci Texts Society, 1995).

Gimaret, Daniel, Les Noms divins en Islam (Paris: Cerf, coll. 'Patrimoines', 1988).

_____, *La Doctrine d' al-Ash`ari* (Paris: Cerf, coll. 'Patrimoines', 1990).

_____, *Dieu a l' image de l' homme* (Paris: Cerf, coll. 'Patrimoines', 1997).

Goddard, Hugh, *Muslim Perceptions of Christianity* (London: Grey Seal, 1996).

_____, *A History of Christian-Muslim Relations* (Edinburgh: Edinburgh University Press, 2000).

Guillaume, Alfred (ed.), *The Life of Muhammad: A Translation of Ibn Ishaq' s Sirat rasul Allah* (Oxford: Oxford University Press, 1955).

Hamidullah, Muhammad, *Le Saint Coran* (Brentwood, MD: Amana, 1989).

Ibn `Arabi, Muhyi l-Din, *al-Futuhat al-makkiyya*, 4 vols. (1911; Beirut: Dar

Sader, repr. 1980).

Ibn Hazm, A. M., Kitab *al-Fisal fi l-milal wa l-ahwa' wa l-nihal*, 3 vols. (1400 Le Caire: Dar al-fikr, repr. 1980).

Ibn Majah Sunan, tr. M. T. Ansari, 5 vols. (New Delhi: Kitab Bhavan, Arabic-English edn, 1994).

Ibn Taymiyya, Taqi-l-Din Ahmad, al-Jawab al-sahih liman baddala dina l-Masih, tr. T. David, with Introduction, Notes and Commentary, as A Muslim Theologian' s Response to Christianity (Delmar, NY: Caravan, 1984).

Juwayni, Abu l-Ma`ali, *Shifa' al-ghalil fi bayan ma waqa'a fi l-Tawrat wa-l-Injil min al-tabdil*, ed. M. Allard, with Notes and Commentary, in *Textes apoogetiques de Guwayni* (Beirut: Dar al-mashriq, Arabic-French edn, 1968).

Kerr, David, ' "He walked in the Path of the Prophets" : Toward Christian Theological Recognition of the Prophethood of Muhammad' , in Y. Haddad and W. Z. Haddad (eds.), *Christian-Muslim Encounters* (Gainesville, FL: University Press of Florida, 1995).

Khawwam, Mounir, *al-Masih fi l-fikri l-islami l-hadith wa fi l-masihiyya* (Beirut: Khalifa, 1983).

Masood, Steven, *Jesus and the Indian Messiah* (Oldham: Word of Life, 1994).

Massignon, Louis, *Hallaj: Mystic and Martyr*, ed. and tr. H. Mason (Princeton, NJ: Princeton University Press, abridged edn, 1994).

_____, *Opera Minora*, 3 vols., ed. Youakim Moubarac (Beirut: Dar al-ma`aref, 1963).

Morey, Robert, *Islam Unveiled: The True Desert Storm* (Shermans Dale, PA: Scholars, 1991).

Moshay, G. J. O., *Who Is This Allah?* (Ibadan, Nigeria: Fireliners International, 1990).

Muslim Christian Research Group, *The Challenge of Scriptures: The Bible and the Qur' an* (Maryknoll, NY: Orbis, 1989).

Muslim, *Sahih*, 4 vols., tr. Abdul Hamid Siddiqi (1977; New Delhi: Kitab Bhavan, repr. 1982).

Neuner, J., and J. Dupuis (eds.), *The Christian Faith in the Documents of the Catholic Church* (London: HarperCollins, 5th edn, 1992).

Newbigin, Lesslie, L. Sanneh and J. Taylor, *Faith and Power: Christianity and Islam in 'Secular' Britain.* (London: SPCK, 1998).

Nielsen, Jorgen, *Muslims in Western Europe* (Edinburgh: Edinburgh University Press, 1992).

O' Mahony, Anthony (ed.), *Palestinian Christians: Religion, Politics and Society in the Holy Land* (London: Melisende, 1999).

Pacini, Andrea (ed.), *Christian Communities in the Arab East: The Challenge of the Future* (Oxford: Clarendon, 1998).

Ragg, Londsale, and Laura Ragg(tr.), *The Gospel of Barnabas* (Oxford: Clarendon, 1907; repr. Rome: Islamic European Cultural Centre, 1986).

Rantisi, Audeh, *Blessed Are the Peacemakers: The Story of a Palestinian Christian* (Guildford: Eagle, 1990).

Razi, Fakhr-ul-Din, *al-Tafsir al-kabir*, 16 vols (1411; Beirut: Dar al-kutub al-'ilmiyya, 1990).

_____, Munazara fi l-radd `ala l-Nasara (Beirut: Dar al-gharb al-islami, 1986).

Shahrastani, Muhammad. *Kitab al-Milal wa l-nihal*, tr. D. Gimaret and G. Monnot, with Introduction, Notes and Commentary (Paris: Peeters/Unesco, 1986).

Shahrur, Muhammad, *al-Kitab wa-l-Qur' an. Qira' a mu`asira* (Damascus: Dar al-ahali, 5th edn, 1992).

Siddiqui, Ataullah, *Christian-Muslim Dialogue in the Twentieth Century*

(Basingstoke: Macmillan, 1997).

Slomp, J., ʾThe Gospel in Disputeʾ, *Islamochristiana*, vol. 4 (1978), pp. 67-111.

Sox, David, *The Gospel of Barnabas* (London: George Allen & Unwin, 1984).

Tabari, Abu Jaʿfar Muhammad, Jami ʿl-bayan ʿan taʾ wili l-Qurʾ an (1388; Cairo: Halabi, repr. 1968-1976).

Walker, Peter, *Jesus and the Holy City: New Testament Perspectives on Jerusalem* (Grand Rapids, MI, Cambridge: Eerdmans, 1996).

_____, (ed.), *Jerusalem: Past and Present in the Purposes of God* (Cambridge: Tyndale House, 1992).

Weber, T., ʾHow Evangelicals Became the Best Friends of Israelʾ, *Christianity Today*, vol. 42, no. 11 (5 October 1998), pp. 38-49.

Whiston, William (tr.), *The Works of Flavius Josephus* (London: Ward, Lock & Bowden, n.d.).

Wright, Christopher, *Deuteronomy* (Peabody, MA: Hendrickson, 1996).

Zebiri, Kate, *Muslims and Christians Face to Face* (Oxford: Oneworld, 1997).

앞에서 우리는 신학자들과 신비주의자들 몇 명의 가르침을 살펴보았다. 이제 이슬람 3세기의 이븐 한발에서부터 시작하여, 최근의 무함마드 압두에 이르기까지 이들 가운데 가장 유명한 아홉 명을 자세히 살펴보려고 한다. 그들의 가르침이 얼마나 이슬람 사상의 역사와 잘 맞는지, 그리고 어느 정도까지 그들이 무슬림 세계에서 인정받았는지 알아볼 것이다.

(1) 아흐마드 이븐 한발 (Ahmad Ibn Hanbal, 164/780~241/855)

이븐 한발로 알려져 있는 **Ahmad b. Muhammad b. Hanbal**은 바그다드에서 태어나고 죽었다. 그는 유명한 학자였고, 이슬람 법률학(*fiqh*)에서 샤피이(Shafi`ite) 학파의 설립자 샤피이(Shafi`i)에게 샤리아를 공부한 첫 사람이었다.

당시의 칼리프가 누구인가에 따라, 이븐 한발은 박해받기도 하고 존경받기도 하였다. 그는 몇 년간 감옥에 갇히기도 하였는데, 감옥에서 그가 이단으로 보는 무슬림들에 대항하는 변증론적 논문을 기술했다. 그의 주요 작품은, 하디스 모음인 *al-Musnad*인데, 예언자의 2만 8천 개의 언행을 수록하고 있다. 이븐 한발의 아들 압둘라(`Abdullah)가 편집한 이 전통들은 정경으로 인정받는 편집본들 가운데 가장 규모가 큰 것이다.

이븐 한발의 이론은 꾸란과 하디스에 대한 문자적 해석을 기초로 하였다. 그는 이 이슬람 최고의 자료들에서 발견되는 모든 신의 속성은 보이는 그대로 받아들여져야 한다고 가르쳤다. 따라서 우리는 하나님에 관한 의인화된 표현도(예를 들어 하나님의 손, 미소, 하나님이 보좌에 앉아 계시다는 것) 실제 하나님을 나타내는 것으로 인정해야 한다. 비록 그런 것들을 어떻게 하나님에게 적용해야 하는지 설명할 수 없을지라도 그렇다는 것이다. 이것이 유명한 *bila-Kayfa*원리(문자적으로 '방법 없이', 'without how')가 의미하는 것이다. 그는 꾸란은 영원한 하나님의 말씀이기 때문에 창조되지 않았다고 가르쳤다. 신앙으로서, 꾸란은 세 가지 요소로 되어 있다. 하나님을 신뢰하는 것, 그의 명령에 복종하는 것, 하나님과 그의 예언자 무함마드에게 충성을 고백하는 것.

이븐 한발 사후, 그의 제자들은 그의 가르침을 정리하여 한발리 학파를 형성하였다. 이슬람 법률을 연구하는 네 개의 이슬람 법학파(샤피이, 말리

키, 하나피, 한발리) 가운데, 한발리 학파는 가장 보수적이고, 이슬람법을
엄격하게 적용하며, 전통을 강조하는 학파이다. 한발리 학파는 첫 세기에
누렸던 명성을 더 이상 누리고 있지 못하다. 오늘날은 가장 소극적으로 무
슬림 공동체를 형성하고 있을 뿐이다. 그러나 와하비 이론은 한발리 이론
을 새롭게 형성한 것이다. 와하비(Muhammad b. `Abd al-Wahhab)가 18세
기에 주창한 이 이론은 사우디아라비아의 종교적·정치적 체계를 형성하
는 신학적 토대가 되었다.

(2) 알-할라즈 (Abu `Abdallah al-Husayn b. Mansur al-Hallaj,
     244/858~309/922)

'양털을 다듬는 사람'이라는 뜻의 이름을 가지고 있는 알-할라즈는
Tur(오늘날의 이란)에서 태어나, 아버지와 함께(이라크에 있는) Wasit로 이
동했다. 그는 어려서 꾸란을 암송하고 Sahl al-Tustari가 설립한 수피학교
에 다녔다. 20세의 나이로 그는 Basra에 가서 유명한 수피인 `Amr al-
Makki를 만나 타우바(tawba, 하나님께로 귀의함)를 경험하고 명실 공히 수
피가 되었다. 그는 결혼하여 세 아들과 딸 한 명을 두었다(그의 아들 Hamd
는 후에 아버지의 가르침을 기록으로 남겼다.). 264/878년에 그는 바그다드
로 옮겨서 칭송 받는 수피 Junayd의 제자가 되었다.

282/895년에 할라즈는 메카로 첫 순례를 가서 1년간 그곳에 머물렀다.
그는 처음으로 사람들에게 자신의 마음에서 하나님을 찾으라고 가르친 사
람이었다. 이러한 가르침으로 인해 그는 Hallaj al-asrar '양심을 다듬는
사람'이라는 명칭을 얻게 되었다. 그는 많은 제자들을 얻었지만 적들도 많
았다. 신학자들의 적개심은 예상된 것이었지만, 많은 수피들조차 '수피 길
의 비밀'을 누설했다고 그를 비난했다.

291/903년에 할라즈는 메카로 두 번째 순례를 떠났는데, 이번에는 400
명의 제자들과 함께였다. 이어서 그는 인도와 투르케스탄(중앙아시아의 광
대한 지방-역자 주)으로 긴 가르침의 여행을 떠나, 무슬림 공동체의 영역
너머에까지 그의 메시지를 전했다. 그는 세 번째와 마지막 순례를 위해 메
카로 돌아와서, 종의 고난을 통해 하나님의 이름이 높아지도록 기도했다.
할라즈는 296/909에 바그다드로 돌아왔다. 그는 그곳 자신의 집에 카바

모형을 세웠다. 그는 밤에는 기도하고, 낮에는 장터와 거리, 모스크, 묘지에서 설교했다. 동시에 온갖 기적을 일으키고 사람들을 치료했다. 그의 가르침의 요점은 하나님의 넘치는 사랑이 그의 마음을 기쁨으로 가득 채운다는 것이었다. 그는 순교자로서, 그들을 위해 자신의 공동체에 의해 죽임당하기를 원했다.

301/913년에 할라즈는 체포되어 감옥에 갇혔다. 그는 당시의 억압적인 체제에 희생당한 많은 사람들 중 한 명이었지만, 이단과 허풍의 죄명을 받았다. 8년 후에 그는 사형 판결을 받고, 고문당하고, 십자가 위에서 멀리가 잘리고, 몸은 불태워졌다. 그는 사형 당하기 전에 몇 마디 말을 했다고 전해진다. 그 가운데 하나는 하나님께서 그의 적들에게 자비를 베풀고 그들을 용서해 달라는 것이었다고 한다.

할라즈가 모델로 보여 준 신비적 경험은 하나님과 사랑으로 하나 되는 것이었다. 이러한 경험의 첫 단계는 하나님의 명령에 따르는 것으로, 외적 순종은 신의 실재(haqa'iq)를 얻기 위한 도구(wasita)였다. 무슬림들은 단순히 샤리아 문자에만 복종하는 것이 아니라, 샤리아를 이해하고 그 명령의 영적 의미에 따를 필요가 있다고 그는 말했다. "중요한 것은 자신 안에 있는 마음의 카바를 일곱 번 도는 것이다." 그것을 행하면서 사람들은 스스로 그들의 '외부 포장'을 정화하여 하나님과 한 영(ruh)이 될 것이다. 이러한 경험은 자신이 완전히 없어지고 오직 실재하시는 분, 즉 하나님(al-Haqq)만을 위한 공간을 만드는 십자가로 요약된다. 이것이 할라즈가 죽기 오래 전에 한 말의 의미였다. "나는 십자가의 종교(the religion of the Cross)에 따라 죽을 것이다."[1]

(3) 알-아샤리 (Abu-l-Hasan `Ali al-Ash`ari, 260/873~324/935)

(이라크의) 바스라(Basra)에서 태어난 아샤리는 바그다드에서 죽었다. 20년 이상 동안 그는 바스라의 무타질라 학파의 지도자인 Abu `Ali al-Jubba'i의 제자였다. 후에 그는 무타질리즘에서 떠나 교리적이고 논쟁적인 많은 저술을 남겼다.

---

1) 참조. L. Massignon, *Hallaj: Mystic and Martyr*.

아샤리는 『무슬림들의 교리』(Maqalat al-islamiyyin)라고 하는 이슬람의
믿음에 관한 유명한 저서의 저자이다. 그의 저서들은 포괄적이고 체계적
이며 논리적인 가르침을 제시해 준다. 일관성과 명료성을 지닌 그는 여러
면에서 획기적인 사상가이다. 그는 하나님의 유일성과는 별도로, 그분의
주권적 의지를 하나님의 주요 속성으로 보았다. 그는 하나님이 어떤 사람
들에게는 천국을, 다른 사람들에게는 지옥을 예정해 놓았으며, 선과 악 자
체가 가치가 있는 것이 아니라, 이 모든 것이 하나님의 판단에 전적으로
달려 있다는 것이 중요하다고 가르쳤다. 따라서 살인이 악한 행동인 것은,
오직 하나님이 법으로 그렇게 정해 놓으셨기 때문인 것이다.— 반면에 하
나님은 성전(holy war)과 같은 어떤 경우에는 (사람을 죽이는) 동일한 행동
을 합법적인 것으로 만들어 놓으셨다. 또한 하나님은 불신과 죄, 악을 비
롯한 모든 인간의 행동을 원하시고 창조하신다. 아샤리는 본질적으로 신
앙은 하나님을 신뢰하는 것(al-tasdiq bi-llah)이라고 보았다. 따라서 진정으
로 하나님과 그의 예언자 무함마드를 믿는 모든 무슬림들은 신자들이며,
실천하지 않고 불복종하는 무슬림들도 여기에 포함된다.

아샤리는 매우 합리적인 해석으로 꾸란과 하디스에 대한 가르침을 확
립했지만, 이성에 위배되는 꾸란 계시를 거부하지는 않았다. 많은 무슬림
들이 점차로 그의 주요 가르침을 채택하고 아샤리 학파로 알려지게 된 것
을 형성하였는데, 이 학파가 수니 이슬람에서 가장 대표적인 학파가 되었
다. 이 학파에 속한 뛰어난 신학자들로는 Ghazali, Razi, 그리고 그들 전에
Baqillani(그의 *Kitab al-Tamhid*는 아샤리 신학을 포괄적으로 다루고 있는 논
문이다.)와 Juwayni(그의 *Kitab al-Irshad*는 정교한 아샤리 신학의 집성이다.)
가 있다.[2]

아샤리 학파와는 반대로, 무타질라 학파는 합리주의적 유일신교를 지
지한다. 무타질라파는 오직 하나님만이 영원하시고 그분의 말씀인 꾸란은
창조되었다는 입장이다. 하나님의 정의를 최고의 속성으로 보고, 믿음은
하나님의 법에 복종하는 것을 의미한다. 따라서 불복종하는 무슬림들은
명목상의 무슬림들로서, 비무슬림들과 마찬가지로 영원한 형벌을 받게 될
것이다. 사람들의 영원한 운명은 전적으로 그들이 하나님의 법에 따라 사

2) J. D. Luciani의 프랑스 편집 (Paris: Leroux, 1938).

는가에 달려 있다. 인간의 행동은 선천적으로 선하거나 악하다. 무타질라 학파는 하디스보다 꾸란에 훨씬 많은 권위를 두고, 꾸란이 인간의 이성과 상반될 때에는 은유적으로 해석해야 한다고 본다.

아샤리 학파	무타질라 학파
하나님의 주권적인 뜻을 강조	하나님의 정의를 강조
하나님은 자유롭게 누구에게나 그가 원하는 자에게 자비를 베푸시고, 원하는 자에게 벌을 내리신다.	하나님은 불복종하는 자들을 벌하시고, 복종하며 진실로 회개하는 자들을 용서하셔야 한다.
신앙은 근본적으로 하나님은 신뢰하는 것을 의미한다.	신앙은 근본적으로 하나님의 법에 복종하는 것을 의미한다.
모든 무슬림들은 천국에 들어가게 될 것이다. 불복종하는 무슬림들이라도 처음에는 지옥에서 얼마간의 시간을 보내겠지만, 결국 천국에 가게 된다	오직 복종과 회개하는 무슬림들만이 천국에 들어가게 될 것이다. 죄가 많은 무슬림들은 영원한 형벌을 받게 될 것이다.
꾸란은 영원하고 창조되지 않은 것이다.	오직 하나만이 영원하시다. 꾸란은 창조된 것이다.
꾸란과 하디스	꾸란, 하디스는 훨씬 권위가 적다.
계시는 이성보다 우선한다.	계시는 이성적인 방법으로 해석된다.

(4) 이브 하즘 (Abu Muhammad `Ali b. Hazm, 384/994~456/1064)

스페인 아랍어를 구사하는 이 학자는 이브 하즘으로 알려져 있으며, 시인이자 법학자이고 신학자였다. 그는 이슬람 영향하의 스페인에서 코르도바의 움마야드 왕조 고위 관리 가문에서 태어났다. 그는 폭넓은 교육을 받으면서 칼리프의 궁전에서 어린 시절을 보냈다. 성인이 되어서는 국정에 참여하였으며, 안달루시아가 정치적으로 불안정해짐에 따라 (412/1022년과 414/1023년에) 두 번 투옥되었다. 마침내 정치 생활에 환멸을 느끼고, 지방으로 내려가서 연구와 가르침, 저술에 전념했다. 그는 456/1064년에 수백 편의 논문을 남기고 죽음을 맞았다.

이븐 하즘은 자히르 법학파에 속해 있었다.—이는 매우 엄격한 학파로 마침내 한발리 학파에 흡수되었다. 그들은 꾸란이 '간명한(zahir)' 의미를 가지고 있으며 그 자체 그대로 받아들여야 한다고 주장했다. 직설적으로 (dalil) 혹은 예증으로(ishara). 이븐 하즘은 철학자들과, 신학자들, 법학자들이 간명한 하나님 말씀에 귀 기울이지 않고, 그들 자신의 선입관을 정당화하기 위해 이성적인 논증을 사용한다고 비난했다. 꾸란이 '숨겨진 (batin)' 의미를 가지고 있다고 주장하는 것은 독단적인 해석을 낳을 수 있다고 그는 말했다. 그의 독설은 신학자들과 지배자들 모두의 적개심을 불러일으켰고, 그의 서적들이 Seville에서 공개적으로 불태워졌다.

꾸란 이외에, 이븐 하즘은 그가 믿을 만하다고 생각하는 하디스 이야기들만을 권위 있는 것으로 인정했다. 그는 이슬람법의 다른 두 출처들인 유추(qiyas)와 (무슬림 공동체의) 합의(ijma`)에 대해서는 거의 신뢰하지 않았다. 그는 종교에서 이성을 사용하는 것은 오직 꾸란에서 사용된 방법만이 합법적이며, 꾸란의 아랍어가 매우 중요하다고 생각했다. 그는 꾸란 자체가 하나님께 돌리고 있는 신의 이름들만을 인정했다. 그는 인간의 이성이 단독으로 진리를 발견하거나 윤리적인 판결을 내릴 수 없다고 주장했다. 이성의 역할은 단지 성스러운 본문에 계시된 내용을 좀 더 잘 이해할 수 있도록 돕는 것뿐이다. 하나님과 인간이 하나 되는 것은 오직 하나님 말씀의 중재로 이루어지는 이해(fahm)의 하나 됨뿐이다.

이븐 하즘의 초기 저술 중 하나인 사랑과 사랑하는 자들에 관한 논문 Tawq al-hamama는 윤리적·종교적 사상뿐 아니라 자서전적인 자료를 포함하고 있다. 다른 그의 저술 Kitab al-Fisal은 종교 사상의 역사에 크게 기여하고 있다. 그것이 정확하고 유용한 문서자료를 제시해 주고 있기는 하지만, 본질적으로 변증론을 다루고 있다. 저자가 다른 종교들(특히 유대교와 기독교)과 이슬람 분파들을 바라보는 주요 목적은 자신이 정통 이슬람으로 보고 있는 것의 진실성을 증명하기 위해서이다. 그는 자신의 관점 이외에 다른 관점으로 근원적인 문제들을 이해하려고 시도조차 하지 않는다. 그의 접근은 결국 자히르파의 가르침과 동일선상에서 관련 본문에 피상적으로 머물고 있다.

(5) 알-가잘리 (Abu Hamid al-Ghazali, 450/1058~505/1111)

인정받는 신학자요 신비주의자인 가잘리(유럽에는 Algazel로 알려져 있다)는 Tus(이란)에서 태어나고 죽었다.

그의 첫 스승은 Juwayni였는데, 그는 Nishapur에 있는 학교(*madrasa*)에 다녔다. Juwayni의 죽음(478/1085) 후에 가잘리는 영적 위기를 경험했다. 그는 바그다드로 옮겨서, Nizamiyya madrasa의 교수로 임명받았다(484/1091). 그곳에서 종파 분립 무슬림들에 반대하는 몇 편의 팸플릿을 저술했지만 스스로 만족하지 못하고 있던 가운데, 철학, 특히 al-Farabi와 Avicenna에 관심을 갖기 시작하였으나 역시 만족할 만한 답을 얻지 못했다. 그는 *Tahafut al-falasifa*(『철학자들의 모순』)에서 철학 체계를 비판하였다. 특히 지적 사색에 기초하고 있는 신플라톤주의를 비판하고 있다. 마침내 그는 수피즘으로 전향하여 488/1095년에 개인적이고 극적인 전환을 경험하였다. 그 결과 그는 자신의 지위를 버리고 바그다드를 떠나 금욕주의와 묵상, 여행, 순례에 헌신하였다. 499/1105년에 그는 Nishapur로 돌아와 그곳 학교에서 다시 가르치기 시작하여 여생을 보냈다.

al-Munqiz min-al-dalal(『잘못에서 돌아선 자』)에서 가잘리는 자신의 신비 경험을 설명한다. 그의 걸작은 *Ihya' `ulumil-din*(『종교학의 부활』)인데, 일부가 유럽 언어들로 번역되었다. 가잘리는 신학과 철학, 이슬람 정통과 수피즘, 그리고 전통과 이성을 조화시키려는 노력을 통해 이슬람 사상에 크게 기여하였다. 하나님의 이름들에 관한 논문 *al-Maqsad*에서 그는 하나님께 근접한 자들(*al-muqarrabun*, 신비주의자들)이 학자들(*al-`ulama'*)보다 낫다고 설명한다. 그들은 하나님의 이름들을 알고 이해할 뿐만 아니라 하나님의 속성을 나누기 때문이라는 것이다. 가잘리는 유명한 하디스 '*Takhallaqu bi-akhlaqi-llah*' (하나님과 동일한 특성을 가지라)를 인용하지만, 하나님과 사람 사이의 하나됨(*ittihad*) 이론과 사람 안에 거하시는 하나님 개념(*hulul*)은 거부한다. 그렇게 함으로써 그는 많은 수피들이 이상적이고 궁극적인 목적으로 추구하는 비이슬람적 개념을 부인하고, 성육신의 기독교 교리를 거절한다.[3]

---

3) 가잘리, *The Ninety-Nine Beautiful Names of God*, pp. 149-158.

(6) 알-라지 (Fakhr-ul-Din al-Razi, 543/1149~606/1209)

위대한 무슬림 학자들 중 한 명인 라지는 Rayy(현대의 테헤란 근처)에서 태어나고, Herat(오늘날의 아프가니스탄)에서 죽었는데, 당시 그곳은 이슬람 페르시아의 유명한 지적 중심지였다. 그의 아버지는 법학자이자 설교가요 신학자였다.

라지는 철학과 신학을 공부했는데, 그의 초기 저술들 중에는 Avicenna (428/1037)에 관한 비판적이지만 감식력 있는 연구들이 있다. 그는 유명한 설교가요 아샤리파 신학자가 되어, 여러 해 동안 중앙아시아를 여행하면서 무타질라파 교리들을 반박하고, 그 주창자들과 논쟁하고 저술 활동을 했다. 마침내는 Herat에 정착하여 많은 추종자들을 이끌었다.

라지의 포괄적인 신학 작업은 *al-Muhassal*인데, (그 전체 제목에 의하면) 그것은 고대와 현대 학자들과, 철학자들, 신학자들에 관한 사상들의 집성이다. 많은 후기 무슬림 사상가들이 이 작품에 대한 주석을 집필했다. 라지는 또한 하나님의 이름들에 대한 유명한 논문, *Lawami` al-bayyinat*을 썼는데, 이는 가잘리의 *Maqsad*에 영감 받은 것이었다. 그의 주요 작업은 꾸란에 대한 해박한 주석, *al-Tafsir al-kabir*에 남아 있는데, 이는 또한 *Mafatih al-Ghayb*(『보이지 않는 것들의 관문』)으로 알려져 있다.—이것은 꾸란에 의하면 오직 하나님만이 소유하신 것이다(6:59). 이 주석은 엄격한 해석 법칙에 기초하고, 선택 가능한 꾸란 낭송을 수록하고 있다. 또한 신학적·철학적 문제들을 중심으로, 하디스 관련 자료들을 많이 포함하고 있다. 라지는 종종 영성과 실용성을 고려하면서 주해를 마무리짓는다.

이 주석은 수세기에 걸쳐 영향을 미치고 있으며, 꾸란 주해에 영감을 주는 자료로 남아 있다. 그렇다고 해서 라지가 모든 무슬림들에게 칭송받는다는 의미는 아니다. 일부 학자들은 그에게 문제를 제기한다. 예를 들어, 이븐 타이미야는 이슬람 교리에 낯선 철학 개념들을 도입한 것에 대해 그를 강하게 비판한다.

(7) 알-아라비 (Muhyi-l-Din b. al-`Arabi, 560/1165~638/1240)

이븐 아라비(그렇게 알려져 있다)는 Murcia(남동 스페인)의 수피 전통 아랍 가정에서 태어났고, 다마스쿠스에서 죽었다. 그는 추종자들에게 *al-Shaykh al-Akbar* '위대한 스승'으로 알려져 있다.

568/1172년에 가족과 함께 Seville로 옮겨서 정착하여 후에 *fiqh*와 하디스를 공부했다. 그는 Andalusia의 영적 지도자들과 유명한 아랍 철학자 Ibn Rushd(유럽에는 Averroes로 알려져 있다)와 만났다.

그는 스페인과 북아프리카를 광범위하게 여행하고, 598/1201년에 동을 향해 떠나서 그곳에서 여생을 보냈다. 이 결정은 아마도 스페인과 북아프리카 일부를 다스리고 있었던 혹독한 Almohads 정권의 압제를 피하기 위한 것이었을 것이다. 메카로 가던 도중에 카이로에 머물렀는데, 그곳에서 그를 이단(*zindiq*)으로 본 일부 무슬림들이 그를 암살하려고 했으나 실패했다. 메카에서 3년을 보냈는데, 그곳에서 그는 신의 계시를 받는 사람이었다. 그는 20년 동안 지침 없이 중동을 주요 도시들을 방문하다가 620/1223년에 다마스쿠스에 정책했다.[4]

이븐 아라비의 걸작은 *al-Futuhat al-makkiyya*(『메카의 계시』)이다. 이는 560장에 달하는 신비한 지식의 완성 체계이다. 그 끝에서 두 번째 장이 전체를 요약해 주고 있다. 그는 수백 편의 저술을 남겼다. 그가 죽기 1년 전에 저술한 *Fusus al-hikam*에서 그는 하나님의 다양한 측면의 지혜가 예언자들 각각을 통해 나타난다고 설명한다. 예를 들어, 노아를 통해 나타난 초월성, 아브라함을 통해 나타난 사랑, 이삭을 통해 나타난 진리, 이스마엘을 통해 나타난 숭고함, 예수를 통해 나타난 예언, 무함마드를 통해 나타난 하나 됨.[5]

이븐 아라비의 철학적 신비주의의 핵심은 일원론(*wahdat al-wujud*), 즉 만물의 하나 됨인데, 이는 이슬람의 유일신(monotheism) 이해에서 나온 이론이다. 하나님은 유일한 존재이고, 따라서 모든 다른 존재들은 물질적으로 현혹시키는 외관상만 그와 떨어져 있을 뿐 그의 그늘과 같다. 신비한 경험은 하나 됨의 실재를 깨달을 때 경험하게 된다. 이는 영적 입문과 자신의 소멸(*fana'*)을 의미한다. 이븐 아라비의 종교 체계에서 무함마드는 창조 이전부터 존재하는 원리, 즉 '태초의 실재인 무함마드(*al-haqiqa al-*

---

4) C. Addas, *Quest for the Red Sulphur: The Life of Ibn `Arabi*를 보라.
5) A. Culme-Seymour(tr.), *The Wisdom of the Prophets*를 보라.

muhammadiyya'로서, 각 예언자들을 통해 굴절되어 나타난다.

이븐 아라비는 오직 하나의 종교만 있으며, 영지주의자들(*al-`arifun*)에게만 알려졌고, 모든 종교들은 이 보편적 종교의 일면을 나타내고 있다고 가르쳤다. 하나님의 자비는 하나님이 누구인가의 해답으로 제시되며, 이것은 영원한 형벌의 개념을 제외시킨다. 즉, 이븐 아라비에 의하면, 지옥은 일시적으로 존재하는 것이고, 결국 모든 사람들(무슬림들과 비무슬림들 모두)은 영원한 축복을 누리게 될 것이다.

(8) 타이미야 (Taqi-l-Din Ahmad b. Taymiyya, 661/1263~728/1328)

이븐 타이미야로 알려져 있는 이 한발리파 신학자요 법학자는 Harran(현대 터키의 남동쪽)에서 태어났다. 몽골 침입이 있기 전에, 잘 알려진 한발리파 학자인 그의 아버지는 667/1269년에 가족들을 데리고 다마스쿠스로 갔다.

이븐 타이미야는 아버지가 관리하는 학교에서 교육을 받았다. 682/1284년에 아버지가 죽자, 그는 아버지를 이어 한발리 법학의 교수가 되었고, 다음 해에 Umayyad 모스크에서 꾸란 해석을 가르치기 시작했다. 695/1296년에는 다마스쿠스에 있는 한발리 *madrasa*인 *Hanbaliyya*에 임명되었다.

이븐 타이미야는 학자로만 남아 있지 않았다. 그는 몽골에 대항하여 성전(*jihad*)을 외치고, 정도에서 벗어났다고 본 무슬림들(예를 들어, 시아파와 수피들)에 대항하여 몇 개의 군사 원정에 참여했다. 그가 논쟁적으로 저술하고 또한 가르쳤기 때문에 그에게는 무슬림 공동체 내부에도 많은 적들이 있었다. 그는 (Avicenna와 Ghazali 같은)철학자들을 강하게 비판하고, 철학은 오직 불신앙과 무슬림들 간에 내분을 일으킬 뿐이라고 주장했다. 그는 무슬림 신학자들이 계시(*naql*)보다 이성(*`aql*)을 의지한다고 비난하면서, 그들의 비윤리적인 생활 방식을 고발했다. 그는 수피즘이 그렇다고 비판한 것이 아니라, 비정통 수피들(예를 들어 이븐 아라비)과 그들의 이단적인 가르침을 반대했다.

705/1306년에 이븐 타이미야는 의인화(하나님을 인간에 비유한 것)로

고발당했다. 그는 카이로에서 조사 받고 투옥되었다. 2년 후 풀려나서 그의 공격적인 가르침을 재개하여 알렉산드리아의 집에 구금되었다. 1년 후에는 카이로로 돌아와도 좋다는 허락을 받고 그곳에서 3년을 지내다가, 712/1313년에 다마스쿠스로 돌아갔다.

그는 비타협적인 가르침을 재개하고, 그가 비이슬람적인 것으로 간주한 *bida'*, 즉 신 개념과 실천(예를 들어, 성자의 중재나 성자들과 예언자들의 무덤을 순례하는 것)에 대한 비난을 되풀이했다. 그는 15년 동안 가르치면서, 종종 종교적·정치적 지도자들을 자극하는 '법령들(*fatwas*)'을 제시했다. 726/1326년에 다시 체포되어 투옥되었고, 그곳에서 저술을 계속하면서 그의 사상을 전파했다. 그는 상당한 저술들을 남기고 2년 후에 감옥에서 죽음을 맞았다.

이븐 타이미야는 꾸란을 글자 그대로 접근했다. 그는 꾸란 본문이 이성에 반대되는 것으로 보인다고 해서 우화적으로 해석해서는 안 된다고 가르쳤다. 대신에 우리는 적극적으로 하나님을 신뢰하고 전적으로 그를 의지해야 한다(*tafwid*). 우리는 하나님이 가장 높으신 분임을 인정하고 그분께 기탄없이 복종해야 한다(*taslim*). 초기 무슬림들(*salaf*)의 가르침이 이븐 타이미야의 종교 사상에 중요한 역할을 했다. 이처럼 무함마드의 동료들과 그 다음 계승자들이 보인 본과 사상이 무슬림 학자들의 교리보다 훨씬 우선하였다. 가장 칭송받는 학자라도 마찬가지였다. 이븐 타이미야는 또한 이슬람과 국가 사이에 친밀한 연합을 지지했다. 그는 이슬람을 사회에 널리 퍼지게 할 책임이 국가에 있으며, 다른 한편으로는, 이슬람법을 실행하여야 국가가 단지 인간이 세운 제도나 독재가 되지 않을 수 있다고 주장했다. 이처럼 이슬람 국가의 사명은 정의를 증진하고 하나님을 경배하는 사회를 세우는 것이다. 이러한 비전은 무슬림 공동체와 함께 사는 비무슬림들에 대해서는 거의 생각하지 않고 있다. 실제로, 이븐 타이미야는 이슬람 땅에 회당과 교회가 서는 것을 반대했다.

오늘날 이븐 타이미야는 의견이 분분한 인물로 남아 있다. 그를 이단으로 생각하는 무슬림들이 있는가 하면, 그의 개인적인 경건과 박해를 견뎌 낸 용기, 이슬람을 총괄적인 종교로 본 그의 이슬람 이해, 그리고 무엇보다도 그의 가르침에 나타나는 꾸란과 하디스의 독보적인 역할을 대단히 존경하는 무슬림들도 있다. 보수적인 무슬림들—또한 종종 원리주의 무슬림들—이 그를 영감을 주는 본보기로, 이슬람 신앙의 옹호자로 보는 것은 조금도 놀라운 일이 아니다.

(9) 무함마드 압두 (Muhammad `Abduh, 1265/1849~1323/1905)

무함마드 압두는 칭송받는 무슬림 신학자이고 개혁가로서, 19세기 이슬람 사상의 부흥에 선두적 역할을 하였다. 그는 이집트의 농가에서 태어나, 1862년 Tanta에 있는 신학교에 가게 되었고, 그곳에서 수피즘에 관심을 갖게 되었다. 1866년부터 1877년까지 그는 무슬림 세계에서 가장 명문인 al-Azhar에서 공부하였지만, 그가 받은 구식 가르침에 매우 실망하였다.

1872년 그는 무슬림 지식인이자 혁명가인 Jamal-ul-Din al-Afghani(1838~1897)를 만나 그의 제자가 되었다. 1878년에는 al-Azhar 대학 선생으로 임명되었고, 2년 후 이집트 관보의 편집자가 되었다. 1881년 그는 영국과 정권에 대한 반란에 참여했다고 고발당했다. 다음 해 추방당하여 베이루트로 갔다가 다시 파리로 가서 Afghani와 함께 그들의 국가주의 관념을 선전하는 신문을 발행하였다. 1885년 그는 베이루트로 돌아와 3년간 머물면서, 신학교에서 가르치고 그의 주요 신학 작업인 *Risalat al-tawhid*(『일신교에 대한 서신』)를 저술했다.

1888년 무함마드 압두는 이집트로 돌아가는 것이 허락되었다. 그는 al-Azhar에 신설된 집행부에 임명되기 전에 다양한 사법부 직책을 맡았다. 그는 매우 의욕적인 프로그램을 맡게 되었다. 이슬람 가르침을 개혁하고, 아랍어를 현대화하며, 유럽 언어 과정을 도입하는 것이었다. 1893년 이집트의 *Grand Mufti*가 되었는데, 이는 샤리아 해석을 수반하는 것이었다. 그는 당시에는 매우 용기 있게 보이는 몇 가지 *fatwas*(법 해석에 대한 제안―역자 주)를 내놓았다. 그는 꾸란에서는 금하고 있음에도(2:276), 이자를 받고 돈을 빌려 주는 것이 합법이라고 선언했다. 또한 유럽식 옷을 입고 비무슬림들이 도살한 동물의 고기 먹는 것을 허락했다.

개혁을 통해 압두는 이슬람과 현대를, 종교와 과학을, 신앙과 이성을 조화시키고자 했다. 그의 모토 가운데 하나는 '이슬람은 이성적이고 과학적인 종교(*al-islam din-ul-`aql wa-l-`ilm*)'라는 것이었다. 그는 무슬림들이

이슬람의 근본적인 신조들을 포기하지 않고도, 유럽이 이루어 낸 과학적
기술적 진보에서 유익을 얻을 수 있다고 믿었다. 그는 무슬림들이 이슬람
전통을 비판적으로 보고, 꾸란과 믿을 만한 수나만 고수하여야 한다고 말
했다. 많은 신학적 문제들에 대하여 그는 아샤리파와 무타질라파 사이의
중간(그리고 좁은) 길을 제시하면서 종종 후자에 기울었다. 이성적 사고를
중시하는 무타질라파가 좀 더 현대 문명에 어울리게 보였기 때문이었다.

압두는 다른 종교들에 대한 태도에 있어서 선구적이었는데, 이는 아마
도 많은 그리스도인 친구들 때문이었을 것이다. 그는 그들의 예언자들을
따르고 이성적 종교 기준을 따르는 비무슬림들은 심판의 날에 구원받을
것이라고 가르쳤다. 기독교에 대항하는 그의 변증적 팸플릿은 유럽 저자
들(예를 들어, Ernest Renan)과 아랍 그리스도인들의 이슬람 공격에 대한
반응이었다. 그는 이슬람이 이성적이고 덜 관념론적이며, 좀 더 이 세상의
문제들에 관심 하는 종교로서 기독교보다 우월하다고 생각했다.

압두는 지금도 세계적으로 무슬림들 사이에 영향을 미치고 있다. 특히
유명한 꾸란 주석 *Tafsir al-Manar*를 통하여 더욱 그렇다. 그가 al-Azhar
에서 가르친(1890~1905) 이 주석은 처음에 월간 *al-Manar*(《등대》)에서 발
행되었는데, 그가 죽음을 맞을 즈음에는 일부만이 남아 있었다. 후에 그의
제자 중 한 명인 Rachid Rida가 전체 주석을 모았는데, 그는 편집하면서
자신의 견해를 첨가했다. 비록 압두의 가장 독실한 제자이긴 했지만,
Rida는 그의 멘토와 매우 달랐다. 그는 동일한 학문 배경이나 지적 도량
을 가지고 있지 않았고, 그의 저술은 열정적이고 보수적이며, 종교에 논쟁
적으로 접근하였다. Rida는 처음으로 바나바 복음서를 아랍어로 출판한
사람이었다.

570	무함마드 탄생.
582	무함마드가 삼촌 Abu Talib과 시리아로 첫 여행을 하다. 무함마드가 네스토리우스 기독교 수도승 Bahia를 만나다.
615	일부 무슬림들이 아비시니아의 기독교 왕국에서 피난처를 구하다.
622	히즈라(즉, 이주) 이슬람력 첫 해. 무함마드가 70명의 동료들과 고향을 떠나 야스립에 정착하고 그곳 지명을 메디나로 개명하다.
623	무함마드가 '메디나 헌법'을 발하고, 이슬람 지도력을 받아들이는 메디나의 모든 시민들에게 믿음에 관계없이 동등한 신분을 부여하다.
624	무슬림 공동체의 기도방향(qibla)이 예루살렘에서 메카로 바뀌다. 유대인 공동체와의 관계가 악화되고, 결과적으로 모든 유대인들이 메디나에서 쫓겨나다.
628	무함마드가 비잔틴과 페르시아 제국에, 에티오피아 황제에게, 그리고 알렉산드리아의 통치자에게 편지를 보내어 이슬람으로 개종하도록 그들을 초청했다고 알려져 있다.
629	Mu`ta 전투(요단강 동쪽). 무슬림들이 비잔틴에 패하다.
630	Nahran(아라비아 남쪽)에서 기독교 대표단이 와서 메디나의 무함마드와 대화하다.
631	비잔틴 군대와 Tabuk 전투. 결과는 단정할 수 없지만, 많은 유대인들과 그리스도인들뿐만 아니라 많은 아랍 부족들이 이슬람으로 개종하다.
632	무함마드의 죽음.
634	예루살렘 함락.
634~44	두 번째 칼리프, Umar b. al-Khattab. 그가 유대인들과 그리스도인들을 아라비아에서 제명하도록 명령하다. 그의 이름은 또한 'Umar'의 '계약'으로 알려진 것과 관계되어 있는데, 이는 정복 지역에서 비무슬림 인구와 무슬림 규정 사이

의 관계를 규제하는 것이다. 수라 9:29에 근거하여, 유대인들과 그리스도인들에게 경배의 자유와 생활과 재산의 보호를 보장하다. 그 대가로, 그들은 jizya라고 하여 인두세를 지불하고 이슬람 사회와 정치 체제에 복종하여야 한다. 그들의 신분은 dhimmis, 즉 이슬람 정권에 보호받고 종속하는 인종 그룹이다. 한 기독교 페르시아 노예가 `Umar를 암살하다.

635 — 다마스쿠스 함락.

641 — 이집트 정복. (단성론 신앙으로 인해) 이집트 그리스도인들을 이단으로 본 비잔틴 통치자들이 그들을 심하게 대했기 때문에, 그들은 무슬림 정복자들을 환영했다.

611~750 — 다마스쿠스를 수도로 하는 Umayyad 제국.

675~752 — 다마스쿠스의 성 요한. Umayyad 행정부에서 고위 계층 공무원이었던 요한은 수도승이자, 신학자요, 시인이자, 음악가이다. 그는 이슬람을 기독교 이단으로 본다.

711 — 무슬림 군대가 지브롤터를 건너 스페인으로 가다.

718 — 무슬림 군대가 콘스탄티노플 근처에서 비잔틴 군대에 패하다.

732 — Poitiers(프랑스) 전투. 무슬림 군대가 Charles Martel에게 패하다.

750~1258 — 바그다드를 수도로 하는 Abbasid 제국.

756~1031 — 코르도바를 수도로 하는 스페인의 Umayyad 왕조. 스페인이 안달루시아(al-Andalus)가 되다.

780~855 — 이븐 한발.

781 — 제3대 칼리프 al-Mahdi와 네스토리우스 교회의 수장, Catholicos Timothy가 그리스도인-무슬림 대회에 참여하다.

800~1080 — 바그다드의 그리스도인 학자들이 철학과 의학, 과학 저술들을 그리스어와 시리아어에서 아랍어로 번역하다. 시리아의 그리스도인들(예를 들어 Hunayn Ibn Ishaq)이 처음으로 성경을 아랍어로 번역하고, 다른 기독교 저술들도 번역하다.

847~61 — Abbasid 칼리프 al-Muatwakkil. 그가 유대인들과 그리스도인들에 대한 차별법을 시행하다(850년). 그들은 스스로 비무슬림

	이라는 것을 나타내기 위해 복장 규범(ghiyar)을 지켜야 했다.
850~60	스페인 순교자 운동. 스페인 그리스도인들이 무함마드와 이슬람을 공개적으로 모욕한 것에 대한 반응으로 무슬림 권위자들이 약 50명의 그리스도인들을 처형하다.
858~922	할라스.
909~1169	이집트의 Fatimid 칼리프제. 칼리프 al-Hakim(1000-1021)은 그리스도인들을 핍박하고 예루살렘에 있는 성묘를 파괴했다(1009).
909~1037	Idn Sina(Avicenna). 그의 의학 선생은 네스토리우스 그리스도인, al-Masihi '그리스도인'이었다.
994~1064	Ibn Hazm.
1054	교회에 분열이 일어나 두 교회로 갈라지다. 라틴 혹은 로마 가톨릭과 그리스 혹은 비잔틴 정교회.
1058~1111	가잘리(Algazel).
1071	비잔틴 군대가 mantzikert(터키)에서 (중앙아시아에서 온) 셀주크 투르크에 패하다. 그 결과, (1055년에 바그다드를 침략했던) 셀주크 족이 이전에 비잔틴 영역이었던 소아시아 지역까지 그들의 제국을 확장하다. 비잔틴 황제가 교황에게 도움을 요청하다.
1086~1147	베르베르 왕조, al-Murabitun(Almoravids)이 스페인과 북 아프리카 일부를 지배하다. 그들은 무슬림 인구를 재이슬람화하고 아랍어를 말하는 그리스도인들을 스페인에서 모로코로 이송시키다(1127). al-Muranitun이 다른 베르베르 왕조인 al-Muwahhidun(Almohads)로 대체되다. 이 왕조는 급진적인 이슬람 개혁을 이루다(1147-1269). 모로코에서 회당들이 파괴되고, 유대인들은 이슬람으로 개종하든지 아니면 죽음을 택하도록 소환되다. Fez를 떠나 카이로에 정착한(1165) 코르도바 출신 유대인 철학자 Ibn Maymun(Maimonjdes)을 비롯하여 많은 사람들이 도망하다. Marrakesg에 왔던(1220) 다섯 명의 프란시스코 선교사들과 Ceuta에 왔던(1227) 일곱 명의

다른 사람들이 처형당하다.

1092~1156 — 존경받는 Peter가 이슬람에 관한 두 권의 변증서를 저술하다. 그는 처음으로 꾸란의 라틴 번역을 시작하여 1143년 Toledo 에서 완성한 사람이다.

1096 — 예루살렘이 그 곳의 유대인들과 무슬림들을 학살한 십자군 에 의해 점령당하다. 바위 돔이 교회와 바뀌다.

1100~1250 — 안달루시아(특히 Toledo)의 유대인과 그리스도인 학자들이 그리스어 서적들을 번역하고, 그에 대한 무슬림 주석들을 아 랍어에서 라틴어로 번역하다.

1129~96 — Ibn Rushd (Averroes).

1149~1209 — 라지.

1165~1240 — 이븐 아라비.

1187 — Salah al-Din(살라딘)이 예루살렘을 재탈환하다. 그리스도인 들에 대한 그의 태도가 본이 된다. 그는 그리스도인들의 안전 을 보장하고, 그들이 다시 성지를 관리할 수 있도록 해 주다.

1219 — Assisi의 프란시스가 이집트 술탄, al-Malik al-Kamil을 만나 다. 무슬림들에 대한 그의 사랑 많은 태도가, 십자군 운동에 서 다른 그리스도인 지도자들(특히, Peter the hermit, Bernard of Clairvaux)이 보여 준 태도와 날카로운 대조를 이룬다.

1225~74 — 토마스 아퀴나스. 그의 저술은 Avicenna와 (그가 인용 한)Averroes가 모두 그의 사상에 중대한 영향을 미치고 있다 는 것을 보여 준다.

1235~1316 — (마조르카에서 태어난)Ramon Lull. 그는 아랍어를 배우고 (60 세의 나이에) 튀니지와 알제리의 선교사가 되어 그곳에서 죽 음을 맞는다.

1250~1382 — 이집트와 시리아의 Bahri Mameluke 술탄국. 터키 배경의 이 왕조 하에서, 유대인들과 그리스도인들은 종종 핍박당한다. 교회와 회당은 파괴되고 사람들은 이슬람으로 개종하도록 강요당했다.

1263~1328	이븐 타이미야.
1270	프랑스의 왕 Louis Ⅸ (성 루이스)가 여덟 번째 십자군 동안 (튀니지) 카르타고에서 (병으로) 죽다. 그는 일곱 번째 십자군을 이끌고 이집트에 갔다가 죄수로 잡혀서, 많은 양의 금을 몸값으로 지불하고 풀려났었다.
1281~1918	오스만 제국.
1332~1406	이븐 칼둔(위대한 역사가, 사회학자)
1354	오스만 군대가 유럽으로 건너오다. Kosovo 전투 결과(1389) 오스만이 이후 수십 년간 발칸 반도를 정복하다.
1453	콘스탄티노플 함락. Mehmed Ⅱ가 비잔틴 제국의 수도를 정복하다. 이스탄불로 개명되어 오스만 제국의 수도가 되다. Santa Sophia가 모스크로 변하다.
1492	그라나다 함락. 무슬림의 스페인 통치 종말.
1529	오스만 군대가 비엔나를 포위 공격 했으나 실패.
1683	오스만의 비엔나 공격이 격퇴되다.
1849~1905	무함마드 압두.
1855	이집트에서 dhimmis의 신분이 폐지되다. 다른 무슬림 국가들에서도 탄원이 잇따르다.
1918	제1차 세계대전의 여파로 오스만 제국이 붕괴되다.
1920	국제 연맹이 이라크와 팔레스타인에 대한 영국의 위임통치령을 제정하다. 프랑스가 시리아와 레바논에 대한 위임통치령을 갖다.
1924	Kemal Ataturk가 세속 터키 공화국을 설립하고 칼리프제를 폐하다.
1948	팔레스타인에 이스라엘 국가가 서다. 이스라엘과 아랍 국가들 사이에 첫 번째 전쟁.
1970	이란 이슬람 공화국 설립.